教育部人文社会科学重点研究基地重大项目
"现代人的精神生活质量与规律研究"课题结项成果

U0891426

中国精神生活发展与规律研究

ZHONGGUO JINGSHEN SHENGHUO
FAZHAN YU GUILV YANJIU

郑永廷　罗　姗◎著

中山大学出版社
·广州·

图书在版编目（CIP）数据

中国精神生活发展与规律研究/郑永廷，罗姗著．—广州：中山大学出版社，2012.10
ISBN 978-7-306-04291-0

Ⅰ.①我…　Ⅱ.①郑…②罗…　Ⅲ.①精神文明建设—研究—中国　Ⅳ.①D648

中国版本图书馆CIP数据核字（2012）第210029号

出版人：祁　军
策划编辑：章　伟
责任编辑：章　伟
封面设计：曾　斌
责任校对：赵　婷
责任技编：何雅涛
出版发行：中山大学出版社
电　　话：编辑部 020-84111996，84113349，84111997，84110779
　　　　　发行部 020-84111998，84111981，84111160
地　　址：广州市新港西路135号
邮　　编：510275　　　　传　真：020-84036565
网　　址：http://www.zsup.com.cn　　E-mail:zdcbs@mail.sysu.edu.cn
印 刷 者：广州中大印刷有限公司
规　　格：787mm×1092mm　1/16　18.75印张　378千字
版次印次：2012年10月第1版　2012年10月第1次印刷
定　　价：39.80元

内 容 提 要

本专著研究了精神生活的概念与内涵、结构与功能、指导理论与相关知识，分别追述了中国古代和西方社会精神生活的演进、理论。重点研究了中国新时期人的精神生活的发展轨迹与现状，以及在社会主义市场经济体制、科技发展与社会信息化、社会主义政治文明建设和多元文化条件下精神生活的发展。探索了交往与流动、学习活动、休闲活动过程中精神生活水平的提高，分析了当前精神生活所面临的新情况、新问题、新矛盾及其原因。概括了中国当前精神生活发展具有现代性与传统性并存、超越性与滞后性兼有、层次性与起伏性交错的基本特征，提出了测评精神生活质量的指标体系。探究了精神生活发展的规律，提出了提高精神生活质量的思路与对策。

作 者 简 介

郑永廷，男，祖籍湖北省仙桃市。中山大学教授、复旦大学特聘教授，博士生导师。兼任全国高校思想政治教育研究会副会长和学术委员会主任、教育部思想政治理论课教学指导委员会顾问、教育部哲学社会科学重点教材评审委员；清华大学、武汉大学等50余所高校兼职教授。国家有突出贡献专家，享受政府特殊津贴。曾任武汉大学党委副书记、中山大学党委常务副书记。共招收、培养硕士研究生、博士研究生、高访学者、博士后120余名。承担国家、省部级哲学社会科学重大、重点和一般课题20余项；出版学术专著和主编全国、全省高校统编教材40余本；发表学术论文200余篇；为中共中央宣传部、教育部提供研究报告5份。获国家、省部级科研成果、教学成果奖12项。

目　　录

第一章　精神生活概述

要研究精神生活的质量与规律，首先要准确界定精神生活的概念，明确其内涵、外延及其与相关概念的关系，这是本课题的前提。精神生活具有十分丰富的内容，主要内容究竟有哪些，这些内容的结构怎样，它们在人的实践、生活中发挥什么功能，这是本课题研究的关键。研究精神生活，不管是提高质量还是深化对规律的认识，必须坚持正确的理论指导，借鉴相关知识，坚持科学性与价值性的统一，这是本课题研究的根本。

一、精神生活的概念与相关概念

阐述精神生活概念，首先要对构成这一概念的主要内容——“精神”以及相关的“意识”进行分析，以便更准确界定和更深入认识精神生活的概念。

（一）精神的界定与内涵

精神与物质相对应，是人对物质世界的观念把握，指人的内心世界现象，是人的意识、思维活动和自觉的心理状态，包括思维、意念、情感等有意识的方面，以及其他心理活动和无意识方面。《现代汉语词典》（第五版）将精神一词解释为五种意思：指意识、思维、神志等；指内容的实质所在、主要的意义；指活力、精力等；指活跃、有生气等；指意志。作为一个古老而重要的哲学概念，精神一直为人类所不断思索、探究。尽管至今还难以对精神作出统一界定，但在长期的探索过程中留下了大量的文化资源，为深化研究提供了基础。

1. 西方古代对精神概念与内涵的阐述。在古希腊时代，探索精神范畴是从探讨灵魂肇始的。恩格斯对古代西方的探讨进行过描述：“在远古时代，人们还完全不知道自己身体的构造，并且受梦中景象的影响，于是就产生一种观念：他们的思维和感觉不是他们身体的活动，而是一种独特的、寓于这个身体之中而在人死亡时就离开身体的灵魂的活动。从这个时候起，人们不得不思考这种灵魂对外部世界的关系。”① 古希腊时期

① 《马克思恩格斯选集》第4卷，人民出版社1995年版，第223—224页。

的先哲毕达哥拉斯、德谟克里特、苏格拉底、柏拉图、亚里士多德等，都对灵魂作过思考。毕达哥拉斯认为，“灵魂是个不朽的东西，它可以转变成别种生物。”① 德谟克里特认为灵魂是由原子组成的。苏格拉底则认为，死就像一场没有梦的睡眠，灵魂移居到另外一个世界去了。柏拉图则进一步将灵魂分为情欲、意志和理性，并认为理性能认识真理，具备指导意志气概与情欲的能力，其德性就是智慧；意志要听从理性的指导。亚里士多德把人的精神区分为灵魂和心灵两部分，认为灵魂是同身体结合在一起的，身体与灵魂的关系是质料和形式的关系；而心灵的情况是不同的，它似乎是植于灵魂之内的一种独立的实质，并且是不能被毁灭的。②

2. 西方近现代对精神概念与内涵的探究。西方人对精神的认识，经历了中世纪后进入近现代时期，涌现了一批著名的思想巨人。德国古典哲学家黑格尔认为，精神就是主客体的对立统一，其本性在于通过否定之否定，从对他物的克服中，来到自身；只有当人意识到自己与禽兽和自然的分离，只有当其能说出一个“我”字时，他才不是一般自然物，才是具有精神本质的人。显然，黑格尔把精神理解为自我意识。③ 黑格尔还继承了亚里士多德的思想，在《精神哲学》一书中把精神等同于心灵；概括精神的主要特征是自由；把精神分为主观的精神、客观的精神和绝对的精神三种类型，把精神的发展分为三个阶段：自关系的形式阶段、真实性的形式阶段、客观性和理想性统一的形式阶段。④ 精神病理学家弗洛伊德，为了揭示各种精神疾病的形成原因以及寻找治疗的途径，开展了对精神的深入研究，并建立了梦的学说，创立了潜意识理论。他认为：“潜意识的冲动乃是梦的真正的创造者，梦的形成所需要的心理能力都赖此供给。”⑤ 他将精神分为前意识、潜意识和意识三个子系统，将人格划分为本我、自我和超我三个部分。

3. 中国古代对精神概念与内涵的论说。在中国古代，精神一词首见于庄子的《天下篇》：“独与天地精神往来，而不敖倪于万物，不谴是非，以与世俗处。”⑥ 其后，《淮南子》在《精神训》的专篇中对“精神”这个术语进行了论述。之后，精神术语并没有得到普遍的使用。中国古代的思想家对于精神的探讨，往往是在心、性、情、欲、知、意、行、理、道等范畴中进行的。⑦ 孔子没有直接提出和讨论精神是什么的问题，但是他使用了与精神有关的术语，如性、心、情、欲、利、知、思、志、言、行等等，譬如在《论语·阳货》中讲的“性相近也，习相远也”；在《论语·为政》中讲

---

① （英）罗素：《西方哲学史》（上），商务印书馆 1976 年版，第 59 页。

② 参见（英）罗素《西方哲学史》（上），商务印书馆 1976 年版，第 126 页、第 221—222 页。

③ 吴元梁等：《精神系统和精神文明建设》，人民出版社 2004 年版，第 222 页。

④ （德）黑格尔：《精神哲学》，韦卓民译，华中师范大学出版社 2006 年版，第 3—5 页。

⑤ （奥）弗洛伊德：《精神分析引论新编》，商务印书馆 1989 年版，第 12 页。

⑥ 《中国哲学史教学资料汇编》（先秦部分）下，中华书局 1962 年版，第 605 页。

⑦ 吴元梁等：《精神系统和精神文明建设》，人民出版社 2004 年版，第 232 页。

的"七十而从心所欲"；在《论语·里仁》中讲的"见贤思齐焉，见不贤而内自省也"；在《论语·季氏》中讲的"君子有九思：视思明，听思聪，色思温，貌思恭，言思忠，事思敬，疑思问，忿思难，见得思义"；等等，都是精神方面的问题。老子则描写了包括理性、情感、意志、感性、利欲等方面的精神内容，主张虚其心、弱其志、少私寡欲、清净无为、不争息斗，使自己达到"抱一"，复归于无极、婴朴、常德、玄德的精神境界。孟子把性理解为同类事物的共同本质，并将它称作心，认为人性与动物性有区别，人类有共同的人性，如恻隐之心，羞恶之心，恭敬之心，是非之心，并认为这些"心""非由外铄我也，我固有之也，弗思耳矣"。[①] 西汉时期《淮南子》一书认为，人的精神"受于天"，人的形体则"禀于地"，并将人的肉体与精神同自然现象相类比，如"天有风雨寒暑，人亦有取与喜怒"。王充反对"天地故生人"的观点，认为"夫天地合气，人偶自生也，犹夫妇合气，子则自生也"[②]，并论证了精气为万物本源的世界观。朱熹的精神理论建立在理为本的基础上，他把人的精神分为三个层次：第一个层次是理为本的天理、天性、天心、天德系统，第二个层次是心为主宰的理、性、情、心系统，第三个层次是心发用层次上的知、情、意、才、欲、行系统。王夫之在气器一元论的基础上讨论了气、道、理、器、性的相互关系，又在人内心世界和外物相互作用的基础上论述了人的内心世界的形成和变化，探讨了人的内心世界中心、性、知、意、志的相互关系，认为"天下惟器而已矣。道者器之道，器者不可谓之道之器也。"[③] 道是形而上，器是形而下，两者都是由于阴阳二气之和形成的。中国古代先哲运用多个与精神相关的术语，描述、探索人的内心世界，各有视角与侧重，为古代人的精神生活提供了内容与方式。

4. 马克思主义关于精神概念与内涵的科学论述。真正对精神作出科学论述的是马克思和恩格斯。他们除了使用精神这一概念外，还使用了与之相关的思维、意识、观念等概念。马克思从"感性的人的活动"，从实践的层面理解人的精神，把人对精神的理解从唯心主义的束缚下解脱出来，强调："人的思维是否具有客观的真理性，这不是一个理论的问题，而是一个实践的问题。人应该在实践中证明自己思维的真理性，即自己思维的现实性和力量，自己思维的此岸性。""全部社会生活在本质上是实践的。"[④] 从这些论述可以看出，马克思不但从实践层面理解人的精神活动，而且直接把它的本质规定为实践。恩格斯则把思维与存在的关系问题，作为哲学的最高问题，"思维对存在、精神对自然界的关系问题，全部哲学的最高问题……"在阐述精神、思想、观念来源时，马克思和恩格斯彻底改变了历史上的唯心主义传统，用辩证唯物主义与历史唯物主

---

① 《孟子·公孙丑上》。
② 《论衡·物势》。
③ 王夫之：《周易外传·系辞上传第十二章》，载《中国哲学史资料选辑》，中华书局1962年版，第123页。
④ 《马克思恩格斯选集》第1卷，人民出版社1995年版，第55—56页。

义观点，给予了科学回答："观念的东西不外是移入人的头脑并在人的头脑中改造过的物质的东西而已。"① "意识一开始就是社会的产物，而且只要人们存在着，它就仍然是这种产物。"② 在马克思主义哲学领域，精神是指"同物质相对立、和意识相一致的哲学范畴，是人的意识、思维活动和一般心理状态的总称"③。马克思和恩格斯不仅科学地揭示了精神产生与发展的根源，而且赋予其相对独立性以及对实践与客观的反作用。这些思想是我们研究精神生活的起点和理论指导。

（二）精神的相关概念——意识的内涵

与精神相关的概念比较多，在马克思主义著作中，使用和论述比较多的是"意识"这一概念。基于意识与精神在内涵上有很大的关联性，甚至在某些语境中交互使用，有必要对其概念及内涵进行分析。

1. 西方关于意识概念与内涵的追寻。意识是与存在相对应的范畴，是与客观存在对立统一的精神现象。人类对意识现象的认识经历了一个复杂的发展过程，在人类早期，人们曾把意识看做一种独特的、寄居于人的肉体并可以脱离肉体而存在的灵魂活动。如柏拉图认为灵魂在进入肉体之前，曾居于理念世界，具有理念知识。中世纪经院哲学认为灵魂是一种单纯的不灭的精神实体，可以脱离肉体而独立存在。古代唯物主义者则强调意识或者灵魂是某种物质的附属，如古希腊的德谟克里特认为灵魂是由精细的原子构成，中国的荀子提出"形具而神生"，范缜主张"形质神用"。在近代，众多哲学家从存在与意识的关系角度对意识作出定义，并探究意识的来源和属性，得出不同结论。如笛卡儿提出了意识与存在彼此独立的二元论观点；唯心主义者巴克莱主张"存在就是被感知"，把意识作为世界的本原；唯物论者霍布斯、洛克等则认为意识是物质的产物；狄德罗等则明确指出意识是人脑的机能和属性；德国古典哲学家以思辨的形式阐发了意识的能动性问题；费尔巴哈则不仅提出人脑是意识的生理基础，而且还初步涉及意识的社会根源问题。

2. 马克思主义关于意识概念与内涵的科学阐述。马克思和恩格斯在批判地继承前人认识成果的基础上，对意识的起源、本质、作用作出了辩证唯物主义的阐述，认为意识是人脑的机能和属性，是社会的人对客观存在的主观映象；这种主观映象既具有感觉、知觉、表象等感性形式，也具有概念、判断、推理等理性形式。人类的意识活动具有社会性。意识是自然界长期发展的产物，由无机物的反应特性，到低等生物的刺激感应性，再到动物的感觉和心理，这一生物进化过程是意识得以产生的自然条件。意识同时是社会的产物，人类社会的物质生产劳动在意识的产生过程中起决定的作用。辩证唯

① 《马克思恩格斯选集》第2卷，人民出版社1995年版，第112页。
② 《马克思恩格斯选集》第1卷，人民出版社1995年版，第81页。
③ 李淮春主编：《马克思主义哲学全书》，中国人民大学出版社1996年版，第306页。

物主义在强调物质对意识起决定作用的前提下，同时肯定意识对存在具有能动的反作用，在意识活动中人们从感性经验抽象出事物的本质、规律，形成理性认识，又将这些认识运用于指导实践，有计划、有目的地改造客观世界。

3. 心理学关于意识概念与内涵的研究。心理学对意识的理解，分广义的意识和狭义的意识两个层面。广义的意识概念，把意识作为直接经验的人的主观现象，是知、情、意三者的统一：知是指人对世界的知识性与理性的追求，情是指人对客观事物的感受和评价，意是指人追求某种目的和理想时所表现出来的自我克制、毅力、信心及顽强不屈等精神状态。狭义的意识概念则是指人们对外界和自身的觉察与关注程度。

综上述，精神与意识都是表达人的内心世界的概念，在内涵上有很大关联性或重叠性。精神概念除了哲学、心理学研究其价值外，还具有一定的情感色彩及文学艺术色彩，如“人是要有点精神的”，强调精神动力与精神状态的重要；“一听到这个消息，他顿时来了精神”，表现的是某种思想情绪；“此人精神境界很高”，说明的是人的精神高尚。相比精神概念而言，意识则是个更为宽泛且价值中立的描述性名词，是哲学和心理学研究的主要概念。

（三）生活概念及其与生存的区别

生活是一个内涵丰富的概念。生活不仅包含现实的物化生活，也包括社会生活，还包括精神生活；不仅指向国家整体生活，也指向现实个体的生活；不仅包括现实的经济生活、政治生活界域，还指向精神文化生活和社会生活空间。① 马克思说：“生产生活就是类生活。这是产生生命的活动，一个种的全部特性、种的类特性就在于生活活动的性质，而人的类特性恰恰就是自由的有意识的活动。”② 他还指出：“动物和自己的生命活动是直接同一的。动物不把自己与自己的生命活动区别开来。它就是自己的生命活动”，而人不同于动物，“他自己的生活对他来说就是对象”，“他的活动就是自由的活动”。马克思指明了人的生活是由自己创造、生产自身生命的活动。在这里，生产是形成“生活”的根本。而人的生产与动物的本能有本质不同，“人甚至不受肉体需要的影响也进行生产，并且只有不受这种需要的影响才进行真正的生产”，“人自由地面对自己的产品”，“人懂得按照任何一种尺度来进行生产，并且懂得处处把内在尺度运用于对象，因此，人也按照美的规律来构造”。③ 综上可看出，马克思哲学中的“生活”范畴可以归纳如下：一是人的生活是生命不断生产或生成的过程；二是人的生活是一种由其意志支配的生活，生活总是现实的、具体的人的生活；三是人的生活可以通过其生产的产品来表征，是以“物”或“物”的生产及精神生产为中介的生命活动；四是生产

---

① 杨楹、张禹东主编：《生活哲学——探究中的马克思主义哲学》，社会科学文献出版社 2004 年版，第 1 页。

② 《马克思恩格斯选集》第 1 卷，人民出版社 1995 年版，第 46 页。

③ 《马克思恩格斯选集》第 1 卷，人民出版社 1995 年版，第 47 页。

构成了生活的实质，具有自由性特征。

马克思不同于以往的思辨哲学家脱离现实生活去抽象地进行纯粹的思辨，他将生活与人的生命活动及类本性联系起来，进行了非常深刻的阐述，认为人的一切都发端于生活世界，要求我们时刻不能离开现实生活。马克思对生活这一概念的深刻的阐述，对我们研究人的精神生活奠基了正确的理论基础。

与生活相关的另一个概念是"生存"，两者在内涵上有关联性，如"生活智慧"或"生存智慧"相近，两者都是指人在世界上的存在状况与过程。对于生存，有学者认为"有两种意义的生存：狭义的和广义的。狭义的生存指的是温饱问题，是对社会最为简单的适应；广义的生存则是人的发展也包括在内"①。生活则是人类所特有的社会现象。

人区别于动物的地方在于人有主观能动性，能激励人超越生存的低层次状态，不断克服自然界或社会给人造成的困境，实现对基本生存层面的超越，进入高层次的生活层面。从另一角度来说，生存更多的是指一种物质性的存在，而生活则是物质生活与精神生活的统一。生活高于生存，是生存、发展和享受相一致的活动与过程。人的一生越是运用自己的才智，通过自己的劳动，超越基本的被动式低层次的生存状态，克服人生种种的逆境与困难，学会做自己人生的主人，尤其注重精神生活的丰富与发展，其人生境界就越高。

（四）精神生活的概念与内涵

1. 精神生活的概念。在现代社会，精神生活虽然广泛使用于各种语境，但学者们对精神生活的定义也不尽相同。概括起来，主要有以下界定：一是从人的精神需要界定精神生活，"社会精神生活是人类社会生活的重要领域和系统，是满足人们精神需要的全部精神活动的总合"②；"人的精神生活包括人的全部心理活动，作为人的生活的一部分，特指为了满足个人精神需要的种种活动"③。二是从人的活动本质界定精神生活，"我们可以把人类精神生活规定为主体借助于语言符号的中介对于对象的象征性把握"④。三是从精神生活的形成与特点界定精神生活，有研究者认为，精神生活是现实个人生存方式的内在组成部分，是现实个人在物质生活和交往生活过程中形成的相对独立的生活领域，是对现实个人精神生活的满足与超越。四是从物质生活、社会交往关系过程界定精神生活，认为精神生活是"与物质生活相对应的"，"是指人在处理自我、他人与人类关系过程中的思想倾向、情感态度和价值意识"。⑤ 还有学者进行了综合界定，认为精神生活是指在一定的社会历史条件下，在一定的物质生活基础上，现实的个

---

① 邵道生：《学会生存》，中国青年出版社 1997 年版，第 1 页。

② 安起民：《精神生产与精神文明》，《教学与研究》1986 年第 4 期，第 38 页。

③ 黄楠森：《人学原理》，广西人民出版社 2000 年版，第 71 页。

④ 王南湜：《简论人类精神生活》，《求是学刊》1992 年第 4 期，第 16 页。

⑤ 王坤庆：《精神与教育——一种教育哲学视角的当代教育反思与建构》，上海教育出版社 2002 年版，第 20—21 页。

人利用其所拥有、选择、追求和创造的精神资源满足与超越自身精神需要的精神活动及其精神状态，它是人的本质存在方式。

本课题研究认为，在现实生活中，任何事物都不是孤立存在的，正如马克思所说：“‘精神’一开始就很倒霉，受到物质的纠缠。”[①] 精神生活与物质生活都是人的存在方式，二者密切相关，相互渗透、相互包含。基于此，我们将精神生活界定为：在一定社会条件与物质生活基础上，人们在改造客观世界过程中选择、向往和创造精神资源以满足精神需要并不断推进自身发展、超越的状态与方式。

2. 精神生活的内涵。要全面理解上述对精神生活的界定，需要阐释精神生活的基本内涵。

第一，精神生活的具体承担者是现实的个人。现实的个人是处于一定的社会历史条件下的具体的个人。考察人的精神生活，必须把所考察的对象放到特定的社会历史条件下，以所在社会为背景，既要考察其动态的精神活动，又要考察其静态的精神状态。

第二，物质生活是精神生活的基础。人首先是自然存在物，需要物质生活；人又是社会的存在物、有意识的能动的存在物，这决定了所有人都需要精神生活。但是，人的物质生活与精神生活对于人的发展的重要性并不是平分秋色的，物质生活是精神生活的基础，精神生活是物质生活的超越。

第三，精神资源是精神生活形成和发展的重要条件。社会精神资源从广义上讲，包括精神文化、现实的社会关系、学习教育活动、文化产品、闲暇娱乐等，它们是个人选择、获取、追求和创造自己精神生活的内容与方式，直接影响人的精神生活质量。

第四，精神需要是精神生活形成和发展的内在动力。马克思指出：“任何人如果不同时为了自己的某种需要和为了这种需要的器官而做事，他就什么也不能做。”[②] 人的精神需要既决定于一定的社会条件，同时又能够在一定程度上超越该社会条件所能满足需要的程度并不断产生新的更高的需要。人的精神需要在本质上具有一种不满足的特性，正是这种特性推动着人的精神生活的发展。

第五，精神生活由精神活动和精神状态两个部分构成。精神活动包括精神生产、精神交往和精神消费活动，它体现了精神生活的动态过程；精神状态则主要通过主体的精神面貌、精神气质、思想道德观念、心理健康等方面体现出来，是精神生活静态的结果或效果。因此，现实个人的精神生活是动态和静态、过程和结果的统一。

第六，精神生活从根本上体现并影响人的本质及其发展。马克思说：“个人怎样表现自己的生活，他们自己就是怎样。”[③] 这讲的是生活体现人的本质。同时，精神生活又影响人的本质及其发展，“正像人的本质规定和活动是多种多样的一样，人的现实也

---

① 《马克思恩格斯选集》第1卷，人民出版社1995年版，第81页。

② 《马克思恩格斯全集》第3卷，人民出版社1995年版，第286页。

③ 《马克思恩格斯选集》第1卷，人民出版社1995年版，第67—68页。

是多种多样的”①。个人的精神生活有积极与消极、进步与落后之分，也有质量高低之别，不同的精神生活与质量必然反过来影响人的本质及其发展。

（五）精神生活与物质生活的关系

1. 精神生活与物质生活的联系。物质生活包括人类最基本的生产实践活动，是一切其他活动的基础，是精神生活存在和发展的前提。恩格斯指出：“人们首先必须吃、喝、住、穿，然后才能从事政治、科学、艺术、宗教等等。”② 古人云：“富而后可教也”，“仓廪实则知礼节，衣食足则知荣辱”，“饥寒则盗心起”。现代人常说，解决了民生问题，才有余力附庸风雅。勿庸置疑，物质生活对精神生活具有基础性和决定性作用。

同时，精神生活对物质生活具有能动作用。精神既预示目标，也显示动力，还表现状态。恩格斯曾对精神动力的能动作用进行过深刻阐述：“就单个人来说，他的行动的一切动力，都一定要通过他的头脑，一定要转变为他的意志的动机，才能使他行动起来。”③ “推动人去从事活动的一切，都要通过人的头脑，甚至吃喝也是由于通过人脑感觉到饥渴而开始，并且同样由于通过头脑感觉到饱足而停止。外部世界对人的影响表现在人的头脑中，反映在人的头脑中，成为感觉、思想、动机、意志，总之，成为‘理想的意图’，并且以这种形态变成‘理想的力量’。”④ 由于人类精神生活包含着理论思维、道德情感及审美生活等，其中，理论思维对实践的促进作用，在培根那里表述为：知识就是力量，马克思强调：“理论一经掌握群众，也会变成物质力量。”⑤ 人有了正确的理论指导，就能使实践活动上升为有目的的对象性活动，创造人们所需要的财富。

另外，精神生活与物质生活发展具有不平衡性。从总体而言，精神生活的形成与发展要受制于物质生活，但两者在一定条件下，可能表现出不一致性，这是因为精神生活具有相对独立性。人类历史有着渊源流长的精神文明和丰厚的精神财富，这些精神文明成果会以不同方式延传并发扬光大，使不同民族、国家具有不同的精神生活传统和精神文明层次。因而，物质的富足并不必然带来精神的充实，而物质的贫乏也并不必然导致精神萎缩。物质生活优越，而精神贫乏空虚的大有人在；“安贫乐道”，“虽在陋巷，人不改其志”依然可以成为一些人的内在信条。

2. 精神生活与物质生活的区别。精神生活与物质生活作为人类生活的两个方面，是人对于对象的两种把握方式，即物质生活是对对象的物质性把握，而精神生活则是对对象的精神性把握。这两种把握方式的区别，并不在于精神生活是纯粹精神性的、物质

---

① 《马克思恩格斯全集》第3卷，人民出版社1960年版，第303页。
② 《马克思恩格斯选集》第3卷，人民出版社1995年版，第776页。
③ 《马克思恩格斯选集》第4卷，人民出版社1995年版，第251页。
④ 《马克思恩格斯选集》第4卷，人民出版社1995年版，第232页。
⑤ 《马克思恩格斯选集》第1卷，人民出版社1995年版，第9页。

生活是纯粹物质性的，而在于物质活动是一种实在的活动过程，其中也包含着精神性因素；而精神活动则是非实在的象征性活动过程，其中也需要物质因素承载。所谓象征性过程，则是指一种过程指向另一过程、代表或表示另一过程，而不仅仅是自身的直接存在。因而精神生活与物质生活的区别就在于前者为非实在的象征性过程，后者为实在性过程。这两个过程都要借助中介得以进行，物质生活的中介是实在的劳动工具、物质条件，精神生活的象征性则是以思维、象征性的语言符号体系对对象的把握。

（六）精神生活与精神文化的关系

精神生活与精神文化是两个相关概念。它们的联系是，都是一定社会历史条件下人类实践的产物，都是为了满足人的需要，都是现实人对物质世界的创造性展现，也都受物质的“纠缠”。同时，精神生活孕育精神文化，为精神文化提供生活来源以及创造基础；精神文化塑造、丰富精神生活，为精神生活提供内容与方向等。精神生活从本质上讲，是人的本质体现与存在方式，精神文化则是人类实践活动所创造出来的文化成果。

二、现代人精神生活的结构与功能

（一）研究现代人精神生活结构与功能的重要性

人的自然属性、社会属性和精神属性，决定人具有物质、社会与精神的需要。人满足这些需要的方式就是物质生活和精神生活。在现代社会，经济社会发展的多样性，文化与信息的丰富性，为精神生活提供了坚实的基础和条件，正如马克思所说的：“物质生活的生产方式制约着整个社会生活、政治生活和精神生活的过程。”① 当前，中国处于改革发展的关键时期，经济体制深刻变革，社会结构深刻变动，利益格局深刻调整，思想观念深刻变化。社会改革和社会发展的快速推进，一方面使社会的新情况、新问题不断涌现，导致经济社会发展复杂、多样，加上经济全球化浪潮的推动，信息社会的发展，大众文化的兴起和风险危机的频发，必然以各种方式不同程度地影响人们的思想观念，致使现代人的精神生活呈现丰富多样、复杂多变的状态。另一方面，随着人们自主性、竞争性、选择性的增强，多样化的精神追求与价值取向也会以各种方式，或促进社会与人的发展，或阻滞社会与人的进步，使社会和人的发展呈现出差异性。为了驾驭精神生活的变化，把握精神生活的内涵，理解精神生活的本质，提升精神生活的质量，促进社会科学发展和人的全面发展，有必要从总体上研究精神生活的结构和功能。

同时，还应当看到，每个人总是生活在两个世界，即内部世界和外部世界，内部世界是一个主观的精神王国，外部世界则是一个客观的复杂系统。当外部世界发展变化太

① 《马克思恩格斯选集》第2卷，人民出版社1995年版，第32页。

快，特别是当有些人在价值规律作用下，对自身现实利益过分追求，对客观外在变化过分关注，对竞争压力过分在意时，容易忽视内在的精神家园，导致行为的自发性或盲目性，产生迷惘、困惑，思想难以把握客观存在，精神生活滞后于物质生活。有的人甚至或沉浸于物质追求之中，轻视理想信念的确立；或满足于感官刺激与休闲享受；或一切向钱看，不讲职业道德等，精神生活贫乏、低俗，既与现代物质文明矛盾，又与现代精神文明冲突，成为现代社会的一线灰暗。高消费伴随低文明，高科技缺失高人文，高发展杂陈暗阻滞，这种不协调甚至被扭曲的状况，其主要原因是人对精神生活的忽视乃至轻视。为此，必须从整体上研究当代社会精神生活的结构和功能，一是为了引领现代人的精神生活发展，为实现社会的科学发展和人的全面发展提供正确方向与内在动力；二是为了满足人们日益增长的精神文化需求，丰富人的精神生活内容，提升人们的精神生活质量，自觉追求高雅、文明的精神价值，形成社会现代文明风尚；三是推进现代精神文化的创造和文化产品的生产、消费，促进社会和谐与稳定。

（二）精神生活的结构类型

1. 精神生活结构的多维度与多视角研究。由于精神生活形式与内容复杂多样，不少研究者试图从不同角度、不同层面开展研究并取得了成果，这些研究成果概括起来，大致有三种类型：一是按照精神生活的不同主体构建结构，分为个体精神生活、团体精神生活、群体精神生活、民族精神生活、国家精神生活、社会精神生活。① 二是根据精神生活内容层次构建结构，有的研究者将精神生活分为求知生活、价值生活、情感生活；有的研究者将精神生活分为信仰的层次、道德的层次、审美的层次②；也有的研究者把精神生活分为“心理生活”、“文化生活”、“心灵生活”③；还有的研究者把精神生活分为享乐性精神生活、发展性精神生活、智能性精神生活。三是囊括精神生活的所有内容与要素的综合结构，如侯勇、孙其昂认为精神生活由知识生活、心理和情感生活、道德生活和信仰生活等要素构成，既包含哲学、艺术、科学等自觉精神文化图式，又包含在社会生活中体现的社会心理、社会伦理、公共价值观念等，还包含个体行为习惯、风俗、礼仪、宗教等自发精神文化，是一个追求现实生活与终极生活、心灵世界和意义世界的统一体。④

研究精神生活结构的多维度与多视角，说明精神生活内容的丰富性、形式的多样性、变化的复杂性，充分体现了从整体上研究精神生活结构的难度。正是因为难度大，不容易从整体上把握它，所以才有不同侧面、不同视角的探索。多维度与多视角的研究

---

① 参见龙迎伟《当代公共精神生活管理的客观现实性与实现过程》，《求索》2006 第 8 期，第 160—162 页。

② 夏兴有：《论人的精神生活》，《中国特色社会主义》2009 年第 5 期，69—74 页。

③ 参阅童世俊《意识形态新论》，上海人民出版社 2006 年版，第 132—140 页。

④ 侯勇、孙起昂：《论精神生活的现代遭遇与超越之路》，《南京师大学报（社会科学版）》2010 年第 7 期，第 26—31 页。

都是必要的，其成果都具有学术价值与实际意义。但研究精神生活的结构，不能将其意义局限于学术性，而要着重于它对实际精神生活的作用。从这个角度思考，有两个问题是需要回答的：一是如何引导人们把握精神生活的内容与方式，认识精神生活的作用；二是如何帮助人认识精神生活的高低层次，不断提高精神生活的水平。这样，精神生活的内容结构和层次结构的研究，就显得更为重要。

2. 精神生活的内容结构。无论何种形式的精神生活，必定蕴涵着具体的内容；精神生活的形式与内容既不是单一的，也不是固定不变的，而是随着实践与社会的发展而不断发展变化的。马克思说："全部社会生活在本质上是实践的。凡是把理论引向神秘主义的神秘东西，都能在人的实践中以及对这个实践的理解中得到合理的解决。"① 人的实践是实践观念与实际行动的统一，表现为人的能动性，任何实践活动都蕴涵着精神活动。因为人们的实践活动既需要确立实践目标、提供实践动力，又必定在改造客观世界的过程中同时改造主观世界，所以实践是划分精神生活结构的基础。实践主要包括认识和改造自然、改造社会、科学技术实验以及当代的虚拟实践。人类精神生活的主要内容，也都产生并包含于这些实践活动中。

第一，认识和改造自然实践过程中的精神生活。人类在改造自然、进行物质资料生产的实践中，不仅获取了赖以生存与发展的自然资源，发展了人类物质生活，而且发展了人类的身心，创造了人类特有的精神生活。从早期先民的刀耕火种、茹毛饮血，到现代人们的开天辟地、遨游太空，都是改造自然的壮举。在改造自然的过程中，人类不仅不断改进、创造生产工具，而且不断增强主观能动性，形成了人类特有的战天斗地精神、勤劳致富精神、吃苦耐劳精神、节俭朴实精神、勇于创新精神等。因而，改造自然的实践，不仅是物质生产过程，也是精神生产过程；不仅创造了巨大的物质财富，而且创造了宝贵的精神财富；不仅为物质生活的改善提供条件，而且为精神生活的提高奠定基础。

第二，认识和改造社会实践过程中的精神生活。人类在改造自然的同时，也改造社会。改造社会的过程，实质上是改造人类自身的过程，是构建、丰富、深化人类社会关系的过程。随着改造社会实践活动的日益推进，人与人之间历史地形成了复杂多样的社会关系，诸如阶级斗争关系、比较竞争关系、团结协作关系、群体交往关系，还有网络领域的虚拟交往关系，等等。在规范、发展这些关系的过程中，人类不断推进政治、法律、道德的发展，促进社会和个体走向精神文明，创造并形成了反抗阶级压迫精神、团结友爱精神、爱国主义精神、集体主义精神、助人为乐精神等。

第三，开展科学技术实验过程中的精神生活。人类从发明简单工具，到现代科学技术实验、科学技术开发，不断推进生产工具的发展和科学技术的进步，使人类社会发生了日新月异的变化，给人们带来了越来越丰富的物质和精神享受。科学技术实验与科学

① 《马克思恩格斯选集》第1卷，人民出版社1995年版，第56页。

技术开发，锻炼和培养了人们的科学精神、务实求真精神、怀疑批判精神、敢于探索精神、不怕风险精神、开拓创新精神、乐于奉献精神等。这些精神既是科学技术实验、科学技术开发所必备的主观条件，也是科学技术实验、科学技术开发的精神成果。因此，科学工作者的实践，为社会创造的不仅仅是科技知识、物质财富，而且创造了丰富的精神产品、精神生活。

第四，进行网络领域虚拟实践过程中的精神生活。随着计算机网络的发展，人类社会进入网络时代。由于网络所具有的独特的虚拟性，人类也从此进入了一个与现实的物理领域相对应的虚拟领域。与之相应地，人类也开辟了虚拟领域的精神生活。所谓虚拟实践，是指人们运用计算机、网络和虚拟现实等信息技术，在计算机网络空间中有目的地进行的能动地改造和探索虚拟客体的客观活动，它是一种崭新的人类实践形态。虚拟实践活动虽然是现实实践活动的拓展和延伸，但它与现实实践活动相比较，具有虚拟性、自由开放性、超越性和创造性等特点。

由于虚拟实践活动是一种自由的并富有创造性的活动，现实世界对人的实践活动的制约大大减少，并且来源于现实事物的“虚拟客体”不再受现实事物的属性、关系、状态、本质的束缚，虚拟实践活动也不再受时间、地点、气候等外在客观条件的限制，因而人在虚拟实践过程中享有充分的自主性、自由度和自觉性，也就是思想得以解放，精神可以焕发。同时，在虚拟实践中，虚拟实践的主体与客体之间，能够便捷地进行实时互动交流，有利于培养人的“交互式思维”；超文本的出现和运用，必然强化人的“非线性思维”；虚拟实践对现实性限制的虚拟超越，也会激发人们批判的、创新的精神。总之，开展虚拟实践活动，有利于人们摆脱以往单一、线性、静止的思维方式，逐步转向全面、非线性、动态的思维方式，从而使批判的、革命的实践精神获得进一步展现与发挥。另外，人们在网络领域可以拥有、选择，甚至生产和消费精神产品，这些产品蕴涵着文化、艺术、道德、法律、情感等各种精神内容；人们可以自由交往，宣泄个人情感与情绪，讨论政治与法律问题，进行网上谈情说爱，这都是网络领域的精神生活。

当然应当看到，在网络领域同在现实领域一样，不仅有正面的、健康的精神生活，也有负面的、颓废的精神生活，精神生活在性质与取向上的差异，是精神生活在质量上的区别。

除了以上几个方面的精神生活内容之外，交往活动、休闲活动、家庭生活过程中的精神生活内容，也是精神生活内容的组成部分。与实践过程相伴随的精神生活内容是主要的，由实践活动延伸或派生的精神生活内容是不可缺少的，整体形成了人的精神生活的内容结构。

3. 精神生活的层次结构。精神生活同物质生活一样，具有层次。精神生活之所以具有层次性，一是从人类社会的发展来看，精神生活归根结底是人类对意义的追求，这种追求是无止境的，因而是不断推进、向前发展和向上提升的，因此，社会发展的阶段性对应着精神生活的层次性。二是人们精神生活的水平，人们相互之间存在的精神生活的差异性，也对应着精神生活的层次性。

对精神生活的层次结构，过去的研究虽然不多，但精神境界、人格层次研究的成果颇丰。王国维在《人间词话》中用三句诗词形容了人要成大事业、大学问所必须经历的三种境界。[①] 冯友兰在《新原人》中将人生的境界分为自然境界、功利境界、道德境界、天地境界。[②] 北京大学哲学系教授张世英，按照人的自我发展历程及实现人生价值和精神自由的高低程度，把人的生活境界分为欲求境界、求知境界、道德境界和审美境界。[③] 毛泽东在《纪念白求恩》一文中，按照精神境界的层次，提出了要做五种人的要求："一个人能力有大小，但只要有这点精神，就是一个高尚的人，一个纯粹的人，一个有道德的人，一个脱离了低级趣味的人，一个有益于人民的人。"[④] 这些研究成果，为研究精神生活的层次结构提供了很好的指导与借鉴。

按照人在成长、发展过程中，精神生活水平提高的顺序，可以将精神生活大致分为感性层次、理性层次、信仰层次。

感性层次，也可称之为感知层次，属于人的心理活动层面，是自发、易变的层次。人的一般心理活动过程有认识过程、情绪情感过程、意志过程，认知水平分为感性、知性、理性三个水平。感性认识是对事物外部形态直接、具体的反映，包括感觉、知觉、表象等形式。感性水平对应的心理内容，从意向上看表现为人的情绪、欲望、感觉，一般由感官刺激、实际情景所引起。这虽然是人们最普遍、最初级的精神生活方式，但却是人们精神生活发展的基础。

理性层次，也可称之为理智层次，是思想、观念相对自觉、稳定的层次。所谓理性或理智，是与感性相对应的，指清醒、冷静、合乎实际的思维，体现人具有辨别是非、利害关系以及控制自己行为的能力。所以高尔基说："理智要比心灵为高，思想要比感情可靠。"理性认识阶段是指人脑意识到所要认知的对象的存在和演进的内在规律。理性水平对应的心理内容，从意向上看表现为内在追求、审美意识。理性的精神生活比感性精神生活层次高，它不仅向往精神愉悦和陶冶，而且有对真善美的关注和追求，因而达到了对生命的神圣意义和庄严使命的求索和体验，是精神生活发展到较高层次的产物。

信仰层次，也可称之为理想层次，是感性与理性系统的综合层次，也是人的精神生活的最高层次。信仰或理想是人在追求最高目标过程中不断超越自我、超越现实的一种方式。因为这一层次的精神生活的本质，是不断地超越向前，因而，具有这种精神生活

---

① 参阅王国维《人间词话》，上海古籍出版社 1998 年版。

② 参阅冯友兰《新原人》，载《贞元六书》，华东师范大学出版社 1996 年版。

③ 张世英：《人生的四种境界》，《光明日报》2009 年 12 月 31 日。

④ 《毛泽东著作选读》，人民出版社 1986 年版，第 346 页。

水平的人，对现实生活将不断进行审视、反思，总是力图超越“实然”状态而进入“应然”状态，达到内心的充实与提高。这种最高层次的精神生活，既包含感性、理性精神生活的内容，又不满足于感性、理性精神生活。

三个层次的精神生活是互相联系和贯通的，低层次精神生活是高层次精神生活的基础，高层次精神生活是低层次精神生活的超越；低层次精神生活为高层次精神生活提供必要的资源，高层次精神生活蕴涵着低层次精神生活的某些内容。人的精神生活总是要以某个层次为主导，也会受其他层次精神生活的影响。人只有自觉地提高精神生活的层次，才能进入崇高的精神境界，才能深刻体验生活的意义与人生价值。

（三）现代人精神生活的功能

精神生活与物质生活与生俱来，相辅相成，成为人类生活不可或缺的重要内容。精神生活与物质生活同等重要，甚至更能体现人之生命的价值与意义，更能提供人之发展的方向与动力，更能体现人之生活的和谐与幸福。具体来说，精神生活对现代人具有如下重要功能。

1. 体现人的生命价值与生活意义。人是一种以意义为生存目标和行为指向的高级动物，人们总是在追寻一种确定性的、可以把自身安置于其中的精神家园，以达到终身稳固、安定的生活支点和获得价值关怀。为此，人类才能克服精神上的不安定感，摆脱精神的焦虑。精神生活是以追寻人生意义和价值为取向的一种有为的存在方式，从根本而言，精神生活是寻求意义的生活，是为人的存在灌输意义的生活，对人的生存意义的追寻是个体人生乃至于整个人类社会发展的一以贯之的永恒不变的命题。精神生活所构成的意义世界是一个理想的精神家园，它充实并安顿着人的存在，赋予人以存在的价值和意义，使人感到自身存在是实在的、塌实的、充实的，人的存在因此而获得了可靠的精神支柱与牢固的生命支点，人的生命存在因此而感觉到生活的价值与生命的可贵。

人的境界之所以有差异，是因为人的精神生活形式与内容不同，人的精神生活选择与创造不同，人的内在精神修炼所达到的水平与境域也就有所区别，因此对生命的价值、对人生的意义、对世界的理解等就不同。所以，精神生活既是提升人的境界的有效途径，更是追求人之价值与意义的重要途径。失去精神生活，人的生命无异于禽兽，成为没有人之灵魂的肉身之躯。当今一些人精神生活颓废、低级、庸俗甚至沦丧，大多是因为他们丧失了对人之生命价值和意义的反思，丧失了对人性光辉的追求，结果要么沦落为金钱美色的奴隶，要么沦落为迷信邪教的牺牲品。

2. 提供人的发展方向与动力。合理的价值取向、积极的理想图式可以为人的发展指明方向，挖掘人的内在本质献身于未来，使生活充满乐趣，生命赋予意义，发展富有动力。这就是说，精神生活能够为人的发展提供正确的方向与强大的动力。

精神生活使人能够明辨方向，充满希望，沿着正确的人生道路坚定地前进。换而言之，积极、健康的精神生活，使人认清人生的方向、树立发展的目标、坚定自己的立场。当前，有的人立场不坚定，被贪污腐败所拉拢腐蚀，背叛以前的理想与信仰，精神生活陷入奢靡、颓废甚至色情之中，信仰宗教迷信乃至邪教而不能自拔，不但自己不能发展，反而危害自己和社会，这都是偏离了正确的轨道，就是方向不明、目标不正确、立场不坚定的表现。

人的精神生活具有独特的自主性、能动性、创造性，总是力争在有限的生命过程中不断地追求、创造出无限的东西、最大的价值，如信仰、道德、价值等，这就是精神生活对人类的巨大的动力作用。这种动力作用对现代人的生存和发展突出表现在三个方面。一是可以战胜困难挫折。古人云，穷则独善其身，达则兼济天下，这既是一种豁达的心态，更是一种对待挫折的乐观心理，是一种积极的精神生活方式。二是可以抵御风险诱惑。德国社会学家乌尔里希·贝克认为，现代社会是风险社会，人们常常面临诸如选择风险、竞争风险、生命风险等。现代社会也是充满诱惑的社会，金钱诱惑、美女诱惑、权利诱惑，等等，无时无刻不在拉拢腐蚀着一些立场不坚定的人。这些风险诱惑不仅出现在物质生活领域，更出现在精神生活领域。只有具有正确的理想、坚定的信仰、豁达的心态，才能有效抵御这些风险和诱惑。三是可以促进持续发展。精神生活不只是依赖于物质生活，以此为基础，更重要的是能够为物质生活提供强大的反作用力，精神生活能够焕发人的精神活力，激发巨大热情，提供强大动力，促进人的发展。

3. 促进人的生活和谐与幸福。现在，“幸福”一词成为人们热议的焦点。众所周知，现在人们的物质生活有极大改善，但是，人们的幸福感却没有与之同步提升。为什么？究其原因，主要是精神生活没有改善。在当今社会，人的温饱问题基本解决，人们对幸福的体验依赖于物质生活的程度就会减少，而依赖于人的精神生活的数量与质量的满足程度，就形成了衡量人们幸福的重要指标。有人说过，物质消费与个人幸福之间的关系是微乎其微的，享受物质财富的数量并不与人的幸福完全成正比，在占有和消费财富方面，更多并不意味更好。相反，人们对幸福的追求，转向社会关系和闲暇方面。古希腊哲学家赫拉克利特曾经说过：“如果幸福在于肉体的快感，那么就应当说，牛找到草料吃的时候就是幸福。”如果将物质生活的满足作为幸福，那只是动物水平的幸福，既然人的本质是精神上的，精神生活是物质生活的升华，精神生活是人区别于动物的最重要标志，因此也是人幸福的最重要标志。正是在这个意义上，英国哲学家大卫·休谟（David Humes）才说：“人类刻苦勤勉的终点就是获得幸福，因此才有了艺术创作、科学发明、法律制定，以及社会的变革。”由此看来，精神生活是幸福的重要内容，高质量的精神生活是人的幸福的重要源泉和主要体现。

幸福是什么？泰勒·本－沙哈尔认为，幸福是一种积极乐观的人生态度，“我认为幸福的定义应该是‘快乐与意义的结合’”。如果一个人能够增加生活的创造性，追求心灵的丰满，不为事情奴役，处理好财富、消费与幸福的关系，不为物质诱惑，这样的人心理一定充实而宁静。精神的丰满，比如，身体健康，事业成功，时间自由，闲暇，爱情家庭美满，则是幸福的生活。

精神生活质量的提升，有助于人们追寻和谐宁静的心理秩序。精神生活让人们心理和谐，基于两个方面：一是精神生活与物质生活之间的全面性（即精神生活与物质生活两者缺一不可，不可偏废、不可或缺）、丰富性（精神生活要像物质生活一样丰富多彩），协调性（精神生活与物质生活之间彼此协调、齐头并进、共同发展），渗透性（精神生活与物质生活之间相互渗透、相互促进）；二是精神生活内部的协调和谐（主要是指人的知识、情感、道德、理想、信仰等之间的协调）。和谐的精神生活，是人自身的和谐与幸福的前提与基础。总之，精神生活与物质生活，是双翼之于鸟，两轮之于车，比翼双飞、并驾齐驱，缺一不可。只有人的物质生活与精神生活相协调，才能使人的内心真正安宁、滋润，人的心理才真正和谐、宁静。否则，没有精神生活，缺乏精神家园，人的内心一定是荒芜的，心田一定是干涸的，这样的人一定没有和谐可言。

（四）新时期中国精神生活的功能发展

精神生活的功能，在不同的历史时期有不同的表现和不同的侧重，随着时代的变化和经济基础的发展而不断发展。新时期和谐社会建设促进精神生活功能向前发展。

1. 精神生活导向功能的发展。所谓精神生活的导向功能，就是一定的精神生活作为一面旗帜，为一定的社会进行政治目标导向和社会价值导向，对人们的思想、行为进行符合目标的引导并对偏离目标的思想、行为进行矫正。

构建社会主义和谐社会对精神生活导向功能提出的总体要求，就是坚持和巩固马克思主义在精神生活领域中的指导地位，以中国特色社会主义理论体系武装群众头脑，坚持社会主义核心价值体系主导，弘扬民族精神与创新精神，为中国特色社会主义现代化建设提供坚实的思想保证。和谐社会就是在坚持社会全面、协调、可持续发展的基础上，形成人与自然、人与社会、人与人、人与自身关系的融洽和有机统一的社会，是实现以每个人的全面而自由的发展为基本原则的社会。在这个社会，“人终于成为自己的社会结合的主人，从而也就成为自然界的主人，成为自身的主人——自由的人”①。构建和谐社会，必须坚持以人为本的原则，妥善处理各种关系，努力促进人与社会的自觉、和谐发展。构建社会主义和谐社会既是目标定位，又是价值取向。因为中国所要建设的社会主义和谐社会，是民主法治、公平正义、诚信友爱、充满活力、安定有序、人与自然和谐相处的社会。显然，“民主法治、公平正义、诚信友爱、充满活力、安定有序、人与自然和谐相处”就是我们所构建的和谐社会的价值目标。其中，民主法治，就是社会主义民主得到充分发扬，依法治国方略得到切实落实，各方面积极因素得到广泛调动；公平正义，就是社会各方面的利益关系得到妥善协调，人民内部矛盾和其他社会矛盾得到正确处理，社会公平和正义得到切实维护和实现；诚信友爱，就是全社会互帮互助、诚实守信，全体人民平等友爱、融洽相处；充满活力，就是能够使一切有利于

① 《马克思恩格斯选集》第3卷，人民出版社1995年版，第760页。

社会进步的创造愿望得到尊重，创造活动得到支持，创造才能得到发挥，创造成果得到肯定；安定有序，就是社会组织机制健全，社会管理完善，社会秩序良好，人民群众安居乐业，社会保持安定团结；人与自然和谐相处，就是生产发展，生活富裕，生态良好。当前在中国和谐社会构建中精神生活的价值导向，应当定位在实现和谐社会价值理念的认同上。

和谐社会构建中精神生活导向功能的发展，首先要坚持马克思主义理论指导。在中国复杂的精神生活领域，在社会主导价值取向与个体价值取向的矛盾与协调中，要始终坚持马克思主义的指导地位不动摇。任何社会都有代表这个社会统治阶级利益的占主导地位的价值体系，对各种非主流的价值观念进行统摄、引领和制约，起着稳定社会、保证方向的作用。而不同的社会个体由于各自不同的经济、社会地位和追求，往往从各自所处的利益关系中确定和选择自己的价值取向，具有自发性与个体性特点，呈现出多样性。主导性与多样性是辩证统一的，多样性是社会发展的源泉之一，有了多样性，社会才有活力；同时，多样性必须以主导性为前提，有了主导性，才能保证社会发展的正确方向和目标。然而，中国有些利益主体的多样化发展，需要对其利益多样化进行自认为是合理与合法的论证，提出了某些与精神生活有一定距离的道德与法制主张，其实质是倾向于指导思想多元化。因而在中国构建和谐社会的过程中，充分发挥精神生活导向功能的关键，是要坚决反对指导思想多元化，始终坚持马克思主义的指导地位。

其次，培育广大民众的价值认同。从理论上说，精神生活能否成为一种社会制度的价值支撑，发挥其对社会发展的价值导向与价值规范作用，最终取决于这种精神生活是否为广大民众接受并付诸实践。构建社会主义和谐社会，就是要坚持社会主义核心价值体系主导，一旦精神生活背离了这一价值主导，就是偏离社会主义方向，而难以获得中国绝大多数社会成员的认同，也就不可能成为凝聚和激励社会成员前进的力量。因而，精神生活要遵循和谐社会所确立的共同价值导向和价值规范，并体现和落实在社会成员的价值认同与付诸行动上。为此，中国精神生活应坚持以人为本，尊重社会个体合理、多样的价值追求，注重激发社会主体的创造活力，促进社会公平正义，增强全社会的民主法律意识和诚信意识，维护社会安定团结。精神生活只有凸显人民群众的根本利益和主观能动性，才能充分调动广大人民群众建设社会主义和谐社会的积极性和主动性。

最后，对社会发展进行科学预测。科学的社会发展预测在人类社会发展过程中是必不可少的，特别是现代社会，要抓住发展机遇，应对、排除、转化各种风险，争取发展的主动，取得预期的效果，更要消除对未来的无知程度，自觉地进行预测。精神生活作为一种科学的思想体系，其重要任务就是研究人与社会发展的本质关系，发现规律、掌握规律、利用规律，揭示精神生活作用对象的发展趋势，引导人们遵循客观规律，按照事物发展的必然趋势进行社会实践。因而，研究社会历史与现状，对未来发展作出预测，揭示其发展规律，是一种具有前瞻性的思维活动，是人的能动性的充分体现。科学预测，是我们进行正确决策、取得预期成果的前提，也是我们在新的历史条件下发展精神生活导向功能的要求。过去，精神生活的导向功能，是运用正面宣传和反面批判的方式实现的。在新的历史时期，我们不能简单搬用过去的方式进行精神生活导向，必须充分发挥人的思维能力，发展科学预测功能。

2. 精神生活调控功能的发展。不断化解社会矛盾与冲突，维护社会的稳定与团结，是构建和谐社会的基础与保证。社会的稳定与和谐，除了依靠经济、行政等力量的协调和规范之外，还需要充分发挥精神生活的社会调控功能。所谓精神生活的调控功能，是指精神生活对社会心理、社会文化、社会思潮的沟通、引领与调节作用，其目的是使社会心理、社会关系、社会秩序保持在精神生活所规范的方位，尽可能化解矛盾和冲突，保持社会和谐稳定。

精神生活的调控功能之所以要发展，根本原因在于中国经济领域、社会领域以及文化领域的多样化发展和个体的特色化发展，难免存在社会阶层之间、区域之间、城乡之间、部门之间以及个体之间在利益、关系以及思想观念上的差异与矛盾，因而在新的历史条件下，提出了精神生活调控功能发展的新要求。首先要善于从观念上不断化解矛盾和冲突。和谐社会绝不是无矛盾、无冲突、无变动的社会，而是一个需要不断化解矛盾和冲突从而保持一种动态平衡与和谐发展的社会。随着改革开放的深入和社会竞争的拓展，中国经济、社会、文化等领域出现了快速、多样发展的态势，这种发展态势难免引起部分社会主体之间在利益、关系以及观念上的矛盾。其中，利益的矛盾是基础，关系的矛盾是关键，观念的矛盾是核心。在社会生活中，利益的矛盾会不同程度地存在，它是一种局部的、具体的、暂时的矛盾形式。如果利益的矛盾得不到调控、化解，可能会上升为不同社会主体之间的关系矛盾。在复杂关系矛盾中，往往会夹杂着情绪、情感、道德、价值取向等因素，甚至伴有观念的冲突，因而，关系的矛盾要比利益的矛盾复杂、持久。关系矛盾的化解，是精神生活调控的关键，因为社会关系、人际关系的协调，是社会秩序稳定的基础和保证，而关系矛盾的存在和激化，是引发其他矛盾与冲突，特别是引发思想观念冲突的根源。思想观念的矛盾与冲突，既可能由利益矛盾、关系矛盾引发，也可能由对立的文化价值观、政治价值观取向所导致。观念矛盾与冲突不管发生在什么层面，涉及的内容往往具有全局性，因而，思想观念的矛盾与冲突比其他两种矛盾与冲突更复杂、更深刻，调节起来也更困难。不断控制和化解这三种形式的社会矛盾与冲突，是当前对精神生活调控功能发展提出的新要求。

首先，要维护社会团结和秩序。构建和谐社会要求精神生活能有效促进社会团结、保障社会稳定和维护社会秩序。和谐社会应是团结的社会。所谓社会团结，是指不同个体之间、不同群体之间以及个体与群体之间保持协调一致、相互结合的关系，保持社会结构的合理性。精神生活是社会共同体团结的黏合剂，正如意大利共产党创始者和领导人之一安东尼奥·葛兰西所说，一个政党要靠争取精神生活的“领导权”，而成为一个“历史集团”，从而使社会成为统一体，所以，“在保持整个社会集团的精神生活上的统一中，精神生活起了团结统一的水泥作用”①。在构建和谐社会中，发挥精神生活调控功能，要善于把党的思想理论通过执政党成员的示范行动转化为社会的主流行为规范，进而对社会多样化的行为发挥引导与示范作用，从而促进广大人民群众形成协调的社会行为；要着力营造健康、安定、有序的社会氛围，合理规范、有效引导社会民众的思想和行为，尤其要把各种错误思想倾向消除在发生之前，防患于未然；要积极引导人们选择一种更符合和谐社会要求的生活方式和人生道路，为社会营造和谐、正义、团结的环境，抵制一切不良社会风气和思想观念，严格控制社会震荡和骚乱。

其次，要进行思想的有效沟通与协商。由于利益的差异和价值取向多样化，必然反映到人们的思想意识上来，人们从不同的利益角度去观察和分析复杂的社会现象，就会形成不同的思想意识。要构建和谐社会，就必须正视多样化的思想观念，坚持用主导的世界观、人生观和价值观来疏导和引领不同的思想观念和行为。进行引导最主要的是坚持社会主义核心价值体系引领。在社会竞争过程中，人们的利益、价值取向、思想观念多样、多变是不可避免的，但不能让这种多样、多变状况随意发展，因为这些多样、多变的思想观念，主导面是有利于社会健康和谐发展的，支流或暗流则是不利于社会团结稳定的。这就需要用社会主义核心价值体系来有效整合社会各种思想矛盾，把复杂而多样的思想观念引导到主导精神生活上来。

最后，引导与升华社会心理。社会心理与精神生活是不同发展水平上的社会意识，二者各有不同特点但又相互联系和相互作用。社会心理是人们由自己所生活的社会环境的直接作用而产生的社会情绪、情感、风俗、习惯、传统等的总和，并成为一定社会中那些历史共同体所固有的精神基础。精神生活包括社会心理，但又要在社会心理中提炼出思想理论形式。这种思想理论形式反映人们的愿望，表达群体的长远利益和根本利益，使每个成员从中体会到个人与社会、国家间休戚与共的关系，从而唤起人们强烈的聚合心理。同时，思想理论通过阐明共同信念与奋斗方向，将聚合心理转化为统一行动，达到社会调控和社会管理的目标。因而，在构建和谐社会中，精神生活要努力促进人们对社会共同利益、对国家大局与前途的认同和关心，从而引导社会成员自觉调整认识，把心理升华到有利于社会和谐发展的方向上。为此，社会主义意识形态要努力向社会心理渗透，内化为人们的行为动机、心理定势、价值观念和理想信念，消除社会心理障碍，促进社会的和谐与稳定。②

3. 精神生活整合功能的发展。构建和谐社会，要求精神生活能够把人们的思想、意志、关系较好地协调起来，充分发挥精神生活的整合功能。所谓整合功能，是指精神生活对各种文化内容的合理选择、统合作用，其目的是使社会各个部分协调组合，构成一个有机的、完整的社会共同体。随着改革开放的深入、经济体制的转变和社会多样化

---

① 转引自宋惠昌《当代意识形态研究》，中共中央党校出版社1993年版，第25页。

② 叶政：《意识形态调控功能创新与社会和谐秩序的维系》，《党政干部论坛》2008年第9期。

发展，精神生活的整合面临着新的课题。

首先，配合整合多样化利益。中国社会在改革开放前，实行的是大而全的计划经济体制，追求的是大一统的所有制与分配方式。这种高统合、低分化的状况无需精神生活整合多样利益。改革开放以后，随着市场经济体制的建立，中国社会出现了丰富多样、快速发展的态势。一是社会阶层多样化。市场体制下，中国原来相对单一的社会阶层发生变化，发展出了多类新的社会阶层。二是社会主体收入多样化。随着市场体制竞争的展开，社会资源的分配与流向产生不平衡现象，不同的阶层之间、区域之间、部门之间以及个体之间收入与分配的差距拉大。这些不平衡发展态势，都会在精神生活领域和人们的思想观念上反映和折射出来，即出现思想观念、价值取向、行为方式上的多样化。精神生活必须面对这种发展态势，探索新的整合方式以增强整合能力。建立一个畅通、有效的利益协调机制，整合多样化利益诉求，对于构建社会主义和谐社会显得极为紧迫。中国积极拓展精神生活的整合功能和作用领域，一方面，整合各种价值主张和思想意识，引导社会成员妥善处理各种矛盾和利益冲突，合理合法地表达自己的利益诉求；另一方面，对违法乱纪的谋利行为、对以权谋私的受贿行为、对弄虚作假的欺诈行为，按法纪严格处置，警戒社会。正是这种强有力的整合与整治，有效维护了政治稳定、促进经济发展、繁荣先进文化、创建社会和谐。

其次，合理整合多样化文化。改革开放前，中国精神生活领域相对单一，精神生活对文化无需整合。改革开放以后，随着开放的扩大和社会主义民主的发展，精神生活发生了广泛而深刻的变化。中国传统文化的继承与开发，外来文化的涌入与激荡，以经济生活为内容的消费文化、以休闲活动为内容的娱乐文化、以民众消费为主的大众文化等，形式多样地迅速发展。因此，中国文化领域也呈现出纷繁多彩的态势，一是文化组织、文化机构、文化活动丰富多样，构成了一个纵横交错、复杂多样的文化网络，形成了传统文化与现代文化、外来文化与本土文化、精英文化与大众文化、严肃文化与消费文化、主流文化与边缘文化等多种文化形态互动并存的文化局面。二是各种文化团体、文化组织以及个体的价值取向异彩纷呈：有尊崇传统文化价值的，也有追求创新文化价值的；有开发本土文化价值的，也有偏向外来文化价值的；有坚持主流文化价值的，也有专注世俗文化价值的。精神生活面对这种多样文化并存发展的现实，必须积极探索新的整合方式，增强文化整合能力，以促进社会主义和谐文化发展。

精神生活整合方式的发展，其宗旨是既要为多样化发展提供保证和条件，又要使多样化发展协调一致，其新的整合方式有如下三种。

第一，分层整合方式。精神生活的分层整合是为适应社会多样化发展需要而采用的按不同要求、从不同层面进行的整合。分层整合主要包括：一是具有广泛性特征的民族文化整合。民族文化整合是一种最广泛、最基本的整合，它以热爱祖国、归依民族、遵纪守法、维护公众利益、保持社会稳定等内容为要求和基础，允许个人对不同文化进行选择，允许有不同文化价值取向与思想信仰。二是具有先进性特征的精神生活整合。精神生活整合包括观念整合、价值整合和行为整合，以党的基本路线为指导，以社会主义核心价值体系为主导，保证中国社会发展的社会主义性质。三是具有超越性的共产主义思想体系整合。共产主义思想体系的整合是比精神生活整合更高层次的整合，它是中国倡导、发展的整合方式，它以信仰共产主义并坚定不移地为之奋斗，以坚持共产主义道德和全心全意为人民服务为要求，使个人的思想和行为服从国家和无产阶级解放事业的需要，是一种具有现实超越性的整合方式。在以上三个层次的整合中，民族文化整合是基础，精神生活整合是重点，共产主义思想体系整合是方向。这些不同层次的整合，满足不同层次人的思想文化需要，共同担当维护稳定、推进社会和谐发展的任务。

第二，规范整合方式。精神生活的规范整合方式，就是通过制定、实施保证精神生活发挥作用的制度，并对违反制度的行为进行制约、惩罚的整合方式。随着中国民主与法制建设的发展，社会各个领域都在加快民主化与法制化建设，制定、实施必要的制度、规则，是现代社会有序、和谐发展的保证。精神生活领域虽然多以理论、观念形式面向社会，但随着文化产业、信息产业与大众传媒的迅速发展，精神生活已经不再是一种单一的理论、观念的宣传与教育，它既对文化、科技、信息、传媒进行价值主导与观念制约，又以其为载体得以具体有形地显示。因此，制定并实施一定制度以进行精神生活的规范整合，既十分必要，又完全可能。因为制度是社会价值标准的物化体现，表现为群体共同政治、道德观念的衍生物。制度一经确立并执行，就具有规范、整合的作用。精神生活通过制度化规范，一方面使社会成员在思想和行为上有遵循准则，另一方面保证精神生活的连续性和认可性，凭借其社会的合法身份而保持一致性与权威性。中国把以毛泽东思想、邓小平理论、“三个代表”重要思想和科学发展观为指导，把中国共产党领导与多党合作写进宪法，就是以最高法律形式，保证发挥精神生活的主导与整合功能。

第三，制约整合方式。精神生活的强制性，就是使那些异质的观念和行为改变其倾向而为主流精神生活所涵化、认可、接受，就是对社会个体思想与行为的同化和支配。法国著名哲学家阿尔都塞曾强调：“精神生活并不是供社会成员自由选择的，不管人们是否愿意，他们都得接受。谁不与一个社会的精神生活认同，谁就不可能进入这个社会，所以，精神生活是通过强制的、无意识的方式为社会成员所接受的。”① 因而，在和谐社会构建中，精神生活面对思想、文化、价值取向多样化的事实，决不能无所作为，更不能放任自流，必须坚持和发扬马克思主义的批判精神，批判反马克思主义思潮，同时纠正自己的错误，保证精神生活性质的一致性和批判能力。同时，要适应构建和谐社会的要求，积极引领和整合多样化社会思潮，增强精神生活的说服力、控制力与整合力。因而，我们一方面要坚决反对所谓精神生活中性化、淡化、边缘化倾向，另一

---

① 转引自俞吾金《意识形态论》，上海人民出版社 1993 年版，第 357 页。

方面也要积极探索精神生活新的批判、宣传、教化方式。[①]

三、精神生活的指导理论与相关知识

马克思主义对人的本质、人的需要、精神生产以及人的意识、人的生活、人的生命活动、人的异化现象、人的全面发展等，都有系统深刻的论述。这些论述，是研究当代人的精神生活的理论基石。

（一）人的需要理论

社会主义社会的生产目的是不断满足人民群众日益增长的物质和文化需要，这一论述的理论渊源可以追溯到马克思主义的需要理论。马克思主义认为，人类的一切活动首先是为了满足人的需要，“他们的需要即他们的本性”[②]，“人们为了能够‘创造历史’必须能够生活。但是为了生活，首先就需要衣、食、住以及其他东西。因此，第一个历史活动就是生产满足这些需要的资料”[③]。马克思既提出了需要是人的本性的命题，也阐述了人的最基本的需要，还研究了人需要的层次：“第一个事实是，已经得到满足的第一个需要本身，满足需要的活动和已经获得的为满足需要用的工具又引起新的需要。”这里所说的引起“新的需要”，既指生理需要本身质和量的改变和提高，更指处于更高层次的其他需要，即社会的和精神的需要。马克思和恩格斯在《德意志意识形态》一文中，把人的需要分成三个基本层次，即生存需要、享受需要和发展需要。在《雇用劳动与资本导言》和《自然辩证法》中，恩格斯按人的需要层次，把人的生活资料分为生存资料、享受资料和发展资料。[④]

精神需要的层次取决于生产力水平发展的程度。自人类进入阶级社会以来，在生产力不发达阶段，人们发展的形式只能是“一些人靠另一些人来满足自己的需要，因而一些人（少数）得到了发展的垄断权；而另一些人（多数）经常为满足最迫切的需要而进行斗争，因而暂时（即在新的革命的生产力之前）失去了任何发展的可能性”[⑤]。在资本主义社会，资本的趋势一方面尽量压缩工人的必需要，另一方面又为追逐利润的需要而无限制地扩大生产，形成了资本主义社会无法克服的内在矛盾。只有在未来社会中，当生产以尽可能满足人民群众日益增长的物质文化需要为目的时，这种对立才会消失。那时，劳动不再是谋生的手段而成为人的精神自由的需要。到那时候，精神需要发展的限制消失了，精神需要将成为主要的需要，为满足这些需要的社会设施也将得到极

---

① 郑永廷等:《社会主义意识形态发展研究》，人民出版社 2002 年版，第 349—358 页。
② 《马克思恩格斯全集》第 3 卷，人民出版社 1960 年版，第 514 页。
③ 《马克思恩格斯全集》第 3 卷，人民出版社 1960 年版，第 31 页。
④ 《马克思恩格斯全集》第 8 卷，人民出版社 1979 年版，第 32 页、第 572 页。
⑤ 《马克思恩格斯全集》第 3 卷，人民出版社 1960 年版，第 507 页。

大的增长。[①] 马克思主义需要理论为我们研究当代社会精神生活的发展，提供了科学理论指导。

美国心理学家马斯洛需要层次理论，对研究人的精神需要也有理论借鉴意义。马斯洛在《动机和个性》一书中，把人的需要由低至高分成五个层次，即生理需要、安全需要、归属和爱的需要、尊重需要、自我实现的需要。在他后来的著作《激励与个性》中，又补充了“求知的需要”和“求美的需要”。在马斯洛的这一需要层次论中，自我实现需要是最高层次的需要，他认为自我实现就是对天赋、能力、潜力等的充分开拓和利用，是追求高级需要的满足，“高级需要的满足能引起更合意的主观效果，即更深刻的幸福感、宁静感以及内心生活的丰富感”；“高级需要的追求与满足导致更伟大、更坚强以及更真实的个性”；相反，低层次的生理需要“充其量只能产生慰藉、松弛的作用，它很难产生心醉神迷、浑然忘我的高峰体验”。[②] 马斯洛的需要层次理论，受到心理学视角的局限，不同于马克思恩格斯以实践为基础从哲学层面上提出的需要理论。但他把需要分为物质与精神层次，鼓励追求高层次的精神需要，是有借鉴价值的。

（二）精神生产理论

马克思在批判吸收古典经济学家将精神生产看成财富增长的原因和手段以及黑格尔将“抽象的精神活动视为唯一的劳动”的基础上，将精神生产的含义进行了阐述，认为精神生产是人有意识的生命活动的一部分，人的这种生命活动不仅包括物质生产满足人的物质需要，而且包括精神生产满足人的精神需要。马克思强调，精神生产是人的“真正的生产”，精神生产的本质是人特有的生命活动和存在方式，是人与动物的根本区别，“动物只是在直接的肉体需要的支配下生产，而人甚至不受肉体需要的支配也进行生产，并且只有不受这种需要的支配时才进行真正的生产。”[③] 马克思还指出，精神生产是“按照美的规律来建造”的生产，人在生产过程中不仅要认识和把握客观规律，而且要根据人的需求改造世界，不断追求真、善、美，实现人类活动的合规律性与合目的性的统一。

马克思主义的精神生产理论，具有丰富的内涵，其主要思想包括：一是以唯物史观为指导，把精神生产作为社会生产的一部分，并把它置于社会实践的基础之上。社会生产是人类社会存在、发展的现实基础，马克思将社会生产分为物质生产、精神生产和人类自身生产。在马克思主义产生前的思想家，由于受时代和阶级的局限，没有认识到精神生产与物质生产的关系，往往轻视物质生产，使精神活动陷于脱离实践的唯心主义，

---

① 《马克思恩格斯选集》第 3 卷，人民出版社 1995 年版，第 10 页。

② （美）马斯洛：《马斯洛人本哲学》，成明编译，九州出版社 2003 年版，第 60—61 页。马克思：《1844 年经济学哲学手稿》，人民出版社 2000 年版，第 120 页。

③ 《马克思恩格斯选集》第 1 卷，人民出版社 1995 年版，第 46—47 页。

如古希腊许多学者把"长于建筑技术"、"精于农业耕作"的人看作是"卑微"，把懂得"逻各斯"的少数文人称之为优秀。中国古代"学而优则仕"的思想，也有鄙视劳动者的价值观。黑格尔更是将精神生产作为唯一的生产，将人当作精神性的实体。二是以实践论为指导，认为精神生产是人类特殊的认识活动，是认识的直接来源。马克思将社会意识生产分为"思想、观念、意识的生产"和"政治、法律、道德、宗教、形而上学"等诸种社会意识形式的生产。[①] 社会意识形式是高水平的意识，是通过精神生产主体创造出来的。精神生产所形成的认识成果，可以用以指导和推动物质生产。三是从人的本质视角，把精神生产作为人的生命活动或存在方式，是人的类本质体现。在马克思之前的许多思想家，对人的类本质即人与动物的本质区别，都进行过探讨，如中国古代先哲从经验的角度提出了"人之异于禽兽者几希"的观点；还提出了"人力不如牛，走不如马，而牛马为用，何也"的疑问，猜到了人具有社会性。古希腊先哲将人的先天"理性"视为人与动物的本质区别，甚至有哲人形容"人只不过是一根芦苇。……是自然界最脆弱的东西；但它是一根能思想的芦苇。……全部的尊严就在于思想。"[②] 这些先哲们受历史的局限，或对经验进行提炼，或陷于唯心的臆测。马克思看到了唯心论的局限，首先指出物质生产是人类最基本的活动方式，是区别人和动物的最基本标准。"可以根据意识、宗教或随便别的什么来区别人和动物。一当人开始生产自己的生活资料的时候，这一步是由他们的肉体组织所决定的，人本身就开始把自己和动物区别开来。"[③] 在此基础上，马克思又进一步提出精神生产是人的类特征："动物的生产是片面的，人的生产是全面的；动物只在直接的肉体需要的支配下生产，而人甚至不受肉体需要的支配也进行生产，并且只有不受这种需要的支配时才进行真正的生产；动物只生产自身，而人再生产整个自然界；动物的产品直接同它的肉体相联系，而人则自由地对待自己的产品。动物只是按照它所属的那个种的尺度和需要来建造，而人却按照任何一个种的尺度来进行生产，并且懂得处处都把内在尺度运用到对象上去；因此，人也按照美的规律来建造。"[④] 人与动物的不同在于，人的活动的本质是有目的的创造与超越，人能够进行精神生产。人的精神生产为人的精神生活提供精神资源，人的精神生活则蕴涵并推进精神生产发展。

（三）物质与精神相互转化理论

马克思主义坚持存在决定意识，意识对存在具有反作用的原理。恩格斯认为，我们自己所属的物质的、可感的世界，是唯一现实的；而我们的意识和思维，不论它看起来

---

① 《马克思恩格斯选集》第 1 卷，人民出版社 1995 年版，第 72 页。
② 古雷加：《德国古典哲学新论》，人民出版社 1993 年版，第 85 页。
③ 《马克思恩格斯选集》第 1 卷，人民出版社 1995 年版，第 67 页。
④ 《马克思恩格斯选集》第 1 卷，人民出版社 1995 年版，第 46—47 页。

是多么超感觉，总是物质的、肉体的器官即人脑的产物。物质不是精神的产物，而精神却是大脑物质的属性与客观的反映。马克思主义根据物质与精神的辩证关系，不仅论述了两者决定与被决定、作用与反作用的关系，而且阐述了两者相互转化的关系，转化的基本条件是：一是必须以实践为基础，实践既是人认识客观世界的基础，也是改造客观世界的基础，离开实践，转化不可能实现；二是必须有一定的物质条件，因为实践活动都是对象性活动，只有在一定物质条件下才能展开，没有物质条件，转化无法进行；三是要发挥主体的主观能动性，物质与精神的转化不是无主体的活动，而是主体有目的的活动，主体只有充分发挥能动性，转化才能进行，主体无所作为，转化是难以实现的。

马克思有一段著名论述："批判的武器当然不能代替武器的批判，物质的力量只能用物质的力量来摧毁，但是理论一经掌握群众，也会变成物质力量。"① 马克思在这里讲的"理论"变成"物质力量"，就是群众学习、掌握理论，形成思想，指导实践，就能创造物质财富，这就是精神向物质的转化。列宁也说："人的意识不仅反映客观世界，并且创造客观世界。"② 也是讲精神在实践中向物质的转化。毛泽东在《人的正确思想从哪里来的?》一文中，则简明扼要地提出了"物质可以变成精神，精神可以变成物质"这一命题。

"实践—认识—再实践"是人的认识不断深化的规律，人的发展就是在认识与实践、物质与精神的辩证转化中实现的，即人在改造客观世界的同时，也改造自己的主观世界，使得客观世界主观化、主观世界客观化，不断地提升认识和改造能力，创造物质产品和精神产品，推进人的物质生活与精神生活发展。

（四）人的全面发展理论

实现"每个人的全面而自由的发展"是马克思主义的最高社会理想，也是人类社会的最终目标。马克思主义产生前的思想家们对人的发展问题，从不同侧面作过探讨，但因为脱离社会实践，不可能对人的全面自由发展有全面而科学的论述。中国古代的老庄学派，面对社会现实对人性的压抑感到无能为力，只好提出人复归"原始丰富性"、回归自然状态的主张。宗教面对人间苦难，主观设计了此岸世界与彼岸世界，主张人在现世要努力，死后才能登上幸福美好的"天堂"。西方现代哲学的开创者、德国哲学家尼采说过，就算人生是出悲剧，我们要有声有色地演这出悲剧，不要失掉了悲剧的壮丽和快慰。

马克思主义将天堂搬到了人间，认为人类可以通过世世代代的努力，通过建立在社会生产实践基础之上的"消灭现存状况的现实的活动"，改造客观和主观世界，最终实现共产主义的最高理想。"人全面而自由的发展"则是共产主义社会个体状态的完美写

---

① 《马克思恩格斯选集》第 1 卷，人民出版社 1995 年版，第 9 页。

② 《列宁全集》第 55 卷，人民出版社 1990 年版，第 182 页。

照。但马克思还认为，每个人的全面而自由的发展“决不能仅仅靠物质生产领域的进步来实现”，它是“作为目的本身的人类能力发展的必然结果”，其中，精神生产活动是促进和实现“人全面而自由发展”的重要条件。他说：“事实上，自由王国只是在由必需和外在目的规定要做的劳动终止的地方才开始；因而按照事物的本性来说，它存在于真正物质生产领域的彼岸。……在这个必然王国的彼岸，作为目的本身的人类能力的发展，真正的自然王国，就开始了。但是这个自由王国只有建立在必然王国的基础上，才能繁荣起来。”①

实现“每个人的全面而自由的发展”是马克思主义哲学最高的价值理想，是关于未来社会的理想描述，也是现实人发展的最高理想境界。从内容上看，它包括人的全面发展、人的自由发展、“每个人”全面自由发展三部分，是三者的有机统一。

第一，人的“全面”发展。马克思认为，人的全面发展是“人以一种全面的方式，也就是说，作为一个完整的人，占有自己全面的本质”②。一是生产形式的丰富性。“动物的生产片面的，而人的生产是全面的。”③ 当然，这中间就包括了精神生产。人的需要是全面的，除了物质需要，还有更为丰富的精神需要，人是有理想、有意识、有信念的精神性存在。人类丰富的精神文明作为人类精神生产的优秀成果，既有高级产品如社会意识形式，包括政治、法律、道德、哲学宗教以及科学艺术等，又有人们在日常生活中所形成的风俗习惯、礼仪、民族文化等，这些都构成了人的精神食粮，是人的生存方式，丰富和促进人的整体精神世界和人的全面自由发展。二是社会关系的丰富和发展。“人的本质是一切社会关系的总和。”④ 一个人的发展取决于与他人的普遍交往与全面的关系。而在人们之间的交往，必然或多或少地发生情感的联系，从这个意义上说，交往即是一种精神生活。

第二，人的“自由”发展。人的自由发展是建立在个人全面发展这一基础上的自由个性发展。人的自由个性，即个人特有生理素质、心理素质、思维方式、行为方式以及特有的兴趣爱好、性格、气质等。它的发展是人的发展的高级形式，其结果是“有个性的个人”的生成。⑤ 马克思认为在生产力水平低下的人类早期社会，人与人只能相互依赖，或是依赖家庭或是依赖宗教团体，个性消解在集体中，没有自由可言。在资本主义社会，人从人与人的相互依赖中摆脱出来，但又陷入对物的过分依赖，出现人的物化、异化现象，人还是没有真正的自由。只有在未来的共产主义社会中，人的个性才得到真正的发展与张扬。人追求自由，这本身就是一种精神的彰显，人在追求自由个性过程中必然伴随着精神生活的丰富与发展。

---

① 《马克思恩格斯全集》第25卷，人民出版社1974年版，第926—927页。
② 《马克思恩格斯全集》第42卷，人民出版社1979年版，第123页。
③ 马克思：《1844年政治经济学手稿》，人民出版社2000年版，第53页。
④ 《马克思恩格斯选集》第1卷，人民出版社1995年版，第60页。
⑤ 景中强：《马克思精神生产研究》，中国社会科学出版社2004年版，第342页。

第三，“每个人”的全面发展。在阶级社会里，自由全面发展从来没有惠及每个人，尤其是在人剥削人的社会里，从来都是少数特权阶级的权利。人类的整体发展是以牺牲个人的发展为代价的，并始终存在着“个体和类之间的斗争”①。“一些人靠另一些人来满足自己的需要，因而一些人（少数）得到了发展的垄断权；而另一些人（多数）经常为满足最迫切的需要而进行斗争，因而暂时（即在新的革命的生产力之前）失去了任何发展的可能性。”② 而共产主义社会是自由人的联合体，个人不再隶属任何阶级、阶层和集团，将真正实现平等和解放全人类的价值理想。我们是社会主义国家，阶级依然存在，但大多数人获得了发展的权利，社会发展的成果最终将惠及每一个体，不断满足人们日益增长的物质文化需要，社会的发展最终将显现在个体的物质生活、精神生活的全面丰富。

马克思的人的全面发展理论，为我们构建了社会最高理想蓝图。在社会主义社会里，这是我们为之奋斗的长远目标。随着社会经济的迅速发展，物质生活资料的匮乏状态将逐步解除，人们的精神生活需要将日益显现，精神生活在人们社会生活的地位将越来越重要，人的全面自由发展不仅体现在物质条件的改善与提高上，更体现在人的精神生活的丰富充实上。在大力发展物质生产力的同时，如何大力发展精神生产力，从而最大限度促进人的全面自由发展，是一个世界性的课题。正是在此意义上，江泽民曾指出：“推动人的全面发展，同推进经济、文化的发展和改善人民物质文化生活，是互为前提和基础的。人越全面发展，社会的物质文化财富就会创造得越多，人民的生活就越能得到改善，而物质文化条件越充分，越能推进人的全面发展。”“我们所进行的一切工作，既要着眼于人民现实的物质文化生活需要，同时又要着眼于促进人民素质的提高，也就是要努力促进人的全面发展。这是马克思主义关于建设社会主义新社会的本质要求。”③

① 《马克思恩格斯全集》第42卷，人民出版社1979年版，第120页。
② 《马克思恩格斯全集》第3卷，人民出版社1960年版，第507页。
③ 江泽民：《在庆祝中国共产党成立八十周年大会上的讲话》，人民出版社2001版，第44页。

第二章　精神生活的历史发展及其启示

人类作为精神存在物，其精神生活发展的历史几乎就等同于人类发展史。“历史不外是各个世代的依次交替。每一代都利用以前各代遗留下来的材料、资源和生产力；由于这个缘故，每一代一方面在完全改变了的环境下继续从事先辈的活动，另一方面又通过完全改变了的活动来变更旧的环境。”① 马克思和恩格斯的这一段话，告诉我们一个重要的道理：作为纵向发展的历史中的每一个时代，其社会要素与结构都是前代遗留下来的，这是纵向发展对于横向结构的作用；同时，每一世代又是在改变了的条件下继续前代的事业，所以又或多或少地改变原有的社会要素与结构，并遗留给其下一代，这又是横向结构的变化对于纵向历史发展的作用。

纵观人类发展历史，无论古今中外，对人的精神生活的思考积淀了丰富的研究成果，是人类共有的思想财富。德国哲学家雅斯贝尔斯把人类历史发展过程中，精神生活资源最为丰富的时期称之为“轴心时期”，这一轴心时期指的是所形成的“轴心文化”，“轴心文化”指的是有着五千多年灿烂文明的中国的传统文化、西方古希腊时代起所形成的文化；他认为到目前为止，人类依然在这一轴心时期所形成的人类精神文化的框架中继续发展。

一、中国古代社会人的精神生活发展

毛泽东在谈到继承传统文化时说道：“中国现时的新文化是从古代的旧文化发展而来的，因此，我们必须尊重自己的历史，决不能割断历史。但是这种尊重，是给历史一定的科学的地位，是尊重历史的辩证法的发展，而不是颂古非今，不是赞扬任何封建的毒素。”② 这正是指导我们研究传统社会精神生活的正确理论。

中国是一个大陆国家，幅员辽阔的内陆地理条件，与外界相对隔离；中国又是一个以农为主的国家，小农经济是古代的基础。在这样的地理环境与经济基础上，形成了中

① 《马克思恩格斯选集》第1卷，人民出版社1995年版，第88页。

② 《毛泽东选集》第2卷，人民出版社1991年版，第708页。

国以伦理为主的文化体系，也形成了中国人性情内敛、力求稳定、注重内在精神世界的传统。中国古代的农业，是一种春耕秋收、周而复始、阴阳变化、循环往复的发展模式，由于长期受手工生产力水平限制，难以生产非常丰富的物质资源。另外，农业经济以家庭为单位，并受无法移动的土地所制约，从而使家族繁衍稳定，家庭伦理道德得以形成并泛化至整个社会，使整个社会成为伦理道德文化主导的社会。这种文化，讲究“内圣外王”修炼，致力于内心世界的丰富和人格境界的提升，注重精神生活、道德生活、诗化生活。把这种伦理道德推及自然，萌发了天人合一思想，寄情于山川河流，赋予山水人文色彩。

中国古代人的精神生活，主要受儒家、道家、佛家文化影响。中国古代丰富的思想史肇始于奴隶社会末期，一直延伸到清朝灭亡，都以封建社会的思想理论为主导。不同于西方的是，西方从古希腊时期开始到当代，历经奴隶社会、封建社会、资本主义社会三种社会形态和经济模式的更替。所以，本文对于中国古代社会关于精神生活发展的研究，不以时间为序，而主要从儒、道、释三家文化着手，比较静态地剖析古代中国人的精神生活状态。

（一）儒家思想与人的精神生活

儒家思想不仅是一种社会哲学，也是一种人生哲学。由于它在古代社会的主导作用，成为构建国民精神及民族性格的主要思想来源。

孔子创建儒家学派以来，经过先秦孟子、荀子的发展，在不同时期有不同的表现形态。西汉董仲舒“罢黜百家，独尊儒术”，魏晋时出现的儒经玄学化，隋唐以韩愈为代表的“道统说”，宋明的“宋明道学”（包括“程朱理学”和“陆王心学”），到明清之际的黄宗羲、王夫之的“启蒙”思潮，等等，再到近代西方文明传入中国后，在中西方文化碰撞下由梁漱溟、张君劢、熊十力等人所提倡“新儒学”等，对不同时期的人们的民族精神及精神生活产生不同的影响。

儒家创始人孔子的核心思想是“仁爱”，这一核心思想的现实基础，缘于家庭血缘关系，故“仁”以“孝悌”为本。所谓仁，就是仁者爱人，要以爱亲、敬长之心对待家人与他人，用人的自然亲情去处理和建立和谐的人际关系。个体生活在家庭中，生活在伦理化的道德社会中，生活在群体中，虽然没有充足的个体自由和个性张扬，但人与人之间相亲相爱，按等级与道德规范相处，形成了一种人与人的依赖关系，家、国为重，个人消解在家与国之中，无个体自由及个性可言，所以人们只能享有一种低层次的精神生活。

1. 儒家思想对中华民族精神的整体构建意义。所谓民族精神，是指一个民族的思想素质、价值取向、心理态势等的总和。儒家伦理文化对培育中华民族精神起了重要的作用。关于中华民族精神，学者有诸多阐述。如刘纲纪认为中华民族精神有理性精神、自由精神、求实精神、应变精神。[①] 张岱年则总结为："刚健有为；和与中；崇德利用；天人协调。这些就是中国传统文化的基本精神所在。"[②] 他还认为，中国的民族精神基本凝结于《周易》两句名言之中，这就是："天行健，君子以自强不息；地势坤，君子以厚德载物。"

自强不息，出自《周易》："天行健，君子以自强不息"，意思是自觉地努力向上，永不放弃。中华民族在改造自然和社会的过程中，崇尚天道，主张人效法天地。早在周朝的周公就提出"以德配天"的思想，认为天只辅佐有德之人。后来被儒家加以继承和发展，将天继续道德化。《周易》"天行健，君子以自强不息"的精神，儒家"知其不可而为之"的进取精神，对构建中华民族自强不息的性格有着深刻影响。儒家思想主张将个体与国家、社会的命运联系起来，树立远大志向，克服困难险阻，立志建功立业，反对个人同家庭、社会的分离。孔子还提出了一辈子奋斗的思想，在《论语·述而》中记载："吾十五而有志于学，三十而立，四十而不惑，五十而知天命，六十而耳顺，七十而从心所欲，不逾矩。"孔子为了宣传自己的学说，一生奔走列国，知其不可而为之，"发愤忘食，乐以忘忧，不知老之将至"。[③] 又如"西伯拘而演《周易》，仲尼厄而作《春秋》；屈原放逐，乃赋《离骚》；左丘失明，厥有《国语》；孙子膑脚，《兵法》修列；不韦迁蜀，世传《吕览》；韩非囚秦，作《说难》、《孤愤》；《诗》三百篇，大抵圣贤发愤之所作为也。"[④] 中华民族这种越挫越勇、积极乐观、自强不息的精神，激励着中国人积极进取，创造出灿烂的文明，并且在中华民族受到外来侵略时，无数贤人志士为国家统一事业而奔走，甚至牺牲生命也在所不惜。这种自强不息的精神是构成中华民族精神的重要内容。

厚德载物，出自《周易》中的卦辞："地势坤，君子以厚德载物"，其意思是重视品德要像大地一样能容养万物，今多指以深厚的德泽育人利物，以博大精深的学识培育学子成才。厚德载物体现了中华民族对宽厚美德的向往与道德至善的追求，即君子应该像大地一样，包容万物，承载万物，滋养万物。这种宽厚的胸怀体现在对他人的理解、体谅与宽容上。如陆九渊说："宽也者，君子之德也。"[⑤]《论语》里说："宽则得众。"主张如《论语·子路》中所说："君子和而不同，小人同而不和。"其次，"厚"者，恕也，仁也。也即己欲立而立人，己欲达而达人，己所不欲，勿施于人；体现为替他人着想，君子有成人之美。有了宽厚的胸怀就可以放大别人的优点，给予对方积极评价，宽容对方的缺点，不念旧恶，不记人过。孔子说："不念旧恶，怨是用希。"[⑥] 同时，厚

① 参见刘纲纪《略论中国民族精神》，《武汉大学学报》1985 年第 1 期。

② 张岱年：《论中国文化的基本精神》，载《中国文化研究集刊》第 1 辑，复旦大学出版社 1984 年版，第 43 页。

③ 《论语·述而》。

④ 司马迁：《史记·太史公自序》。

⑤ 陆九渊：《与辛幼安》，载《陆九渊集》卷五。

⑥ 《论语·公冶长》。

德载物的精神还体现在如“大地”一般居于人下的谦虚礼让的为人处事态度，谦虚谨慎已成为中华民族的心理印记。总之，从《易传》流传至今的厚德载物精神，孕育了中华民族的仁爱宽厚、乐群贵和、谦虚敦和的民族品格。

中华民族精神在儒家思想的滋养下源远流长，远不止以上可概括。如重义轻利、大公无私、天人合一的精神，都构建和丰富了国人的精神世界，使得中国人在困境中奋进，在苦难中乐而忘忧，在义利之间重道德追求，在公私之间重公轻私，在矛盾冲突中求同存异。中华民族这种自强不息、厚德载物的精神，与西方文明强调的与他人竞争、与自然对立的气质形成比照。

2. 对“仁、义、礼、智、信”的追求，充实人的精神生活。孔子学说的核心思想是“仁”。“仁”是个体生命追求的最高道德境界，为仁由己，以仁为任。后来汉代董仲舒将其扩展为“五常”，即仁、义、礼、智、信。“五常”蕴涵丰富的精神内涵，是儒家处理人际关系最基本的行为准则，也是个体修养的主要内容，对中华民族的道德生活和民族精神产生了深远影响。

仁，从字体上看，是指人与人之间相互依存。要求人们相亲相爱，反映了人对自身的觉醒，对人的类本质的理解，具有浓厚的人道精神。仁者爱人，是指要在人际交往中注重人的价值，把别人当做同类来看，不仅是血缘关系的亲人，也包括无血缘关系的一般人，“老吾老以及人之老，幼吾幼以及人之幼”[①]，就是说，孝敬自己的老人，也如此去对待其他老人；关爱自己的孩子，也同样以这样的方式去疼爱其他的小孩。视人为己，推己及人，讲求忠恕之道，是一种博大的爱心，与人为善，助人为乐，是一种社会责任。宋代儒学家则将“仁”由爱人推衍至“仁民爱物”，将仁进一步抽象为天地生生之德，视为宇宙万物发展的基础。人的精神生活的提升当然离不开道德境界的提升，能做到仁者爱人，精神世界必然静穆高尚。

义，作为五常之一，是判断是非善恶和人的行为的价值准则。朱熹在《四书集注》中解释道：“义者，事之宜也。”“义者，天理之所宜。”“义者，心之制、事之宜也。”利，是每个人从自己的利益出发，是人们行为的内在动因。但儒家认为，利虽然具有客观性，但不具有普遍性，不能成为评价行为的价值标准。义则不然，它是对人类利益的一般性、共同性的升华。道德作为人类生活的规范属于“应然”价值判断，它高于生活，人的行为以“义”为准，体现个体的道德自觉与主观能动性。儒家思想在利与义之间，主张舍利取义，义大于利，促进个体道德生活的提升与发展，使人的内心不囿于个人利益的得失，不受私利的干扰。这对精神生活的和谐发展具有重要调节作用。

礼，是儒家伦理道德的重要范畴之一。礼是仁义外在的行为规范和模式。一个人要参与到社会中去，必然要接受和学习社会对他提出的各种要求，这些要求就体现在儒家所规定的各种礼之中，故孔子说：“不学礼，无以立。”使自己一切言行都符合礼，做

---

① 《孟子·梁惠王上》。

到“非礼勿视，非礼勿听，非礼勿言，非礼勿动”①，自觉遵守道德规范，才能构建良好的人际关系和和谐的社会秩序。孔子所推崇的理想人格，就是“彬彬有礼”的君子。荀子预设人性为恶，他在《礼论》中提出：“礼起于何也？曰：人生而有欲，欲而不得，则不能无求。求而无度量分界，则不能无争。争则乱，乱则穷。先王恶其乱也，故制礼义以分之，以养人之欲，给人以求，使欲必不穷于物，物必不屈于欲。两者相持而长，是礼之所起也。”② 有了礼，就可实现“贵贱有等，长幼有差，贫富轻重皆有称者也”③。这样，在社会生活中，人们应各安其分，消除纷争，维护社会稳定，不可以下犯上。可见外在的礼节可以约束和调节人内心的欲望，对人的行为与精神活动起着控制、平衡的作用。

智，在儒家看来，是指“知人者智，自知者明”，意思是要有能明辨是非善恶的智慧，属于道德范畴。中国古代人的智慧，大抵用来处理人际关系，即分清善与恶、义与利，“智”则是道德认识能力。一个人有了道德认识，就有了主动将社会道德内化为个体道德的可能，做到知行统一，就可以用道德理性克制物欲和情欲，扬善去恶，实现个体的道德完善。儒家所说的“学而优则仕”，“仕”讲的就是成为“外王”，而“外王”的内在支撑是“内贤”，而“内贤”则是通过不断的道德教化与修养获得的。这种教化与修养并不是获得科学知识，而是道德准则与规范。在儒家眼里，社会生活和个体生活在本质上是道德生活，道德生活当然是一种精神生活。有了判断善恶是非的智慧，对于精神生活的丰富与提升无疑具有推进作用。

信，从字体上看，本指人所说的话，许下的诺言、誓言。作为道德范畴，它的核心内容是真实无妄，对某种信念、原则出自内心的忠诚。中国是个农业国家，春耕秋收，按四时运作，要看天行事，故儒家思想很注重天道，同时认为人道是天道的具体体现。宇宙万物是真实存在的，这是一种“诚”；人道亦显现出一种“诚”，如《中庸》中讲到：“诚者天之道，诚之者人之道”，意思是人应该像天一样，要真实无妄，这是诚信由来的基本思想渊源。儒家典籍里有大量对诚信的阐述，如《论语·颜渊》中说：“自古皆有死，人无信不立”；《论语·为政》中讲：“人无信，不知其可也”；《论语·卫灵公》中认为：“言忠信，行笃敬，虽蛮貊之邦行矣；言不忠信，行不笃信，虽州里，行乎哉？”等等。说明只有言而有信的人，才能获得他人的信任。信不仅是指对他人讲信用，而且是对自己真实本性的忠诚，做到不欺己，才能做到不欺人。所以朱熹说：“凡人所以立身行己，应事接物，莫大乎诚敬。诚者何？不自欺、不妄之谓也。”④ 总之，诚信是处理人际关系的最基本要求。人与人互相信任、真诚，是人与人交往的精神

① 《论语·颜渊》。
② 《荀子·礼论》。
③ 同上书。
④ 《朱子语类》卷一一九。

纽带。君臣有信则仁忠，父子有信则孝慈，夫妇有信则义顺，兄弟有信则友悌，朋友有信则爱敬。人生活在诚信的环境下，内心才安然踏实，这对于精神生活的构建起着非常重要的作用。而现代社会面临着信用危机，导致人与之间关系紧张、不信任，使人的生活没有安全感，内心忧虑不安，孤独无助，这对人的精神生活是一种很大的损害。儒家提倡的“信”在当代构建精神文明中仍有重要的意义。

3. 儒家思想的审美情趣对精神生活的丰富。儒家对人生既有形而上的思想，也有形而下的追求。形而下是人对社会的作为，由此形成礼乐、人伦的道德观；形而上是对人的生命存在和终极理想审美域的把握。①

第一，注重艺术与美育的作用。孔子非常重视艺术和审美在人们追求精神境界过程中的特殊作用，他说：“知之者不如好之者，好之者不如乐之者。”② 就是说，知道“仁”，或喜欢“仁”都是不够的，还必须对“仁”能产生情感的愉悦，能得到一种审美的享受。这也就是说，在主观意识的修养中，在为了达到“仁”而进行的努力中，审美的境界高于知识的境界。孔子是中国重视和倡导美育的第一人，他主张“兴于《诗》，立于礼，成于乐”③。在他看来，一个人的内在品质修养，要从学《诗》开始，要用“乐”来完成，在《论语·为政》中，他说：“诗三百，一言以蔽之，思无邪。”无邪就是归于正，可以起到排除人内心杂念、净化心灵的作用。同时，他还认为“美”与“善”是一致的，要尽善尽美；他所推崇的《韶》，在《论语·八佾》中强调的就是“尽美矣，又尽善也”，主张艺术的形式要美，内容要善。做人则要文质统一，质是内在道德品质，文是指人的文饰，只有文质统一起来，才是彬彬有礼的“君子”。

第二，乐山乐水的审美情怀。中国人重视天道，讲求天人合一，强调与大自然融为一体，将大自然人格化，去欣赏大自然的美，以山水为乐，不仅崇尚自然的道家是如此，儒家也注重与自然的和谐统一。孔子说：“知者乐水，仁者乐山。知者动，仁者静。知者乐，仁者寿。”④ 朱熹对此解释道：“知者达于事理而周流无滞，有似于水，故乐水；仁者安于义理而厚重不迁，有似于山，故乐山。”⑤ 孔子在《论语·子罕》中说：“岁寒，然后知松柏之后凋也。”孔子的话肯定了大自然的某些属性和人的道德有一定的相似性，人们欣赏自然美所得到的愉悦正是大自然包含着这种道德内容。他这一命题，在中国美学史上开创了一种关于自然美欣赏的“比德”理论。⑥ 正是如此，中国古代流传下来的诗词，大多描写大自然的秀美景色，然后喻情于景，借以抒发内心的道德情怀，如屈原的《桔颂》，又如中国画或诗中的松、柏、梅、兰、菊、竹、莲等，都被

---

① 李天道主编：《中国古代人生美学》，中国社会科学出版社2008年版，第15页。

② 《论语·雍也》。

③ 同上书。

④ 同上书。

⑤ 《朱子集注》。

⑥ 叶朗：《中国美学史大纲》，上海人民出版社2005年版，第23页。

赋予了道德的意涵，通过赞美它们的高尚品质，借以喻君子之德。

孔子在与各弟子谈人生理想时，很推崇“曾点气象”。所谓“曾点气象”，据《论语·先进》记载，孔子曾让他的四位弟子言志。子路说他志在使民“有勇且知方”，冉求说他志在“足民”，公西华说他想做一个小相。与三人不同，曾点却说他的志向是：“暮春者，春服既成。冠者五六人，童子六七人，浴乎沂，风乎舞雩，咏而归。”就是在晚春时节，自己身穿新衣，和一大帮青年少年一起到沂水里去洗洗澡，在舞雩台上吹吹风，然后悠然地唱着歌回家。孔子听后喟然而叹：“吾与点也!”曾点向往理想中优游自在的太平生活，孔子表示赞许，认为是一种富于审美情趣的境界。在这样一种情境下，人与自然融为一体，心灵与山水浑然相通。中国古代诗歌里有大量这样的诗词，如“采菊东篱下，悠然见南山”，“春有百花秋有月，夏有凉风冬有雪，若无闲事上心头，便是人间好时节”，等等，主客一体，融情于景，咏物与咏怀相结合。这种对大自然美的追求与热爱，造就了中国人独特的寄情山水的审美情怀。

第三，乐以忘忧的人生态度。儒家主张积极进取的人生哲学，孔子的“知其不可而为之”的进取精神，正是积极追求远大理想的表达。在进取的过程中难免困难重重，遇到难以选择的痛苦怎样化解呢？孔子在《论语·述而》中说：“其为人也，发愤忘食，乐以忘忧，不知老之将至云尔。”他表达自己的人生态度是：“饭疏食饮水，曲肱而枕之，乐亦在其中矣。不义而富且贵，于我如浮云。”孔子还称赞颜回道：“贤哉，回也！一箪食，一瓢饮，在陋巷，人堪其忧，回也不改其乐。”① 南宋罗大经对儒家这种乐而忘忧的思想进行了解释与发挥：“夫子有曲肱饮水之乐，颜子有陋巷箪瓢之乐，曾点有浴沂咏归之乐，曾参有履穿肘见、歌若金石之乐。周程有爱莲观草、弄月吟风、望自随柳之乐。学道而至于乐，方是真有所得。大概于世间一切声色嗜好洗得净，一切荣辱得失看得破，然后快活意思方自此生。”② 这种“知足常乐”、“安贫乐道”的精神，要求人们以超越和审美的态度来对待人生的种种困境，淡泊名利，不为物欲所羁绊，把人生的苦难当做磨练自己意志的机遇，才能成为“富贵不能淫，贫贱不能移，威武不能屈”的高尚者，才能获得心灵的自由与愉悦。

（二）道家思想与人的精神生活

若说儒家思想主张积极进取、建功立业，追求内圣外王的境界，道家思想则是追求心灵自由、关注个体、返璞归真、见素抱朴的自然境界。

道家学派的创始人老子是先秦诸子中具有哲学气质的智者，他崇尚自然，主张效法天地，提倡“无为”思想。老子关于精神生活的思想不同于儒家追求内圣外王的理想

---

① 《论语·述而》。

② 《鹤林玉露丙编》卷三。

境界，而是主张重返天真，追求“见素抱朴，少私寡欲”[①] 的理想人格。在他看来，所谓功名利禄、是非利害都只是过眼云烟，追求这些东西会干扰人的生活，他说：“五色令人目盲，五音令人耳聋，五味令人口爽。驰骋畋猎令人心发狂，难得之货令人行妨。”[②] 也就是说，欲望太过，会搅乱心灵。他认为人的欲望特别是物质欲望是无止境的，对物质欲望无止境的追求无益于人的身心健康，“罪莫大于可欲，祸莫大于不知足，咎莫大于欲得，故知足之足，常足矣”[③]。这些使人丧失天真的赤子之心，心为形役，心为物役，人便成为物质的奴隶。所以老子要人们淡泊名利，超脱功利，求得精神的自足与平衡，这才是人生的最佳境界。

同时，老子很珍惜生命，对人在社会生活中如何保全自己、如何实现自己的目标也有深刻独道的见解。首先，他提出要对“道”进行认识和把握。老子所说的“道”是万物之基，是天地之始，万物之母。“道生一，一生二，二生三，三生万物。”[④] 得“道”就是“德”。“道生之，德畜之……是以万物莫不尊道而贵德。”[⑤] 老子非常重视“道”之“德”，“天得一以清，地得一以宁，神得一以灵，谷得一以盈，侯王得一以为天下正。”[⑥]“不知常，妄作，凶。知常，容。容乃公，公乃王，王乃天，天乃道，道乃久，殁身不殆。”[⑦] 这种生存大道，根本的就是“反者道之动”[⑧]。“反”，一是指道本身所蕴涵的两种对立的力量，这使得道具有运动的本性，使其周行而不殆；二是指物极必反，即一旦事物向极端发展，就是走向它的反面。老子举了很多例子说明了这一点，如，“轻诺必寡信，多藏必厚亡”，“祸兮福所倚，福兮祸所伏”，等等。在老子看来，事物越是急于肯定自己（居有），它越是急剧走向否定（得无），人越是急于有所作为，越是适得其反。相反，一旦人懂得了否定的辩证法，明道用反，不再执著于“有”，反而会常保其“有”。自觉谦下地居于无，反而会不无。要想保持某些东西，就要在其中容纳与之相反的东西，即老子所说的“袭明”。具体到实践层面，一是要“柔弱”以保存力量成就刚强；二是要“不争”才能“天下莫能与之争”；三是虚静，万物的本原是虚，人的活动也要“致虚极，守静笃”[⑨]，“静胜躁，寒胜热，清静为天下正”[⑩]；四是无为，顺应事物的自然发展趋势，遵循事物自身固有的规律去行事，并知足、知止，无为不是不为，是让万物各顺其性而自为；五是要知足：“祸莫大于不知足，咎莫大于欲

① 《道德经·19章》。
② 《道德经·12章》。
③ 《道德经·46章》。
④ 《道德经·42章》。
⑤ 《道德经·51章》。
⑥ 《道德经·39章》。
⑦ 《道德经·16章》。
⑧ 《道德经·40章》。
⑨ 《道德经·16章》。
⑩ 《道德经·45章》。

得。故知足之足，常足矣”①；六是要“见素抱朴，少私寡欲”②，“素”是指未经染色的丝，“朴”指未经雕的木，即本来面目。

在老子看来，道是素朴的，遵循道的人也应该过素朴的生活。将自己的生活严格限制在必要的、自然的范围之内，欲望和智巧不能太多。私欲过多，是污染心灵、损害人生、危害社会的主要原因之一。智巧，老子指的是心机、狡诈，它使人知道更多欲望对象，懂得更多取得这些对象的手段，它既是欲望的主人，也会使人成为欲望的奴隶。“智慧出，有大伪。”③ 于是，老子认为，这些心智会使人争相逐利，不仅造成社会混乱，而且会破坏人类朴实的自然之性。“绝圣弃智，民利百倍，绝巧弃利，盗贼无有。”④ 他认为生命能量的储蓄不在于占有和挥霍多少物质财富，而在于确立一种淡泊宁静、素朴无为的生活理念。

老子的思想虽然难免消极无为，但它具有朴素的辩证法思想，这对现代社会快速发展、功利凸显、物欲强化、竞争激烈的时代背景下，造成不少人或精神上浮躁、急躁，或急于求成，或为达个人目的用尽心机、不择手段的倾向，无疑具有启示作用。

（三）庄子关于精神生活的思想

庄子是战国时期最富浪漫诗情、生命体验和批判头脑的诗人哲学家。他一方面继承老子的“道”，认为“道”是天地万物的根源，也是人生存的依据；另一方面，他把道论的重心从本体论、宇宙论转到境界论。他提出齐万物、齐物我、齐生死、无己、无待的“逍遥游”的人生境界，是对苦难生存现实的解脱与超脱。⑤

庄子生活在战乱频繁的战国时代，使他对人的生存问题给予了莫大关注。当时战乱不断，动荡不安，君王昏庸无道，人们对现实失去了信心，感叹“今处昏上乱相之间”⑥。在这样的时代背景下，庄子认为天下一切都不是普通百姓个人意志可以改变的，主张人不必枉费心机，不如在乱世保全自身。在这样的乱世中，庄子所感受到的人之生存困境主要表现在：一是肉体生命易逝之困。生之短促，如“白驹过隙，忽然而已”⑦。二是社会时势对人的压迫。“死生、存亡、穷达、贫富、贤与不肖、毁誉、饥渴、寒暑，是事之变，命之行也。”⑧ 他认为来自社会的压力同来自自然的生死一样，是限制个体生命的本性得以自由表达的客观制约因素，是造成生命困境的外在力量。三是个体

① 《道德经·46章》。
② 《道德经·19章》。
③ 《道德经·18章》。
④ 《道德经·19章》。
⑤ 参见谭大友《生存智慧的当代阐释》，社会科学文献出版社2007年版，第38页。
⑥ 《庄子·山木》。
⑦ 《庄子·知北游》。
⑧ 《庄子·德充符》。

自我生命的情与欲。凡人都爱好名利，情与欲是人之本性，但却是造成人精神负担的主要因素，使人终生陷于各种忧虑痛苦之中。更有甚者："小人则以身殉利，士则以身殉名，大夫则以身殉家，圣人则以身殉天下。"① 这些都对生命有害，必须超越。

如何实现超越呢？庄子思考最多的是人如何无灾无祸地活下去，为此，人要做到"贵己贵真、安命顺物、齐物法天、游心逍遥"②。

所谓贵己，就是要爱惜和保全自己的生命；所谓贵真，是指坚持人性之真，要有不加伪装的原始质朴之性。在乱世中如何保全生命呢？首先是与统治者保持距离，奉行无用即大用的思想。个人生命高于一切，高于道德规范，要做到自得其乐。其次是修炼养生。庄子以"庖丁解牛"的故事来将刀刃比做人的生命，以无厚比喻无为，以骨节和筋肉比喻是非善恶，以空隙比喻远离是非善恶。同时主张节欲，守住自己的本性。在庄子看来，正常欲望人皆有之，并不应排除必要的物质欲望。但超过限度，就会自取危害，达不到养生的目的。最后要慎言行，即"人云亦云，罪不责众"。如何贵真？真即发自内心，源于自然，不加雕饰，不加伪装，保持人的质朴之心，即人的天性。

所谓安命顺物，即"知其不可奈何而安之若命"③。人有生有死，这是自然决定的，人无法改变，人要认识到这种必然性，不要做不必要的挣扎，"死生存亡，穷达富贵……命之行也"④。要安然顺其自然。

所谓游心逍遥，就是在形式上要有随俗、安命、顺世的处世态度，但内心时刻保持性格独立以及对幸福自由的追求，即"外化而内不化"⑤，"内直而外曲"⑥。外化、外曲指安于自然，随外在的一切变化而变化，表明庄子哲学的消极保守性；内不化、内直即保持内心的独立、宁静、自由与纯洁，在精神上超越世俗，这是庄子生存哲学的一个鲜明特色，也是庄子哲学的重要贡献。

在精神生活上，如何获得幸福与自由呢？庄子的一篇《逍遥游》，对比地做了两种解释：即有待逍遥与无待逍遥，也就是相对自由和绝对自由。有待逍遥，是指要依赖于一定主客观条件的逍遥；无待逍遥，即不依靠任何条件的逍遥，"若夫乘天地之正而御六气之变，以游无穷者，彼且恶乎待哉？"即心灵与道的合一，这种理想境界就是绝对自由的境界。在这种心灵自由翱翔与逍遥中，能获得极大的精神愉悦。如何达到这种绝对自由呢？庄子认为要摆脱一切客观条件的束缚，更重要的是要摆脱个人肉体的和精神的束缚，做到"无己"。"至人无己，神人无功，圣人无名。"⑦ 无己即不考虑自己，超

---

① 《庄子·骈拇》。
② 谭大友：《生存智慧的当代阐释》，社会科学文献出版社2007年版，第41页。
③ 《庄子·人间世》。
④ 《庄子·德充符》。
⑤ 《庄子·知北游》。
⑥ 《庄子·人间世》。
⑦ 《庄子·逍遥游》。

越物物区别、物我区别，达到自我与非我、主观与客观的浑然一体。自我与非我相统一，即庄子讲的绝对自由。庄子对当时的时势完全绝望，只能在心灵、精神上通过想像寻找出路。现实无力改变，但心灵可以安详而美妙，达到这种心灵境界的人称为真人，真人既不乐生，也不恶死，生时不欢欣，死时不抗拒，一切顺其自然，这就叫解脱。

要达到这种逍遥境界，还必须体道。通过体道，达到物我同一、天人一体。如何体道？一通过“心斋”。心斋是一个致虚守静、去知去欲的过程。心志专一、虚静才能与道为一，获得精神的解放与心灵的自由。二是坐忘：“堕肢体，黜聪明，离形去知，同于大通，此谓坐忘。”[①] 通过这些，达到“天地与我共生，万物与我为一”[②] 的体悟，从而产生一种将自我与自然融为一体的思想，获得襟怀宽广、逍遥翱翔的内心感受。

庄子无疑是中国古代一位洒脱的先哲，他所描绘的“逍遥游”境界也是人们一直以来孜孜以求的自在自由境界，他对于人如何在现实困境中获得心灵的自由，通过精妙的寓言或故事，提供了一套方案。现代人若能静下心来仔细阅读一番，在现实困境中获得精神心灵的舒展，应该有所启迪。当然，我们也要看到，庄子的思想也存在脱离实际、消极无为的局限。

（四）佛教思想对精神生活的影响

佛教是由印度王子乔达摩·悉达多创立的，于东汉时期传入中国，中经魏晋与玄学结合，到南北朝时僧肇建立了中国化的般若空宗的哲学体系，竺道生创立了“顿悟成佛”说；到了隋唐，融合了老庄玄学和儒家心性论，产生了华严宗和禅宗，以及后来产生的诸多教派。禅宗是中国化佛教的标志。

佛教创立者认为，探讨诸如宇宙奥秘之类与人生无关的自然哲学是无益的，要关心的只是人生现象和人的命运，创立人生现象的本质（痛苦及原因）和人生的解脱（摆脱痛苦获得幸福）之道的学说，包括人生本质——痛苦说，痛苦的原因——因缘说，痛苦的解脱——寂灭说，达到寂灭的途径——修行说。

佛教认为，人原本是不存在的，人之所以成为现实存在，是由诸种因缘暂时聚合而成的。随着因缘聚散变化，人最终将不复存在。由于“诸法无我，诸法无常，色即是空”，人的本质也是虚幻的空无的。佛教认为有五种元素构成了将人暂时聚合的各种因缘，即“色、受、想、行、识”（五阴、五蕴），阴与蕴是积聚之意。其中，“色”是物质元素；“受”是感官感受外境引起各种感觉活动；“想”指人构成的表象和观念以及思维活动；“行”即行为动机、意志活动；“识”指认识、分别能力。因缘聚合的人，本质是物质现象与精神现象的统一，即灵与肉的统一体。[③]

---

① 《庄子·齐物论》。

② 《庄子·齐物论》。

③ 谭大友：《生存智慧的当代阐释》，社会科学文献出版社 2007 年版，第 63 页。

佛教把人世分为前世、今世、来世，前世是人身未降临人世时作为精神体的“无明”（糊涂的认识）和“行”就在起作用了；现世是人肉体死亡后精神还存在；来世接受今世作“业”（善、恶之行）所产生的结果。人的生命与精神同在，并按前生所作“业”，在“三界”（欲界、色界、无色界）六道（地狱道、饿鬼道、畜生道、阿修罗道、人道、天道）中升降、轮回、流转、循环。因此，精神是比肉体更为根本的东西。说到底，佛教脱离实际，陷于唯精神活动。

佛教虽然特别关注现实人的苦难，认为人生有八苦，包括生老病死之苦、爱别离苦、怨憎会苦、五蕴盛苦等。要超越苦难的现实社会、苦难的现实人生，就要把握因缘消散后“无”即空之真谛，消灭一切欲望，使心灵达到寂灭状态，这样就能进入极乐世界。所以，佛教主张要用“空性”与“无我”来对付“我执”（包括我思、我想、我吃、我穿、我疼、我吃惊、我懊恼等），“我执”会产生“贪嗔痴”，产生种种烦恼，只有消除“我执”，使身心不受“我”的支配，做到“无我”，才能获得自由、普渡众生。

印度佛教在唐代实现了中国本土化，形成了禅宗。禅宗将“自心”视为人的本质，人生的堕落、毁灭、解脱都决定于自心。自心即本真之心，又称为本心、真心、佛性。“自心是佛”① 指人人都具有自心，也是众生得以禅修成佛的根据，人人都有成佛的本性。“自性若悟，众生是佛；自性若迷，佛是众生。”② 迷，是心取诸法，即执著诸法，悟是不取诸法，不生妄念，当人放下执著，由迷悟道时，就达到了佛的境界。禅宗一方面追求崇高的佛的境界，另一方面又讲“世间即出世间”，“佛法在世间，不离世间觉，离世间觅菩提，恰如求兔角”③，即要求人在日常生活行住坐卧间体悟禅道，在青青翠竹、郁郁黄花中发现禅意，也就是要在现世的生活中寻求世间的境界，无须外求一个彼岸世间，这是与印度佛教的不同之处。在封建社会，人们受阶级压迫和剥削，生活艰难困苦，不能改变现状，念佛诵经，寻求一种精神寄托，祈求来世，这对人的心灵宁静和压抑的排解起到了一定作用。但佛教文化毕竟是一种主张禁欲，忍受苦难，逃避现实，唯心修炼的文化，经过长时期演变，在历史上虽起过调节作用，但对人的物质生活、精神生活起着压抑作用。即使在竞争激烈、快速发展的现代社会，许多人因浮躁、急躁、迷茫、沮丧、焦虑、恐慌等情绪，企图寻求宗教解脱，但这种解脱的后果，是陷入更没有希望的境地。

二、西方社会精神生活的演进

西方关于精神生活的理论、知识，大多围绕着人生应该追求什么样的生活以及如何

---

① 《六祖坛经·付嘱品》。

② 同上。

③ 《六祖坛经·般若品》。

追求快乐与幸福等问题展开。在机械唯物主义与功利主义那里，认为人生就是追求物质生活及感官快乐，精神生活则是无足轻重的，正如恩格斯所指出的，这样的观点实际是把“丑恶的物质享受提到了至高无上的位置，毁掉了一切精神内容”①。在客观唯心主义那里，认为人生就是追求理念世界，或对上帝的信仰与爱，鄙视或完全排斥物质生活和感官享乐。在主观唯心主义那里，人应当按照理性活着而不是感性去生活，追求高于感性的理性的精神生活。在古希腊朴素唯物主义那里，则强调先要有基本的物质生活和感官需要的满足，也要追求精神生活的完善。下面以时间为序，对不同时期不同学派代表人物关于精神生活的阐述介绍如下。

（一）西方古代关于精神生活的探讨

1. 古希腊时代关于精神生活的考究。古希腊时代是西方哲学研究的起点与繁华时期。从那时起，西方先哲就开始研究幸福伦理学，并形成了对后世影响深远的理论。

梭伦关于精神生活的思考。被称为希腊七贤之一的梭伦，开创了西方幸福伦理学的先河，是西方最早从物质和精神方面考察幸福的先驱。在他看来，不少有钱的人并不幸福，而许多只有中等财产的人却是幸福的。因为前者时时都在想方设法地聚刮钱财，精神空虚，并常常在穷奢极欲中损害身体，易于招来灾祸。而中等财产的人不为生计所累，注重自己的品德和精神生活。同时，他还认为，为城邦国家或为某种有意义的事而献身的人是幸福的。

赫拉克利特关于精神生活的思想。赫拉克利特是古希腊著名的唯物主义者，列宁称他为“辩证法的奠基人之一”②。他从唯物主义的感觉论出发，鄙视追求肉体感官快乐的人，强调精神上的快乐，他说：“猪在污泥中，而不是在洁净的水中取乐。”③ 他还说：“最优秀的人宁取一件东西而不要其它一切。就是，宁取永恒的光荣而不要变灭的事物。可是多数人却在那里象畜牲一样狼吞虎咽。”④ 他认为肉体的享乐是可以得到的，但却是暂时的，只有精神上的快乐才是恒久的。人应当为一种高尚的理想或信仰去奋斗、牺牲。

苏格拉底关于精神生活的思考。苏格拉底是个理念论者，认为肉体是灵魂的坟墓，是追求知识的障碍。因此，他将感性认识和理性认识对立起来，贬低感性，强调理性知识的价值。他认为哲学的研究对象是“人自身的心灵”，自此，西方哲学研究对象从自然界归于人自身，关注人自身的道德伦理。他强调一个人要是认识了关于自己的一切知识，就会免除灾难，获得幸福；他将幸福看做一种通过理性知识才能得到的东西，所以

---

① 《马克思恩格斯全集》第1卷，人民出版社1979年版，第366页。

② 《列宁全集》第38卷，人民出版社1963年版，第390页。

③ 苗力田：《古希腊哲学》，中国人民大学出版社1989年版，第49—50页。

④ 苗力田：《古希腊哲学》，中国人民大学出版社1989年版，第50页。

人必须经常思考自己，寻求关于自己的知识。他从唯心主义的世界观出发，反对人的各种物质享受，提倡灵魂的不朽与安乐，他说："实在是掩蔽在一层薄薄的快乐外衣下面的痛苦。"① 他这样的思想明显带有禁欲主义倾向，这种倾向为后来柏拉图、犬儒学派、斯多葛派，特别是中世纪宗教理论所继承。

昔兰尼学派与犬儒学派关于精神生活的理论。苏格拉底死后，他的弟子分立门户，创立了截然相反的两种理论：一是昔兰尼学派的快乐论，二是犬儒学派的禁欲论。前者完全背离了苏格拉底的思想，认为肉体的快乐远远胜于灵魂的快乐，极力主张人人都要竭力去寻求快乐，寻求感官刺激。这可能是很多西方现代人"活在当下"信条的思想渊源。后者则完全继承苏格拉底的"灵魂安乐"，克服各种物质欲望，并把它推向极端，提出："无欲是神圣的"，"尽可能地减少欲望乃是最接近神圣的"。② 主张人应克制各种欲望，过禁欲的生活，不为物累，不为情困，不为物质生活所左右，只有这样才是最幸福的人。这种理论，完全排除物质、肉体欲望和物质利益，孤立追求灵魂与精神生活的完善，是一种典型的唯心主义。

德谟克里特关于精神生活的思想。德谟克里特是以原子论著称的唯物主义者，他认为人的灵魂也是由原子构成，原子集时形成灵魂，散则灵魂随之毁灭，有力地否定了灵魂不灭说。他指出："幸福不在于占有畜群，也不在于占有黄金，它的居处是在我们的灵魂之中。"③ 既然灵魂在原子中，那幸福就存在于物质世界中，幸福是对现实物质生活的反映。他主张快乐应该是物质快乐与精神快乐的结合，人应该追求精神上的快乐，"动物只要求为它所必需的东西，反之，人则要求超过这个"④。他还认为肉体的快乐是低级的，精神的快乐则是高级的，"对于一切沉溺于口腹之乐，并在吃、喝、情爱方面过度的人，快乐的时间是很短暂的，就只是当他们在吃着、喝着的时候是快乐的，而随之而来的坏处却很大。对同一些东西的欲望继续不断地向他们袭来，而当他们得到他们所要的东西时，他们所尝到的快乐很快就过去了。"⑤ 他提出"节制使快乐增加"的观点，"如果你所欲不多，则很少的一点对你也就显得很多了。因为有节制的欲望使得贫穷也和富足一样有力量。"⑥ 他的朴素唯物主义思想在当时有进步意义，至今仍有重要的启示作用。

柏拉图关于精神生活的思想。柏拉图继承苏格拉底的观点，把灵魂与身体对立起来，认为灵魂是永恒不朽的，身体是低级的，身体的快乐是不值得追求的。他甚至认为死亡不过是身体的死亡，是灵魂与肉体的分离，灵魂离开肉体而独自存在，变得轻松自

---

① （古希腊）色诺芬：《经济论》，商务印书馆 1981 年版，第 5 页。
② 转引自黑格尔《哲学史讲演录》第 2 卷，商务印书馆 1983 年版，第 145 页。
③ 周辅成：《西方伦理学名著选辑》上卷，商务印书馆 1987 年版，第 79 页。
④ 同上书，第 83 页。
⑤ 同上书，第 85 页。
⑥ 同上书，第 90 页。

如，“因为带着肉体去探索任何事物，灵魂显然是要上当的。”① 柏拉图在《斐多篇》中，论述了灵魂的快乐足以压倒身体的快乐，认为真正充实的人不会听信身体无理性的快乐，甚至不会将健康作为头等大事；而且，身体的欲望——食、色、名、利等——同牲口一样低级任性，并可能导致疯狂的残杀。显而易见，柏拉图是反对身体的，当然也就反对对身体欲望的追求与满足，只有灵魂的、精神的生活才是高贵的。柏拉图将人的灵魂分为三部分：理性、意志与情欲。理性的品德是智慧，统治阶级具备智慧；意志的品德是勇敢，军人具备勇敢；情欲的品德是节制，对应的是普通大众。理性最高，意志其次，情欲最下。他认为只有具备精神层面的德性和智慧的人生才是真正的幸福。这种观点是对奴隶主贵族的吹捧，对劳动者的歧视，具有鲜明的剥削阶级特征。

亚里士多德关于精神生活的理论。亚里士多德作为柏拉图的弟子，超越其老师的地方主要在伦理学和他对柏拉图“神性”幸福论的批判，指出幸福是人自己的“心灵的活动”，他进而肯定人的一切追求都是自然的、合理的，包括对快乐的追求。但他又认为快乐虽然属于幸福，但幸福并不能归结于快乐，快乐必须在理性控制下达到适中的程度，才称之为幸福。另外，他还提出一个著名的观点：“至善即幸福”，人要有一个终极的善作为目标，再通过自身的努力一步步去实现这个“至善”目标。他崇尚德性，认为人一旦丧失德性，就会成为最肮脏残暴的动物，就会充满无尽的欲望与贪婪。要达到至善应该一生不停的奋斗，“幸福意味着整个一辈子的生命。一只燕子造不成夏天，同样，一个美好的时日也不是春天，一个时日或短暂的时间行善，也上不了天堂得不到幸福。”② 亚里士多德的理论，反对柏拉图抽象的神秘的“善”，把“善”变成具体的现实生活的一部分，把幸福看做人的一种自我满足与不断追求，强调了人的主观努力和精神动力的作用，体现了积极的人本主义思想和现实主义色彩，具有进步意义。

2. 古罗马时期关于精神生活的理论。公元前 338 年，马其顿征服了希腊，统一了希腊本土，从而使希腊社会进入希腊化时期。这一时期，希腊奴隶制衰落乃至灭亡，进入罗马共和时期。在这个时期，随着奴隶制城邦的衰败，社会动荡不安，民不聊生，哲学家们不再去研究自然和社会的问题，而是转向寻求解脱个人的痛苦，获得心灵宁静与个体幸福。

伊壁鸠鲁学派关于精神生活的思考。伊壁鸠鲁被马克思喻为“伟大的希腊启蒙思想家”。他主张人民不要再热衷于政治，要为自己而活着，注意修身养性达到内心宁静，从而摆脱肉体的痛苦与内心的不安。他把个体的快乐作为人生目的，既反对纵欲，也反对禁欲。他从肉体和精神两个方面论述了人生快乐：“快乐就是身体的无痛苦和灵魂的不受感染。”③ 并认为精神快乐更重要，“构成快乐生活的不是无休止的狂欢，美

---

① 周辅成：《西方伦理学名著选辑》上卷，商务印书馆 1987 年版，第 27 页。

② 苗力田：《古希腊哲学》，中国人民出版社 1992 年版，570 页。

③ 转引自苗力田《古希腊哲学》，中国人民大学出版社 1989 年版，第 649 页。

色、鱼肉及其餐桌上的佳肴，而是清晰的推理、寻求选择和避免的原因、排除那些使灵魂不得安宁的观念。”① 同时，他认为快乐和美德分不开，强调勇敢、节制和正义等美德，对人追求幸福的意义。他还有一个鲜明的观点是：死与神都同人的幸福无关，只要身体健康、心灵安宁，无论寿命长短都是幸福的，死不过是感觉的丧失。他是个无神论者，他说最使人的心灵纷扰不安、不能快乐的是，宗教假设一个主宰城邦和人命运的“神”的存在。马克思曾如是赞扬他：“如果说罗马人有过无神论，那么这种无神论就是由伊壁鸠鲁完成的。”②

斯多葛派关于精神生活的思考。与伊壁鸠鲁不同，这个学派宣传一种完全受命运支配的宿命论思想，主张苦行，认为清心寡欲是最高的道德标准，人应该从激动、快乐、悔恨、伤感和恐惧中完全解放出来，要“顺从自然”，听从命运的摆布。他们主张：愿意的人，由命运领着走；不愿意的人，由命运牵着走；对一切都“不动心”，这才是最高的美德与幸福。这种宿命论思想，具有明显的唯心论倾向。

怀疑主义者关于精神生活的思考。这个时期的怀疑主义，就是对世界上一切东西的存在都表示怀疑，放弃判断；只有对任何事情都采取冷漠无情，不做任何判断，才能获得灵魂的安宁。其创始人皮浪认为，最高的善就是不做任何判断，随着这种态度而来的便是灵魂的安宁。他说：“聪明的人应该像猪一样不动心”。他的怀疑并不是疑惑，而是不确认真假，不值得计较，也不为此动心。这种判断上的怀疑主义只能无可奈何地过随遇而安的生活。

奥古斯丁关于精神生活的理论。奥古斯丁是基督教神学的奠基人，他的思想有两个中心：一个是上帝，一个是人；人为上帝而存在；人的幸福在于对上帝的爱。他把空间分为上帝之城与世俗之城，认为上帝之城居住的是上帝拯救的人，世俗之城居住的则是被上帝抛弃的人。只有对上帝爱才能与上帝相融合。而世俗之城的爱，会产生片刻短暂的快乐，它取代了对上帝的爱。世俗之城笼罩在一片自私自利的阴影中，对上帝的爱就是要克制这种世俗的爱，克制短暂的满足，即要禁欲。所以，人只能通过自觉忍耐，向上帝忏悔，方能在上帝的指引下达到上帝之城，去享受永久的幸福。他提出了原罪说：“没有一个人是纯洁无罪的，即使是出生一天的婴孩亦然如此。”③ 因此，每个人应该自觉接受上帝的惩罚，只有这样，才可以在来世到天堂享受永久的快乐与幸福。奥古斯丁拉开了宗教禁欲主义、抑制人的精神的历史序幕，阴暗的修道院成了它的舞台：克己、苦行、冥想、祈祷、独身、斋戒、甘于贫困等，成为控制身体欲望的基本手段，中世纪由此被喻为“黑暗的时代”。

---

① 转引自苗力田《古希腊哲学》，中国人民大学出版社 1989 年版，第 649 页。

② 《马克思恩格斯全集》第 3 卷，人民出版社 1979 年版，第 147 页。

③ （古罗马）奥古斯丁：《忏悔录》，商务印书馆 1963 年版，第 9 页。

（二）中世纪与文艺复兴时期的精神生活

欧洲的封建时代持续发展了一千多年，历史学家把这个时期称为中世纪。中世纪是基督教统治的时代，基督教控制着意识形态领域，深入大众的日常生活及精神生活领域。托马斯是这个时期最著名的宗教家，是奥古斯丁宗教理论的忠实继承者。14—16世纪，西方进入文艺复兴时期，重新重视古希腊经典著作，主张以人性反对神性，主张追求现世的快乐，为资产阶级文化的发展开辟了道路。

基督教精神及其影响力。基督教的教义主要来自《圣经》，《圣经》对西方社会影响之深之远，是当时任何一种理念都无法与之相提并论的，社会意识形态和人们的思想行为广泛渗透着基督教精神。基督教虽然提倡行善惩恶，主张“爱人如爱己”，但它的根本宗旨是肯定神、否定人。宗教的禁欲主义和来世论，迫使人放弃现世的享乐，放弃物质生活，追求虚无缥缈的精神生活，实际上是窒息人的生命、否定人的本性。宗教对上帝绝对信仰，要人们祈祷、忏悔、苦修行，实际上是以神性压制人性，是宗教对人的异化。

文艺复兴时期关于精神生活的启示。欧洲中世纪后期，新兴资产阶级兴起，在文化领域掀起了文艺复兴运动。名为复兴古希腊文化，实质上如马克思所指出的那样，资产阶级“战战兢兢地请出亡灵来给他们以帮助，借用它们的名字、战斗口号和衣服，以便穿着这种久受崇敬的服装，用这种借来的语言，演出世界历史的新场面”①。其中，人文主义是这个时期最重要的流派。人文主义者喊出了“人才是最伟大的”口号，主张人性，反对神性，以享乐主义反对禁欲主义，主张将目光从天堂转回人世，推崇人的价值。“人文主义之父”彼得拉克，号召人们应该从对神的信仰转向对人的研究，他说：“我自己是凡人，我只要求凡人的幸福。”而以写《十日谈》出名的薄伽丘，通过讲述故事，表达了作者对封建教会、神父、修道士的讽刺与批判，肯定人生的唯一目的就是享受世俗的幸福，肯定了人们的情欲等各种现实的追求。还有著名的蒙田，他曾说：“人生愈是短暂，我就必须过得愈充分，愈沉湎。”② 他主张人应该读书、打猎、种田、跳舞、跑步、听音乐等，去做自己想做的事，从中享受快乐。他还告诉人们，每个人自己创造自己的命运。文艺复兴时期这种肯定人的价值，主张追求现实的物质享受，也追求精神生活的思想，在当时无异于一股清新之风，一扫宗教神学的沉闷。

（三）近代西方关于精神生活的理论研究

1. 经验论与唯理论关于精神生活的论述。17世纪产生了西方近代哲学，它以文艺复兴和宗教改革为前导，在希腊文化和基督教文化的互相冲突作用下形成了经验论和唯

① 《马克思恩格斯全集》第1卷，人民出版社1979年版，第603页。

② 瑜青主编：《蒙田经典文存》，上海大学出版社2002年版，第25页。

理论两大派别。

经验论关于精神生活的阐释。经验论者主张依靠人的感性经验认识自然和改造自然，他们虽然并不排斥理性，但更强调感性经验是一切知识的来源，其代表人物有培根、霍布斯、洛克等。弗兰西斯·培根引用古希腊哲学家第欧根尼的一句名言："最有德的人并不是摒弃情欲的人"，认为情欲是人感官的产物，对人类获得精神世界幸福有重要作用。"一切事物之上都印刻着由其自爱发生的三重欲望或嗜欲：一种是保存和维持其本质的欲望；另一种是促进和完善其本质的欲望；第三种是繁殖自己本质并把它扩展于他物之上的欲望。"① 霍布斯是一位机械唯物主义者，认为人是自然的一部分，知识是外物刺激人的感官而获得的。他否定神学的"神启论"和笛卡儿的"天赋观念"论，将经验主义与功利主义结合起来，主张利己主义，号召大家努力追求自己的私利和个体幸福。他认为外物作用于人的感官，引起两种结果，一是快乐，一是痛苦。快乐的感觉能促进生命的发展，痛苦则反之，所以，趋利避害是人的天性。他还认为人追求幸福快乐是无止境的，一种欲望满足后，又有新的欲望产生，从而推动人的发展。他公开宣称人的本性是自私的："人对人像狼一样。"他主张通过国家的力量如法律来解决由自私而引起的社会问题。洛克同样立足于唯物主义经验论的立场，认为快乐与痛苦都是外物作用于人的感官而引起的，趋乐避苦是人的天性。洛克则主张用人的理智和意志来制约自己的欲望，兼顾个体幸福和整体社会利益。

唯理论关于精神生活的研究。唯理论更注重理性对追求人生幸福快乐的重要性，其代表人物有笛卡儿、斯宾诺莎、莱布尼茨。笛卡儿反对经验论把感官的快乐当做幸福的观点，认为理性是人人都具有的东西，通过理性的引导，人可以获得自由，并享受高层次的生活。他还发现受情感左右的人的快乐，可以极致的快乐，但痛苦也是极致的。他主张用理性的缰绳约束情感，改变人的欲望，不要去改变世界的秩序。"而且我相信，古来哲学家所以能超物外，不为命运所左右，而且在颠连困苦之中，所以能享受绝大幸福，至为诸神所艳羡，其功夫的秘诀在此。……而且他们对于自己的思想获得那样绝对的一种支配力，以致他们因此有几分理由，认为自己比其他因缺乏这种哲学而永不能自由实现某种欲望的天之骄子更为富有，更有权势，更加自由，更加幸福的了。"② 笛卡儿这种观点间接说明，物质的享乐终归是浅薄的，而精神生活的丰富、理性的培养、思想的深刻才是至关重要的。虽然笛卡儿的理性是"天赋观念"，是唯心主义的东西，但他将理性引入科学、哲学、伦理学，从此理性主义正式登上了文化舞台。

另一位唯理论者斯宾诺莎，认为情感是外物作用于人的感官而产生的，有快感、痛感、欲望等，人往往受情感驱使不能正确行为；而人有了理性，就能对事物全面认识，人才能成为情感的主人，获得真正的幸福。他主张明智的人应该超越追求资财、荣誉、

---

① 周辅成：《西方伦理学名著选辑》上卷，商务印书馆 1987 年版，第 602 页。

② 北京大学哲学系外国哲学研究室主编：《西方哲学原著选读》上卷，商务印书馆 1982 年版，第 591 页。

感官的快乐，要追求永恒无限的东西，克制情欲，使“人的心灵与整个自然相一致”，这就是他所追求的人生目的。显然，斯宾诺莎主张精神生活高于物质生活，认为对物质感官享乐的超越、精神境界的提升才是真正的幸福。

莱布尼茨认为，人的理性和意志，引导人走向幸福，而感官和欲望只是把我们引向快乐。他认为快乐与痛苦两者伴随而生，不存在没有痛苦的快乐，也不存在没有快乐的痛苦；幸福是一种持续的快乐，长久深层的幸福与短暂肤浅的快乐是有区别的。

在当今社会，一些人物欲膨胀，甚至宣扬“活在当下”；不少人放弃对远大理想、道德人格等崇高精神的追求，只寻求眼前的快乐，内心却并不幸福。物质享受、感官刺激的确能给人带来快乐，但只是短暂的、肤浅的快乐，人们也需要这些快乐。但不能只是寻求、满足这种快乐，人之所以贵为人，是因为有比这种快乐更高层次的精神追求，如远大的理想信念、崇高的人格目标、无私的奉献精神等。丰富、充实的精神生活应成为个体生命价值的充分体现。因而，经验论与唯理论反对中世纪宗教神性对人性的压抑，大力宣扬人性，主张人们追求现世的快乐与幸福，这在历史上是一个进步。但两派理论各有千秋，前者偏向唯物论，后者偏向唯心论，有些观点有局限甚至错误，有些观点有进步意义，富有积极的启示。

2. 法国启蒙思想家关于精神生活的探讨。18 世纪 30 年代启蒙运动中，法国涌现出一批资产阶级启蒙思想家，他们将人从受宗教神学压制的旧世界解放出来，从资产阶级立场出发，催生和推崇利己主义、享乐主义的人生观和幸福观。

卢梭的精神生活观点。卢梭在资本主义社会思想史上的地位突出，他对人的精神生活的见解也比较独特。他认为人是自然的产物，不能消除欲望但要理性地调节欲望。“问题在于减少那些超过我们能力的欲望，在于使能力和意志两者之间得到充分的平衡。所以，只有在一切力量都得到运用的时候，心灵才能保持宁静，人的生活才能纳入条理。”① 欲望很多很高的人，超过了自身的能力，就会精神郁闷，这样的人要用理性将欲望调节在自己的能力范围之内，这是减少精神压力的途径。他还认为幸福与痛苦在人生中总是混杂在一起的，只想获得幸福而不愿意经受痛苦，这是不可能的事情；为了感受愉快，就要体会痛苦；他甚至认为痛苦能帮助人解除欲望所带来的苦恼、嫉妒、贪婪与仇恨，使心灵获得宁静。

爱尔维修的精神生活思想。爱尔维修在反对宗教“爱上帝”、“爱人如己”的教义上大力宣扬“自爱”，主张利己，他说：“在任何时代，任何国家，人们过去、现在和未来都是爱自己基于爱别人的。”② 他将快乐分成“官能的快乐”和“预期的快乐”，认为前者的满足是人人都能尝到的，只是这种快乐持续时间不长。预期的快乐则不然，它是通过预料与想像将来可以满足自己需要的快乐，这种快乐虽然没有感官快乐来得直

---

① （法）卢梭著：《爱弥尔》上卷，商务印书馆 1978 年版，第 74—75 页。

② 北京大学哲学系主编：《十八世纪法国哲学》，商务印书馆 1963 年版，第 501 页。

接、强烈，但比之更长久；人对预期快乐的追求，必须借助精神和感情的力量。他说："各种感情坚强有力地使人们的注意力固定在我们各种欲望的对象上，使我们从别人所不知道的方面去看它，使英雄们认识和从事豪迈的事业。"① 他用预期快乐指导人们克服痛苦与烦恼，追求将来的快乐与幸福，有一定的合理性。但爱尔维修只是认为，他所说的精神因素的发挥，实际是为肉体感官的快乐服务的，不是精神因素本身给人带来的宁静心态与高尚境界。他没有逃出机械唯物论的局限，把幸福、美德都作为为利益、感官服务的内容与方式，实际上取消了人精神生活，是一种感官主义和利己主义。

3. 英国功利主义关于精神生活的理解。英国功利主义发端于培根和霍布斯的学说，18 世纪经孟德维尔、休谟等人的发展，到 18 世纪末 19 世纪初由边沁和穆勒将其确立为一种学说。在当时的英国，无产阶级与资产阶级的矛盾逐步成为社会主要矛盾，功利主义者为了调和这种矛盾，强调个人利益应该同社会利益一致。同时，功利主义流派又极力坚持资本主义商品经济的最大利益原则，成为在思想上反映和庇护利己主义的流派，所以马克思称这种理论是"同占统治地位的发达的资产阶级相适应的"②。

功利主义者边沁，坚持人的本性是趋利避害，并提出了为其观点辩护的功利原则，认为一种行为，其增多社会幸福的趋向大于其任何减少社会幸福的倾向，这个行为就是符合功利原则的。他把人在苦乐驱使下所得的幸福多少作为一切个体或社会行为对错、善恶的标准。他认为人们对苦乐的感觉只有量的区别而没有质的不同，可以用精确的数学方法计算，如对个人来讲，总结快乐和痛苦的多少，加以比较，快乐多，则这种行为就是好的、善的；反之，则是恶的、坏的。对于集体或社会来说，也是一样，把每个人的快乐与痛苦分别相加，最后得出总数，快乐多则说明这个集体或社会行为是善的，反之则是恶的。人的心理、精神构造如此复杂，包括思维、情感、意志、信念、想像力等，又受外界的各种因素及主体知识结构影响，用简单方法量化如此丰富的精神内容，显然是不科学的。边沁的一生著作颇多，单调枯燥，但都是为资产阶级利益服务的，马克思是这样形容他的："用废话写出了堆集如山的书"，是"资产阶级蠢才里的天才"。③

边沁之后的功利主义者穆勒修正了边沁量化苦乐的观点，认为苦与乐不仅有量的区别，还有质的不同。他有句名言："作一个不满足的人总比作一个满足的猪要好些。"④ 人同猪不同，猪只要有食物就能满足，而"人类有些官能比动物的嗜欲更高尚。而一旦意识到这些方面官能，那末，凡不使这方面满足的任何事物，他们都不认为是幸福。"⑤ 说明人除了基本的物质生存需要，还有更高层的精神需要。他认为人应该选择高级的快乐，这种快乐应该是精神的快乐，他说："就我们所知道的伊壁鸠鲁派的人生

① 北京大学哲学系主编：《十八世纪法国哲学》，商务印书馆 1963 年版，第 468—469 页。
② 《马克思恩格斯全集》第 3 卷，人民出版社 1979 年版，第 483 页。
③ 《马克思恩格斯全集》第 23 卷，人民出版社 1979 年版，第 669 页。
④ 周辅成：《西方伦理学名著选辑》下卷，商务印书馆 1987 年版，第 245 页。
⑤ 周辅成：《西方伦理学名著选辑》上卷，商务印书馆 1987 年版，第 243 页。

原理，没有不是认为理智的快乐，情感的和想象的快乐，以及道德情操的快乐比起单纯感官快乐，其价值更高。可是，我们要承认，功利主义的著作家一般都以心灵的快乐高过肉体的快乐，主要在于前者的更持久、更稳妥、更便宜等等。”[①] 穆勒看到了幸福、快乐作为一种精神感受，是人所特有的，人不能自甘堕落为低级动物。

4. 德国古典哲学关于精神生活及价值的研究。德国古典哲学家如康德、费希特和黑格尔的思想，既有进步的一面，又有妥协的一面，既提倡资产阶级新道德，但又不敢进行彻底的革命。他们从理性主义出发，采取唯心主义抽象的思辨方式探讨社会问题和人生问题。

康德的精神生活思想。德国诗人海涅曾这样说，康德的生活史是难以叙述的，因为他既没有生活也没有历史，但他那种机械古板的生活及个性里，却包含着“铁面无私的、斩钉截铁的、没有诗意的、严谨的诚实性”[②]。他的思想反映在《纯粹理性批判》、《实践理性批判》、《判断力批判》三部著作之中。

在康德之前，众多哲学家认为人们只要遵循道德，就可以获得幸福。康德则指出，道德并不是教人谋幸福的学说，而是教人怎么才配享受幸福的学说，有道德不一定幸福，而幸福决不能没有道德。我们不能因为道德可以通往幸福才去追求道德，人们追求道德的完善，是因为道德本身即目的，即遵守绝对的道德律。他批判了自文艺复兴至功利主义以来推崇人性，追求物质享受快乐，将道德视为追求幸福的工具，把人类社会降为低级动物世界的论调。同时，他将理性引入幸福论范畴，目的在于通过理性建立一种“自律”，有了自律，人才能真正的自由和自由地享受幸福。他提出善良意志具有普遍性和必然性，不像经验主义和功利主义者，所追求的幸福是个别的、主观的、偶然的，他批评经验主义和功利主义的观点把人引向邪恶，使人变成感官欲望的奴隶。康德所说的善良意志，是使人的意志彻底摆脱经验、感性的干扰，自觉服从理性先天规定的道德律。他还提出理性有一种先天的能力，使人无条件地接受道德规律的制约。

康德哲学还有一个重要的内容，即二律背反。在他这里，道德和幸福同样是一对二律背反。首先，他将两者对立起来，认为道德是非常高尚的，道德法则摒弃了个体一切快乐和利益等因素，“把个人幸福原理作为意志的机动，那是直接违反道德原理的”[③]。他把世界分为两个世界：一是经验世界，人们追求快乐幸福，受自然本能驱使；二是理性世界，摒弃各种欲望与利益，追求高尚的道德。人是跨越两个世界的双重存在物，感性世界只讲享乐不讲道德，是恶的来源，理性世界则是善的来源，两者无法统一。要追求幸福就没有道德，要追求道德就难以幸福，这个二律背反在康德看来是正常的。他无法调和，只好走向唯心主义，不得不向上帝求助，即幸福与道德在尘世是无法统一的，

---

① 周辅成：《西方伦理学名著选辑》上卷，商务印书馆1987年版，第243页。

② （德）海涅：《德国宗教和哲学的历史》，商务印书馆1972年版，第102页。

③ （德）康德：《实践理性批判》，商务印书馆1961年版，第35页。

只有在上帝那里才能统一，“至善是只有神的存在的条件下才能实现”①。康德走向唯心主义，说明他精神生活的思想还是没有跳出宗教的局限。

费尔巴哈关于精神生活的论说。费尔巴哈的思想体系形成时已临近1848年德国资产阶级革命。他从感性主义的人性论出发，告诫人们不要沉醉在康德、黑格尔唯心主义的虚幻世界里，不要听信宗教关于来世与天堂的美好谎言，要努力追求现世的各种幸福与快乐。他是个唯物主义者，反对宗教神学虚幻的幸福论，要求人转而注重生命的存在和维护物质生活利益。他提出“生命本身就是幸福”的观点，这种幸福更多是指物质生活。他认为人是自然的产物，是肉体和精神的统一体，追求幸福是生命的最重要的目的。为此，人的利己是自然的，道德也必须基于利己主义。他认为精神生活对物质生活有反作用，甚至可以毁灭物质生活幸福的全部内容，如自杀、追求寂灭、涅槃等。

（四）西方现当代关于精神生活的理论研究

西方哲学自进入现代以来，伴随着社会的巨大变化，出现了两大主要思潮，一是科学主义思潮，二是人本主义思潮。人本主义思潮的流派有唯意志论、存在主义、弗洛伊德的精神分析理论、法兰克福学派等，都关注人在现当代社会的精神生活状态。本节将对这些流派作简要介绍与评析，并对奥伊肯、齐美尔的精神生活思想进行阐述。

1. 德国唯意志论代表关于精神生活的理论研究。叔本华和尼采是德国唯意志论代表人物。在他们之前的哲学理论，都是从外部来限定个人存在的意义，基督教甚至认为人有原罪，即生下来就是有罪的；康德的道德理论和幸福的含义，都不是从人的需求出发，而是外在赋予的。叔本华和尼采的悲观主义哲学，对人精神层面中的“意志”极度推崇，开始了对人自身精神世界的理论研究。

叔本华关于精神生活的理论。叔本华在其代表作《作为意志与表象的世界》一书中提出了两个著名的哲学命题：“世界是我的表象”及“世界是我的意志”。前者是指“现象世界的一切都只是我的表象，我的意志才是世界实际存在的支柱”。② 后者是说，作为世界的本质存在和运动，是任何认知能力无法企及的，只能通过直觉感觉到。这就是叔本华所说的生命意志的存在与运动，也就是世界的一切都只不过是这种生命意志“客体化”的显现形态。以“意志”取代传统的“理念”或“理性”为绝对本原，强调意志、贬低理性，这虽然是叔本华理论的特征，但他还是没有超越先前哲学的唯心主义局限。他把意志与人的行为割裂开来，对立起来，认为人的意志是绝对自主自决的，但人类的所有的行为都是不自由的，“他必须从有生之初到生命的末日始终扮演他自己不愿担任的角色，同样的也必须把自己负责的那部分剧情演出到剧终”③。这就是现实

---

① （德）康德：《实践理性批判》，商务印书馆1961年版，第128页。

② （德）叔本华：《作为意志与表象的世界》，商务印书馆1982年版，第62页。

③ （德）叔本华：《意志自由与宿命性》，载《论人性》英文版，伦敦1910年版，第70页。

生活中人的行为和宿命。

另外，叔本华也把幸福和道德分割开来，否定两者的联系，认为道德行为本身意味着个人幸福利益的牺牲，与生命意志本性背道而驰；而意志的本性决定了人性是绝对利己的，人生存的一切欲望与冲动都受意志冲动规律的支配，因而道德不是客观必然的存在，只是"人为的产物"，道德只是为了避免人类个体行为冲突，以持续人类整体的生存和发展，是主观偶然的相对性产物。显然，叔本华的哲学思想，既体现了资产阶级的个人主义价值观，也表现出悲观情节。正如他所说的，人的本质在于生命意志的不断追求，人是"千百种需要的凝聚体"①。人的欲望绵长不断，需要无穷，人生也痛苦不止。"欲望是经久不息的，需求可至于无穷，而所获得的满足都是短暂的，分量也扣得很紧。何况这种最后的满足本身甚至也是假的。事实上这个满足了的欲望立即又让位于一个新的欲望，前者是一个已经认识到的错误，后者还是一个没有认识到的错误。"② 在叔本华看来，人生永远无幸福可言。植物没有感受，因而不痛苦，动物感受少，因而痛苦少，唯有人是生命意志客体化的最高显现，所以人是精神上最痛苦的动物。人生既然苦，何以解脱呢？他指出两条途径：一是通过艺术生活逃离痛苦，暂时解脱；二是通过禁欲乃至直接摧毁生命求得永久的超脱。前者有点现代色彩，后者又回到了宗教的范畴。

尼采关于精神生活的研究。尼采的哲学理论所做的第一步就是"重估一切价值"，对过往一切旧的价值体系和道德几乎全盘否定，力图树立一种全新的英雄道德，并将道德理想人格化为"超人"，用以挽救人类可悲的退化。他宣告上帝已死，告诫人们要重新在一个没有上帝的新世界树立人类的新价值体系。从这个意义上说，尼采反宗教的立场是鲜明。他改造了叔本华悲观无力、孱弱的"生命意志"，引入了古希腊酒神狄奥尼索斯的狂醉精神③，使之变成强力意志。他认为，除了我们的生命激情是确实无疑的，其他一切都是不真实的。所以，人要自由地放纵强力意志，不要瞻前顾后，受困于各种伪道德约束。所谓道德，在他看来，不过是基督教借助虚无的上帝为人类设置的栅栏；所谓良心，也不并不是什么"人心中的上帝之声"，它也不外是"一种残忍的本能"。另外，尼采认为："如果要使快乐变得很大，那就必定使痛苦变得很少，生活的折磨变得更凶。"④ 他极力高扬的"超人"就是在痛苦的火炉里铸就出来的。环境越是恶劣，超人的出现就越有可能。尼采哲学克服了叔本华伦理学的柔弱与悲观，摈弃了用理性或人道来抗拒上帝的做法，直接用强健的生命之力去埋藏上帝和所有宗教的幽灵，这种反

---

① （德）叔本华：《作为意志与表象的世界》，商务印书馆1982年版，第514页。

② 同上书，第273页。

③ 笔者按，他认为西方文化的力量有两个来源：一是太阳神阿波罗，代表着理性、理想；二是酒神狄奥尼索斯，代表着人的潜在力量、情感和意志的爆发。他认为，苏格拉底将阿波罗神庙上的"认识你自己"引入哲学与生活，使古代英雄时代那热情洋溢的气质全盘被冰冷的理性所代替。

④ （德）尼采：《强力意志》，引自洪谦主编《西方现代资本阶级哲学论著选辑》，商务印书馆1982年版，第17页。

对宗教，宣扬人的主体性，主张激扬人的强大的生命意志，不惧痛苦，比将生命寄托于虚无的上帝的无助和叔本华的悲观来得积极，具有进步意义。

2. 存在主义关于精神生活的理论研究。存在主义是20世纪上半叶发源于德国的非理性主义思潮，海德格尔是其主要代表。存在主义把人的存在作为哲学最高本体，从人的存在解释现实世界，反映了当代社会人的生存困境。

海德格尔的存在主义论在“二战”后红极一时，对当代西方哲学和社会各界产生了很大影响。他认为两千多年来的西方哲学都在用科学理性主义的态度追问“存在”，其实只是“存在物”而已。人类把科学方式看做人类的根本有效存在方式，造就了一个科学的、物化的世界观，最终割断人与存在的联系，把人自己也科学化为物，从而导致现代科技的极端异化状态，进而引发人的危机。他将人的存在作为哲学最高本体，认为“烦”、“畏”、“无聊”等是人“此在”的存在特性。面临无尽的烦恼和畏惧，人们争相逃遁，落入繁忙的日常生活世界，在常人之境中寻求安宁。如何解决这一生存危机呢？他主张回归胡塞尔所提出的日常生活世界，主张通过艺术审美、沉思与想像，使人祛除由于现代技术所造成的人与自己精神家园的隔膜，实现在大地上“诗意地栖居”。他对现实个体的晦涩理论，虽然片面注重个体内在主体性，但将哲学的注意力引向个体生存，关注个体精神层面的最细微状态，力图寻求新的探索途径。

存在主义的另一代表萨特，提出了一个著名论断：“存在先于本质”。他认为有两种存在：自在的存在和自为的存在。前者是充实满足的，后者则是一种永远缺乏、不断追求着的意识存在。它使人处于不断超越的运动中，其中创造性是人自由行动的本质。否定性是人的主体力量的确证，超越性则显示人自由创造行动之目的性构成和趋向。[①] 人的本质不是先天就预设的，而是通过人的创造性、否定性、超越性等主观意识不断改造自己所获得的。所以，萨特的存在主义也叫自由主体论哲学。萨特强调人的超越能力、创造能力等主观精神因素，有启示作用，但他过于关注个体微观精神的“内在放纵”，而忽略客观条件、社会实践的决定作用，表现出明显的局限性。

3. 弗洛伊德的精神分析理论关于精神生活的研究。弗洛伊德早期通过对梦的解析，到后期将心灵分成本我、自我和超我三个阶段的发展，将普通心理学拓展到人类潜意识的深层，展示了人的精神世界新层面。他透过梦的伪装，发现性本能是实际支配人生活舞台的幕后主角，一切心理活动、反应、言行和反常现象都可以追本溯源，在性本能上得到终极解释；一切社会文化、宗教、哲学艺术等都是人的性本能的升华。人在生长发育过程中，性本能逐步从属于社会文化本能，社会文明都是建立在压抑性本能的基础上的，给人的精神状态带来严重后果，性压抑是各种心理疾病、人格变态的心理根源。文化对人的性爱压抑是不合自然的。他特别否定了基督教的性道德，认为它是一种完全的禁欲主义和变态利己主义的混合。在本我、自我和超我的三种心理人格分析上，他认为

---

① 万俊人：《道德之维——现代经济伦理导论》，广东人民出版社2000年版，第143页。

本我“不知道价值、善恶和道德”，只知道唯乐是图，放荡不羁，在遭受外在打击时，容易致心理疾病。自我阶段超出了本我阶段，处于本我与外界之间，用以保护本我，以理性和审慎为特征。但自我毕竟属于本我阶段，因而仍是软弱的。超我则是人格中最高级的道德层次，“超我是一切道德限制的代表，是追求完美的冲动或人类生活比较高尚行动的主体。”① 因为有了超我，人格结构中产生了道德意识，才产生道德律以及利他主义与自我牺牲的道德情感。弗洛伊德的理论深入潜意识的微观层面，将人的性本能提到至高层面，用以解释一切人类行为，包括道德、人的情感、爱好、艺术等，都是性本能在发生作用，忽视客观条件与社会实践，无疑是片面的。

4. 奥伊肯的精神生活理论。奥伊肯是一位当代德国哲学家，生命哲学的代表人物之一。奥伊肯试图通过高扬人的内在精神，为人类寻找一条摆脱困境的出路。奥伊肯最感忧虑的是物质成果与心灵要求之间的尖锐矛盾，要为失落的当代人找回生活的意义。他的理论根据是，每个人身上都存在着一种内在的独立的精神生命，这种精神生命来自宇宙的精神生命，是宇宙生命在人身上的显现。所以，它既是“我们真正的自我”、“我们生活最内在的本质”，又是超越的、“普遍的超自然的生命”。因此，我们内在的精神生活是人和世界相统一的基础，是人性和世界本质的同时实现。奥伊肯认为精神的实现决不是我们的自然禀赋，我们必须去赢得它。人追求精神，就可能在外界纷繁复杂之中获得精神解救的可能。显然，奥伊肯的理论试图为生活在资本主义社会条件下、面临许多困境的人寻求精神解救出路，有一些作用，但不能从根本上解决问题。

5. 齐美尔关于精神生活的理论。齐美尔作为继尼采之后，同韦伯同时代的思想家，别具一格地探讨了货币经济对人精神生活的影响以及大都市人的精神生活状况，对我们研究当代社会大都市人的精神生活有重要启示。他在《货币经济》一书里指出，金钱在现代社会充当了一切交换的中介，渗透到所有社会生活领域乃至人的精神世界，成为一切“价值的公分母”。由于金钱自身价值中立，以其客观化、量化的导向消灭了事物多样性差别，只剩下量的差异；事物量的差异不足以满足人丰富的精神需要，而人对金钱上帝般的崇拜，使人与无感情的金钱靠近，疏远现实人的情感，种种弊端造成人精神生活萎靡不振。特别是在大都市，变化不居、短暂易逝是其显著特征。正是在这种变化不居、短暂易逝中，任何价值都不长久，意义都变得没有意义。人在这样的城市环境中生存，不断受外部刺激，普遍心理紧张，最后造成都市神经衰弱症的出现，久而久之，人由紧张变得麻木，近而产生乐极生厌和玩世不恭的心理。因而在齐美尔看来，大都市既是金钱和理性主义辖制人的精神和情感的温床，又提供了现代人追求自由生命体验和心理感受的空间。他认为，正是以货币为中介的商品经济的普及，使得人打破传统社会人依附人的状态，为人的自由个性发展创造了条件；同时，各种思潮汇集，兼容并包，对精神生活发展有利。但他又觉得，都市人由于冷漠，情感疏远，个体都与他人保持一

① （奥地利）弗洛伊德：《精神分析导论新编》，成小平、王希勇译，国际文化出版公司2000年版，第52页。

定的心理距离，虽有更多自由和独立的生命体验，却要受孤独、寂寞干扰。所以他说，人的“自由”并不代表一种幸福，现代都市人的自由中更多显现的是一个略带苦涩的孤独形象。

6. 西方马克思主义代表法兰克福学派关于精神生活的理论。西方马克思主义有众多流派，法兰克福学派是其中一个典型流派，其代表人物有弗洛姆、马尔库塞和哈贝马斯等。

弗洛姆的逃避自由论。弗洛姆是德国心理学家和社会学家，是法兰克福学派早期的代表人物之一。他不同意弗洛伊德关于现代文明是对人欲望压抑的主张，认为社会性与生物性并不对立，人的本质是由社会历史所决定的。他针对现代人的精神困境提出了“逃避自由论”。他认为，在现代资本主义社会，个人虽然从封建的羁绊中解放出来，获得了自由，但这种自由还来不及充分享受，面对复杂的社会又升起失落感、无依靠感、不安全感、孤独感和寂寞感，让人不由自主地想逃避这种自由。弗洛姆看到了现代人从传统共同体走出来，摆脱了传统社会人与人相互依赖关系获得人身自由后，个体要单独面对社会的困境。但他只是停留在这一阶段，没有看到资本主义社会的基本矛盾和人的自由的局限，也没有看到自由还需要发展，因而他的“逃避自由论”不过是一种脱离实际的消极理论。

马尔库塞对单面社会、“单面人”的批判。西方马克思主义者的重要代表、美国哲学家马尔库塞，对具有单面性质的资本主义社会进行了分析批判，认为“单面社会”即没有对抗的社会，对现存的秩序只有肯定面而没有否定面的社会，这种社会既是一体化意识形态的产物，又成为这种意识形态的基础。在思维方式方面，单面社会把否定思维变成肯定思维，面对社会现实，人们更多地是采取一种盲目接受和非理性认同的态度，这种盲目认同只能钝化人们对现实社会的批判意识。在生产领域，单面社会产生劳动异化，那就是资本主义社会的劳动过程，压抑员工的创造性，创造性的功能已经异化为物化的、非人的机器，人也成为“单面人”。在科学技术理性的支配下，人的视线被控制在物质的、现实的层面上，情感、意志等属于人类心灵的东西消失在人们的视线之中，人的精神世界萎缩了。马尔库塞关于单面社会、“单面人”的理论，分析批判了资本主义社会物化、异化倾向对人的精神生活的压抑与替代，具有积极意义。

哈贝马斯关于精神生活的理论。哈贝马斯是法兰克福学派第二代的重要代表人物。他的理论重心是批判旧的传统形而上学，主张人们从专注于抽象的形而上学世界观，转向注重人的“生活世界”。有学者概括他的理论，是将德国 18 世纪以来以意识哲学为基础的传统社会，转换为以语言作为典范的社会哲学的论述，以此说明人类社会行动在根本上并不是贯彻某种叫意识的东西，而是在与它沟通、协调，建立具有共同规范协议的共识。

哈贝马斯的交往理论影响深远。在他看来，马克思所认为具有决定性意义的生产力的发展只是社会进化的一个向度，由文化、道德、交往行为等形成的规范结构才是社会发展的决定性力量。他认为当今威胁人的生存状况的，是经济和行政系统，即工具理性侵入了人的生活世界以及社会关系中，生活世界由此遭到破坏，并丧失了其独立的人性。他把这种“工具理性侵入”称为“生活世界的殖民化”。他认为，人的生活世界，原本是人自在自为的世界，具有个性化、丰富性的特点，是人们进行精神生活的重要空间，而现代工具理性的膨胀打破了这种美好，使人的精神生活陷入受压抑状态。哈贝马斯针对这种情况，提出了交互主体性的交往理性构想，主张用交往理性来制衡工具理性的过度膨胀。在他设计的理想交往社会中，人们通过语言交往、彼此理解、达成共识，在承认个体在文化、社会和经济领域中差异的基础上，真诚地寻求共同生活的形式，用他的话说，就是“按照自己的需要和见解，从自己的动机出发去实现一种较为美好的和较少危险的生活的具体可能性”①。他主张人与人之间通过温和的语言而不是暴力革命去进行交往，各自表达自己的意愿，寻求和平共处的契机，恢复生活世界的丰富人性。这种美好的愿望，虽然显示一种进步，但在资本主义社会，则难以实现。

---

① 参见翠贺香《劳动·交往·实践——论哈贝马斯对历史唯物论的重建》，中国社会科学出版社 2005 年版，第 121 页。

第三章　中国新时期精神生活质量提高轨迹与发展现状

1966年5月至1976年10月在中国发动的“文化大革命”，是一场给中华民族带来严重灾难的政治运动，在思想政治领域影响极为深远。1976年粉碎“四人帮”的胜利，结束了“文化大革命”这场灾难，从危难中挽救了中国的社会主义事业，为党和国家进入新的历史时期创造了前提。1978年12月18日中国共产党第十一届中央委员会第三次全体会议召开，标志着中国进入新的历史时期。在改革开放和社会主义现代化建设进程中，中国从恢复和发展党的思想路线、实行工作重点转移、进行拨乱反正开始，坚持社会主义精神文明建设，弘扬和发展先进文化，人们的思想观念发生深刻变化，精神生活水平不断提高。同时，在新的历史条件下，人们的精神生活在追踪社会发展、体现时代精神的过程中，也不可避免地出现一些新情况、新问题。只有把握精神生活主流，分析和解决精神生活的问题，才能进一步推进精神生活的发展。

一、新时期精神生活质量提高的轨迹

中国新时期人们精神生活质量的提高，首先是物质生活、政治生活的不断改善与发展，为精神生活的丰富、发展提供了基础与保证，这些内容在后面几章中有专门论述，这里着重讲新时期政治思想建设、精神文明建设、先进文化建设对精神生活的推进。

（一）恢复和发展党的思想路线，为活跃精神生活奠定坚实思想基础

以毛泽东为代表的中国共产党人把马克思主义普遍原理同中国革命具体实践相结合，初步提出了从实际出发、理论联系实际、实事求是的思想路线。在延安“整风”运动中，毛泽东将党的思想路线概括为“实事求是”。党的“七大”把“实事求是”确定为党的思想路线。新中国成立初期，党的思想路线得到了贯彻，但在“文化大革命”期间，由于错误地估计了形势，脱离国情，采取以阶级斗争为纲、以政治运动为中心的错误路线，导致极左思潮横行，党内个人专断和个人崇拜现象逐渐滋长，教条主义和“假、大、空”现象严重，党政军领导干部、知识分子、民主党派负责人、各界

知名人士和群众受到诬陷和迫害，无政府主义思潮泛滥，国家陷入空前的混乱之中。粉碎“四人帮”以后，虽然结束了“文化大革命”，但积累的问题成堆，特别是思想领域的混乱、僵化、压抑突出。针对这种情况，邓小平于1978年在中央工作会议上指出：“只有思想解放了，我们才能正确地以马列主义、毛泽东思想为指导，解决过去遗留的问题，解决新出现的一系列问题，正确地改革同生产力迅速发展不相适应的生产关系和上层建筑，根据中国的实际情况，确定实现四个现代化的具体道路、方针、方法和措施。”① 邓小平抓住了中国当时社会改革发展的本质，在党的十一届三中全会上得到充分体现，正如他所说的：“三中全会确立了，准确地说是重申了党的马克思主义的思想路线。马克思、恩格斯创立了辩证唯物主义和历史唯物主义的思想路线，毛泽东同志用中国语言概括为‘实事求是’四个大字。实事求是，一切从实际出发，理论联系实际，坚持实践是检验真理的标准，这就是我们党的思想路线。”② 后来，他又进一步讲了“解放思想，实事求是，是我们党的思想路线”③。

在党的正确思想路线指导下，中国在政治思想战线开展了轰轰烈烈的拨乱反正和思想解放活动，具体在三个层面展开。

1. 推翻“两个凡是”，开展“实践是检验真理唯一标准”问题的大讨论，推进思想解放。“两个凡是”最早在1977年2月7日《人民日报》、《红旗》杂志、《解放军报》的社论《学好文件抓住纲》中提出。这篇社论提出：“凡是毛主席作出的决策，我们都坚决维护，凡是毛主席的指示，我们都始终不渝地遵循。”这“两个凡是”，教条主义地对待毛泽东的指示，既不是维护毛泽东的历史地位和毛泽东思想的权威，更不可能坚持从实际出发开创新的工作局面，只能使党继续受极左思想教条的束缚。“两个凡是”提出后，尚未恢复职务的邓小平就以大无畏的理论勇气和求实精神，提出了旗帜鲜明的反对意见。1977年他致信党中央，郑重提出：“我们必须世世代代地用准确的完整的毛泽东思想来指导我们全党、全军和全国人民。”④ 他说“两个凡是”不行，“两个凡是”是错误的。由此引发了全党范围内关于真理标准问题的大讨论。

这场大讨论首先由《光明日报》发表一篇关于实践标准的文章开始。这篇文章阐述了马克思主义关于实践第一的观点，强调检验真理的唯一标准只能是社会实践，任何理论都要接受社会实践的检验；马克思主义之所以是客观真理，就在于它经受了社会实践的检验，马克思主义只有随着社会实践的发展而发展，才能成为永远不过时的客观真理。邓小平高度评价了关于真理标准问题的讨论，他说：“目前进行的关于实践是检验真理的唯一标准问题的讨论，实际上也是要不要解放思想的争论。”这个问题“的确是

---

① 《邓小平文选》（一九七五——一九八二年），人民出版社1983年版，第131页。

② 《邓小平文选》第2卷，人民出版社1994年版，第278页。

③ 《邓小平同志建设有中国特色社会主义理论学习纲要》，学习出版社1995年版，第8页。

④ 《邓小平文选》第2卷，人民出版社1994年版，第39页。

个思想路线问题，是个政治问题，是个关系到党和国家的前途和命运的问题。”[①] 这场以推进贯彻落实党的思想路线为中心的大讨论，实现了拨乱反正，澄清了思想混乱，克服了僵化保守，扫除了个人迷信，促进了思想解放，为开创现代化建设新局面奠定了坚实的思想基础。

邓小平不仅重新确立了党的思想路线，而且进一步丰富和发展了党的思想路线，他首次提出了实事求是是马克思主义的精髓，并把它提升到马克思主义本质的高度；他论述了实现实事求是的途径，就是要在解放思想的过程中达到实事求是；他阐释了解放思想与实事求是的辩证关系，并赋予解放思想丰富的内涵。他以思想路线为指导，提出了“什么是社会主义、怎样建设社会主义”这个首要的重大理论和实际问题，他认为社会主义制度的优越性归根结底要表现在社会生产力的发展上、人民物质文化生活的改善上；他在视察南方的重要谈话中精辟指出：社会主义的本质，是解放生产力，发展生产力，消灭剥削，消除两极分化，最终达到共同富裕。他对社会主义本质的最新概括，是把改革开放和现代化建设推进到新阶段的又一次解放思想、实事求是的宣言书，深刻解答了长期束缚人们思想的许多重大认识问题，为我们抓住机遇、推进发展，提供了新的强大的思想武器。

始终坚持党的思想路线，始终为改革开放和现代化建设扫除思想障碍，始终保持中国思想领域和广大人民精神生活的活力，既是中国新时期的根本经验，也是新时期发展的特点。所以，江泽民《在庆祝中国共产党成立八十周年大会上的讲话》中，总结我们党的历史经验时强调：“我们必须坚持党的解放思想、实事求是的思想路线，大力发扬求真务实、勇于创新精神，创造性地推进党和国家的各项工作，在实践中不断丰富和发展马克思主义。”[②] 胡锦涛《在纪念党的十一届三中全会召开30周年大会上的讲话》中，总结了我们党在改革开放30年的创造性实践中积累的宝贵经验的第一个经验是：“必须把坚持马克思主义基本原理同推进马克思主义中国化结合起来，解放思想、实事求是、与时俱进，以实践基础上的理论创新为改革开放提供理论指导。”[③]

2. 大规模平反冤假错案和调整政策，为活跃精神生活打开通道。

首先是大规模平反冤假错案。“文化大革命”期间，冤案遍布全国。在全国干部中，被立案审查的占干部总数的17.5%，全国副部长、副省长以上的高级干部，被立案审查的占这一级干部总数的75%。一些历史上的大案、积案、“铁案”不仅解决不了，而且数量增加。党的十一届三中全会之后，开始大规模平反冤假错案。其中震动最大的当然是“共和国第一要犯”刘少奇的平反。从1978年12月起，中央、北京市及各地方先后为薄一波等61人所谓叛徒案平反，为彭真、陶铸、贺龙、陆定一、习仲勋、

---

① 《邓小平文选》第2卷，人民出版社1994年版，第143页。

② 《江泽民文选》第3卷，人民出版社2006年版，第282页。

③ 胡锦涛：《在纪念党的十一届三中全会召开30周年大会上的讲话》，人民出版社2008年版，第10页。

谭震林、罗瑞卿、杨尚昆等一大批党政领导干部平反。自1980年起，先后为彭德怀平反，为“胡风反革命集团”案平反，为瞿秋白平反，为李维汉、邓子恢、潘汉年平反。此外，还为所谓的“中宣部阎王殿”、“旧文化部”、“总政阎王殿”等一些部门平反，为地方一些事件、所谓反革命集团、冤案平反。经中央政治局批准，肯定1976年清明节天安门事件完全是革命行动。

其次是推翻“两个估计”。“文化大革命”中，即1971年8月13日，经毛泽东圈阅的中共中央44号文件批转了由“四人帮”修改定稿的《全国教育工作会议纪要》。该《纪要》否定了解放后直至“文化大革命”前夕17年教育工作取得的成绩，提出了著名的“两个估计”，即“文化大革命”之前的17年，教育战线基本上是资产阶级专了无产阶级的政，是“黑线专政”；在教育战线工作的知识分子，大多数人的世界观基本上是资产阶级的，是资产阶级知识分子。这“两个估计”就如同紧箍咒一样把教育战线广大知识分子禁锢起来，各级各类学校的教师被迫经常检讨、批判自己，抬不起头来。

粉碎“四人帮”之后，1977年邓小平在同教育部负责同志的谈话中说：“两个估计”是不符合实际的，怎么能把几百万、上千万知识分子一棍子打死呢？1978年邓小平在全国科学大会开幕式上讲话强调：知识分子“绝大多数已经是工人阶级和劳动人民自己的知识分子，因此也可以说，已经是工人阶级自己的一部分”①。1979年经中共中央批准决定撤消《全国教育工作会议纪要》和关于马振扶事件的《简报》，除掉了禁锢知识分子的“紧箍咒”，解放了几百万、上千万知识分子。

再次是放开有关政策。1978年中共中央批准统战部、公安部的《关于全部摘掉右派分子帽子的请示报告》，指出不得歧视摘帽右派分子；“右派分子”的家属子女，在入团、入党、参军、升学、招工等问题上都不应受到影响。这一次摘帽右派分子，连同家属、亲属关系在内，有接近上千万人。随后，一大批被错划为“右派分子”的人返回或走上了重要的工作岗位，有不少人还担任了党和国家高级领导职务。共和国历史上令人心悸的一页，终于在思想解放的大潮中翻过去了。

1979年中共中央作出《关于地主、富农分子摘帽问题和地富子女成分问题的决定》，指出：地主、富农分子经过20多年以至30多年的劳动改造，他们当中的绝大多数已经成为自食其力的劳动者；除极少数坚持反动立场的以外，凡是多年遵守政府法令，老实劳动，不做坏事的地主、富农分子以及反革命分子、坏分子，经过群众评审，县革委批准，一律摘掉“帽子”，给予人民公社社员待遇；今后，他们在入学、招生、参军、入团、入党和分配工作等方面，主要应看本人的政治表现，不得歧视。地主、富农家庭出身的社员的子女，他们的家庭出身应一律为社员，不应再作为地主、富农家庭出身。

---

① 《邓小平文选》第2卷，人民出版社1994年版，第89页。

1979年国家还落实了关于对国民党起义、投诚人员的政策，关于地方民族主义分子摘“帽子”的政策，关于对去台人员在大陆亲属的政策，关于把原工商业者中劳动者区别出来的政策，等等。

平反冤假错案和调整各方面政策，使中国共产党和中国人民放下了历史的包袱，轻装前进。全国到处都是一派解放思想、人心向上、欣欣向荣的气氛；人们思想活跃，轻松愉快，热情洋溢，十分珍惜来之不易的新生活，满怀信心地投入改革开放和社会主义现代化建设之中。

3. 发展文化艺术与教育，满足人们精神生活的强烈需要。党的十一届三中全会之后，中国文学艺术界、思想宣传以及教育领域，开始了大规模思想解放活动。1978年8月11日，上海青年作家卢新华在《文汇报》上发表短篇小说《伤痕》，确立了“伤痕文学”这一特定概念；1977年10月，《人民文学》杂志发表了作家刘心武的短篇小说《班主任》，开启了“伤痕文学”的创作引导。“伤痕文学”的主题，是揭露和抗议“文化大革命”的极左路线对人性的伤害，特别是对青年的伤害。由此，“伤痕文学”分别向爱情小说和知青小说等不同文艺系列演进，如《于无声处》和《丹心谱》就是当时催生的话剧之花。一批“文化大革命”中无法公开的“地下文学”公开出版，其中最著名的《第二次握手》，就是“文化大革命”期间的手抄本小说。还有诗歌、流行歌曲、舞蹈等文艺形式的兴起，都伴随着思想活跃与思想解放。这些在解放思想潮流涌动中绽放的文艺之花，以生动活泼的形式和真切感人的情怀，面对现实，揭露社会矛盾，冲破了人们精神上的枷锁，不仅使广大民众得到了如痴如醉的精神享受，而且以形象的方式推进了思想解放。

文化艺术作为精神生活的主要精神食粮，其发展直接促进了人们的精神生活发展。现代经济与科技的发展，促进了文化艺术的发展。文化艺术作为一种社会意识的能动反映，一方面反映现代社会各个方面的发展，另一方面又对这个社会的各个方面进行批判与反思。丰富的文化艺术是人们精神生活的主要来源。在新时期，除了开发丰厚的传统文化、创造中国特色文化外，还有全球文化的传入。随着经济全球化、世界一体化趋势进一步发展，中国对外开放的力度不断扩大，对外文化交流的规模和深度也大幅增长。中国坚持“以我为主、为我所用”的原则，吸收全世界精神文化的精髓，促进各国之间文化的交流与发展，为精神生活的发展创造了良好的条件。“过去那种地方的和民族的自给自足和闭关自守状态，被各种民族的各方面的互相往来和各方面的互相依赖所代替了。物质的生产是如此，精神的生产也是如此。各民族的精神产品成了公共的财产。”① 总之，在对外开放条件下，打破了过去单一的地域文化限制，涌入丰富多彩的世界文化海洋中，视野得到极大扩展，个人由狭隘的地域的人转变为“世界历史性的

① 《马克思恩格斯选集》第1卷，人民出版社1995年版，第276页。

个人”，最大限度地“使自身的自然中沉睡着的潜力发挥出来”①，成为精神上富有的现代人。

另外，文化形态也呈现多样化，有主导文化、大众文化，还有网络文化、团体文化、企业文化，等等。艺术的形式也多样化，除了传统手工艺、戏曲艺术、园林艺术、书画艺术、雕刻织绣艺术等，还有人们创造的现代影视艺术、装饰艺术、意识流艺术、行为艺术等，这些都是当代人进行精神生活的空间与来源。这些文化艺术不仅丰富了书籍、杂志、报刊、音像产品、电子娱乐产品等，而且使电影院、娱乐厅、艺术馆、展览馆、博物馆、图书馆、电视台、广播电台、社区活动场所及休闲场所等增强了吸引力与感染力，为人们的精神生活发展提供了丰富的资源。

在思想宣传工作中，比较突出的是1980年《中国青年》杂志发表了署名潘晓的《人生的路啊，怎么越走越窄……》的来信，一下子在广大青年中激起波澜。《中国青年》杂志围绕这封来信展开了讨论，讨论中出现不同意见。有的认为“人活着是为了使别人更美好”，反对“主观为自己，客观为别人”的观点；有的主张人考虑“自我”是正常的，是人性的特点，人生的河流是由为自己、为别人等各种泉源汇合而成，应当发展“主观为社会、客观成就我”的价值观；还有的赞成潘晓的“主观为自己，客观为别人”的人生哲学；甚至有青年发表“个人乃是世界的中心和基础”的偏激看法。这些观点、看法，尽管不完全正确，但容许各种观点、看法发表出来并在全国开展公开讨论本身，就是思想开放、民主的体现，是解放思想、活跃精神生活的方式。在讨论中，各种观点进行了有针对性的交锋。《中国青年》杂志编辑部有意识地编发稿件，对有些偏激的观点，通过摆事实、讲道理，进行说服引导，并于1981年发表了总结这次大讨论的文章《六万颗心的回响》，大量引用青年人来信来稿中的话强调：人不都是自私的，有自私的人，也有高尚的人；我们还是应该提倡公而忘私、先公后私、助人为乐的精神；“主观为自己，客观为别人”不是先进的人生态度；在利己中利他，是较低的要求；人生的真谛在于创造。对这次大讨论，《人民日报》发表了评论员文章予以肯定，使大讨论在全国产生更大反响。这次讨论活跃了青年的思想，加深了老一辈对青年一代的理解和信任，增添了海外赤子对祖国的关心和期望，是三中全会后广大青年一次非常生动具体的解放思想的大讨论。

教育对人的精神生活的巨大促进作用是众所皆知的。孔子作为中国历史上第一个教育学家，深知外在的教育可以内化于心，塑造理想人格。中西方有众多学者阐述过教育对人格塑造、思想素质提高的作用。现代心理学家用科学方法阐述了教育对人精神世界的构建与调适作用，如美国著名社会学家阿历克斯·英克尔斯在他的著作《人的现代化素质探索》中，曾对六个国家教育与心理调适能力的相关性进行研究，通过调查统计得出：“教育可以发挥两个方面的作用：它能使人更好地了解并处理他们的内在问

① 《马克思恩格斯全集》第23卷，人民出版社1979年版，第202页。

题、压力、希望、恐怖，使他们把自己的能力变为建设性的而不是自我毁灭的途径，同样，教育可以使人更有效地对付硬碰硬社会环境和自然环境。这并不是说文化程度高的人尤其是那些人们期望负更多责任的人就没有什么压力和紧张而言。然而，总的看来，受过良好教育的人似乎有良好的心理调适。”①

正因为教育可以提供具有崇高信仰、道德高尚、诚实守法、技艺精湛、博学多才、多专多能的人才，为国、为家、为社会创造科学知识、精神财富与物质财富，所以教育总是受到国家和人们的重视。1977 年邓小平复出后，从战略全局的高度考虑教育的战略地位和重要作用，自告奋勇抓教育。邓小平抓教育首先从解放思想入手，坚持实事求是，在彻底否定和批判“文化大革命”期间的“两个估计”、中国知识分子的“白专道路”等错误教育思想的基础上，提出了一系列新的教育思想和理论，坚持教育改革，强调要把坚定正确的政治方向放在第一位，澄清了教育战线上的是非，解除了套在教育工作者身上的精神枷锁和沉重的思想包袱，使教育、科技、文化战线上的知识分子，心情舒畅、思想活跃、精神焕发地投入改革开放和社会主义现代化建设之中，充分发挥了自己的聪明才智。

在邓小平教育思想和理论指导下，党的“十二大”到“十七大”，都坚持教育优先发展的战略地位，并使这一思想深入党心、民心，成为全党、全国人民的共识。育人为本、德育为先，政以兴教为本、民以支教为荣，师以教为责、民以学为乐，已成为良好的社会风尚，一个学习型社会正在中国形成。随着中国义务教育的实行，高等教育的大众化，各级各类学校教育的建立与发展，以及各类社会教育机构的建立，终身教育理念的树立，使得越来越多的民众可以接受各种教育。2007 年全国教育事业发展统计公报显示：到 2007 年底，义务教育“两基”人口覆盖率达到 99%，全国各类高等教育总规模超过 2700 万人，高等教育毛入学率达到 23%②，其他成人培训和民办教育也稳步发展。各级各类教育的迅速发展，各种教育内容的不断丰富，对促进人的精神生活发展都有重大的意义。

（二）社会主义精神文明建设全面提高精神生活水平

1. 社会主义精神文明建设的提出与发展。1979 年叶剑英在庆祝中华人民共和国成立 30 周年大会上的讲话中，最早提出要建设社会主义精神文明。同年邓小平《在中国文学艺术工作者第四次代表大会上的祝词》中强调：“我们要在建设高度物质文明的同时，提高全民族的科学文化水平，发展高尚的丰富多彩的文化生活，建设高度的社会主义精神文明。”③ 1980 年邓小平在题为《贯彻调整方针，保证安定团结》的讲话中阐述

---

① （美）阿历克斯·英克尔斯：《人的现代化素质探索》，天津社会科学院出版社 1995 年版，第 306 页。

② 《中国教育年鉴 2008》，人民教育出版社 2008 年版，第 23 页。

③ 《邓小平文选》第 2 卷，人民出版社 1994 年版，第 208 页。

了精神文明的内容，他说："所谓精神文明，不但是指教育、科学、文化（这是完全必要的），而且是指共产主义的思想、理想、信念、道德、纪律、革命的立场和原则，人与人的同志式关系，等等。"并要求"发扬革命和拼命精神，严守纪律和自我牺牲精神，大公无私和先人后己精神，压倒一切敌人、压倒一切困难的精神，坚持革命乐观主义、排除万难去争取胜利的精神……"① 1981 年党的十一届六中全会审议通过的《关于建国以来党的若干历史问题的决议》，把社会主义精神文明建设归纳为社会主义现代化建设道路的十个要点之一，第一次把党在新时期的奋斗目标概括为建设"现代化的、高度民主的、高度文明的社会主义强国。"在党的"十二大"报告中，全面论述了社会主义精神文明建设的地位，强调社会主义精神文明是社会主义的重要特征，是社会主义制度优越性的重要表现，并把在建设物质文明的同时建设高度的精神文明作为党的战略方针。1986 年党的十二届六中全会通过了《中共中央关于社会主义精神文明建设指导方针的决议》，强调社会主义精神文明建设的根本任务，是适应社会主义现代化建设的需要，培养有理想、有道德、有文化、有纪律的社会主义公民，提高整个中华民族的思想道德素质和科学文化素质。1996 年党的十四届六中全会审议并通过了《中共中央关于加强社会主义精神文明建设若干重要问题的决议》，强调加强思想道德建设，发展教育科学文化，以科学的理论武装人，以正确的舆论引导人，以高尚的精神塑造人，以优秀的作品鼓舞人，培育有理想、有道德、有文化、有纪律的社会主义公民。江泽民在党的"十五大"报告中强调："有中国特色社会主义的文化，就其主要内容来说，同改革开放以来我们一贯倡导的社会主义精神文明是一致的。文化相对于经济、政治而言。精神文明相对于物质文明而言。只有经济、政治、文化协调发展，只有两个文明都搞好，才是有中国特色社会主义。"②

以胡锦涛为首的党中央，在新的历史条件下，根据中国社会发展的实际与需要，提出了科学发展观和和谐社会发展理论，强调以人为本和社会的全面、协调和可持续发展，他《在纪念党的十一届三中全会召开 30 周年大会上的讲话》中强调："中国特色社会主义是全面发展、全面进步的事业，是物质文明和精神文明相辅相成、协调发展的事业。物质贫乏不是社会主义，精神空虚也不是社会主义。人的素质是历史的产物，又给历史以巨大影响。任何时候都不能以牺牲精神文明为代价换取经济的一时发展。"③

2. 社会主义精神文明建设提高精神生活水平。这些贯穿于中国新时期的社会主义精神文明建设的重要论述和重要文件，深刻、系统地阐明了加强社会主义精神文明建设的重大作用与意义，是中国各族人民开展精神家园建设、提高精神生活质量的指导思想。在社会主义精神文明建设理论指导下，1981 年全国总工会、共青团中央、全国妇

---

① 《邓小平文选》第 2 卷，人民出版社 1994 年版，第 567—568 页。

② 《江泽民文选》第 2 卷，人民出版社 2006 年版，第 32—33 页。

③ 胡锦涛：《在纪念党的十一届三中全会召开 30 周年大会上的讲话》，人民出版社 2008 年版，第 13 页。

联、全国文联等九个单位联合发出《关于开展文明礼貌活动的倡议》，开展以讲文明、讲礼貌、讲卫生、讲秩序、讲道德和心灵美、语言美、行为美、环境美为内容的“五讲四美”文明礼貌活动，使中国城乡的社会风气和道德面貌发生了新的变化。1995 年中宣部、农业部在全国农村开展了以创建文明家庭、文明村镇和文明乡镇企业为主要内容的农村群众性创建精神文明活动。1996 年全国十大“窗口行业”和部门率先实施了以“为人民服务，树行业新风”为主题的创建文明行业活动，相继推出 150 多项改进服务的措施和 300 余个文明服务示范窗口单位，受到社会各界的普遍欢迎和热情支持。1997 年由中央精神文明建设指导委员会部署的“讲文明、树新风”活动在全国蓬勃开展，预示着群众性精神文明创建活动正向更广的范围和更深层次上拓展和推进。同年新闻界公布了全国新闻系统 41 家精神文明示范单位，新闻出版署、中国出版工作者协会也联合公布了全国 10 家新华书店精神文明示范单位；民政、工商、旅游、司法、水利等十大行业也相继向社会公布了本行业文明服务示范单位、服务标准和监督措施；全国还启动了创建文明城市、文明村镇活动示范点工作。

社会主义精神文明同历史上的精神文明既有联系，又有区别。其联系是社会主义精神文明要继承历史上精神文明的优秀成果；其区别是社会主义精神文明是以马克思主义为指导的精神文明，其发展既需要以实践和物质文明建设为基础，又要为物质文明的发展提供精神动力、智力支持和思想保证。社会主义精神文明建设的根本任务是适应社会主义现代化建设的需要，基本目标是培育有理想、有道德、有文化、有纪律的社会主义公民，提高整个中华民族的思想道德素质和科学文化素质。这就决定了社会主义精神文明建设必须是推动社会主义现代化建设的精神文明建设，必须是促进全面改革和实行对外开放的精神文明建设，必须是坚持四项基本原则的精神文明建设。

中国的改革开放和社会主义现代化建设给中国社会带来前所未有的生机与活力，对精神文明建设产生巨大推动。社会主义精神文明建设所包含的思想道德建设，是精神文明建设的灵魂，中国不断发展、深化的精神文明建设，不仅为社会政治经济发展提供了强大精神动力，而且有效提高了人们的精神生活水平，其主要成果体现在这样几个方面：一是围绕党的基本路线所确立的“富强、民主、文明、和谐的社会主义国家”的建设目标、中国特色社会主义共同理想，广泛开展理想信念教育，形成了中华民族共同的奋斗目标和强大的民族凝聚，强有力地推进了改革开放的深化和社会经济持续快速发展；二是在人民群众中，结合改革开放和社会主义现代化建设实践，学习、运用中国特色社会主义理论体系，不断解放思想、更新观念、与时俱进，在全面建设小康社会进程中建设共有精神家园；三是以爱国主义为基础，以“爱祖国、爱人民、爱劳动、爱科学、爱社会主义”为主要内容，大力开展丰富多彩的文化活动，普及思想道德教育，树立和发扬了富有时代特征的道德风尚；四是开展坚持四项基本原则、社会主义荣辱观和社会主义核心价值体系教育，反对资产阶级自由化和资本主义、封建主义的腐朽思想，巩固社会主义意识形态主导。

正是因为社会主义精神文明建设卓有成效，所以中国各族人民思想观念、精神状态发生了深刻而可喜的变化，形成了有利于社会主义现代化建设和改革开放的舆论力量、价值观念、文化条件和社会环境，化解了各种社会思潮的冲击，有力地抵制了资本主义腐朽思想的渗透，振奋了全国各族人民的巨大热情和创造精神，涌现了一批又一批像蒋筑英、罗健夫、朱伯儒、孔繁森、李素丽、李国安、邹延龄等英雄人物、道德模范以及创建精神文明的先进典型。

（三）弘扬和发展先进文化，建设中华民族共有精神家园

随着改革开放的深化和社会主义现代化建设的发展，中国社会各个方面建设的协调发展逐步突出，经济、科技快速、持续发展，既需要文化发展提供精神动力与智力支持，也为文化发展提供了坚实基础；人们在不断改善物质生活条件和提高科学技术水平的同时，也迫切需要提高精神生活质量和增强人文动力。因此，弘扬和发展民族文化，越来越成为新时期的战略任务。江泽民不仅论述了文化建设与精神文明建设的关系，把文化建设与精神文明建设承接起来，而且强调了文化建设的重要性，他说："有中国特色社会主义的文化，就其主要内容来说，同改革开放以来我们一贯倡导的社会主义精神文明是一致的。文化相对于经济、政治而言。精神文明相对于物质文明而言。只有经济、政治、文化协调发展，只有两个文明都搞好，才是有中国特色社会主义。""有中国特色社会主义的文化，是凝聚和激励全国各族人民的重要力量，是综合国力的重要标志。"① "当今世界，文化与经济和政治相互交融，在综合国力竞争中的地位和作用越来越突出。文化的力量，深深熔铸在民族的生命力、创造力和凝聚力之中。全党同志要深刻认识文化建设的战略意义，推动社会主义文化的发展繁荣。"②

弘扬和发展先进文化，就是发展面向现代化、面向世界、面向未来的、民族的科学的大众的社会主义文化；就是为了不断丰富人们的精神世界，增强人们的精神力量，实现人们思想和精神生活的全面发展；就是要培育适应社会主义现代化要求的一代又一代有理想、有道德、有文化、有纪律的公民，在全社会形成共同理想和精神支柱。因此，新时期文化建设的根本目的、根本任务，与社会主义精神文明建设是完全一致的。

胡锦涛2005年在山东考察工作时，重申了文化建设的战略意义，他说："要充分认识加强社会主义文化建设的战略意义，把坚持马克思主义在意识形态领域的指导地位和繁荣发展社会主义思想文化紧密结合起来，把发展教育科学文化事业和加强思想道德建设紧密结合起来，为改革开放和现代化建设提供精神动力和智力支持。"③ 在党的"十

① 《江泽民文选》第2卷，人民出版社2006年版，第33页。

② 《江泽民文选》第3卷，人民出版社2006年版，第559页。

③ 胡锦涛：《确保先进性教育活动成为群众满意工程　大力促进经济社会全面协调可持续发展》，《人民日报》2005年4月12日。

七大”报告中，他根据中华民族发展和面向世界竞争的需要，根据人们在新的历史条件下的美好追求，进一步提高了文化建设的地位与价值，强调“当今时代，文化越来越成为民族凝聚力和创造力的重要源泉、越来越成为综合国力竞争的重要因素，丰富精神文化生活越来越成为我国人民的热切愿望。要坚持社会主义先进文化前进方向，兴起社会主义文化建设新高潮，激发全民族文化创造活力，提高国家文化软实力，使人民基本文化权益得到更好保障，使社会文化生活更加丰富多彩，使人民精神风貌更加昂扬向上。”① 他还提出了文化建设的三项任务：建设社会主义核心价值体系，增强社会主义意识形态的吸引力和凝聚力；建设和谐文化，培育文明风尚；弘扬中华文化，建设中华民族共有精神家园。这三项任务，既是国魂建设，也是广大群众的思想灵魂建设。

为了落实党的“十七大”报告所提出的文化建设目标与任务，2011 年中国共产党第十七届中央委员会第六次全体会议通过了《中共中央关于深化文化体制改革推动社会主义文化大发展大繁荣若干重大问题的决定》（以下简称《决定》），特别指出：“文化是民族的血脉，是人民的精神家园”。《决定》总结了改革开放特别是党的“十六大”以来，我们党领导和开展文化建设的基本经验与重大成果，分析了中国文化建设所面临的国内外形势，指出了中国文化发展同经济社会发展和人民日益增长的精神文化需求不完全适应的矛盾和问题，提出了文化改革发展的奋斗目标与指导方针，其中摆在首位的是提高人们精神生活水平的目标，即社会主义核心价值体系建设深入推进，良好思想道德风尚进一步弘扬，公民素质明显提高；适应人民需要的文化产品更加丰富，精品力作不断涌现；还有文化事业全面繁荣、文化产业发展、文化管理体制和文化产品生产经营机制、高素质文化人才队伍发展等目标，都与人们精神生活的丰富、发展有直接关系。《决定》强调：“没有文化的积极引领，没有人民精神世界的极大丰富，没有全民族精神力量的充分发挥，一个国家、一个民族不可能屹立于世界民族之林。物质贫乏不是社会主义，精神空虚也不是社会主义。没有社会主义文化繁荣发展，就没有社会主义现代化。”因此，《决定》的颁布，开启了中国新世纪新阶段文化建设的新战略，标志着中国共有精神家园建设、人们精神生活进入更高的发展阶段。

这个发展阶段的精神家园建设以及精神生活发展的突出特点是：

第一，主导性与多样性相结合发展。所谓精神家园建设和精神生活的主导性，就是坚持以马克思主义、中国特色社会主义理论体系为指导，坚持精神家园建设和精神生活的社会主义方向，坚持弘扬和发展先进文化为重点内容，并在个体和社会发展中发挥主导作用的特性。所谓精神家园建设和精神生活的多样性，就是不同团体和个体，在不同的时间与场合，精神家园建设和精神生活的日标具有层次性、内容具有选择性和方式多样化。主导性是相对于多样性而言的，并与多样性辩证统一；多样性是主导性的基础，

---

① 胡锦涛：《高举中国特色社会主义伟大旗帜，为夺取全面建设小康社会新胜利而奋斗》，人民出版社 2007 年版，第 18 页。

主导性是多样性的升华；主导是对多样的主导，没有多样就无所谓主导；多样需要主导，没有主导多样就会发生冲突和混乱。

中国社会主义核心价值体系以马克思主义为指导思想，坚定中国特色社会主义共同理想，弘扬以爱国主义为核心的民族精神和以改革创新为核心的时代精神，树立和践行社会主义荣辱观，是社会主义先进文化的精髓，是振兴中华之魂，是中国进行精神家园建设和精神生活的共同思想基础。中国各条战线、各个单位，按照中央的部署与要求，把社会主义核心价值体系融入国民教育、精神文明建设和党的建设全过程，贯穿改革开放和社会主义现代化建设各领域，体现到精神文化产品创作生产传播各方面，坚持用社会主义核心价值体系引领社会思潮，在全党全社会形成统一指导思想、共同理想信念、强大精神力量、基本道德规范，保证中国精神家园建设和精神生活按照主导性与多样性相结合发展，呈现出“一个又有集中又有民主，又有纪律又有自由，又有统一意志、又有个人心情舒畅、生动活泼，那样一种政治局面”。

第二，大众性与高雅性相结合发展。“大众”指群众或民众，大众性就是指人民群众性。这里所说的精神家园建设和精神生活的大众性，意思是精神家园建设和精神生活不仅体现、适合广大群众的需要，而且必须依靠广大群众参与共同推进。广大人民群众是创造历史活动的真正主体和推动力量，这是历史的主体性原则在精神家园建设和精神生活中的深刻体现和根本要求。精神家园建设和精神生活的大众性，源于精神文化生产、发展和消费的广泛性基础。因为精神文化的主体，即人民群众不仅是物质文化的创造者，也是精神文化的创造者，因此，面向大众、服务人民，正是精神家园建设和精神生活的价值所在。所谓高雅，就是高尚风雅，不俗气，是人的内在气质的一种外在表现，形容人的言谈、举止优雅，与“平庸邪恶”相对。如《三国志·魏志·崔林传》：“禀自然之正气，体高雅之弘量”，唐代王勃《鞶鉴图铭》序：“句读曲屈，韵调高雅”；李东阳《明故封大安人舒氏墓志铭》：“仲律学识高雅，志操修洁”。高雅性是指具有高超雅正特性，古代所说的“阳春白雪”，就是指诗词的高雅性；古代所讲的“下里巴人”，就是指诗词的通俗性或大众性。

随着中国商品经济和科学技术的发展，使物质产品和精神产品大批复制并降低了成本，那些原本只为少数精英所享用的物质产品和精神产品逐步在大众中流行起来。精神生活的丰富必然随着社会商品在大众中的流行，开始走向世俗化、大众化。同时，现代科技的发展促进了精神生活大众化走向，诸如电视、电影、录音、录像、电脑存贮系统和网络的普遍应用，不仅使人们更加真实详尽地记录下人类所创造的精神文化财富，而且使普通民众可以享受原本只有精英阶层才能享受的精神生活内容。如高雅戏剧、歌舞等，在传统社会只能亲临剧院才能观赏得到，其门票价格一般民众难以承受。而在现代社会，可以通过现代影视技术将这些高雅艺术制作成光碟流通到普通民众手中，或在网络上传播，普通民众只需要一台可联机上网的电脑，就可以接触和欣赏到这些丰富的高雅文化，丰富自己的精神生活；网民还可以围绕这些高雅文化艺术，参与讨论、交流感受、深化体验。因此，精英文化的精英性逐步演化为大众性，这无疑是社会的进步。

特别是广大群众的物质生活改善之后，精神生活的需求越来越强烈和多样。人们在欣赏、消费精神文化产品的同时，还需要运用现代科学技术与生活资料进行文化创造，在文化创造过程中丰富精神生活。于是，从20世纪后半叶开始，大众文化伴随着改革开放春风的吹拂而觉醒，植根于市场经济的沃土而成长，在不到20年的时间里，便成为与主流文化、精英文化并驾齐驱的社会文化形态。这里所说的大众文化，是当代社会的一个特定范畴，是现代工业和市场经济充分发展的产物，是大众大规模共同参与当代社会文化空间、公共领域所创造的文化成果。大众文化既不同于高雅文化，因为高雅文化具有明显的精英性，也不同于乡土文化和民间文化，因为后者具有明显的自发性。它是在当代社会背景下产生和传播的现代性文化，具有通俗性、流行性、娱乐性、大众媒介性、日常性等特点。大众文化在本质上是一种以最广大人民群众的生存、享受、发展需要为出发点、归宿点和价值目标的文化，它不是工具性文化，而是体现人文本质和人文精神、蕴涵人文目标和昭示人文价值的文化，是大众追寻精神生活的文化行为。尽管大众文化在发展过程中会遇到曲折，甚至有些内容可能显得低俗，但随着中国社会物质文明的不断进步和人们主体意识的日益增强，大众文化作为人民自己的文化在21世纪将更加鲜明地凸现其人文本质和人文精神。而且，社会精神文化的发展必须贴近大众文化生活、满足大众文化需要、尊重大众文化权利、反映大众文化理想和提升大众文化人格。

第三，现实性与虚拟性相结合发展。这里所说的现实性，是指人们在现实物理空间所呈现的状态与特性；这里所说的虚拟性，则是指人们在网络原子空间所呈现的状态与特性。现实性与虚拟性既有联系，又有区别，现实性是虚拟性的前提与基础，虚拟性是现实性的延伸与拓展。在当代社会，随着互联网络的普及，网络生活已经成为人们生存与发展的方式。

在网络出现之前，人的精神生活发展都是在现实空间中进行的，这一发展维度显而易知。网络作为一种媒介产生后，改变了人的存在与发展方式，如卡西尔所说，人在网络中是符号动物；一代媒介宗师马歇尔·麦克卢汉也提出，人类文明的变革，主要是符号的革命，要从符号的角度考察人的生存、交往以及人和社会的发展。

网络是传统媒介的集合与互动，即语言、文字、电子图书、现代影视等，都聚集于网络之中并相互配合、相互作用，形成了一个全新的媒介空间，一个全新的虚拟世界。从20世纪80年代末开始，互联网得到了迅速发展。中国及时地把握了这一机遇，仅用一年左右的时间就建设成2000公里以上的干线光缆。信息高速公路的发展使得中国从传统的通信落后状态一跃至信息时代。1997年11月，中国互联网络信息中心发布了第一次《中国互联网发展状况统计报告》，当年中国共有上网计算机29.9万台，上网用户62万人，www站点1500个。据2000年7月27日发布的第六次《中国互联网发展状况统计报告》，截至2000年6月30日，中国上网计算机数650万台，比两年前增长了

21倍；上网用户达到1690万，比两年前增长了26倍；www站点数量为27289个，是两年前的18倍。截至2008年底，全国网民增至2.98亿人之多。① 从网络的发展来看，网络连接了社会的各个领域和广大民众；从文化的层面来看，网络超越了技术范围，渗透到人类社会的各个方面。它不仅改变了通讯、环境等物质世界，而且广泛而深刻地改变了人与人、个人与社会的关系，改变了社会和人的精神生活世界。在网络这个全新的生活空间中，以往种种阻碍人们交流沟通的鸿沟得以清除，网民不受个人社会地位、经济条件和地理环境的制约，可以自主、自由地在网络上浏览、学习、交流、评论，可以根据现实社会的模式，虚拟出社区、会场、学术沙龙、游戏厅、辩论会等场景，通过网络延伸、扩展交往、实践、生活方式，用以开阔视野、启迪思维、交流情感、丰富思想、激发内在动力，提高精神生活质量。同时，网络媒介兼具语言、文字、图书、影视传媒的多种功能，使得网络可以生动活泼、声容并茂地复制、加工、提炼现实世界的素材，赋予人的创造性与目的性，为人们发展精神生活开辟了一个五光十色、丰富多彩的全新空间。

在现代社会，人们将单位、行业的活动，社会的动态、事件、发展，个体的各种生活，逐步转移到这个全新的空间中，冲破了现实空间中的时空障碍，为人们的虚拟实践、交往交流、学习提高、更新观念提供了前所未有的便捷。因而，人们的精神生活在网络领域可以得到前所未有的展开和丰富。如过去只能零距离、面对面的交谈进行情感交流，现在可以在网上与遥远的人通过文字、视频交流情感。在网络上看小说、电视电影、玩兴趣游戏等，甚至可以在网上打理农场、种菜、收割农作物，以这种方式满足在现实生活中难以实现的意愿，补充了现实生活的不足，构成了现实精神生活与虚拟精神生活并存互补的现代图景，展现了当代精神生活发展的重要特征。

二、当前中国精神生活的发展现状

综上所述，中国新时期的精神生活，总体形势是好的，主导面是积极健康的。但是，由于在新的时代背景下，新情况、新问题层出不穷，在一些群体与个体中，也存在一些明显的问题。教育部哲学社会科学重点基地重大招标项目“现代人的精神生活质量与规律研究”课题组，为了把握当前中国社会精神生活的现状，于2009年至2010年，在以下省市、自治区的部分单位，进行了各类人员的精神生活的问卷调查：在广东省的中山大学、广东商学院、广东药学院、番禺职业技术学院，湖北省的武汉理工大学，上海市的上海师范大学，黑龙江省的哈尔滨师范大学，面向在校学生进行了精神生活的问卷调查；在广东省安全厅、广西壮族自治区教育厅以及部分高校，面向党政干部进行了精神生活的问卷调查；在广东省、广西壮族自治区部分高校，面向教师进行了精

① 《中国信息年鉴2009》，中国信息年鉴期刊社2009年版，第23页。

神生活的问卷调查；面向广东省佛山市马士通实业有限公司的职工进行了精神生活的问卷调查；面向广东省清远广生元畜牧发展有限公司的农民进行了精神生活的问卷调查。共发出调查问卷1200份，收回1076份，有效率为89.7%。其中有效问卷：高校教师155份，高校学生502份，党政干部159份，企业职工130份，农村农民130份。在1076个被调查者中，男性531人，占49.3%，女性545人，占50.7%；小学文化程度10人，占0.01%，初中文化程度56人，占0.05%，高中文化程度68人，占0.06%，中专文化程度52人，占0.05%，大专以上文化程度889人，占82.6%；文科专业人员524人，理科专业人员89人，工科专业人员57人，医科专业人员137人，农科专业人员8人。

（一）人们对精神生活的积极评价

对于当前人们对精神生活的总体评价，课题组设计了对社会精神生活总体评价与重视程度、对个体精神生活评价与重视程度的问卷，分别是：

1. "不同群体对当前我国社会精神生活状况的评价"。在问卷调查的1076人中，认为中国社会精神生活"一般"的有625人次，占58.1%，居第一位；认为精神生活"不良"的有202人次，占18.8%，居第二位；认为精神生活"很差"的有38人次，占3.5%；认为精神生活"很好"的有14人次，占1.3%；认为精神生活"良好"的有112人次，占10.4%。

总体来看，一半以上的被调查者认为中国社会精神生活"一般"，说明中国社会精神生活与物质生活相比，显得不突出或有些滞后。认为中国社会精神生活"很好"和"很差"的比例虽然都很小，"不良"和"良好"的比例相差不大，但总的来看，认为不好的比例比好的比例高，说明当前有部分人对社会提供的精神生活条件不满意、有意见，折射出人们精神生活的不满足感和对精神生活的更新、更高要求，对社会提供更好的精神生活条件充满期待。因而从这个角度看，人们的态度是实在的、积极的。

2. "高校教师、学生和党政干部对各自领域精神生活总体状况的评价"。在问卷调查的816人中，认为精神生活"一般"的有450人次，占55.1%，居第一位；认为精神生活"良好"的有181人次，占22.2%，居第二位；认为精神生活"很差"的有11人次；认为精神生活"很好"的有9人次；认为精神生活"不良"的有79人次。

这一项调查内容与第一项相比较，认为本领域精神生活"良好"的人数比认为社会精神生活"不良"的人数多，主要是高校学生有130人认为本领域（实际上是学生生活的高校）精神生活"良好"，而认为社会精神生活"良好"的学生只有56人，相差74人，这样才把认为本领域精神生活"良好"的比例拉高。这说明高校学生对高等学校的精神生活状况认同程度比对社会精神生活状况认同程度高，反映了高等学校的精神面貌、道德风尚比社会要好。

3. "不同群体对社会和各个单位对精神生活的重视程度的看法"。在面向高校教师、高校学生、党政干部816位人员的问卷调查中，有20人认为“很重视”；有261认为“重视”，占32%，居第二位；有124人认为“一般”，占15.2%，居第三位；有302人认为“不大重视”，占37%，居第一位；有23人认为“很不重视”。

总的来看，三类人员认为社会和各个单位对精神生活“不大重视”、“一般”重视的人数较多，占总调查人数的52.2%。这一数字佐证了第一项调查内容的数据，说明了精神生活“一般”、“不良”的原因，即人们的精神生活没有受到社会与有些单位的足够重视。

4. “不同群体对各自精神生活的满意程度”。在问卷调查的1076人中，对自身精神生活状况感到“很满意”的有56人次；对自身精神生活状况感到“比较满意”的有525人次，占48.8%，居第一位；对自身精神生活状况感到“有点满意”的有259人次，占24.1%，居第二位；对自身精神生活状况感到“不满意”的有206人，占19.1%；对自身精神生活状况感到“很不满意”的有23人。从总的来看，有840人对自身精神生活状况感到“很满意”、“比较满意”、“有点满意”，占78.1%，说明大多数人精神生活状态比较好。

这一项调查内容是个体对自身精神生活的评价，其“很满意”、“比较满意”、“有点满意”的比例要比对社会、单位好的评价比例高，出现了矛盾。对这一矛盾是否能从这样几个方面理解：一是对社会上一些不良倾向，诸如以权谋私、弄虚作假、伪善欺诈等，影响既大且坏，人们很反感，常常把出现这些问题的责任推给社会与单位领导，于是对社会与单位的精神风貌评价不高。二是在改革开放与现代化建设过程中，确有一些单位存在重物质轻精神、重科技轻人文倾向，不少人陷于功利价值追求，忽视全局观念与长远目标，致使一些人的精神生活单调、贫乏。三是对精神生活的评价，不同类型的人有不同的标准与参照，这一点在下面的两个调查内容体现得很充分。

5. “不同群体认为精神生活包括下列主要内容和核心”。该问卷调查内容在高校教师、高校学生、党政干部816人中的调查显示：认为世界观、人生观、价值观是精神生活主要内容的有679人次，居第一位；认为道德品质修养是精神生活主要内容的有658人次，居第二位；认为理想信念的确立是精神生活主要内容的有612人次，居第三位；认为情感生活是精神生活主要内容的有583人次，居第四位；认为文艺欣赏与娱乐是精神生活主要内容的有551人次，居第五位。其中大学生和党政干部这两个群体，认为五项内容既是精神生活的内容同时也是其核心。高校教师在理想信念是精神生活的内容同时是核心方面，存在明显差异，他们认为理想信念是精神生活的重要内容，但并不是核心内容；155位被调查者中，有97人（占62.5%）认为其是精神生活的重要内容，仅有3人（占2%）认为其是核心内容。高校教师对理想信念在精神生活中的作用和价值，同文艺与娱乐的作用和价值一致，说明一些教师对精神生活的层次认识不很清晰。

6. “不同群体对各自最幸福与快乐的理解”。

群体	1	2	3	4	5
高校教师（人）	身体健康（64）	家庭美满（60）	有满意工作（51）	有良好社会与自然环境（45）	有知心朋友（44）
高校学生（人）	有知心朋友（426）	家庭美满（416）	不懈追求事业目标（334）	知足常乐（327）	有满意的工作（323）
党政干部（人）	家庭美满（140）	身体健康（137）	有知心朋友（122）	多为社会作贡献（99）	有良好社会与自然环境（98）
企业职工（人）	家庭美满（72）	身体健康（66）	收入高（51）		
农村农民（人）	家庭美满（94）	身体健康（80）	收入高（77）		

第六项调查说明：数字1—5表示最幸福和快乐的程度排序。1最重要，2次重要，以下依此类推。

由于大学生的人数比较多，并且该项调查内容各自的选项不大一样，因此将其对各自最幸福与快乐的前五项选出来。从表中可以看出，“家庭美满”、“身体健康”是不同群体共同认为最幸福和最快乐的内容，而且四类人员都摆在第一或第二位；有“有知心朋友”，高校学生摆在第一位，党政干部、高校教师也分别摆在第三位、第五位；“有满意工作”、“收入高”是各个群体认为最幸福和快乐的内容之一。所有这些感到最幸福和最快乐的内容，都是生活、工作上的具体内容，一方面，说明现在的人们都比较实在，追求实惠，另一方面，也说明有些人对精神价值的追求还不明确，一些人的精神生活层次还不高。

从总体评价的几项调查内容可以得出两个比较突出的结论：

第一，几个群体的大多数人（占调查总人数78.1%）对自己的精神生活“很满意”、“比较满意”、“有点满意”，说明中国精神生活从总体来看，主流是好的，大多数人的思想情绪、精神面貌积极、进步。只有少数人对自身精神生活状况感到“不满意”和“很不满意”，占调查总人数的21.3%。在精神生活上的这样一个评价，也从侧面反映了民众对中国坚持的中国特色社会主义道路、党的路线方针、改革开放政策、社会政治、经济、文化发展的认同与肯定；反映了中国社会和谐、稳定、发展前景好；反映了大多数民众生活安定、美好。但有少数人或因思想感情、价值取向上的差异，或因工作、生活、交往等方面的矛盾、困难而存在不满意、不愉悦的状况。

第二，几个群体的大多数人，对精神生活的理解、评价比较具体、实在，如很注重“家庭美满”、“身体健康”、“有知心朋友”、“有满意工作”在精神生活中的地位与作用，反映了民众能够从实际出发，坚持理论与实际、物质与精神的统一，把物质生活与社会生活、精神生活有机结合起来，体现了生活的现实性与一致性。但是，也说明人们对自己内在的因素认识和把握不够，对社会全局的因素考虑不多，因而精神生活的层次需要提高。

（二）当前人们精神生活的主要问题

当前人们的精神生活究竟存在哪些问题，调查的资料比较多，研究的成果也不少。本课题组根据问卷调查、电话调查、个别访谈和文献调查，认为主要有以下问题。

1. 道德生活的缺失与功利倾向。在当前，社会中存在一些“假、恶、丑”的事例与现象，这是毋庸置疑的。这种“假、恶、丑”是与真、善、美相对立的，是一些人的道德状况出现了不同程度的问题，即道德生活缺失，与中华民族崇尚道德的民族风格有所疏离。中国自古以来，就有伦理之邦的美称，重道德教化和德性修养，是民族的文化传统。这种传统是建立在以农立国、以血缘和地缘关系为纽带、以家族为基础之上的，既有可继承性，也有历史局限性。

中国古代的传统道德，经过“五四”新文化运动的冲击，经过社会变革的改造，其封建性的糟粕不断剔除，优良传统得以传承。特别是革命传统和社会主义道德，赋予中国社会新的道德生活内容，形成了新的道德风尚与道德面貌。

中国实行改革开放后，党的工作重点的转移，经济体制的改革，对外开放的扩大，民主法制的发展，以及信息社会的形成，使中国社会发生了深刻的转型与变化，道德也理所当然地要发生转变，即过去的一些道德观念与道德行为不适应新的发展要求，需要改变，而适应新形势的道德，需要创立。这样，在中国社会转折过程中，往往新老道德交错，人们各自的道德行为与道德评价不大一致，出现了所谓“道德爬坡”与“道德滑坡”之争。

德国社会学家哈贝马斯在分析西方现代性问题时，认为现代化的问题在很大程度上就是道德文化危机。他将社会体系区分为物质再生产的“系统”和文化再生产的“生活世界”。认为经济系统以货币为媒介渗透到生活世界的“私人领域”，从而导致伦理不再对个人行为和生活发生重大影响，盛行的生活方式是“没有灵魂的专家”的功利主义和“没有精神的感觉主义者”的快乐主义；另一方面，国家行政系统的合法性只存在于形式化、程序化的法律中，但具体选择什么样的法律和合法性的界定则是由掌握权力的人来规定，从而导致伦理道德规范在政治决策和权力运用中不再起重要作用。哈贝马斯将这一现象称为“将道德实践的因素从私人生活领域中和政治公共生活领域中驱逐出去”①。也就是说，西方社会在现代化进程中，也曾经发生道德的转变与危机。

经济是道德产生与发展的基础，在计划经济条件下的道德，不可能完全适应市场经济的要求，市场经济体制赋予人们的独立性、自主性、竞争性与效率性，蕴涵着道德要

① （德）哈贝马斯著：《交往行动理论》第2卷，洪佩郁、蔺青译，重庆出版社1994年版，第420页。

求。这种道德要求既可以按社会主义性质形成社会主义道德，也可以按资本主义性质形成资产阶级道德。英国著名经济学家亚当·斯密在他的名著《国富论》中，以西方传统文化，特别是宗教文化的人性恶为出发点，把个人利己主义作为人类经济行为的基本动机，为个人主义道德作了基础性论证；18 世纪初英国哲学家孟德维尔提出的“私恶即公利”的命题，为19 世纪资本主义社会的合理利己主义提供依据。这样，一些基于市场经济而形成的资产阶级道德，随着中国对外开放的扩大，对中国产生影响。加上西方文化与各种思潮的传播，特别是功利主义、实用主义、享乐主义、消费主义等，对中国传统道德形成冲击，导致了道德领域的复杂多变。这是中国道德生活所面临的外部影响与冲击，增加了一些人选择道德的困惑与难度。

随着中国市场经济体制的逐步形成，不仅人们的独立性与自主性不断增强，而且相互竞争和追求效率与利益的倾向日渐明显，这些新的道德观念与行为，是中国社会的重大进步，改变了过去人们对组织、单位的依赖性和平均主义、“大锅饭”思想，开始以竞争的方式推进发展，以提高效率的方式获得利益。但是也要看到，中国市场经济体制毕竟刚刚建立，其法制规范、道德规范不健全，人们的心理一下子难以完全适应，在获利合理、有利可得的情况下，有些单位和个人只注重现实功用与功效，忽视持续与全面发展；只讲事物的实用价值，忽视事物的科学价值、社会价值；只强调科技的工具作用，忽视科学精神与人文情怀；在人际关系上采取利用与实用准则，忽视情感与友谊；在发展上片面追求自我目标，忽视社会使命与责任；片面重视物质与金钱占有，忽视政治与道德价值；学习与工作成绩、评估指标、职级评定、奖励惩罚等直接与金钱挂钩，忽视思想道德要素及其作用；陷于自身利益，不讲诚信、以假冒伪劣败坏社会风气；等等。这些忽视道德、不讲道德的行为与观念，既与市场经济体制刚建立、道德规范不健全有关，更是与切身利益和道德价值追求的偏向，还与一些单位的评估、考核、奖惩忽视道德的指标化、直接与金钱挂钩相关，即一些单位为了强化竞争，把竞争的内容与目标数字化、指标化。物质、金钱、科技成果等可以数字化、指标化，并容易相互比较，显示竞争的直接性；思想、道德、动机则难以数字化、指标化，不能相互比较，因此，容易被忽视。因而只讲利益，不讲道德，甚至置疑“道德有什么用？值几个钱？”等倾向在有些单位和个体中蔓延，就是一些人认为的“道德滑波”。

对当代社会条件下道德的价值认识不足，课题组的问卷调查也可以从几个调查数据得到说明。

第一，“生活受到哪些主要因素困扰”的调查统计内容与数据：

群体	1	2	3	4	5
高校教师（人）	工作压力（63）	社会现实问题（48）	经济问题（46）	竞争压力（44）	学习压力（24） 风险压力（24）

续上表

群体	1	2	3	4	5
高校学生（人）	竞争压力（298）	学习压力（282）	人际交往（233）	就业形势（196）	自身性格问题（185）
党政干部（人）	竞争压力（127）	工作压力（114）	社会现实问题（104）	经济问题（76）	人际交往（75）
企业职工（人）	工作压力（69）	收入少（69）	与家人不在一起（56）	家庭负担重（48）	文化娱乐活动少（29）
农民（人）	家庭负担重（98）	工作压力大（86）	收入少（75）	与家人不在一起生活（40）	文化娱乐活动少（5）

注释：1—5 代表影响生活因素的程度，1 代表影响生活的最主要因素，2 代表次要，依此类推。

从表中可以看出，四类人员认为困扰生活（包括物质生活与精神生活）的主要因素是外在压力、经济收入、社会现实问题等具体问题，除高校学生、党政干部谈到人际交往（包含人际思想、情感交流）外，基本上没有涉及道德生活的内容，也没有涉及人的内在困惑与痛苦，说明人们更注重外在的、具体的、现实的事情与价值。

第二，高校教师和党政干部在回答“自杀主要原因”的调查统计内容与数据：

原　因	高校教师（人）	党政干部（人）	总人数	原因排序
缺乏交流与宣泄	58	133	191	①
精神崩溃	57	131	188	②
缺少关爱	50	110	160	③
外在压力	45	91	136	⑤
情绪失控	34	97	131	⑥
责任感丧失	43	72	115	⑦
个性内向	36	66	102	⑧

从表中可以看出，高校教师和党政干部把自杀的主要原因归纳为 7 个内容，其中外在的原因为缺少关爱、外在压力；个人方式方面的原因是缺乏交流与宣泄、情绪失控；思想道德方面的原因是精神崩溃、责任感丧失、个性内向。在这些原因中，高校教师和党政干部认为最重要的是个人方式方面的原因，把思想道德方面的原因，特别是属于道德范畴的责任感丧失排在后面，说明道德生活、道德价值没有引起足够重视。

第三，“不同群体认为影响当代社会心理疾病增多主要原因”的调查统计内容与数据：

原　因	高校教师（人）	高校学生（人）	党政干部（人）	总人数	原因排序
社会竞争压力	75	420	145	640	①
人际关系淡漠	55	304	98	457	②
缺乏正确人生观、价值观	49	271	115	435	③
贫富差距大	39	274	105	418	④
忽视道德品质	35	223	84	342	⑤
风险与危机压力	47	259	84	306	⑥
知识与信息压力	37	201	58	296	⑦
情感生活困境	38	151	66	255	⑧

从表中可以看出，高校教师、高校学生、党政干部把当代社会心理疾病增多的主要原因归结为：一是外部原因，包括社会竞争压力、风险与危机压力、知识与信息压力；二是关系原因，包括人际关系淡漠、贫富差距大；三是主观原因，包括缺乏正确人生观、价值观，忽视道德品质，情感生活困境。其中外部原因、关系原因内容较多，而且摆在前面，主观原因并不摆在重要位置，忽视道德品质只是第五位原因，说明多数人在看待这个问题时，更注重外在及关系原因。

2. 精神生活的物欲倾向。所谓物欲倾向，是指人们的欲望、追求过于迷恋物的占有、物的享受，从而发展为金钱至上、金钱万能的思想。精神生活的物欲倾向，就是形成了以物为中心的获取、占有、享受、消费心理活动，忽视甚至无视其他精神需要和自己的人格追求。在中国一些人中出现的精神生活的物欲倾向，不是孤立的，它既与西方社会的文化、价值观影响有关，也与现代社会和市场经济的特点有关。

精神生活的物欲倾向，在本课题的实证调查中也可以得到印证。

第一，“您认为下列哪一类生活更重要?”的问卷调查数据统计：

群　体	物质生活更重要	精神生活更重要	两者同等重要
高校教师（人）	18	38	95
高校学生（人）	52	99	318
党政干部（人）	18	33	100
总人数（人）	88	170	513

在被调查的816人中，认为精神生活更重要的170人，占20.8%；认为精神生活和

物质生活同等重要的513人，占62.9%，居第一位；认为物质生活更重要的88人，占10.8%。这些数据说明，认为精神生活更重要的人数并不多；而认为物质生活更重要的人数还不少；认为精神生活和物质生活同等重要的人数虽然最多，但对“同等重要”的理解、倾向会有差异。

第二，高校教师和党政干部认为精神生活需要消费与投资资源的调查内容与数据统计：

资　源	高校教师（人）	党政干部（人）	总人数（人）	顺序排名
物质资源	62	136	198	①
时间资源	58	138	196	②
文化资源	70	123	193	③
个人精力	44	119	163	④
人力资源	41	85	126	⑤
制度资源	39	59	98	⑥

在314位问卷调查对象中，有198人（占63.1%）认为物质资源是精神生活需要消费与投资的最重要资源，居第一位。认为时间资源是精神生活需要消费与投资的最重要资源的196人（占62.4%），居第二位。精神生活最重要的文化资源，只排在第三位，说明被调查者认为在精神生活需要中，物质资源的重要程度超过了文化资源。

为了更好地说明精神生活物欲倾向这个问题，不妨从传统农业社会说起。在中国农业社会时代，以家庭为单位的自给自足的小农经济，使人们的物质需要可以在家庭范围内得到解决，不可能也不需要过多依赖他人生产及市场交换。加上社会生产力水平低，无法生产更多更好的商品刺激人们的欲望，人们受到等级制度的制约，形成人与人之间的依赖，大多数人处于受压迫、受剥削的境地，人们的消费受到限制，只能处于禁欲之中。而且传统的重农抑商的思想浓重，也间接地抑制了人的物质欲望。

进入资本主义社会后，这种情况发生了改变。马克思曾对古代社会、资本主义社会和未来社会人与人、人与物的关系进行过论述，他说：“人的依赖关系（起初完全是自然发生的），是最初的社会形态，在这种形态下，人的生产能力只是在狭窄的范围内和孤立的地点上发展着。以物的依赖性为基础的人的独立性，是第二大形态，在这种形态下，才形成普遍的社会物质变换，全面的关系，多方面的需求以及全面的能力的体系。建立在个人全面发展和他们共同的社会生产能力成为他们的社会财富这一基础上的自由个性，是第三个阶段。第二个阶段为第三个阶段创造条件。”[①] 马克思所说的发生在古

① 《马克思恩格斯全集》第46卷（上），人民出版社1979年版，第104页。

代社会“人的依赖关系”，就是人对人的依赖，而“以物的依赖性为基础的人的独立性”，是指资本主义社会人对物的依赖。对于资本主义社会人对物的依赖，也有一些经济学家、社会学家进行了分析，认为资本主义社会的商品交换、货币交换，不仅仅发生在经济领域，而且渗透到了整个社会生活中，即以金钱作为衡量社会经济价值及个体价值的标准，正如德国哲学家齐美尔在其货币哲学理论中所说的：“货币使一切形形色色的东西得到平衡，通过价格多少的差别来表示事物之间的一切质的区别。货币不带任何色彩的，是中立的，所以货币便以一切价值的公分母自居，成了最严厉的调解者。货币挖空了事物的核心，挖空了事物的特性、特有的价值和特点，毫无挽回的余地。事物都以相同的比重在滚滚向前的货币洪流中漂流，全都处于同一水平，仅仅是一个个的大小不同。”① 他还分析了金钱造成了人的精神世界的失落和终极意义的丧失：“货币经济最终让货币价值作为唯一有效的价值出现，人们越来越迅速地同事物中的那些经济上无法表达的特别意义擦肩而过。对此的报应似乎就是产生了那些沉闷的、十分现代的感受：生活的核心和意义总是一再从我们手边滑落，我们越来越少获得确定无疑的满足，所有操劳最终毫无价值可言。”②

也有西方资产阶级学者从社会分工、商品生产、物质消费的层面，论述人对物的依赖性，如亚当·斯密从社会分工层面，把社会商品化、商业化，也就是物化，他说：“分工一经完全确立，一个人自己劳动的生产物，便只能满足自己欲望的极小部分。他的大部分欲望，须用自己消费不了的剩余劳动生产物，交换自己所需要的别人劳动生产物的剩余部分来满足。于是一切人都依赖交换而生活，或者说，在一定程度上，一切人都成为商人，而社会本身，严格说来也成为商业社会。”③ 在亚当·斯密看来，人只有对物的依赖，这种依赖在心理层面则表现为物欲的扩张；而人只担任某种分配的工作，提供某种产品，人的其他需要则需要依靠他人的生产才能满足，这种其他大部分需要的无法自足性，便使得人的欲望变得更为迫切。加上科技发展和商品交换规模的扩大，不断促进人的欲望扩张，刺激人的消费，这样的共同作用，使人的物欲获得了前所未有的释放。为此，马克思对资本主义社会这种“物的依赖性”，进行了本质揭示，他说：“然而，这一初级的现代社会经济结构并没有自动地转化、生成并提升为相应的精神文明成果，因为作为手段的‘物的依赖性’已直接衍生为商品拜物教，并反过来控制个人的全部生命活动，个体连同整个社会关系进一步从属于物化，尚未形成健全的个体精神。”④ 这就是说，资本主义社会把一切物化，从根本上否定了社会的精神文明成果和人们的精神生活。西方马克思主义也批评了资本主义社会的消费异化现象，他们认为，

---

① （德）齐奥尔格·齐美尔：《大城市与精神生活》，涯鸿、宇声译，上海三联书店1991年版，第265—266页。
② （德）齐奥尔格·齐美尔：《现代文化中的金钱》，顾仁明译，学林出版社2000年版，第8页。
③ （英）亚当·斯密：《国民财富的性质和原因的研究》上卷，商务印书馆1997年版，第20页。
④ 《马克思恩格斯全集》第46卷（上），人民出版社1979年版，第104页。

战后资本主义的科学技术虽然有很大发展，工人劳动状况也有较大改善，但消费异化现象普遍存在，人们的劳动具有“破碎化”、“被动化”、“外在化”等特征，成为人们单调、乏味、无聊的苦役，追求自由的本性驱使人们把注意力转向消费领域，于是满足人们需要的消费活动异化为人们逃避现实痛苦与不幸的“避难所”。

这里之所以要分析资本主义社会对物的依赖的表现与根源，目的是要说明，这种“物化”的思想理论、价值观念、消费方式，几乎成为一个全球性的精神现象。这种现象借助经济、文化和人员流动向全世界蔓延，广泛影响着当代中国人的精神生活。

中国精神生活的物欲倾向除受国外的影响外，也有国内的原因。随着中国改革开放的深化和社会经济的快速发展，特别是社会主义在市场经济体制建立和融入经济全球化大潮之后，经济与科技发展呈现强劲态势，并对其他领域产生推动和影响。有些单位和个人，片面理解以经济建设为中心和科学技术是第一生产力的正确命题，以为经济建设和生产力就是一切，把适用于市场经济的价值规律，甚至金钱逻辑运用于其他领域，包括精神生活领域，加上物质利益具有刺激性，使得物欲倾向以一种强势侵入人们的生活。在一些人的日常生活中，物质为先、金钱第一成了不言而喻的“潜规则”。为了避免物欲主义直观地、赤裸裸地呈现，一些人运用当代传媒、文学、艺术对其进行包装，以一种文化艺术的方式体现。诸如文学被流行写手的畅销书代替，戏剧被狂欢节般的歌星演唱会替代，电影被美轮美奂的科技大片替代，隽永含蓄的叙述被拳头加枕头的感官刺激代替，小说中的爱情描写呈现出对道德伦理观念的消解，节日中物质享乐与商品促销越来越有声势，钱权交易、钱商交易、钱学交易、钱情交易所体现的是钱的价值，藐视的是政治、道德、精神的拥有与追求。国外学者将之称为暴发户式的“没有灵魂的物欲主义”①，实际上是人被物所异化。当然，人按照其本性，总是要有精神上的满足，有些人除了物欲化的精神追求之外，还会有快感低俗生活的消遣，如世俗草根的走红，手机上低俗笑料的频传，网络上恶搞与无聊信息的传播，等等，以刺激和愉悦感官为目的，不需要思考，不追求精神。

马克思和恩格斯在《费尔巴哈》一文中早就说过：“我们首先应当确定一切人类生存的第一个前提，也就是一切历史的第一个前提，这个前提是：人们为了能够‘创造历史’，必须能够生活。”“第二个事实，已经得到满足的第一个需要本身、满足需要的活动和已经获得的为满足需要用的工具又引起新的需要，而这种新的需要的产生是第一个历史活动。”② 马克思和恩格斯肯定了物质生活的基础作用，但并不满足物质生活，他们所说的“新的需要”，是处于更高层次的社会生活和精神生活。只有物质生活、社会生活和精神生活相结合，才能体现人的本质，只讲物质生活，就是人的物化。在中国

---

① Jing Wang.（*Bourgeois Bohemians in China Neo-Tribes and the Urban Imaginary*）《中国的“波波”族新部落和都市假想》. China Quarterly，2005，vol. 183，pp. 532－548.

② 《马克思恩格斯选集》第1卷，人民出版社1995年版，第78—79页。

当代社会条件下，人们的物质生活不断改善，精神生活必须与之相适应，只有这样才能赋予物质生活意义并为发展物质生活提供正确目标与精神动力，才能提高生活质量并推进社会文明发展。

3. 工具理性对精神生活的挤压倾向。所谓“工具理性”，就是通过实践的途径确认工具（或手段、或科技）的有用性，从而追求所从事活动的最大功效，为人的某种功利的实现服务。工具理性源于德国社会学家马克斯·韦伯所提出的“合理性”概念；韦伯将合理性分为价值（合）理性和工具（合）理性。价值理性强调的是动机的纯正和选择正确的手段去实现自己意欲达到的目的，而工具理性是指行动只由追求功利的动机驱使，行动借助理性达到自己需要的预期目的，行动者纯粹从效果最大化的角度考虑，而漠视人的情感和精神价值。韦伯对资本主义社会进程所作的诊断结果，是资本主义社会不仅将两种理性彼此对立，而且工具理性，即科学技术对现代生活全面征服，在工具理性掌握一切的道路上越行越远。德国哲学家卡西尔也认为，如果18世纪要用一个词来表达社会力量的特征，那就是“理性”，它成了18世纪的汇聚点和中心，表达了这个世纪所追求并为之奋斗的一切。对于这种单纯追求工具理性的倾向，一些思想家、科学家提出了批评，如卢梭敏锐地觉察到了资本主义社会的内在矛盾，指出：“随着我们的科学和艺术进入完善，我们的灵魂败坏了”，“我们已经看到美德随着科学和艺术的光芒在我们的地平线上升起而逝去”。①

资本主义社会激烈的经济竞争，必然导致科技竞争。于是，在西方，出现了所谓科学主义、技术主义思潮，认为科学技术可以改变一切、决定一切，甚至认为科学技术就是现代的“神灵”，人在“科技神”面前，显得渺小、无力。按照这种理论，就是人创造了科技，结果人丧失了对科技的支配而不得不屈从于科技。这同人创造了上帝、金钱拜物教，又依附、屈从于神和金钱的情况一样，是人的内在精神的丧失。

科技的发展，既是人的主体性发展的结果，又需要人文精神推进继续发展。所谓人文精神，是人对自身的关怀和对人的尊严、价值、命运的维护与追求，是对社会创造的各种精神文化的珍视和对理想人格的塑造。人文精神是人主体性的充分体现，是人自觉认识、掌握、超越各种现实客体的限定和制约，在与客体的关系中取得支配地位，并按照自主的目的能动地改变现实客体的一种人的特性。在当代社会，人们在学习、运用、创造现代科技时所暴露的矛盾与危机，在很大程度上是人文精神丧失的危机，其主要表现是科学技术的发展，一方面为人类创造了财富，但另一方面已经和正在造成对环境、生态以及人类生存的危机。危机的实质是一些人没有合理、自主地学习、使用、创造科技，而是丧失了对科技的自信与自主，成为依附科技的附庸。针对这种情况，联合国教科文组织国际教育委员会指出：“科学进展与生产力的发展是不受人们支配的，它们服从它们自己的逻辑，而它们的逻辑是非人性的”，“技术已经产生了严重的有害结果。

① （美）查尔斯·L. 斯蒂文森：《伦理学与语言》，中国社会科学出版社1991年版，第301页。

它已经危害着，并且仍然在破坏着人与他的环境之间、自然与社会结构之间、人的生理组织与他的个性之间的平衡状态。无可挽回的分裂状况正在威胁着人类。”① 正是面临这种危机，国际科技组织和全世界的有识之士，强烈呼吁人们要有科技之外的环境伦理、生态伦理、科技伦理，即要有合理的价值目标，对科学技术合理使用，“帮助个人既控制自然与生产的力量，也控制社会的力量，并从而控制他自己，控制他们作出的决定的行为。”“科学和技术还必须帮助人类养成科学精神，因而使他能促进科学而不致为科学所奴役。”② 能够控制和合理使用科学技术的，只能是精神文化，即人的正确价值取向和道德。

在西方资本主义国家，人文精神缺失的深层原因，是一些人在个人主义价值观的支配下，把科学技术仅仅作为获取物质利益的手段。当这种手段缺乏正确目标与规范驾驭时，这些人实际上卷进了物欲主义和享乐主义。应当看到，追逐物质享乐、寻求感官刺激、人际关系冷漠、忽视道德规范等缺乏人文精神的现象，在西方一些国家呈现出低龄化趋势，其实质是由人所创造的物质与科技，反过来支配、驱使人们，使有些人在对它的追逐中，失却合理精神驾驭，导致道德缺失。对此，联合国发展计划署教育顾问德怀特·艾伦曾严肃指出：“20 世纪，高等教育自发地把如何使学生变得‘聪明’当作了主要目的。当今，知识量已经翻了好几倍。高等教育忙于应付令人头晕目眩的新知识，无暇顾及价值观和道德教育。”他警告：“教育有两个目的：一个是要使学生变得聪明；一个是要使学生作有道德的人。如果我们使学生变得聪明而未使他们具有道德，那么，我们就为社会创造了危害。”③

其实，针对西方社会单纯追求科学技术与物质利益，忽视人文精神的倾向，一些思想家早就提出过批评，卢梭提出的批评得到了康德的肯定，康德针对当时提出的“知识就是力量”的说法，提出了“德性就是力量”的口号，强调了道德价值，提出了主体性理论，认为人是认知的人、道德的人、审美的人，人在道德领域应当按照自己的理性为自己订立法则，即“不论是谁在任何时候都不应把自己和他人仅仅当作工具，而应该永远看作自身就是目的”。在康德之后，新康德主义者 R. H. 洛采和 A. 里奇尔，把价值概念明确提到了哲学学科领域。针对西方国家科技主义所造成的物欲横流、道德沦丧的严重后果，一些人文学者和重视人文精神的科学家，推出人文主义与科技主义抗衡，并在西方社会形成了人文主义与科技主义张力。

西方资本主义国家重工具理性、物质利益，忽视甚至轻视价值理性、精神追求的传统深厚，形成了功利主义、实证主义、实用主义哲学，这种理性与哲学都根源于资本主义社会的私有制和个人主义核心价值观，由此所形成的资产阶级文化，以各种内容与形

---

① 华东师大比较教育研究所译：《学会生存——教育世界的今天和明天》，教育科学出版社 1996 年版，第 122 页。
② 同上书，第 134 页。
③ （美）德怀特·艾伦：《高等教育的新基石》，《求是学刊》2005 年第 3 期，第 201 页。

式在世界范围造成了广泛影响，对中国一些人的影响也在所难免。

中国是一个有深厚人文传统的国家，古代就有重伦理轻科技的倾向，导致中国科学意识淡薄与科技基础薄弱。科技的落后，要求我们大力自主创新，发展科学技术。但是，发展科技同样面临着是孤立、片面的发展，还是坚持人文与科技协调发展的问题；是重复西方国家的老路，还是发挥中国文化优势推进科技发展的问题。说到底，发展科技是为了满足人的需要，提升人的主体性，还是成为控制人的力量，使人丧失人文精神。我们应当清醒地看到，环境危机、生态危机、道德危机，重智育轻德育、重科技轻人文的倾向，伴随着科技发展和人文缺失，正在对社会和个人造成危害。有些人主张"代价论"，即认为发展科技、经济要以牺牲道德为代价，或认为科技、经济可以为自己提供发展条件，无需精神文化；有些人提出"无用论"，即认为现代科学技术具有强势发展态势，可以为社会发展开辟道路，而人文精神显得软弱无力、无所作为；有些人散布"过时论"，即认为经济建设为中心，科学技术是第一生产力，精神文化使不上劲。这些认识和倾向，既不符合当代社会发展趋向，也不符合中国的文化国情。所以，在中国社会生活中，发生了本不该发生的已经绝迹的丑恶现象，精神文化领域以及人们的精神家园也发生了不容忽视的问题。

在新时期，中国根据科技文化与精神文化对人的发展同等重要的原则，一方面，大力弘扬并开发自古以来注重价值观的整体性、社会目标的统一性、天人合一的协调性、人的修养的内在性和人格境界的高尚性传统，受到了西方的关注。1988 年在法国巴黎召开的第一届诺贝尔获奖者大会上，诺贝尔物理学获奖者汉内斯·阿尔文博士在闭幕大会上说："人类要生存下去，就必须回到 25 个世纪以前，去吸取孔子的智慧。"英国著名历史学家汤因比说："人类已经掌握了毁灭自己的高度技术文明手段，同时又处于极端政治、意识形态的营垒中，最重要的精神就是中国文明的智慧——和谐。"新加坡把忠孝仁爱礼义廉耻作为政府"治国之纲"。中国的这一特色的人文传统，对中国的科技、经济、社会发展，具有重要继承价值。

另一方面，中国根据经济、科技的发展需要，大力开展文化建设，推进精神文明建设发展。邓小平 1978 年在全国科学大会上从实现四个现代化的战略高度，明确指出："我们向科学技术现代化进军，要有一支浩浩荡荡的工人阶级的又红又专的科学技术大军，要有一大批世界第一流的科学家、工程技术家。造就这样的队伍，是摆在我们面前的一个严重任务。"邓小平对"红"的解释是："爱我们社会主义祖国，自觉自愿地为社会主义服务，为工农兵服务，应该说这表示他初步确立了无产阶级世界观……而应该说是红了。"① 邓小平关于科技人才必须又红又专的论述，坚持了科技与人文的高度统一。江泽民在党的"十五大"报告中，站在民族振兴的高度，强调："社会主义精神文明是中国特色社会主义的重要特征。必须立足中国现实，继承民族文化优秀传统，吸取

---

① 《邓小平文选》第 2 卷，人民出版社 1994 年版，第 88—89 页。

外国文化有益成果，建设社会主义精神文明，不断提高全民族的思想道德素质和科学文化素质，为现代化建设提供强大的精神动力和智力支持。”① 针对社会上忽视思想道德素质的倾向，江泽民在第三次全国教育工作会议上特别强调：“思想政治素质是最重要的素质。”在纪念中国共产党成立八十周年的讲话中，江泽民重申文化的性质与方向：“坚持什么样的文化方向，推动建设什么样的文化，是一个政党在思想上精神上的一面旗帜。”这些论述，都充分肯定了精神文化的现代价值。胡锦涛2006年在全国科学技术大会上的讲话，不仅专门论述了“发展创新文化，努力培育全社会的创新精神”，而且对科技工作者应具备的人文精神进行了概括：“心系祖国、自觉奉献的爱国精神，求真务实、勇于创新的科学精神，不畏艰险、勇攀高峰的探索精神，团结协作、淡泊名利的团队精神。在建设创新型国家的伟大实践中，广大科技工作者应该做自主创新的先锋，做拼搏奉献的楷模，努力创造无愧于时代、无愧于人民的光辉业绩。”② 党的“十七大”报告作出了“推动社会主义文化大发展大繁荣”的战略部署，党的十七届六中全会通过了《中共中央关于深化文化体制改革推动社会主义文化大发展大繁荣若干重大问题的决定》，深刻阐明了当代社会文化的发展与价值彰显，强调充分认识推进文化改革发展的重要性和紧迫性，更加自觉、更加主动地推动社会主义文化大发展大繁荣。

4. 精神生活感性动荡倾向。快速、多样、易变不仅是现代社会的外在状态，也是一些人的生活内在特征。法国19世纪著名的现代派诗人波德莱尔，把现代性归结为“过渡、短暂、偶然”③。短暂的时间体验使现代的时间意识只剩下“现时”一维，过去和将来都在当下的感觉中失去了意义。快速易变，是社会竞争机制下人们对发展追求的表现，快速“导致空间时间化。地理空间随着速度的增长的而缩减，直至被压缩成时间，时间感成了人类生存的主要内容”④。美国文学家詹姆逊认为现代社会的“时间在今天是一种速度功能”，也就是时间空间化被凝固成一个个“瞬间”，空间时间化，被分裂为“当下”。这就是当今一些人常说的“活在当下”的时空背景。

时间的压缩，速度的加快，除了给人们带来新鲜的刺激与震撼外，也给人们内心世界带来了紧张与跳跃，它改变了过去传统社会的悠闲生活状态，接受现代的学习方式和信息方式，即要不断进行知识调整、信息更新和思维转化。但现代人的认识水平、学习能力、转化速度并不比传统社会的人先进到哪里去，往往在跟进时显得滞后，这样一来，人在现代社会如坐高速列车一样，不少个体的主体性常常被迫跟从客观环境，显得对自身、对他人乃至对世界的认识和把握力不从心。正如齐美尔在《大都市和精神生活》这篇随笔中所描述的：“每当在大城市的大街上走过，就可以看到经济生活、职业

① 《江泽民选集》第3卷，人民出版社2006年版，第534页。
② 胡锦涛：《坚持走中国特色自主创新道路为建设创新型国家而努力奋斗》，人民出版社出版2006年版，第3页。
③ （法）波德莱尔：《波德莱尔美学论文选》，郭宏安译，人民文学出版社1987年版，第54页。
④ 周宪主编：《文化现代性与美学问题》，中国人民大学出版社2005年版，第11页。

生活和社会生活节奏非常之快，非常丰富多彩。大城市正是在创造这些心理条件的时候，就在精神生活的感性基础上，由于我们是特殊生物的组织而要求我们在意识量上，形成了与小城市和农村的那种感性精神生活节奏比较缓慢和平淡的强烈对照。”① 速度主宰了人的行为，人无法再像传统社会中那样在比较缓慢的生活节奏中，从容地“进入”一个事件，在“我”与外物的相互沟通中反复体会某种韵味，从而享受到蕴藏在传统静观的审美活动中的那份稳定感与自在感。② 表面上看来，是人拥有了更多的时间，更多自由。事实上，这些时间都被现代人安排得满满当当的，没有空隙，表面上人生活得非常充实，可在这种由外在所驱使的时空中生活，人要受时间、速度的制约。

此外，快速变化还培养了人的思考惰性，削弱了人的反思能力与想像能力，这种快速而来且海量的信息交替占据了人们的视野，使我们来不及根据视角、听觉器官所获得的信息进行思维判断和选择，面向我们的信息又大量涌来，如一些人面向网络信息的快速浏览，面向大量书刊的快餐式阅读，往往思考不多、提炼不够，久而久之，理性思维功能就会逐步退化。所以，有些人在现代高速度的生活节奏下，无暇、无心体验高雅的精神生活。因为高雅精神生活是要自己付出时间和精力的，是要自己经过学习、比较、选择、思考、升华才能逐步提高精神境界、体验高雅情趣的。如果忙于应付外在的事务与变化，没有时间关注、耕耘自己的精神家园，那么，精神家园肯定会逐步贫瘠甚至荒芜。所以德国古典哲学家黑格尔早就针对感性动荡的精神状态，强调了道德理性的重要性，他说：“如果感觉、愉快和不愉快可以作为衡量正义、善良、真实的标准，道德学就被取消，或者说，道德的原则事实上也就成了一个不道德的原则了；我们相信，如果这样，一切任意妄为都可以通行无阻。”③ 德国精神生活哲学家奥伊肯，看到他所处 19 世纪人的精神生活的感性状态也说：“倘若人不能……做到比在感觉经验条件下更充分地实现他自己的话，生活必将失去一切意义与价值。”④ 吉登斯在《现代性与自我认同》一书中，认为资本主义社会“在晚期现代性的背景下，个人的无意义感，即那种觉得生活没有提供任何有价值东西的感受，成为根本性的心理问题”⑤。在吉登斯看来，现代社会中任何个人的行为都必须参照某种专家系统或信息系统才可以实现，否则将迷失在社会当中，为此，人们越来越相信这这些系统。比如买衣服，这是一个纯粹个人的事情，完全可以由个人的爱好所决定。但是当今的任何购买行为，都已经和各种各样的广告连接在一起，也不可能逃离各种时尚、新潮的影响。这些东西无意中成为左右现代人生活选择的依赖，也就是成为现代人自我辨认的一种曲折的形式。

在这种缺失“意义感”的生活氛围中，出现了两个相互联系的突出现象。一是文

---

① （德）G. 齐美尔：《桥与门——齐美尔随笔集》，涯鸿、宇声译，上海三联书店 1991 年版，第 259 页。

② 周宪主编：《文化现代性与美学问题》，中国人民大学出版社 2005 年版，第 11 页。

③ （德）黑格尔：《哲学史讲演录》第 3 卷，商务印书馆 1959 年版，第 73 页。

④ （德）鲁道夫·奥伊肯：《生活的意义与价值》，上海译文出版社 1997 年版，第 41 页。

⑤ （英）安东尼·吉登斯：《现代性与自我认同》，赵旭译，上海三联书店 1998 年版，第 9 页。

化产品生产与消费的低俗现象。有许多文化产品的创造者、制作者，由于没有时间投入自己的作品、产品创造和生产，在获得商业利益的驱使下，便“快速”生产甚至复制精神文化产品，被动地迎合大众的快餐式低俗需要，人们的精神生活当然难以提升。文化、艺术要“缘于生活，高于生活”，引领人们精神生活的特性被削弱了。正如德国法兰克福学派第一代的主要代表人物阿多诺所说，艺术那种自律的、精神的品格是其可贵之处，“艺术作品的自恋特征是其真理（包括社会真理）的条件”①。过去引领社会风尚和精神生活的高雅文化，被一些人以“告别崇高”为由而束之高阁，失去了往日的地位。这样，一些文化产品的生产者和消费者都向低俗层面聚集，只图当下愉悦，只求缓解工作压力，否则就陷于无聊，甚至连文字类的书籍都懒得或没有时间翻看，如2009年人民论坛杂志社在全国范围内组织了“万名党政干部阅读状况调查”，结果显示，七成多的党政干部读书的愿望强烈，但由于事情杂、应酬多等原因，33.4%的受访干部每周的读书时间为0—3小时，27.6%为3—6小时。长时间不读书、少读书而忙于事务、乐于吃喝，就会贫乏心灵、抑制精神而陷于情绪动荡，丧失工作与生活的价值。所以，现代人常感言：“每天都感觉非常忙，但不知道自己在忙些什么。”

二是不断从众追风现象。所谓从众，是指个人受到外界人群行为的影响，而在自己的知觉、判断、认识上表现出符合某些公众的意见和行为的方式。一般说的从众，是缺乏分析、不作独立思考、不顾是非的随大流行为，是盲目从众心理的表现。所谓追风，就是缺乏主见地追逐各种风潮、思潮、浪潮。中国改革开放和社会主义现代化建设，推进经济社会快速发展，为广大人民创造了工作、生活的良好条件与机遇。但随着社会竞争压力的加大和贫富差距的拉大，使一些渴望成为竞争强者的人们失去了耐心，加上媒体不负责任地推崇和炒作各种“快餐式成功”和“速食式成名”的典型，使越来越多的人不愿用脚踏实地、勤勤恳恳的劳动获取成功和利益，而是不切实际地去从众跟风，舍弃了明天，忘记了将来，而只在乎当下的功利，正所谓“不求天长地久，只求曾经拥有”。这种情感冲动无疑降低了个体的精神境界，使得浮躁、焦躁之风盛行。

这些年来，网络从众、出国从众、考证从众、投资从众、买房从众持续发展，国学、养生、选秀、相亲等风潮接连不断，追求风尚、时髦、摩登、流行的新潮更是五花八门。针对以上公众关注的问题，人民论坛杂志社2010年做了关于“中国人跟风心态”的问卷调查，共有5434人参与了调查，调查结果显示：选择中国人跟风的程度“非常严重”的占75.3%，选择“比较严重”的占22.0%，两项合并高达97.3%。问卷中关于“您如何看待跟风现象”的调查，其结果显示，有47.2%的受调查者选择“缺乏独立思考能力的表现”，43.1%的受调查者选择“折射了社会转型期的浮躁心态”，分列第一、第二位。② 这一调查结果表明，当今社会，随着人们主体性增强，跟

① 转引自周宪《现代性的张力》，首都师范大学出版社2001年版，第80页。

② 参阅《调查显示中国人跟风心态严重信仰缺失成主因》，人民网人民论坛，2008年8月21日。

风现象不仅没有减少，反而有愈演愈烈的趋势。用“跟风热”来表述目前许多人的从众现象毫不为过。盲目从众跟风的心理和行为，显然是没有主见、缺乏独立思考能力的表现。引起这种状况的原因，一是社会转型、快速发展往往引起人们思想意识、价值观念和行为方式的变化，当人们对这种变化还不习惯或还不是很有把握的情况下，往往要看他人和社会的动向，如果是较多人的动向，一些没有主见的人常常效仿从众。二是“大众媒体狂轰滥炸，不以社会需要的高度做宣传，更多的只是追名逐利。……大众传播的发达，它在人们社会化方面的影响日益重要，这种影响表现出形式上的多样性、内容上的丰富性和受众的广泛性，对人们的价值观念具有导向作用，对人们的行为活动具有暗示作用。”① “人们与真实世界的联系减弱，被大众传媒生产出的形象、符号所控制。”②

从上面的分析可以看出，感性动荡的表现是从众跟风，而从众跟风的实质是缺乏目标和主见，使精神生活、文明习惯乃至人生境界陷入流行化、浮躁化、庸俗化，其要害是对人生价值和理想信念的淡漠，西方马克思主义者鲍曼曾对这种状况进行了概括：“不制定长期计划或不做长远投资；不要同任何特定的地方、人群、事业有太紧密的联系，甚至不要过久地保持自己的某种形象，以免发现自己不仅不安定、四处漂泊而且根本就没有精神支柱；今天指导人们作出选择的，不是控制未来的愿望，而是不愿将未来抵押出去的勉强心态。”

---

① 王思斌主编：《社会学教程》（第二版），北京大学出版社 1987 年版，第 66 页。

② （美）史蒂文·塞德曼：《有争议的知识——后现代时代的社会理论》，刘北成译，中国人民大学出版社 2002 年版，第 148 页。

第四章　当代社会背景下人的精神生活的丰富与发展

社会背景，是与社会前景相对应的概念，从字面意义上理解，就是人们意识对象背后的所依存物之意，本文是指对精神生活的发生、发展、变化起重要作用的主要客观条件。当代社会背景即当前、当下的社会背景。中国当代社会背景，或者说中国当前对精神生活起主要作用的社会条件，经济层面主要是社会主义市场经济体制，政治层面主要是社会主义民主法制建设，科技层面主要是社会信息化，文化层面主要是多元文化影响。这些具有前沿性、发展性的客观条件，对精神生活的发展、变化产生广泛而深刻的影响。深入分析、研究这些客观条件与精神生活的关系，对把握精神生活的发展趋向，提高精神生活质量具有重大意义。

一、市场经济体制下精神生活的发展

社会主义市场经济体制的建立和不断完善，既为精神生活发展提供了新基础，也向精神生活发展提出了新要求。中国社会主义市场经济体制，是社会主义基本制度与市场经济的有机结合，既坚持社会主义方向，又发挥市场在国家宏观调控下对资源配置的基础作用。为此，必须坚持以公有制为主体、多种经济成分共同发展的方针；建立全国统一开放的市场体系；建立以按劳分配为主体，效率优先、兼顾公平的收入分配制度；建立多层次的社会保障制度；“始终坚持以是否有利于发展社会主义社会的生产力，是否有利于增强社会主义国家的综合国力，是否有利于提高人民的生活水平，作为决定各项改革措施取舍和检验其得失的根本标准”①。因此，中国社会主义市场经济体制，是既具有社会主义性质，又具有市场经济一般特征的体制。正是社会主义市场经济体制的这一特点，决定并推进着中国社会人的精神生活发展。

---

① 《中共中央关于建立社会主义市场经济体制若干问题的决定》，中国共产党第十四届中央委员会第三次全体会议1993年11月14日通过。

（一）社会主义市场经济体制推进主体精神充分发展

社会主义市场经济体制形成后，中国社会实现了人民主体与利益主体的统一，人民主体确认广大人民在政治上是国家的主人；商品生产、交换、分配的独立市场主体，确立了广大群众在经济上的利益主体地位，改变了在计划经济体制下广大群众在物质资源生产、分配、占有上个体依赖组织、下级依赖上级的状况，强调重视群众切身利益。这样，中国各族人民政治主体地位有经济主体地位的基础，经济主体地位有政治主体地位的保证，主体精神逐步得到了充分发挥。

所谓主体精神，也称为自主精神，是人们在同客观世界的关系中，既意识到自己是世界的主人，具有主观能动性；又意识到自己是自己命运的主人，具有独立自主的人格。因而，主体精神在人的外在关系与内在人格上都有体现，内涵丰富，其集中体现是人的独立精神、主动精神和创造精神，即内在精神充实、精神生活活跃。没有或缺乏主体精神的人，外在必定表现为从众、屈服，甚至逆来顺受，缺乏自主精神、奋斗精神；内在肯定没有明确目标、缺乏勇气，甚至随遇而安，精神不振、动力不足。这些都是精神生活贫乏的表现。

改革开放以来，中国各族人民在市场经济体制下，在各地、各行业客观条件容许的基础上，解放思想，实事求是，尽快转变计划经济体制下的依赖、盲从的传统观念，敢想敢做，积极探索，发掘了内在的精神潜能，展现了巨大的生机与活力，推动中国经济与社会快速、持续发展。正如胡锦涛在党的“十七大”报告中所概括的“新时期最鲜明的特点是改革开放”。“这场历史上从未有过的大改革大开放，极大地调动了亿万人民的积极性，使中国成功实现了从高度集中的计划经济体制到充满活力的社会主义市场经济体制、从封闭半封闭到全方位开放的伟大历史转折。”① 中国经济社会发展得益于社会主义市场经济体制，社会主义市场经济体制赋予中国社会巨大生机与活力；中国社会的生机与活力，又根源于中国各族人民的主体精神，即主观能动性的充分调动与发挥。市场经济体制促进人们精神生活的发展，既反映在人们自主确立改造客观世界的价值目标、自主选择获取利益的准则、自主发挥和调节主观能动性上，又表现为伴随人们改造客观世界、获取利益过程中的成功、喜悦、幸福的满足与享受上。这正是只有实践、劳动，才能获得物质与精神财富的现代写照。

（二）竞争机制促进竞争精神快速增强

市场经济的一个重要特征，是激发竞争并依靠竞争推进，因而市场经济也可称为竞争经济。市场竞争形成的基础是市场主体，市场主体为了各自的利益获取与价值实现，

---

① 胡锦涛：《高举中国特色社会主义伟大旗帜，为夺取全面建设小康社会新胜利而奋斗》，人民出版社2007年版，第5页。

相互之间必然存在条件利用、资源配置、市场占有、利益分配的比较，必定呈现出优胜劣汰的竞争格局，也一定伴随着对竞争机遇与风险的把握与应对。在社会主义市场经济体制下，竞争机制是不以人们的意志为转移的客观机制。人们面对激烈、复杂的竞争，比较计划经济体制下基本依靠组织、上级进行资源划拨与分配，竞争主体需要投入更多、更高的主观条件，即需要竞争精神。

所谓竞争精神，是一种争强好胜、不满足现状、不甘落后与平庸、不断进取的精神。竞争精神就是发展精神、求新精神、超越精神。社会与人生总是充满竞争，自然界的发展史就是“物竞天择”的淘汰史，人类的发展历史就是“百舸争流”的竞争史。在当代国际社会，国际竞争充斥一切领域；在中国市场经济体制下，竞争在全社会广泛展开。要适应现代经济社会这种激烈竞争、快速发展的要求，人们必须拥有竞争精神。只有拥有这种精神，才能充分发挥个人潜能和实现自身价值，才能适应当代社会的需要并为推进社会发展作出贡献，才能把个体与团体的竞争精神融入民族竞争精神，形成国家软实力。

中国在社会主义市场经济体制推动下，特别是要使一部分人、一部分地区先富起来的政策，很快在全社会打破了计划经济体制下形成的平均主义、“大锅饭”格局，从经济领域的竞争迅速扩展到其他领域的竞争，从少数人勇于竞争扩展到所有人参与竞争，从国内竞争扩展到敢于面向国际竞争。正是这种广泛、有序的竞争，赋予中国社会发展的动力与活力，推进中国经济社会快速、持续发展。这是因为，不管是经济、科技、文化竞争，还是教育、人才、管理竞争，归根到底都是人的竞争，即竞争的主体是人，经济、科技、文化、教育、管理等都不过是人在竞争中所实践的对象、运用的方式而已。而竞争主体的竞争动力、竞争行为，源于竞争主体根据客观条件所确立的竞争动机、竞争目标，即正确的动机与超越现实的目标，才能产生巨大驱动。而人们的竞争动机与目标，需要人们通过正确认识、深入思考、认真辨析、顽强坚持等复杂的精神活动才能形成与实现。也就是说，竞争既不是竞争主体的孤立行为，也不是竞争主体的主观思考，而是关系到个人与他人、个人与社会的多重关系，涉及主观与客观的复杂因素，还可能出现不确定的竞争因素与竞争风险。面对这样一种复杂活动，刚开始有些人像在大海中弄潮的一叶小舟，时而被推上波峰，时而被抛下浪谷，竞争取胜像浪花一样璀璨，竞争失败像泡沫一样跌得粉碎。

经过人们的实践、学习、总结与反思，人们逐步由自发竞争转向自觉竞争，勇于面对竞争的不确定因素，注重科学预测、预防知识的掌握与运用，形成正确的竞争动机与竞争目标；敢于面对竞争的风险，在冒险中锻炼竞争的勇气与智慧；善于运用竞争中的客观条件、调整竞争心态，在复杂的矛盾状况下锤炼意志；乐于面对竞争的任何结果，感受竞争的艰辛与乐趣。这就是在市场经济条件下，人们在过去时代从来没有经历的、富有时代特征的活动，正是这种活动，丰富和发展了人们的精神世界。

（三）社会主义市场经济不断发展促进人们开放精神发展

中国实行的改革与开放两大战略，是紧密联系在一起的。改革主要是经济体制改革，建立和完善社会主义市场经济体制；开放主要是对内对外开放，面向社会与世界发展。社会主义市场经济体制与开放是互为条件、互相促进的，开放环境为社会主义市场经济体制提供广阔的发展空间，社会主义市场经济体制推进开放进一步扩大。

社会主义市场经济体制之所以可以推进开放进一步扩大，是由社会主义市场经济体制的竞争特点与竞争机制所决定的。在竞争机制已经在各个领域、各个单位形成的情况下，每个人都要面对竞争。只要有竞争，就会有扩展性与攀比性。所谓扩展性，就是竞争者为了增强竞争实力与主动性，一方面必定要在空间上扩大视野，扩展范围，广泛寻求资源与机遇；另一方面，竞争者也必定要对各种现实因素进行分析，特别要注重把握随时出现的不确定因素，对未来竞争的结果作出判断，这是时间上的扩展性。所谓攀比性，就是竞争者为了取得更大、更高的竞争成果，往往采取“走出去、引进来”的方式，不断冲破单位、地域甚至行业界限，到广阔的空间去寻找竞争对手，学习、借鉴别人的长处，增强自己的特色与优势，实现对竞争对手的超越。

竞争的扩展性与攀比性，就是伴随竞争过程的开放性。这种开放性，体现在外表的是竞争者的活动在时空领域的扩展，体现在内在的是竞争者开放精神的发展和精神世界的丰富。因而，我们对开放与开放精神，要有两个维度的理解，一是人们面向社会、面向世界、面向未来的时空维度，二是人们内在世界认识、接纳、加工社会与未来的思想维度。这两个维度相互联系，不可分割，没有开放实践，就难以形成开放精神；没有开放精神，也难以推进开放实践。因而，开放精神既是人们在改革开放、发展社会主义市场经济实践基础上创造的成果，也是人们不断克服计划经济体制下狭隘、封闭思想，进行观念更新的结果。这一实践创造与观念更新的过程，就是新时期精神生活的丰富与发展。

开放精神，同样是富有时代特征与丰富内涵的精神。首先，开放精神是现代文明的标志，是人们适应经济全球化、社会信息化、对外开放发展潮流所需要的精神状态。其次，开放精神是现代文明的精神特征，是人们融入学习型社会、竞争社会，广泛进行学习、借鉴、交流、比较，获取资源与动力，实现自身全面发展并推进社会科学发展的内在需要。最后，开放精神是现代文明的重要方式，是人们认识和把握多样性社会、驾驭复杂性社会、跟进多变性社会并参与其中，寻求兼容并蓄、和谐共处和实现“合作、互利、共赢”的思维方式。

总之，现代人不可能脱离所处的时代与社会，把自己完全封闭起来、孤立起来，总是不同程度地融合在开放社会的复杂关系之中，这是不以人的意志为转移的客观存在。但是，面对开放社会，人的视野是否开阔，思想是否开放，则取决于人的主观认识与精神状态。一个富有开放精神的人，肯定是思想活跃、思维敏捷、内在丰富、富有活力的人。相反，一个缺乏开放精神的人，往往是思想保守、思维简单、内在贫乏、缺少活力的人。因此，开放精神不仅直接影响人的精神生活质量，而且直接影响人的竞争力与创造力。

（四）社会主义市场经济体制激发人们的创新精神

从前面社会主义市场经济体制的自主性、竞争性、开放性特征，促进人们自主精神、竞争精神与开放精神发展的论述，就可以逻辑推出社会主义市场经济体制能够激发人们创新精神的发展。这是因为，人们要在开放、竞争条件下取得成功、获得发展，决不能满足现状、维持现状，满足、维持现状就意味着落后与淘汰，只能坚持探索、不断创新、推进发展。所以，中国社会主义市场经济体制建立之后，社会很快由原来的平均主义、保守僵化状态，转化为竞争社会与创新社会，并提出了建设创新型国家和培养创造性人才的目标。

所谓创新精神，是指勇于抛弃旧思想旧事物，创立新思想新事物的精神，是适应开放环境，开展社会竞争，推进社会与自身发展必须具备的心理特征。创新精神包括创新意识、创新兴趣、创新胆量、创新意志、创新思维等。创新精神是比一般精神境界更高的精神活动，这是因为，创新活动是发现新知识的活动，需要创新者具有求真务实的科学精神；创新活动是探索未知领域的活动，需要创新者具有开拓精神；创新活动是十分艰难困苦的活动，需要创新者具有拼搏精神；创新活动是复杂曲折的活动，需要创新者具有顽强精神；创新活动是充满风险的活动，需要创新者具有牺牲精神；创新活动是有益于社会进步的活动，需要创新者具有奉献精神。因而，创新精神也是具有时代特征与丰富内涵的精神。

在改革开放与推进市场经济发展的过程中，中国各族人民在解放思想、实事求是、与时俱进思想路线的指引下，迅速转变传统观念，大胆开拓创新，创造了中国发展的奇迹。在对外开放、面向世界竞争的严峻挑战下，中国没有屈服于西方和照搬他国现代化模式，而是开创了中国特色社会主义现代化道路，找到了强国富民的根本途径；面临社会封闭、体制僵化、经济落后的被动局面，中国毅然决定实行改革开放政策与工作重点转移，进行经济体制改革，建立了既体现社会主义性质又具有市场经济特征的社会主义市场经济体制，成功开创了社会主义国家运用市场发展经济与社会的先河，推进了中国经济社会快速、持续发展；在科技创新、社会信息化大潮推动下，中国打破常规，确立了科教兴国、人才强国战略和建设创新型国家的目标，创新浪潮在各个领域广泛涌动，正在加快改变中国科技落后状况；中国各族人民在相互竞争、发展过程中，不满足现有生产与生活方式，不断求知、求新、求变，许多人不仅将企业、产品推向全国甚至走向世界，而且创造了丰富多彩的大众文化；等等。所有这些创新，不仅深刻改变了中国的社会面貌与国际地位，而且更新、丰富了各族人民的精神世界，使人们过上了物质不断满足、精神不断充实的现代生活。事实充分说明，“创新是一个民族的灵魂，是一个国家兴旺发达的不竭动力”[①]。以胡锦涛为总书记的党中央，向全党和全国人民明确提出了自主创新要求，把创新活动的开展、创新精神培养推向了更广泛、更自觉的阶段。

上面主要论述了社会主义市场经济体制孕育、推进人们主体精神、竞争精神、开放精神和创新精神的发展，充分说明了社会主义市场经济体制在为中国经济社会发展开辟新途径、创造新方式的同时，也为中国精神文化、精神生活的发展奠定了新基础、提供了新条件；在有效推进中国经济社会快速、持续发展的同时，也极大地丰富了中国各族人民的精神生活。

应当肯定，社会主义市场经济体制还可促进人们的求知精神、科学精神、服务精神、效率意识和民主法制意识的发展，这里不再一一论述。

二、社会信息化条件下精神生活的新推进

随着信息技术革命的进一步发展，尤其是国际互联网等技术的应用，人们的生活方式、生产活动和文化活动都发生了深刻变化，社会信息化发展与精神生活之间的关系也凸显出来。

（一）信息社会及其本质

人类社会在经历了漫长的原始社会、农业社会、工业社会之后，随着一场以信息技术为主要标志的信息革命浪潮，正步入信息社会。由于社会信息化的独特性，使得人类社会的政治、经济、文化和生活方式等各个领域发生了巨大的变化。为了正确把握信息社会，人们都在认真思考和研究信息与社会发展演化的相互关系，以及信息社会化和社会信息化的特点与发展规律。因而，信息、信息社会及其特征就日益成为人们关注的焦点。

1. 信息社会概念的提出。现在人人都在谈信息，使用信息。那么，信息究竟是什么？在人们日常用语中，“信息”与“消息”互通。早在中国唐代就有“梦断美人沉信息，目穿长路倚楼台”的著名诗句。在这句诗里，“信息”与“消息”同义。同样，西方语境中，information（信息）也常与 message（消息）互用。

然而，对“信息”进行科学界定则是 20 世纪 20 年代才开始的。美国学者哈特莱（Hartley）在他的《信息传输》一文中首次提出了“信息”概念，认为信息就是“选择通信符号的方式，是包含在消息中的抽象量”。美国学者香农（C. E Shannon）在《通讯的数学理论》一文中将信息定义为“用来消除随机不定性的东西”。控制论专家维纳（N. Weiner）在他的《控制论——动物和机器中的通信与控制问题》一书中，认为“信息就是信息，不是物质，也不是能量”，后又认为“信息就是人和外界相互作用

① 《江泽民文选》第 3 卷，人民出版社 2006 年版，第 36 页。

的过程中相互交换的内容的名称”，得出了“信息即负熵”的著名结论。

对于信息社会的理论研究，肇始于西方经济学和社会学学者对未来社会的研究。而“信息社会”一词的起源，根据学者的考证，源于日本学者梅棹忠夫最早提出的“情报社会”（即信息社会）一词。“信息社会”对应的英文“information society”真正出现在学术文章中的时间是1973年，在牛津大学《舆论季刊》登载的美国斯坦福大学教授埃德温·帕克所撰论文《新信息技术的影响》中，出现在书籍文献方面是1977年美国学者埃里克·索勒姆撰写的 *Future of the Information society*（《信息社会的未来》）。[①] 而真正从理论上给“信息社会”一个定性概念的则是美国的约翰·奈斯比特。他在1982年出版的《大趋势——改变我们生活的十个新方向》一书中，对未来的信息社会进行了描述，并且用大量的信息产业、信息技术的事实来解释和证明它，从此，“信息革命”、“信息社会”的提法不胫而走，广为流传，得到了社会的认可。当然，关于信息社会的提法，除了用“信息社会”这一概念外，还有美国社会学家丹尼尔·贝尔提出的“后工业社会”、美国学者弗瑞特兹·马鲁普提出的“知识社会”、鲍德里亚提出的“消费社会”、贝克提出的“风险社会”等。

至今为止，对于“信息社会”的定义还没有形成一个较为共识的理解。不同学科从本学科出发对于信息社会作出自身的理解。信息经济学家马丁认为，信息社会是一个生活质量、社会变化和经济发展越来越依赖信息及其开发利用的社会。苏联学者H. 莫伊谢耶夫认为，信息社会是信息技术的发展同自然界、社会与人的高度契合的社会。中国学者乌家培认为，信息社会是区别于农业社会、工业社会，以知识和信息为基础的社会，它以现代信息技术的出现和发展为核技术特征，以信息经济发展社会进步的基础。刘昭东则认为，“信息社会是以信息为社会发展的基本动力，以信息技术为实现信息化社会基本特征的手段，以信息经济为维系社会存在和发展的主导经济，以信息文化改变着人类教育、生活和工作方式以及价值观念和时空观念的新型社会形态”。[②]

综上所述，信息社会是以信息化为基础，改变了人类的经济、政治、文化样态以及改变了人类本身主观世界的一种新型社会。

2. 信息社会的本质。信息社会是什么？它与其他社会形态有什么本质的区别？它的基本特征是什么？这些问题，都是本课题需要回答的问题。

关于信息社会的本质，目前为止，有如下几种观点：

第一，“信息社会”是社会主义社会和资本主义社会的“融合”论。持有这种观点的人认为，到了信息社会，资本主义社会与社会主义社会将融为一体，成为工业社会的两种形式，它们将遵循“趋同”的道路，共同进入“后工业社会”，即“信息社会”。其主要代表人物有阿伦和Y. 罗斯托等。如阿伦提出“统一的工业社会”理论，就是

① 王旭东：《20世纪下半叶“信息化”概念及用词历史源流考释》，《史学理论研究》2008年第3期。

② 靖继鹏、吴正荆：《信息社会学》，科学出版社2004年版，第3页。

"因为想要从一开始就避免把社会主义和资本主义对立起来，这个理论是把社会主义和资本主义作为工业社会的两种方案来研究的"[①]。Y．罗斯托更是直接提出要向马克思主义宣战，并把马克思主义研究现代历史的方法排挤掉，他宣称："我们用我们的经济发展的各个阶段……来对抗马克思提出的封建主义、资本主义和共产主义这样一些阶段"。[②]

第二，"信息社会"的本质就是资本主义社会的"等同"论。持有这种观点的人认为信息社会不是社会主义和资本主义社会的融合，在其本质上还是资本主义社会。其理由主要有以下几点：①"信息社会"仍然是以私有制为主体的社会。在这种社会里，资本家私人占有生产资料的制度没有改变，资本家发展和利用信息技术的目的也是为了获得更多的剩余价值。②"信息社会"同样存在剥削和压迫的社会。在这种社会里，资本家由于拥有更为先进的信息技术，可以获得更多相对剩余价值，因而雇佣工人受剥削和压迫的现象更为严重，从而导致劳资之间的矛盾深化。

第三，"信息社会"只是属于物质技术层面社会的"技术"论。持有这种观点的人认为信息社会的本质不能单纯从社会形态本质层面来分析，它既不是社会主义也不是资本主义，它只是现代社会生产力发展到一定阶段的技术呈现而已，并根据人类社会历史划分出若干技术形态阶段，如采（采集）猎（渔猎）社会、农业社会、工业社会和信息社会等。因而，认为"信息社会"只是资本主义、社会主义以及未来的共产主义社会共有的物质技术基础。

我们认为，第一种观点试图用信息社会概念消解社会主义和资本主义的本质区别，既没有正确揭示信息社会的本质，也没有正确区分社会主义与资本主义的本质，犯了"调和论"的错误。第二种观点虽然看到了信息社会仍是资本主义社会的重要表征，但是只看到信息社会与资本主义社会的相同之处，却忽视了信息社会也是社会主义社会以及未来的共产主义社会的重要表征，认为信息社会只是资本主义社会的本质表现，也是不恰当的。我们认为第三种是正确的，信息社会的本质就是某种社会的物质技术手段，是人类生产力的重要表征，它可以改变和决定人类社会生产关系的性质，同时它也改变着人类本身。

3．信息社会的基本特征。目前，学者们一般认为信息社会的一般特征表现在如下七个方面：一是智能性。在信息社会，知识成为创造财富的主要资源与手段，因而有人也称信息社会为"知识社会"。二是虚拟性。虚拟性是信息社会的重要特质。人类社会的生活空间由原来的唯一现实空间，增强了一个"虚拟空间"，人们的实践范围也增多了一个"虚拟实践"，虚拟最依赖网络与计算机，而网络与计算机是以数字化为特征的，因而，虚拟性也就表现为数字化或网络化特征。也有人称现代社会已经进入"数

---

① 转引自吴廷勇《关于信息社会的几种不同观点简介》，《理论前沿》1988 年第47 期。

② 同上。

字化时代”与“网络化时代”。这些都是信息社会的基本特征。三是超时空性。由于网络与数字化的特质，使现代信息社会具有了超越时空的物质技术基础。人们之间的交往可以超越时空的局限性，可以随时进行交流与传递信息，使地球成为了“地球村”。四是非物质性。由于数字化空间中最基本的元素不是传统物理空间的原子，而是“比特”，这就造成了信息社会的非物质性特征。五是可扩展性。在信息社会，由于信息具有共享性特征，因而，英国一些经济学家与美国一些经济学家称这种共享性特征为“无限可扩展性”。六是综合性和渗透性。信息对现代社会的影响是综合性与渗透性，它不仅仅影响人类社会的经济、政治与文化，还渗透到人类生活的各方面，改变了人类的思维方式、生活方式以及消费方式等，导致现代人对信息的无限依赖性。七是非人格性。由于信息社会的虚拟性与数字化特征，导致人类社会交往对象的非当面性、隐匿性，从而使非人格性特征增多，以至于有人戏称“在网络上你不知道对方是否是一条狗”。

（二）社会信息化发展的趋势和特点

社会信息化不仅引起了社会经济领域、政治领域的变化，而且引起了社会文化领域、生活领域的变化。

信息社会的文化领域变化。文化作为人类生产方式、生活方式的反映，从来都不是孤立存在的。在信息社会，人们的生产方式、生活方式发生了重要的变化，这必然引起社会的文化结构的变化。由于信息网络技术的广泛使用，新型文化传播形式开始大量产生，如网络学校、网络图书馆、网络书店、网络报刊等。这些新型文化传播形式，推动了新的文化不断生长（如网络文化中的网络小说、网络音乐等），同时也导致了传统文化与网络文化、民族文化和网络文化、个体文化和网络文化的冲突与融合，改变了人类以往的文化结构特征。

信息社会的社会生活领域变化。在信息社会里，对人类社会生活结构的影响尤为深刻，主要在如下几方面。一是对人本身的改变。在信息社会里，人是信息的主体。在信息社会里，人的主体性发生了很大的改变：①富有创新精神与冒险精神；②崇尚个性自由，反对权威；③追求自我实现，就是对自己的天赋、能力、潜力等充分利用和开拓；④遵循“最小努力的信息经济法则”（齐夫语），即一个人在做任何事情都希望他所付出的代价是最小的，但希望获得最多的收获；⑤遵循以“以第一人称”的方式表达自己的观点与看法的原则，以体现个体的存在与主体性。二是对人类休闲生活的改变。由于信息技术的发展，带来了“4A”革命，即工厂自动化（FA）、办公室自动化（OA）、实验室自动化（LA ）和家庭自动化（HA），使人们的休闲时间大量增多，同时人们休闲的生活质量也普遍提高，人们休闲的目的从传统的“恢复型”开始转向“发展型”，即人们为了适应信息时代的生活，必须不停地充电，以满足自身发展需求，人们往往利用休闲时间去参加各种讲习班、培训班等。三是人们社会交往的变化。其中最为重要的是人们交往方式的变化，在信息社会里，人们交往更多地是借助网络。如 QQ、手机、电子邮件，还有各种各样的聊天室等，打破了传统社会人们的当面在场的交往方式，信息社会中人们往往以非当面（不在场）交往形式为主。同时也导致了人们交往的观念发生巨大的变化。观念的转变为信息社会发生巨大变化提供了条件，正如美国学者罗斯托克强调的，“没有观念就没有信息”①。在信息社会中，人们交往注重信息和知识的交往，人们的思想越来越开放，也越来越崇尚创新。另外，由于网络的发达，人们交往的对象越来越广泛，甚至可以越国界，甚至可以穿越时空进行交往，打破传统社会中的熟人交往圈，进入一个“信息交往圈”，而在这个圈里，没有国界、没有年限限制、没有性别歧视、没有高低贵贱区别，所有人一律平等而自由。

任何新科技成果的出现都会在一定程度上改变人类的生存方式和发展进程。兴起于20世纪末的信息技术，体现了现代科技的强大推动力与影响力。随着社会信息化、信息网络化的加快发展，一个以网络为载体的虚拟社会在传统的物理空间之外，正在迅速拓展。

信息社会又称信息化社会，是信息将起主要作用的社会。在农业社会和工业社会中，物质和能源是主要资源，所从事的是大规模的物质生产。而在信息社会中，信息将成为比物质和能源更为重要的资源，以开发和利用信息资源为目的的信息经济活动迅速扩大，并构成社会信息化的物质基础。中国虽然还处在工业化进程之中，但中国现代科技的发展也加快了信息化的到来。

社会信息化的概念及内涵是复杂多样的，人们对其特征的概括也各有侧重。有学者认为，社会信息化的主要特征有：知识含量高，技术多样性，业务综合化，行业合作性，数字化与网络化等。也有学者将社会信息化的特征概括为：传输高速宽带化、网络互联普及化、服务系统综合化、系统人工智能化、管理制度规范化。为了进一步认识社会信息化的发展趋势与特点，并有利于对当代社会人的精神生活的研究，在此作几点概括。

1. 社会信息化是科学技术社会化的结果。首先，社会信息化并不是从来就有的一种形态，而是在现代科技快速发展并在社会各个领域广泛运用，特别是利用电子计算机和现代通信手段实现获取信息、传递信息、存储信息、处理信息和显示信息等信息技术，创建互联网络后，社会信息化才初步形成。因而，社会信息化的基础是现代科学技术，没有现代科学技术不可能有社会信息化。信息化的实质，是在高度发展的信息技术推动下，实现社会的信息化和信息的社会化，建立一种超越人类原有文明的新形式——信息文明。

其次，信息社会所传播的信息主要是科技知识及其成果。一般信息泛指消息，一切存在都有信息。说得深入一点，信息就是对客观事物的反映，从本质上看，信息是对社会、自然界事物的特征、现象、本质及规律的描述与揭示。这种描述和揭示社会、自然界事物的特征、现象、本质及规律的信息，实际上是科技知识；而传播、交流、交换、

---

① 转引自李国停、于全敬等《信息社会——数字化生存的地球村》，军事科学出版社2003年版，第228页。

运用的现代工业产品，很大程度上是富有高科技含量的科技成果。社会信息之所以数量巨大、传播加快，根本原因是科学技术创新，加速了知识的生产、积累与更新，从而使信息成为重要资源，使知识成为推动社会发展的重要力量。

最后，信息的共享性是知识的特性。一般说到的信息，是指可以交流、储存和使用的信息，信息如果不能交流、储存和使用，信息就没有用处了。这种可以交流、储存和使用的信息往往是知识，即自然科学、社会科学和人文科学知识。科学知识创造出来以后，要由社会共享、共用，这是知识的特性，也是信息的特点。

然而，在社会信息化过程中，各种各样的信息往往混杂在一起，既有信息珍宝，也有信息垃圾。开放的信息网络在给我们带来发达国家有用信息的同时，也为西方一些发达国家提供了信息霸权的舞台。以美国为首的西方国家利用信息网络的优势，大量传输西方的精神生活和价值观念，使一些人受到影响，这是应当引起警觉的。

2. 信息网络具有虚拟性特征。社会信息化的发展在很大程度上是通过信息网络实现的。信息网络创造了虚拟时空，其具体表现为：一是网络环境虚拟性，即互联网络是通过数字化方式形成的“虚拟空间”，人在其间活动，是以“虚拟人”、“虚拟关系”、“虚拟群体”、“虚拟实践”方式进行的；二是网络行为主体虚拟性，即在网络空间，行为主体是以数字化、形式化方式出现和活动的，虽是物理空间的行为主体的延伸，但与其有区别；三是网络交往对象具有虚拟性，即网络交往的个体或群体，也是以数字化、形式化方式出现和活动的；四是网络活动方式的虚拟性，即在网络中可以组织“网络家庭”、“网络社区”、“网络群体”，使之成为一些网民聚集、交往的虚拟平台，不仅营造了虚拟交往方式，也造就了虚拟化的情感体验。① 信息网络的这种虚拟性给人们带来双重影响，一方面使人们突破了物理时空的限制，降低了交往与获取资源的成本，为主体发展和丰富生活提供了便捷条件；另一方面，信息网络中的不良信息对有些人的思想意识产生负面效应，甚至有的染上“网瘾”成为“网虫”，丧失主体性。正如罗斯托克所说：“只要我们忘记它控制的逻辑、假设和经过选择的数据都是我们自己的产品和选择时，这种能力就减弱成错觉。当我们忘记形成这种虚构的仅仅是人性很有限的一部分时，这种错觉就会加深成为感伤。”②

3. 信息的互动性和单向性并存。信息网络作为一种新型的媒介形式，改变了过去传统媒介的单向传播，实现了受众之间的自由多向、双向传播与沟通。每个人既是信息的制作者，又是信息的接受者，因而互动性成为网络传播的显著特征。同时，由于信息传播的不对等，再加上国家掌握强大的信息资源，信息传播在一些时候也具有单向性特点。在信息网络这个舞台上，美国等西方大国以英语为主要语言的网络信息成为信息强势，带有美国色彩的、数量庞大的信息充斥网络空间，制约着信息通道，影响人们的价

① 杨立英、曾盛聪：《全球化、网络化境遇与社会主义意识形态建设研究》，人民出版社2006年版，第57页。
② （美）西奥多·罗斯托克：《信息崇拜》，苗华健、陈体仁译，中国对外翻译出版社1994年版，第63页。

值选择与精神生活。

（三）社会信息化条件下精神生活的推进

在社会信息化条件下，随着科学技术知识学习、运用、创新的推进，人们的思想观念、精神状态发生了深刻变化，精神生活得到充实与发展。

1. 科技的发展与普及促进人们科学精神的发展。当代科学技术发展的系统化、综合化、信息化、多样化等特点，既是人认识、改造自然和社会各种能力的体现，也向人适应、认识、改造自然和社会的精神状态提出了要求，形成了科技的系统、多样、综合发展与人的主观世界发展的互动。

科技作为人们认识世界和改造世界的武器，是社会和人创造财富的重要工具，人发现、掌握和运用它是为了满足人生存、发展的需要。同时，人在发现、掌握和运用它时，总是要受一定的价值目标、行为规范的支配，这种价值目标、行为规范是人的本质体现，实际上是受人精神世界的控制。科技学习、运用与发现和发明的过程，是人反复认识、改造客观世界的过程，是需要经历曲折与失败，付出努力与代价的过程。人就是在探索、实践的过程中，不断增长见识，丰富内在精神，锻炼顽强意志，提高能力而得到发展的。因而，改造客观世界的科技实验与创造，与改造人的主观世界、促进人内在精神发展是同步的。科学技术的运用与创新活动是人的一种探索性、超越式活动，不仅体现在科技运用、创造的过程和成果获得上，而且体现在人的科学精神、创新精神的发展上。正如马克思所指出的："工业的历史和工业的已经产生的对象性的存在，是本打开了的关于人的本质力量的书。"① 所以，"在人的发展中，科学技术是一个起着非常重大作用的因素，特别是在现代人的发展中，现代科学技术更是起着决定性的作用。科学技术是人的对象性活动关系，不仅扩展和深化人与自然界之间的关系，而且扩展和深化人与人之间的社会联系和交往。这样，人的社会的物质生活和精神生活在品位质量上和形式与内容上必然得到提高和丰富。在现代，由于科学技术的日新月异的革命性发展和在人的活动与生活中的越来越普遍的应用，科学技术在人的（物质的和精神的）活动与生活中的含量越来越丰富了，以致现代的人也越来越普遍地成为科学技术化的人。"② 英国近代唯物主义哲学家培根曾经把"要追求真理，要认识知识，更要信赖真理"看做"人性中最高尚的美德"。德国唯物主义哲学家狄慈根认为，"科学就是通过现象以寻求真实的东西，寻求事物的本质"。

中国改革开放的实践充分证明，科学技术的学习、运用、创新，既需要科学精神，也培育科学精神。所谓科学精神，是指人们在长期的科学实践活动中形成的共同信念、价值标准和行为规范的总称，是科学技术需要并贯穿于实践活动中的精神状态和思维方

---

① 《马克思恩格斯全集》第42卷，人民出版社1979年版，第127页。

② 夏甄陶：《人是什么》，商务印书馆2000年版，第342—343页。

式，是体现在科学技术知识、成果之中的思想或理念。科学精神是人们内在的精神要素，是人们在认识、改造客体过程中，由探索和追求真理的性质决定的。科学精神的内涵十分丰富，包括求实精神、探索精神、开拓精神、理性精神、开放精神、民主精神、协作精神等，集中体现为求真精神、创新精神、批判精神。这些精神具有世界观和方法论意义，对人们的思想和行为具有普遍的指导作用。

科学精神的内涵丰富，其集中体现是求真精神。所谓求真精神，就是正确反映客观事实，坚持实事求是，勇于维护真理，克服主观臆断和反对独断、虚伪。胡锦涛在看望出席全国政协十届五次会议的委员并参加分组讨论时说，科学精神就是求真务实的精神。求真务实精神就是对客观规律探索与尊重的精神。

中国改革开放刚开始，我们党就恢复并发展了党的解放思想、实事求是的思想路线，开展了实践是检验真理唯一标准的大讨论，对违反党的思想路线的教条主义、形式主义的假、大、空现象进行了清理与批判，使求实、求真之风在中国大地兴起，为科学技术的学习、运用、创新奠定了扎实的思想基础。正如有的学者所说的："科学精神的核心和根基就是我们党的解放思想，实事求是的思想路线。解放思想就是勇于创新，不断开拓，反对守旧，理性思考；实事求是就是从研究实际存在的客观情况出发，找出反映事物联系、运动和发展的规律来，从本质上认识和掌握反映客观世界必然趋势的真理。"① 这就是说，科学精神所包含的求真精神，是解放思想、实事求是思想路线逻辑衍生的必然结果，是中国一切领域发展的根本保证。这是因为，解放思想就是要勇于开拓，善于创新，这正是科学技术所需要的探索精神；实事求是就是要从客观存在的事实出发，认识事物的本质与发展规律，这正是科学技术所需要的求实精神。因此，党的解放思想、实事求是、与时俱进的思想路线，既为科学技术的学习、运用、创新提供了强大精神动力，也为广大人民群众在新时期丰富、发展精神生活提供了理论指导。

中国全方位的改革开放，与科技创新、求真务实，在价值取向上是完全一致的，改革开放精神蕴涵着求真务实精神，求真务实精神体现着改革开放精神。改革，包括经济体制改革与政治体制改革；开放，指面向世界的对外开放和扩大领域的对内开放。改革开放的实质就是解放和发展社会生产力，开创中国特色社会主义现代化建设道路。正如党的"十七大"报告指出的："改革开放是党在新的时代条件下带领人民进行的新的伟大革命，目的就是要解放和发展社会生产力，实现国家现代化，让中国人民富裕起来，振兴伟大的中华民族；就是要推动中国社会主义制度自我完善和发展，赋予社会主义新的生机活力，建设和发展中国特色社会主义；就是要在引领当代中国发展进步中加强和改进党的建设，保持和发展党的先进性，确保党始终走在时代前列。"② 因而，中国的

---

① 尹怀勤：《弘扬科学精神，做好科普工作》，《科普创作通讯》2001 年第 2 期。

② 胡锦涛：《高举中国特色社会主义伟大旗帜，为夺取全面建设小康社会新胜利而奋斗》，人民出版社 2007 年版，第 4 页。

改革开放，实际上是各个领域的革旧创新过程，是开创前无先例的道路，因而一定要从中国国情出发，探索中国现代化建设规律，这本身就是一场全社会的研究与实践，是求真务实的科学精神与改革开放的时代精神的交汇。中国在改革开放过程中，正是切实把握了中国社会所处历史阶段的客观实在性，发挥了崇尚真理的精神，避免了主观随意性，才促进了科学科技与社会的快速发展。

在科技运用与创新活动中，求真精神的培养与发展的具体方式，一是各个单位与个人，根据社会科学技术化与科学技术社会化的发展实际，把本单位和个人的工作纳入相应的学科或专业范围，用科学的理论指导，按科学的规范操作，以科学的态度对待，自觉在实践中培养求真精神；二是从社会、自然的实际问题与人们的实际需要出发，运用学科或专业理论开展研究，把研究与学习、工作结合起来，赋予学习、工作研究色彩与求真精神；三是成立各种学科、专业、行业的研究会、学会，召开专题研讨会，交流研究成果与研究经验，提高求真务实水平；四是在单位、同行中开展科学技术学习、运用、创新的竞争与评估，奖励先进，鞭策落后，激发求真务实精神。这些培养与发展求真务实精神的途径与方式，已经在中国各个领域普遍推广，并在不断改进发展之中。

2．科技的发展与普及促进人们创新精神的发展。前面在讲社会主义市场经济体制时，论述了该体制推进创新精神发展的实质与方式。科技促进人们创新精神的发展，具有科技的特性与方式。人们在科技活动中，根据已有知识、经验的启示或预见，执著坚持开拓目标，具有锲而不舍的意志，敢于拓展新领域、采用新方法、获得新成果的精神，就是创新精神。创新精神是科学技术运用与创造的生命，是科学技术活动的灵魂。

科学技术以探索未知、创造知识与财富为己任，通过严谨、艰苦、求实的研究，揭示客观规律，造福社会。因为自然与社会领域的规律都是具体在各个方面起作用的，因而科学理论一般是相对真理，都与一定的条件和范围相关，这就决定了科技创造与发明要贯串各个领域与各个环节，其内容是广泛的，如客观规律的揭示、新的领域发现、新科学理论的创立、新科技方法的运用、新科学实验的构思和新产品设计等。同时，科技创造与发明有两个层次，一是开展开拓性研究，即创造新的科学理论、新的技术、新的产品，超越原来的理论、技术和产品；二是学习、运用科技理论与方法，解决实际问题，获得新成果。应当看到，学习、运用科技知识，既是传承知识的需要，也是实践创造的需要。人们在结合实际学习、运用科技知识过程中，并不是对原有知识的原版复制，而是在认识上有不同的理解，在实践运用中有不同程度的丰富，这既是人提高发展起点，避免实践曲折的需要，也是人运用科技知识的创造。

应当承认，中国培养人们创新精神的任务是艰巨的。一是中国现代化起步晚，在过去自然经济与计划体制条件下，重复性、简单性的经济运行既提不出科技创新的要求，也缺乏科技创新的条件，造成经济基础、科技基础薄弱。二是中国传统文化存在重伦理价值轻科技价值、重文本阐释轻实证研究的倾向，导致科技创新的文化基础薄弱。改革开放过程中，中国站在面向世界竞争、加快国家发展的战略高度，进行了科技体制、教育体制的改革，制定了一系列促进、鼓励科技创新与培养创新人才的政策与措施，不仅激发了广大科技人员的创新热情与创新精神，而且推动了全社会的创新活动，形成了人的创新精神和创造能力的发展与社会创新活动的快速推进的良性互动。创新精神的发展，改变了人们满足现状、小富即安、不敢冒尖、害怕风险的保守状况，许多人注重发展个性与特色，敢于标新立异、挑战权威，不断为社会注入新鲜观念与活力。科技创新活动的发展，使中国在航天科技、农业科技、信息技术等方面不断突破，技术发明专利不断增多，学术论文数量与质量不断攀升，基础研究水平明显提高。

3. 科技的发展与普及促进人们批判精神的发展。批判和怀疑精神，是科学精神的重要内容。科学技术总是无止限度地研究新现象，掌握新规律，发现新技术，创造新成果。这种研究与创新，又总是在原有观念支配与客观条件下进行，总是要受到各种倾向的干扰。因此，要使创新研究有效进行下去，必须从怀疑已有的观念与知识开始，并发挥批判作用。怀疑精神就是要求人们不盲从、不神化、不迷信已有的知识。马克思在其女儿的一份调查表中，就把“怀疑一切”作为自己喜爱的座右铭。马克思这里所说的怀疑，是对不真实假象的怀疑，是对不彻底理论与知识的怀疑，怀疑就是提出问题，就是突破已有格局的一种探索。古人曾经说过，大疑则大悟，小疑则小悟，不疑则不悟，说的是怀疑可以使人醒悟、觉悟和冲破无知与愚昧。有了怀疑精神还不够，还要有批判精神。批判就是要找出已有知识、技术的错误、缺陷与不足，而后进行修正、补充与发展。因而批判不是目的，创新、发展才是归属。怀疑精神是批判精神的前提，批判精神是怀疑精神的延伸，创新精神则是批判精神的结果。

在改革开放进程中，中国社会的怀疑精神、批判精神得到了充分发展。一是改革开放初期，开展了对以阶级斗争为纲、以政治运动为中心的“左”的错误思想的批判，打开了解放思想、实事求是的思想大门，使富有时代特征的改革开放思想、和平发展思想、以经济建设为中心的思想迅速兴起。二是在解放思想过程中，针对“文化大革命”中遗留下来的教条主义、形式主义以及假、大、空现象进行了批判，同时开展了实践是检验真理唯一标准的大讨论，使中国社会开始重视国情与所处的社会主义初级阶段，形成了尊重客观事实、遵循客观规律的风气。三是在经济体制改革过程中，反省和批判了计划经济体制所导致的平均主义、依赖思想、普遍贫困的现实，逐步形成了建立社会主义市场经济体制的决心与目标，给中国社会带来了无限生机与活力。四是在实现对外开放过程中，针对涌入中国的资产阶级政治思想、价值观念及其造成的危害，组织了对资产阶级自由化的批判，立足中国实际开辟了中国特色社会主义道路。五是在全面推进现代化建设进程中，批判了忽视和轻视知识、人才、科技与教育的倾向，形成了全社会尊重知识、尊重人才，并把科技与教育由社会边缘推到了社会中心，等等。正是这些怀疑、批判，为社会与人的发展，为科技创新与发展，扫除了思想障碍，开辟了发展方向，奠定了创新基础。如果对影响中国发展的理论、思想、倾向、行为不展开旗帜鲜明地批判，人们就会在思想上犹豫不决，在行为上徘徊不定，不可能在科技上执著创新，也不可能推进经济社会快速发展。

4. 科技作用与价值彰显激发人们的求知精神。邓小平提出“科学技术是第一生产力”的命题后，中国相继提出了科教兴国、人才强国战略，确立了建设创新型国家的目标，把科学技术的作用提到了前所未有的高度。加上科学技术在改革开放过程中的快速发展，特别是在经济社会发展中的重大贡献，使广大群众看到了科学技术的巨大作用与价值，一个学习、运用、创新科技的热潮在中国广泛涌动。

在改革开放过程中，人们之所以产生强烈的求知欲，表现出积极主动的求知精神，其主要原因有这样几个方面。一是受现代科学技术的功能与价值的激发。进入现代社会后，科学技术不仅为社会创造了巨大财富，把人们从繁重的体力劳动中解放出来，为人们提供了发展自身的时间和精力，而且作为第一生产力，推动社会关系的变革，打破了束缚人们发展的管理制度与思想观念，正如马克思说的：“只有在现实的世界中使用现实的手段才能实现真正的解放……当人们还不能使自己吃喝住穿在质和量方面得到充分供应的时候，人们就根本不能获得解放。”① 这里的“现实的手段”指的就是科学技术。所以，科学技术是人们摆脱自发走向自觉、摆脱依赖走向独立、摆脱贫困走向富裕的方式，因而成为人们强烈追求的对象。二是由学习型社会发展推动的。进入20世纪中期后，科学技术与人文精神在推动社会与人的发展上越来越重要，为了广泛开展学习，提高人的竞争力，美国学者赫钦斯写了《学习社会》一书，最早提出了“学习社会”概念。随后联合国教科文组织在《学会生存》一书中阐述了“学习化社会”思想，罗马俱乐部发表了《学无止境》的研究报告。20世纪末，美国学者彼得·圣吉在《第五项修炼》一书中提出“学习型组织”理论，旨在克服由内部竞争可能引起的防卫和由利益差别引起的矛盾，主张发展团队学习，从“深度汇谈”开始，“消除组织病毒”，克服思想障碍，“建立共同愿景”，确立“全体衷心共有的目标、价值观与使命”，“有了衷心渴望实现的目标，大家会努力学习、追求卓越。”② 显然，彼得·圣吉的主张，就是发展团体学习，掌握科技知识，开发精神潜能，获得各种资源。因而，学习型组织理论的实质，是为了发展活力、动力、凝聚力、竞争力和创造力。处于学习型社会之中的人们，自然要受到它的推动。三是由鼓励学习、研究的政策激发的。由于前面两个原因，促进各个领域、各单位都高度重视人们的学习与研究活动，并制定了学习与研究的管理、评估、奖励政策与措施，形成了学习与研究的竞争局面。

实行改革开放政策前，中国科学技术与发达国家相比，差距较大，科学技术国际竞争力相对薄弱。在改革开放进程中，中国在实施科教兴国、人才强国与建设创新型国家战略的推动下，全国各族人民焕发出强烈求知精神，广大农村科技种田、科技下乡、科技普及、科技培训活动持续发展；高等学校的各种形式、各种内容的继续教育、网络教

---

① 《马克思恩格斯全集》第42卷，人民出版社1979年版，第368页。

② （美）彼得·圣吉著：《第五项修炼》，上海三联书店1998年版，第9—10页。

育方兴未艾；电视大学、老年大学、业余大学、夜大学越办越多；各种专业与方式的岗前培训、专业培训、轮岗培训、晋升培训十分普遍；报考各类专科、大学、研究生的人数不断增多，竞争越来越激烈；自费出国留学、自费攻读学位、自愿参与培训、自行拜师求教的人员也在增加；等等。这些都充分证明，科技作用与价值彰显，不仅极大地激发了人们的求知精神，丰富了人们的精神生活，而且有效地提高了人们的科学文化素质。

5. 互联网络拓展开辟精神生活新领域。互联网络的形成，引领人们跨越物理时空的局限，拓展了新的虚拟领域，为人们在网络世界中充分体验自由与无限提供便捷；信息化的交往方式延伸了原有的交往方式，促进了人们的虚拟交往，发展了人类的生存方式和实践方式。据中国互联网络信息中心发布的《第 23 次中国互联网络发展状况统计报告》显示，截至 2008 年底，中国互联网普及率已经超过全球平均水平，网民数达到 2.98 亿人，宽带网民数达到 2.7 亿人，国家 CN 域名数达 1357.2 万个，三项指标均居世界第一。

精神生活向网络领域拓展，其新的路径和方式主要有以下几方面。

一是在中国正式建立的各种网络中，社会主义精神文化，即社会主义意识形态起着主导作用。在中国正式建立的网络领域，虽然信息丰富多变，新情况、新问题层出不穷，但社会主义精神文化总是渗透在网络空间，发挥着主导作用。这种主导作用，主要是通过价值取向、政治原则与法制规范体现出来的。同时，中国各条战线、各个单位的网站，虽然网民可以自由进入，有些网站还开辟了网民发表意见、进行对话、讨论的专栏，但这些网站是有专门机构与人员管理的，并制定了相应的管理规则，保证网络的社会主义性质与方向。另外，中国各级党委、宣传工作、思想政治工作、群众工作等部门，按照“我们的党建工作、思想政治工作、组织工作、宣传工作、群众工作，都应适应信息网络化的特点”要求①，遵循胡锦涛在全国宣传思想工作会议上强调的“要高度重视和切实加强互联网新闻宣传工作，努力掌握网上舆论引导的主动权，使互联网站成为传播先进文化的重要阵地”，努力探索社会主义精神文化与工作实际、思想实际相结合的方式，进行网络数字化、符号化处理，在网络空间进行引导、传播、交流、整合、储存，开辟了网络精神生活新平台，为发展人们的精神生活提供了丰富信息资源和广阔活动空间。

二是广大网民在网络中通过学习、交往、实践，获得知识、感悟、体验与成果，丰富精神生活。网络的海量信息、多样信息与信息更新，改变了物理空间受地理、书本限制的局限，既为网民提供了快速浏览的方式，也为网民提供了自由选择的便捷，网民由此见多识广、视野开阔，思维活跃、内在丰富。网络上的交往与交流，突破了物理空间人与人现实交往的制约，具有自主、自愿、自由的特点，网民根据自己的志趣、爱好与

① 江泽民：《论科学技术》，中央文献出版社 2001 年版，第 180 页。

特长，寻找交往与交流的伙伴，结交富有业缘、网缘、趣缘的朋友，组成虚拟群体，交流感情，抒发情怀，取长补短，共同进步，以一种新的方式，在一个新的空间，领略交往的乐趣，感受丰富的生活。虚拟实践是网络领域新发展的实践形式，它虽然是物理空间实践的拓展与延伸，但它突破了物理空间实践的时空限制，可以在更广泛的时空领域获得实践资源，更灵活地采取实践方式，并获得更满意的实践效果。这种开放性、便捷性实践，赋予人们思维整合性与创新性，使实践成果更加富含人文元素，令人愉悦与欣慰。同时，网络作为人们可以自由进出的空间，既可以为人们传输成功和喜悦，与他人共享，增添虚拟空间的欢乐，又可以为人们提供宣泄困苦的场所，寻找抚慰心灵的知音。

在网络领域，人们的交往是一种信息交往、虚拟交往，与现实交往相比较，具有更加平等、自主、自由、广泛、多样的特点，是建立交往主体的自觉自愿行为，并且不受现实条件和利益关系的制约。因而这种交往是一种非功利性的信息与情感交流，也就是交往双方或多方可以不受约束地对话、宣泄、坦诚相待。这无疑是人思想上的开放与精神上的放松，是对现实交往的超越。所以，吉登斯把现代社会这种抽象性的交往关系称为“纯粹关系”，即一种情境，其中“一种社会关系的达成没有外在的原因，它只是因为个人可以从与另一个人的紧密联系中有所获，这样一种情境只有在关系双方都对关系满意的情况下才能持续下去”。[①] 而维持这种纯粹关系的唯一纽带是情感交流，它是“一种基于感情交流的关系，这样交流的结果就是关系赖以继续的基础”。[②] 纯粹关系的动力，不是源于物质利益，而是出于人与人之间开放的情感交流和相互信任，因而蕴涵着平等与自由的精神要素，是一种新的精神生活内容与方式。

三、政治文明建设进程中精神生活的新发展

中国社会主义初级阶段的基本路线，提出了要把中国建设成为富强、民主、文明、和谐的社会主义国家的目标，这些目标包括经济、政治、文化、社会的内容，是一个综合的、远大的目标。邓小平特别强调：“没有民主就没有社会主义，就没有社会主义的现代化。”[③] 江泽民也指出：“发展社会主义民主政治，建设社会主义政治文明，是社会主义现代化建设的重要目标。必须适应经济发展和社会全面进步的要求，在坚持四项基本原则的前提下，继续积极稳妥地推进政治体制改革，发展有中国特色社会主义民主政治，巩固民主团结、生动活泼、安定和谐的政治局面。”[④] 这些论述，不仅规定了全面建设小康社会政治文明建设的前景，而且明确了思想建设的重点和精神生活的重要内容。

---

① （英）吉登斯：《亲密关系的变革》，陈永国等译，社会科学文献出版社2001年版，第77页。

② （英）吉登斯：《失控的世界》，江西人民出版社2001年版，第57页。

③ 《邓小平文选》第2卷，人民出版社1994年版，第168页。

④ 江泽民：《执政党必须高度解放和发展生产力》，人民日报2002年5月31日。

（一）社会主义政治文明与精神生活的关系

1844年11月，马克思在《关于现代国家的著作的计划草稿》中就提出了“政治文明”概念。马克思强调要用“政治文明”作为废除集权制的主要手段，并对政治文明的内涵作了界定：“人权的宣布和国家的宪法”的颁发与实施，“权力的分开”（立法权力和执行权力分开），破除集权制和建设“政治文明”。[①] 马克思所讲的政治文明，是针对专制、集权制提出来的，强调人民主权、依法治国、实行民主、相互监督，包含了人民的政治权利和现代国家政治的主要内容，既是现代国家的政治形态，也是一个国家人们政治生活的标志。政治文明既包括政治思想、法治思想、民主思想文明，也包括在这些思想指导下的政治活动文明，前者显然属于观念形态范畴，是精神生活的重要内容，后者是主观见之于客观的活动。政治文明的内容，主要是民主与法治。

人类社会文明，即社会的进步状态，是一个多层次联系的整体。马克思对社会文明的整体结构与协调发展，进行过精辟的论述，他说：“人们在自己生活的社会生产中发生一定的、必然的、不以他们的意志为转移的关系，即同他们的物质生产力的一定发展阶段相适合的生产关系。这些生产关系的总和构成社会的经济结构，即有法律的和政治的上层建筑竖立其上并有一定的社会意识形态与之相适应的现实基础。”[②] 恩格斯也指出：“政治、法律、哲学、宗教、文学、艺术等的发展是以经济发展为基础的。但是，它们又都互相作用并对经济基础发生作用。”[③] 按照马克思、恩格斯的论述，经济基础指的是物质文明，政治上层建筑及政治、法律的意识形式则是政治文明，其他意识形式则是精神文明。物质文明、政治文明与精神文明，在一定社会条件下，总是互动共进，推进社会发展的。从总体上看，物质文明起着基础的、决定的作用，但政治文明、精神文明并不是物质文明的消极派生物，它们不仅对物质文明有巨大的能动作用，而且在一定情况下具有决定作用。“诚然，生产力、实践、经济基础，一般地表现为主要的决定的作用，谁不承认这一点，谁就不是唯物论者。然而，生产关系、理论、上层建筑这些方面，在一定条件之下，又转过来表现其为主要的决定的作用，这也是必须承认的。”“当政治文化等等上层建筑阻碍着经济基础的发展的时候，对于政治上和文化上的革新就成为主要的决定的东西了。”[④] 所以列宁说：“没有革命的理论，就不会有革命的运动。”[⑤]

对于社会文明的整体分析和研究，国外许多学者也有诸多论述，美国学者威尔·杜兰把社会文明进行了要素分析，认为：“文明是增进文化创造的社会秩序。它包括四大

---

① 《马克思恩格斯全集》第42卷，人民出版社1979年版，第238页。

② 《马克思恩格斯选集》第2卷，人民出版社1995年版，第32页。

③ 《马克思恩格斯选集》第4卷，人民出版社1995年版，第732页。

④ 《毛泽东选集》第1卷，人民出版社1991年版，第325—326页。

⑤ 《列宁全集》第6卷，人民出版社1986年版，第23页。

因素：经济的发展，政治的组织，伦理的传统，以及知识与艺术的追求。”① 英国学者汤因比不仅将社会文明明确划分为经济、政治、文化三个部分，而且详细论述了三方面文明的关联性与整体性，他指出：“文明乃整体，它们的局部相依为命，而且都发生牵制作用。在这个整体里，经济的、政治的、文明的因素都保持着一种美好的平衡关系。”②

政治文明虽然与精神文明有区别，但两者也有不可分割的联系。因为政治文明包括政治心理与政治思想文明，政治心理包含政治认知、政治情感、政治意志、政治动机等心理因素，政治思想包含政治价值、政治观念、政治道德、政治理想等观念因素。这些政治心理因素与政治观念因素，构成人们内心世界相互作用的结构，并形成一定的政治功能，对外部发挥作用。人们内心世界政治因素的相互作用过程，就是一种思想意识或精神活动过程，是人们精神生活的一部分。

政治文明除了包括政治心理与政治思想文明之外，还包括政治行为文明与政治制度文明。政治思想文明与政治行为文明、政治制度文明相比较，政治思想文明更为重要，因为政治思想中的政治方向、政治价值、政治观点、政治理想，在政治行为、政治活动以及政治制度制订过程中起着先导、主导作用。能不能坚定地坚持中国特色社会主义政治方向、政治理论、共同理想，并不断提高执政党、社会团体和全体公民政治生活、政治活动的文明程度，不仅关系到中国社会的政治稳定、政治安全、社会秩序，而且直接关系到中国各族人民的思想倾向、精神面貌与精神生活。中国特色社会主义政治，最重要的内容是党在社会主义初级阶段“一个中心、两个基本点、四个目标”的基本路线，是中国特色社会主义的共同理想，是社会主义核心价值体系，这些内容不仅主导着中国经济、文化、社会各个领域的发展，而且引导、制约着广大群众的思想与行为。在面临资本主义政治的渗透、冲击、影响的形势下，在面对价值取向、思想信仰多样化的社会条件下，要把中国特色社会主义政治内容转化为广大群众的思想与行为，只能依靠有组织、有目的的政治文明、精神文明建设来实现，只有提高政治心理、政治思想的文明程度，人们的精神生活才有明确的方向、坚强的主导与根本保证。

（二）社会主义政治文明建设保证精神生活的发展

社会主义政治文明建设，是社会主义现代化建设的重要组成部分，是一个与物质文明、精神文明、社会文明、生态文明建设既不可分割，又相对独立的建设系统。这一系统，按建设的内容与目标划分，则主要有社会主义民主政治建设和法制建设，下面仅就民主政治建设、法制建设与精神生活的关系进行研究。

1. 民主政治建设保证精神生活的发展。要研究民主政治建设对精神生活发展的保

---

① （美）威尔·杜兰：《世界文明史》第1卷，东方出版社1998年版，第3页。

② （美）汤因比：《历史研究》下册，上海人民出版社1986年版，第463页。

证作用，首先，要了解民主与社会主义民主的含义。民主一词，追根溯源，是由希腊语的“人民”和“统治或权威”等词演化而来的，其意思是“人民的统治”。虽然在古希腊时就产生了民主观念，但当时的统治者对其并不在意，柏拉图和亚里士多德等人甚至把民主视为“暴民政治”或“愚民政治”。到中世纪，民主更没有市场。英国资产阶级革命后，也不把自己的制度称为“民主制度”。美国的奠基者们把美国的代议制度称为“共和国制”，要与民主制相区别。直到19世纪，随着市场经济的发展和公民权利的扩大，民主在西方一些国家才开始了从观念向制度、理论向实践的转化，到20世纪，民主才成为一个世界性话题。

所谓民主，是统治阶级为实现国家管理采用的制度与形式，其内容有国家权力民主、国家制度民主、公民权利民主，其形式是为贯彻民主而采用的制度、体制与措施。不同社会制度的国家有不同的民主内容与形式。胡锦涛在庆祝中国人民政治协商会议成立六十周年大会上的讲话中，强调要坚持中国特色民主形式：“一个国家实行什么样的政治制度，必须与这个国家的国情和性质相适应。”① “衡量一个政治制度是不是民主，关键要看最广大人民的意愿是否得到了充分反映，最广大人民群众当家作主的权利是否得到了充分实现，最广大人民的合法权益是否得到了充分保障。”② 这为我们科学认识民主提供了方法论依据。所谓社会主义民主，就是无产阶级掌握国家政权、管理国家的政治制度，其本质和核心是：人民是国家的主人，国家的一切权利属于人民；实行对人民民主和对敌人专政的统一；全国各族人民在政治、经济、文化各方面都平等地享有广泛的民主自由权利，并实行在民主基础上的集中和集中指导下的民主。社会主义民主是在中国共产党领导下绝大多数人的民主，同资产阶级民主与无政府主义有本质区别。

其次，民主政治建设保证精神生活发展的主要内容。社会主义民主政治建设保证精神生活的发展，主要表现在两个方面：一是丰富、发展社会主义民主精神。社会主义民主精神在社会主义现代化建设过程中，经过广大人民的实践、探索、总结，内容不断丰富，形式不断发展，其主要体现：

其一是主体精神的发展。民主首先体现为公民是主体性存在，使公民的权力维度从过去的依赖与唯上转变为从下向上的流向。中国改革开放以来，主体精神的发展，是在经济体制与政治体制改革的协调发展中向前推进的。在经济体制改革过程中，改革计划经济体制，建立社会主义市场经济体制，打破了平均主义“大锅饭”格局，促进广大人民逐步克服依赖思想，形成了以增强独立性、自主性、创造性为特征的主体精神与竞争精神。在政治体制改革过程中，改革权利过分集中的“大一统”状况，下放权利，分类指导，形成了以自主决策、自主管理、自主发展为标志的主体精神与负责精神。

其二是平等精神的发展。平等精神的发展是主体精神发展的逻辑延伸。虽然平等并

---

① 胡锦涛：《坚持中国特色民主形式》，人民日报2009年9月20日。

② 胡锦涛：《人大要提高立法质量增强监督实效》，人民日报2004年9月15日。

不等于民主，但民主一定要平等，没有平等就不会有民主。在中国改革开放过程中，平等精神既随着社会主义市场体制的建立与发展，人们作为独立利益主体并以平等身份在社会竞争中形成，也在人们自主使用权利、平等交往、合理分配资源过程中丰富。人们只有在平等获得利益、平等使用权利的过程中，才能真正获得生命价值的平等、人格的平等、发展机会的平等和政治权利的平等。由于传统观念的改变和现代观念的形成都有一个过程，加上中国改革开放时间还不长，中国还存在着一些事实上不平等的现象，但这些事实上的不平等正在引起人们的关注，也在不断地改变，平等比改革开放前明显而突出。

其三是和谐精神的发展。和谐是以差别和对立统一的存在为前提的。中国哲学大师张岱年认为，和谐包括相异、不相毁灭、相成而相济、相互之间有一种均衡等四层含义。也有一些哲学家从系统论角度对和谐进行阐述，认为和谐就是系统中的各个部分、各种要素良性运行和协调发展。和谐是一种社会理想，是人类追求的美好愿望，中华民族古代向往的“小康社会”、“大同社会”、“天下为公”，都是一种和谐的理想。中国社会所流传的“和为贵”、“合群济众”、“和衷共济”、“讲信修睦”、“天人合一”等，蕴涵着深厚的和谐精神。西方启蒙学者孟德斯鸠也在其名著《论法的精神》中说：“法律如何有助于一个民族的风俗、习惯和性格的形成”，“我不是探讨各种法的本身，而是其精神；并且，这种精神存在于法与不同事物可能有的各种关系之中”。[①] 在孟德斯鸠那里，法的精神就是由各种客观和主观条件所决定的民族精神。

中国实行改革开放后，打破了封闭，国外文化、思潮、科技大量涌入；工作重点转移改变了社会的价值取向；经济体制、政治体制及其他体制改革，深刻改变了社会的结构；社会的多样、快速发展，使新情况、新问题层出不穷；人们的个性化、特色化与竞争性发展，使各种社会关系复杂多变。在这样一个社会转制与转型的特殊历史阶段，可以说是充满矛盾，但中国社会总体上是和谐的，并能坚持快速、持续发展。究其原因，就是中国各族人民很快形成了开放观念，弘扬中国注重和谐的文化传统，对改革开放过程中出现的不平衡、矛盾甚至冲突，能够本着向前看、顾全局、重建设、求发展的心态与精神对待和解决，改变了过去无限上纲上线的“斗争哲学”观念，因而使中国在探索中国特色社会主义道路进程中顺利向前。正是在这种成功实践的基础上，我们党提出了科学发展观，创立了建设社会主义和谐社会的理论，并在党的十六届六中全会上通过了《关于构建社会主义和谐社会若干重大问题的决定》，这一决定，充分体现了中国特色社会主义的本质属性，是国家富强、民族振兴、人民幸福的重要基础。

中国各族人民和谐精神的发展，也是宽容精神的发展。民主是和谐的基础，宽容是和谐的前提，没有民主就谈不上和谐，没有宽容也难以和谐。所谓宽容，就是要允许别人同自己不一样，尊重别人的个性特点与生活方式；就是正确对待改革创新过程中的矛

---

① 参阅（法）孟德斯鸠《论法的精神》上册，人民出版社 2010 年版，第 317—329 页。

盾与困难，而不是把个人的意志强加于人，用法国哲学家伏尔泰的一句名言就是："我坚决不同意你的观点，但我誓死捍卫你表达自己观点的权利。"这就是在新的历史条件下，中国人民形成的既坚持自己的主体性，又尊重别人主体性的宽容态度。宽容的核心是思想宽容，它意味着进步，意味着丰富多彩的发展。中国社会正是因为培养、发展了和谐精神、宽容精神，才使每一个人精神焕发，充满活力，使整个社会生机勃勃。

最后，丰富、发展社会主义自由精神。什么是自由？马克思说："自由就是从事一切对别人没有害处的活动的权利。每个人所能进行的对别人没有害处的活动的界限是由法律规定的，正像地界是由界标确定的一样。"① 民主、自由并非资产阶级的专利，马克思恩格斯在《共产党宣言》中，就将"自由"概念写进了共产主义联盟的纲领中，强调共产主义社会是"以每个人的全面而自由的发展为基本原则的社会形式"②，"是一个以各个人自由发展为一切人自由发展的条件的联合体"③。孟德斯鸠把自由概念说得更直白："在一个国家里，也就是说，在一个有法律的社会里，自由仅仅是：一个人能够做他应该做的事情，而不被强迫去做他不应该做的事情。""如果一个公民能够做法律所禁止的事情，他就不再有自由了，因为其他的人也同样有这个权利。"④ 因而，自由既是社会发展的目标，也是人的发展的目标。自由是民主的起点，也是民主的终点；民主，是自由的体现，是自由的方式；民主所包含的自由，是人所拥有社会权利的自由。追求自由是人类的本性，向往思想自由、精神自由是每一个人的权利，实现人的内在超越是自由的本质。

中国在改革开放过程中，进行了思想领域的拨乱反正，冲破了"左"的思想束缚，把人们的思想从僵化保守的禁锢下解放出来，使思想活跃、思维开放，敢想、敢说、敢于创新蔚然成风；人们自主交往，自主流动，自主选择职业、岗位与生活方式，要造成如毛泽东所说的："又有集中又有民主，又有纪律又有自由，又有统一意志、又有个人心情舒畅、生动活泼，那样一种政治局面。党内党外都应当有这样的政治局面。没有这样的政治局面，群众的积极性是不可能发动起来的。"⑤ 为了从根本上保障广大人民的自由，中国在改革开放期间，对1982年由第五届全国人民代表大会通过的《中华人民共和国宪法》，分别于1988年、1993年、1999年和2004年四次进行修正，规定"中华人民共和国公民在法律面前一律平等。国家尊重和保障人权。任何公民享有宪法和法律规定的权利，同时必须履行宪法和法律规定的义务。""中华人民共和国公民有言论、出版、集会、结社、游行、示威的自由。""中华人民共和国公民有宗教信仰自由。"宪法还规定"中华人民共和国公民的人身自由不受侵犯"、"人格尊严不受侵犯"、"住宅

---

① 《马克思恩格斯全集》第1卷，人民出版社1995年版，第438页。
② 《马克思恩格斯全集》第23卷，人民出版社1995年版，第649页。
③ 《马克思恩格斯全集》第4卷，人民出版社1958年版，第491页。
④ （法）孟德斯鸠：《论法的精神》上册，人民出版社2010年版，第154页。
⑤ 《毛泽东文集》第八卷，人民出版社1993年版，第293页。

不受侵犯”、“通信自由和通信秘密受法律的保护”等。这些规定具有最高法律效力，不仅有效保证了广大人民享有充分自由的权利，而且形成了在社会主义法制保证下的自由环境与民主氛围，培育了人们的自由精神。正是这种自由精神，激励人们解放思想、丰富精神世界，不断追求新的目标，实现自身的内在超越。

2. 法制建设保证精神生活的发展。法制建设保证精神生活的发展的集中体现是，在依法治国、建设法治国家的进程中，保证人们法治精神的丰富与发展。

中国古代社会，是一个法治相对薄弱，人治比较明显的社会。新中国成立后，法治虽然受到重视，也制定了一系列社会主义法律，但对法治不重视、法治不健全的情况还是存在，特别是人治传统在新的历史条件下复活，导致了冲击公检法机关、违法乱纪横行的“文化大革命”。

改革开放后，随着中国社会主义现代化建设和民主政治的发展，中国努力消除历史上遗留下来的人治因素，构建法治社会制度和法治国家制度，实现向法治社会、法治国家的转型，中国开始了全面、系统的法制建设。一是不断制定覆盖社会各个方面的法律规范，使社会生活各个方面的制度都有相应的法律规范进行调整，形成了社会主义法律体系；二是逐步建立、健全法治机构，充实法治力量，保证各项法律的执行；三是党的“十五大”报告提出依法治国方略，把中国社会主义民主与法制建设提高到新的水平。经过改革开放以来的艰苦努力，中国特色社会主义法律体系基本形成，第九届全国人大有关工作部门把中国现行法律划分为宪法及相关法、民法商法、行政法、经济法、社会法、刑法、诉讼与非诉讼程序法等部分，法治在中国社会主义现代化建设进程中发挥着越来越大的作用。

中国的法制建设，不仅与社会主义民主建设紧密结合，而且必须依靠人民并为了人民，因而法律的制定、修改、执行与监督，都要有群众的参与，都要接受群众的评价与检验。所以，中国法制建设也是一个由立法、执法、司法、守法、对法律实施监督等各个环节构成的动态系统。在这个动态过程中，广大群众通过参与法律制定、修改和对国家和社会事务的管理，进行了法制理性、效率、文明、民主的学习与实践，认识了人治的传统与危害，形成了具有现代性与民族性的法治精神。这种精神，包括法律至上观念、依法治国原则、法律面前人人平等思想、公民都应享受法律所赋予的权利和运用法律来捍卫自己的权利等内容，这既是社会主义法治精神，也是社会主义民主精神。

四、多元文化的影响与精神生活的丰富

精神生活的发展，既需要物质基础，也需要制度保证，还需要科技载体，也就是说精神生活与物质文化、制度文化、科技文化都有密切关系，其中，精神文化与精神生活的关系更为直接和重要。

（一）精神文化是精神生活的食粮

精神文化是相对于物质文化和制度文化而言的，“是指文化心态及其在观念形态上的对象化，表现为文化心理和社会意识诸形式。价值观、思想和道德的统一构成精神文化”。“精神文化是人的本质力量和精神生活的体现，是人对合理价值即‘善’和‘美’的追求，是社会的思想灵魂，是社会文明的核心内容。”① 人作为一种文化动物，除了物质需要以外，还有精神生活需要。这是人所特有的，享受和运用精神文化成果来丰富精神世界，促进自身发展的需要。精神文化便是满足人的精神生活需要的丰富精神食粮。

精神文化作为精神生活的食粮主要包括：其一，为经济基础服务的社会意识形态。在社会主义社会，就是以马克思主义为主导的社会主义意识形态，其核心凝结为社会主义核心价值体系。它是培育积极健康向上的精神生活的重要理论和重要资源。其二，社会心理和社会意识诸形式。表现为思想、道德、教育、科学、艺术、宗教、社会心理、社会舆情、民风民俗、日常生活习惯、审美情趣等，这些是促进人的精神生活形成与丰富的最为直接的资源。精神文化的存在既是一种客观存在，也是一种主观存在。作为客观存在，它往往以社会人际关系、舆论环境、精神文化产品等形式表现出来；作为主观存在，它体现为精神的凝聚力、创造力和竞争力等。

精神文化是精神生活的重要食粮，对个人是如此，对国家也同样如此。在当代社会，精神文化的价值日益彰显。这不仅被越来越多的人意识到，而且已经被提到国家战略的高度。江泽民同志在党的“十六大”报告中指出：“当今世界，文化与经济和政治相互交融，在综合国力竞争中的地位和作用越来越突出。文化的力量，深深熔铸在民族的生命力、创造力和凝聚力之中。”② 根据当代精神文化发展的趋势，江泽民提出中国共产党要始终代表中国先进文化的前进方向，并根据当代社会精神文化价值的凸现，强调要促进人们思想与精神生活的全面发展，同时告诫我们：“越是经济建设和日常事务繁忙的时候，越要学习马列主义、毛泽东思想，越要关心政治，关心人的思想和精神状态，绝不能见物不见人，甚至在日益复杂的斗争中迷失方向。”③ 在党的“十七大”报告中，胡锦涛同志又提出：“当今时代，文化越来越成为民族凝聚力和创造力的重要源泉、越来越成为综合国力竞争的重要因素，丰富精神文化生活越来越成为我国人民的热切愿望。要坚持社会主义先进文化前进方向，兴起社会主义文化建设新高潮，激发全民族文化创造活力，提高国家文化软实力，使人民基本文化权益得到更好保障，使社会文

---

① 郑永廷：《论精神文化的发展趋向与方式》，《思想教育研究》2009年第8期。

② 江泽民：《全面建设小康社会，开创中国特色社会主义事业新局面——在中国共产党第十六次全国代表大会上的报告》，人民出版社2002年版，第38页。

③ 《江泽民论社会主义精神文明建设》，中央文献出版社2000年版，第405页。

化生活更加丰富多彩，使人民精神风貌更加昂扬向上。"[①] 为此，他部署了中国文化建设的四个重要方面，即：建设社会主义核心价值体系，增强社会主义意识形态的吸引力和凝聚力；建设和谐文化，培育文明风尚；弘扬中华文化，建设中华民族共有精神家园；推进文化创新，增强文化发展活力。当今，许多国家加强了文化软实力和国家文化安全的发展。文化软实力主要是指一个国家文化体现出来的凝聚力、吸引力、影响力，它与文化硬实力相辅相成、相互补充、相互转化，构成一国文化力的重要组成部分。国家文化安全从某种程度上说就是国家之间文化软实力的比较优势，是指一国为了防止异质文化对本民族文化的渗透和侵蚀，保护本国人民的民族传统、价值观念、意识形态、行为方式、社会制度等不被重塑和同化，免受外来强势文化的威胁和危害而呈现出来的状态。其中，民族文化、意识形态和价值观念的安全是国家文化安全最核心的内容。针对精神文化日益彰显的价值，发展学家研究分析认为，在现代社会，一个国家一旦出现精神危机，则这种危机造成的危害，"比经济制度失灵更为深刻"。[②] 当代精神文化发展的倍受重视和激烈竞争，充分有力地说明了精神文化作为人的精神生活食粮的极端重要性。

（二）新时期中国文化发展的格局与特点

改革开放政策的实施、经济全球化的推进、社会竞争的展开、社会信息化的发展，使中国的开放环境不断扩大，多元文化影响格局基本形成。这里所说的文化，主要指精神文化或观念文化，包括哲学、政治、伦理、文学艺术等意识形式，也包括科技文化。"一定的文化是一定社会的政治和经济在观念形态上的反映……至于新文化，则是在观念形态上反映新政治和新经济的东西，是替新政治新经济服务的。"[③] 先进文化对社会进步所起的作用极为重要，它是社会进步的主心骨，是维系国家统一和民族团结的精神纽带，是综合国力的重要标志。

"文化大革命"结束后，邓小平审时度势，深刻地分析了国内外的客观形势，总结了中国发展的经验教训，强调"现在的世界是开放的世界"，"中国的发展离不开世界"，"不开放不改革没有出路，国家现代化建设没有希望"。[④] 邓小平还说："资本主义已经有了几百年历史，各国人民在资本主义制度下所发展的科学和技术，所积累的各种有益的知识和经验，都是我们必须继承和学习的。我们要有计划、有选择地引进资本主义国家的先进技术和其他对我们有益的东西。"[⑤] 胡锦涛《在纪念改革开放30周年大会上的讲话》中强调："当代中国的前途命运已日益紧密地同世界的前途命运联系在一

---

① 胡锦涛：《高举中国特色社会主义伟大旗帜，为夺取全面建设小康社会新胜利而奋斗》，人民出版社2007年版，第33—34页。

② （法）弗朗索瓦·佩鲁：《新发展观》，张宁、丰子义译，华夏出版社1987年版，第159页。

③ 《毛泽东选集》第2卷，人民出版社1991年版，第694—695页。

④ 《邓小平文选》第3卷，人民出版社1993年版，第219页。

⑤ 《邓小平文选》第2卷，人民出版社2002年版，第167—168页。

起。中国的发展离不开世界，世界的发展也需要中国。在当今世界，任何国家关起门来搞建设都是不能成功的。”① 世界各国的发展实践，尤其是经济全球化发展的趋势已经证明，开放是时代发展的趋势。

在改革开放的推进下，中国文化出现了多元交流、多样交汇、多重交锋的态势，这种态势并不是各种文化地位与作用的并列，而是有主辅之分、进退之别。

1. 中国主导文化的丰富与创新。中国主导文化，是反映中国社会主义性质、国家意志，并代表全国各族人民根本利益的文化，即中国特色社会主义文化。党恢复并发展了的解放思想、实事求是、与时俱进的思想路线，是这一文化的精髓；中国特色社会主义共同理想，是这一文化的主题；社会主义物质文明、政治文明、精神文明、社会文明、生态文明建设的理论与战略，是这一文化的主要内容；社会主义核心价值体系，是这一文化的灵魂。这一富有鲜明时代特征与民族特色、具有强大感召力与凝聚力的主导文化，以马克思列宁主义、毛泽东思想、中国特色社会主义理论体系为指导，以培养有理想、有道德、有文化、有纪律的公民为目标，以服务现代化建设和人民大众为宗旨，坚持民族性与开放性、继承性与创造性的高度统一。这一文化代表着中国先进文化的前进方向，是中国特色社会主义现代化建设的集中反映，是凝聚和激励全国各族人民的动力源泉，是中国综合国力的重要标志，为中国现代化建设提供智力支持、精神动力和思想保证。中国改革开放的全面推进，经济社会的快速发展，人们精神面貌的深刻变化，社会的巨大生机与活力，是中国主导文化引导、孕育、激发的结果。

2. 传统文化的开发与现代转化。中国传统文化，是中华文明演化而汇集成的反映民族特质和风貌的民族文化，是中华民族所创造并世世代代传承、发展的，具有鲜明民族特色、历史悠久、内涵博大精深、传统优良的文化。刚健有为，和与中，崇德利用，天人协调，是中国传统文化的基本精神之所在。② 随着中国对传统文化研究与开发的推进，各级学校重视传统文化教育，文化艺术部门创作了大量传统文化题材的作品，许多学者致力于优秀传统文化的传播与现代转化，民族传统精神在各个领域弘扬，广大群众获得了丰厚的传统文化资源，精神生活更有底蕴。

3. 西方文化的涌入与借鉴。西方文化主要指西欧、北美的现代文化，是科学技术、文学艺术、社会科学、人文学科的合集。西方文化从总体上看，有重视科学、法治、自由精神的特点，但也存在明显矛盾，诸如强调科技作用与忽视人文精神的矛盾，注重理性传统与一些后现代学派主张非理性的矛盾，追求世俗利益与信仰宗教的矛盾，等等。因此，西方文化对中国的影响既有积极一面，也有消极一面；既是多样的，也是多重的；对不同年龄、不同岗位、不同职业的人们，影响的向度与程度是不同的。中国各族人民，注重学习从国外引进的科学技术知识，借鉴发达国家的法治与管理经验，吸取教

---

① 胡锦涛：《在纪念改革开放30周年大会上的讲话》，人民日报2008年12月18日。

② 参阅张岱年《文化传统与民族精神》，《学术月刊》1986年第12期。

育与文化产业的一些合理方式，在学习、借鉴过程中，扩大了视野，活跃了思维，丰富了内在。

4. 大众文化的迅速兴起。大众文化主要是指兴起于当代都市的、与当代大工业密切相关的、以现代传媒为介质大批量生产的文化形态。这种文化形态，是大众大规模共同参与的时尚化运作的文化消费形态。中国大众文化伴随着改革开放进程而觉醒，植根于市场经济的沃土而成长，在短短的时间里，便迅速发展成为一种具有广泛影响力的文化，改变了文化的传统格局。由于大众文化是一种娱乐性、消遣性、营利性、消费性的文化，因而其影响具有多样性，在积极影响国民精神生活和社会发展的同时，也引发了多重社会效应与新的矛盾。

5. 宗教文化的扩展。在社会日益世俗化发展进程中，各宗教为了保存自己的势力，都在进行适应现代发展的自我调适，不再一味强调超自然的神圣及来世彼岸的学说，而是更多地关注和参与世俗社会的各项事业，力图对世俗社会的发展发挥相应的作用和影响力。中国传统的佛教、道教与伊斯兰教等宗教团体，凭借原有的基础，在中国政治民主发展与国家宗教政策支持下，不同程度地发展了教徒，并结合新的形势，以各个宗教的方式，除组织教徒参与现代化建设外，也组织教徒进行宗教修炼和宗教场所的文化建设，发挥其作用与影响力。随着对外开放的扩大，国内外的宗教交流活动也日渐增多。一些西方国家为了推行自己的价值观与文化传统，采取各种方式向中国进行宗教渗透，试图改变中国的文化性质。宗教文化的扩展，既与中国宗教文化传统与国外宗教影响有关，也与中国社会竞争激烈、利益差距明显的现实条件有关。有些群众，面对竞争压力、工作压力与风险压力，不是自觉地通过确立正确的理想信念获得内在动力，而是企图获得超现实力量的支持来应对压力和面对差距，自发地走向了宗教，有的甚至走向迷信。

6. 网络文化的快速发展。所谓网络文化，是指在网络领域具有网络社会特征的文化活动与文化产品，是以网络物质的创造发展为基础的网络精神创造，是人们在互联网络进行工作、学习、交往、娱乐等活动方式及其所反映的价值观念和社会心态的总称，包含心理活动、思维方式、知识构建、价值观念、审美情趣和行为方式等。网络文化虽然是现实社会文化、传统文化的延伸，其基础仍植根于现实社会，但网络文化具有网络空间的信息方式与虚拟特点，是一种新的文化形态。这种文化正在快速发展，其影响越来越大。为此，胡锦涛主持中共中央政治局第三十八次集体学习时，专门讨论网络文化建设和管理问题，他强调："我国网络文化的快速发展，为传播信息、学习知识、宣传党的理论和方针政策发挥了积极作用，同时也给我国社会主义文化建设提出了新的课题。能否积极利用和有效管理互联网，能否真正使互联网成为传播社会主义先进文化的新途径、公共文化服务的新平台、人们健康精神文化生活的新空间，关系到社会主义文化事业和文化产业的健康发展，关系到国家文化信息安全和国家长治久安，关系到中国特色社会主义事业的全局。”[①]

另外，中国社会还有知识分子及其精英们创造及传播的精英文化，也有一些人推出的平民文化、草根文化、山寨文化，还有社会基层群众创造的、存在于民间传统中的民间文化。

所有这些文化，既有隶属于不同性质文化体系的多元文化，也有表现不同文化心态与文化形式的多样文化，还有处在变化、形成与发展之中的多变文化，形成了中国文化领域多样、多变的新特点。正是这一特点，使中国文化领域面临诸多矛盾，正如有的领导所说的：“我们正处在一个思想大活跃、观念大碰撞、文化大交融的时代，先进文化与落后文化、健康文化与腐朽文化同时并存。”[②]“从文化形态上来看，既有中国传统文化，也有马克思主义指导的社会主义文化，还有西方文化，等等。从群众的思想观念上看，有自主意识、竞争意识、效率意识、开放意识、创新意识、民主法制意识等积极进步的思想观念，也有自由主义、个人主义、团体主义、山头主义、远离政治、告别崇高、为所欲为等消极有害的思想观念。”[③]

（三）多元文化条件下精神生活的不断丰富

文化，特别是精神文化，是国家的根脉、民族的的灵魂、民众的精神食粮。思想理论的创新，文化内容与方式的发展，各种文化的交汇与交流，不仅激发了社会的发展动力，而且充实和丰富了广大群众的精神家园。中国的改革开放之所以呈现无限生机与活力，全国各族人民精神焕发，除经济社会快速发展之外，很重要的原因就是思想文化的创新发展与多元文化的影响效应。

1. 中国特色社会主义文化推进时代精神与民族精神的发展。中国特色社会主义文化的内容极其丰富，其创新发展与中国经济社会快速、持久发展一样，呈现与时俱进的特点。其创新发展内容及其对精神生活的推进主要体现在以下几个方面。

第一，党的思想路线的发展，不断激发人们的时代精神，开辟精神生活新领域。在面对“文化大革命”所造成的严重后果，中国思想领域呈现混乱、危机的历史条件下，邓小平为了寻求发展出路，首先从思想领域的拨乱反正入手，深刻阐述了实事求是与解放思想的内在联系，重新确立并发展了党的思想路线，他说：“解放思想，就是使思想和实际相符合，使主观和客观相符合，就是实事求是。”[④] 他强调解放思想是实事求是的前提，实事求是则是解放思想的目的。全国在这一思想路线的指引下，开启了改革开放的新时期，结束了“左”的思想与僵化保守观念的禁锢，人们的思想一改过去沉闷、

---

① 胡锦涛：《以创新的精神加强网络文化建设和管理》，人民日报 2007 年 1 月 24 日。

② 刘云山：《更加自觉、主动地推动文化大发展大繁荣》，《人民日报》2007 年 10 月 29 日。

③ 中共中央宣传部理论局：《思想越是多样化　越是需要主心骨》，《当代贵州》2005 年第 17 期。

④ 《邓小平文选》第 2 卷，人民出版社 1994 年版，第 364 页。

单调、压抑的状态，思想领域不断活跃，焕发出勃勃生机，推进改革开放全面展开、经济社会快速发展。

江泽民面对中国深化改革开放过程中所面临的新的重大理论与实际问题，在坚持解放思想的同时，着重从人的发展、理论发展上寻求突破。他不仅阐述并发展了马克思主义关于人的全面发展理论，提出了人的思想与精神生活全面发展的命题，而且特别强调理论与实践要与时俱进，敢于创新，他指出："坚持党的思想路线，解放思想、实事求是、与时俱进，是我们党坚持先进性和增强创造力的决定性因素。"① 党的思想路线为了适应新的形势向前发展，在鼓舞广大人民进一步解放思想、突破改革开放难题、应对苏东剧变冲击、建立市场经济体制等一系列重大理论与实际问题上，发挥了巨大的引导与推动作用，不仅使中国社会经历了前所未有的深刻变革，而且使各族人民的精神得到了前所未有的充实与丰富。

根据中国面向新世纪的历史任务，胡锦涛在中央纪委第三次全体会议上的讲话中号召在全党大力弘扬求真务实精神、大兴求真务实之风。他指出："求真务实，是辩证唯物主义和历史唯物主义一以贯之的科学精神，是我们党的思想路线的核心内容，也是党的优良传统和共产党人应该具备的政治品格。"② 这是对党的思想路线的新发展和新贡献。2007 年 10 月，胡锦涛在党的"十七大"报告中进一步提出，我们要"坚持解放思想、实事求是、与时俱进，勇于变革、勇于创新，永不僵化、永不停滞，不为任何风险所惧，不被任何干扰所惑，使中国特色社会主义道路越走越宽广，让当代中国马克思主义放射出更加灿烂的真理光芒。"③ 这些论述，进一步强调了贯彻实事求是思想路线的重要性，深化了对实事求是思想路线的认识。思想路线事关党的兴衰成败，也事关国家的建设大计。纵观党的历史进程，但凡遵循这条思想路线时，党的事业就会兴旺发达、不断前进，人们的积极性高涨；但凡违反这条思想路线时，党的事业就会遇到挫折、徘徊不前，人们思想压抑、情绪低落。这条思想路线体现了马克思主义的思想品格和实践品格，是党应对前进道路上各种新情况新问题、不断开创事业新局面的一大法宝，因而也是社会主义和谐社会意识形态建设的灵魂。

第二，社会主义精神文明理论的创立与活动的开展，不断焕发人们的精神风貌，创造精神财富。中国进入新时期后，重新确立了党的思想路线，实行了改革开放政策，果断实现了工作重点转移，广泛开展思想战线的拨乱反正，并在 20 世纪 80 年代末 90 年代初经历了"八九"政治风波与苏东剧变的严重考验。这样重大历史转折的实现，这样前所未有深刻变革的推进，是充分发挥人民群众主体精神与创造精神，有力弘扬民族

① 《江泽民文选》第 3 卷，人民出版社 2006 年版，第 537 页。

② 胡锦涛：《大力弘扬求真务实精神大兴求真务实之风　继续深入开展党风廉政建设和反腐败斗争》，《人民日报》2004 年 1 月 13 日。

③ 《中国共产党第十七次全国代表大会文件汇编》，人民出版社 2007 年版，第 12 页。

自立精神与改革开放精神，焕发人们精神风貌与激发精神潜能的结果。正如党的十四届六中全会指出的，这种历史性成就“归根到底，是同邓小平建设有中国特色社会主义理论和党在社会主义初级阶段的基本路线的形成和发展分不开的。没有党的指导思想这种历史性飞跃，没有全民族精神状态这种深刻变化，……就干不出新的事业。估量精神文明建设的形势，必须充分认识这个主流。”

在改革开放进程中，随着中国经济社会的快速发展，党及时确立了在社会主义初级阶段的基本路线，明确了中国特色社会主义现代化建设的目标，提出了物质文明建设与精神文明建设“两手抓，两手都要硬”的方针，党的十二届四中全会颁发了《关于建设社会主义精神文明的决定》，确立了精神文明建设的总体布局，制定了精神文明建设的一系列方针政策，一个以坚持正确价值导向、弘扬时代主旋律、形成振兴中华的共同理想、发扬爱国主义精神和创业精神的精神文明创建活动，在全国各条战线广泛展开。精神文明创建活动不仅丰富了广大人民的精神生活，赋予社会巨大活力，而且创造了富有时代特征的精神文化成果。

首先，在改革开放过程中，中国哲学社会科学、文化基本建设、文化产业大发展，为广大群众提供了精神生活的广阔舞台与丰富资源。随着中国经济实力的增强与科技的快速发展，特别是改革的深化与开放的扩大，以及社会结构与利益格局的调整，社会更加复杂、多样与多变，一系列社会新情况、新问题需要研究，人们的许多思想问题、心理困惑需要解答，哲学社会科学在时代与现实迫切需要的形势下得到了很大的发展。自从 1977 年起，中国社会科学院和各省市自治区社会科学院相继成立，高等院校恢复招生并且迅速发展，党校与行政学院纷纷建立，党政机关设立咨询与研究机构，形成了中国哲学社会科学研究和教学系统。到 2009 年，中国从事哲学社会科学工作的人员近 40 万人，其中，有高级职称的人员 10 多万人、专职研究人员 3 万多人。国家不断加大对哲学社会科学研究和教学体系的投入，建设了一批有较高理论水准和创新能力的基础学科、应用学科，以及立足学术前沿的新兴学科和交叉学科，共有 20 个一级学科、400 多个二级学科，形成了门类齐全、布局合理的学科体系。改革开放以来，一大批重要科研成果不断涌现，这些成果异彩纷呈，显现出中国哲学社会科学繁荣发展的景象。①2004 年中共中央启动了“马克思主义理论研究和建设工程”，颁发了《关于进一步繁荣发展哲学社会科学的意见》的文件，强调要站在时代的高度，深刻总结哲学社会科学工作的历史经验，深刻认识繁荣发展哲学社会科学的重要意义，确立发展哲学社会科学的指导方针、发展目标、战略任务和政策措施，使马克思主义理论研究和建设工程成为重大的理论创新工程。2005 年 12 月中共中央国务院又下发了《关于深化文化体制改革的若干意见》，强调了发展文化与文化产业的重要性，明确提出了“形成以民族文化为

① 参阅陈奎元《继承优秀传统　创造新的辉煌——新中国哲学社会科学 60 年的成就与启示》，中央政府门户网站 www. gov. cn，2009 年 07 月 17 日。

主体、吸收外来有益文化的文化市场格局”的要求，为文化创新指明了方向。中国发展哲学社会科学的这些重大决策、部署、进展，都是为了满足社会和广大群众思想文化的需要，为人们的精神生活提供富有时代特征的资源。

在文化基础设施建设、文化产业方面，同样也是发展速度非常之快，初步形成了可以覆盖全国的公共文化服务体系。截至2007年底，全国共有公共图书馆2799个，是1978年的2.3倍；博物馆1722个，是1978年的4.9倍；一共有广播电台263座，电视台287座；有线电视用户15325万户，数字电视用户2686万户；广播综合人口覆盖率为95.4%，电视综合人口覆盖率为96.6%；2007年生产故事影片402部，而1978年仅生产故事片4部；出版各类报纸438亿份、各类期刊30亿册、图书63亿册，分别是1978年的3.4倍、4.0倍和1.7倍；共有档案馆3987个，已开放各类档案5876万卷（件），分别是1991年的1.1和2.8倍。① 这些新建的、多样的文化基础设施，为广大群众源源不断地输送文化产品、提供精神生活食粮，成为丰富精神生活的重要源泉。

为了总结、推广精神文明创建成果，发挥成果对社会的强化效应，中国开展“五个一工程”评选与奖励活动。从1992年开始，在全国每年进行一次“五个一工程”评选与奖励活动，推进精神文明建设。“五个一工程”即组织生产、推荐申报的精神产品中五个方面的精品佳作：一部好的戏剧作品、一部好的电视剧（或电影）作品、一部好的图书（限社会科学方面）、一部好的理论文章（限社会科学方面）、一首好歌，1995年起将一首好歌和一部好的广播剧列入评选范围。对获奖单位与入选作品，颁发获奖证书与奖金。共有电影122部、电视剧291部、戏剧243部、歌曲193首、广播剧159部获得“五个一工程”奖。这些精神文化的精品力作，潜移默化地影响着人们的思想观念、价值判断、道德情操，对丰富社会文化活动和广大人民的精神生活具有激励、导向、示范、精品、育才的独特作用；把以科学的理论武装人、以正确的舆论引导人、以高尚的精神塑造人、以优秀的作品鼓舞人的多样化方式落到了实处；对弘扬主旋律，鼓励积极向上的共同精神追求，孕育富有鲜明时代精神和浓郁生活气息并为广大人民群众喜闻乐见的文化精品，发挥了有力的推动作用；在构筑社会主义先进文化精神大厦、提高人们精神境界方面，意义深远。

其次，为了继承和发扬爱国主义传统，振奋民族精神，凝聚全民族力量，中国颁发了《爱国主义教育实施纲要》。该《纲要》旨在高举爱国主义大旗，形成各族人民共同的精神支柱，动员和鼓舞中国人民为中华民族的振兴而奋斗。该《纲要》根据新的历史条件与时代要求，提出了爱国主义教育的基本原则，明确了爱国主义教育的目的是：“要振奋民族精神，增强民族凝聚力，树立民族自尊心和自豪感，巩固和发展最广泛的爱国统一战线，把人民群众的爱国热情引导和凝聚到建设有中国特色的社会主义伟大事

---

① 国家统计局综合司：《大改革大开放大发展——改革开放30年中国经济社会发展成就系列报告之一》，中央政府门户网站（统计局网站），2008年10月27日。

业上来，做有理想、有道德、有文化、有纪律的社会主义公民，为实现四化、振兴中华的共同理想团结奋斗。”这一目的，突出了时代特征，继承了文化传统，体现了理想信念，为中国各族人民提供了新形势下精神生活的指南。

《爱国主义教育实施纲要》颁发后，中国各个领域注重从历史到现实、从物质文明到精神文明、从自然风光到物产资源等各个方面，开发蕴藏在社会生活中的爱国主义教育瑰宝，灵活运用国情资料，挖掘爱国主义教育资源，开展中华民族优秀传统文化教育，建设丰富多样的爱国主义教育基地和场馆，特别是结合改革开放和现代化建设的巨大成就与成功经验，进行增强民族自尊心、自豪感教育，使中国社会在面临多元文化影响与各种社会思潮冲击不断的情况下，形成了爱国主义的主旋律和浓郁的爱国主义氛围，人们随时随处都可以受到爱国主义精神的感染、熏陶。

最后，为了推进新形势下的道德生活，建立社会主义道德体系，中国制定了《公民道德实施纲要》。该《纲要》要求大力倡导“爱国守法、明礼诚信、团结友善、勤俭自强、敬业奉献”的基本道德规范，加强社会公德、职业道德、家庭美德、个人品德教育，引导人们在遵守基本行为准则的基础上，突出思想内涵，强化道德要求，使广大群众的道德在生活中体现、在实践中提高。为了突出道德生活的重要性，党的“十七大”报告在重视社会公德、职业道德、家庭美德建设的同时，强调了个人品德建设。因为重视个人品德建设，是提升社会道德水平的基础。个人品德既关系个人道德生活的质量与境界，也是个体内化社会道德原则、选择道德实践的结果，是个体在社会生活中个性化了的道德特质。这就是“内德于己，外德于人”的道德生活。特别是在复杂、多样、多变的当代社会，人们面临大量法律与制度难以规范的情况下，坚持个人品德建设与法纪规范并重，增强道德生活自觉性是十分重要的。

为了把道德生活在社会层面广泛推开并不断提高水平，中国于2007年开展了首届全国道德模范评选活动，社会反响热烈，广大群众十分踊跃地推荐自己身边的道德模范候选人上万人，评选群众投选票3000多万张，充分说明人民群众中蕴藏着道德生活的深厚激情与强烈愿望，充分证明时代发展需要道德楷模，需要精神生活示范。每年规模大、规格高、选拔广的道德模范评选，在9月20日“公民道德日”这一天隆重揭晓，在全社会扬起“道德”的旗帜、唤起“道德”自觉、感受“道德”力量，活动过程就是丰富道德生活、提高道德境界的过程。因为每一个道德模范的背后都有一个不同寻常的故事，他们的事迹，有的催人泪下，有的轰轰烈烈，有的在平凡中孕育着高尚，有的在积累中创造了伟大，都体现着浓郁的现代特征，书写着时代的感动精神。善行无疆，舍己为人，一诺千金，恪尽职守，大爱无声……这是人们对道德模范的由衷的赞誉、崇高的褒奖。道德模范袁隆平，被人们戏称为不在稻田里就在去稻田的路上。有一天他做了一个梦，梦见试验田的水稻长得像高梁一样高，稻穗长得像扫帚那么长，稻粒像花生一样大。他讲完了这个梦，又讲了一个现实的梦，就是在2010年之前，水稻亩产900公斤。这说明，袁隆平的科学实验与他的高尚的精神生活融为一体，他为执著地追求事业目标而快乐，为付出艰辛而幸福。

2. 社会主义核心价值体系增强民族凝聚力，提高精神生活质量。社会主义核心价值体系是社会主义制度的内在精神和生命之魂，是社会主义制度在价值层面的本质规定，她向世界展现了我们党精神上的旗帜，是增强民族凝聚力、提高国家竞争力、巩固中国社会共同思想基础、丰富广大群众精神生活的武器。应该承认，人们的思想观念是有差异的，精神生活也是丰富多彩的，应当尊重差异、包容多样，这是社会主义核心价值体系发挥主导作用的基础。同时也要看到，社会思想观念越是多样化，精神生活越是追新求异，就越需要按照中国社会的发展方向与基本准则，引导思想与精神生活发展。如果忽视社会主义核心价值体系主导，偏离了社会主义方向而放纵精神生活，就会从根本上动摇全党全国人民团结统一的思想基础，导致思想混乱乃至社会动荡。只有坚持社会主义核心价值体系，才能有效引领、整合价值取向与社会思潮，才能在尊重差异中扩大思想认同，在包容多样中形成思想共识，在形成社会合力进程中增强民族凝聚力。

为了切实发挥社会主义核心价值体系在社会生活与精神生活中的主导作用，一方面，中国各条战线紧密结合实际，广泛开展了社会主义核心价值体系教育，将其丰富内涵融入社会生活，让人们在实践中感知、领悟，并转化为社会群体的意识，自觉遵循和奉行。另一方面，社会主义核心价值体系本来就是广大人民群众实践的提炼和结晶、广大人民群众的实践活动与成果，蕴涵着社会主义核心价值体系内容，总结、升华实践的内容与成果，也是进行社会主义核心价值体系教育和发展精神生活的重要方式。因此，不论是社会主义核心价值体系教育活动，还是以社会主义核心价值体系为指导的实践活动、志愿服务活动和群众性精神文明创建活动，都是贯彻社会主义核心价值理念，既推进实践创造，又提升精神境界的活动。

3. 丰富多彩的文化要素为精神生活提供精神食粮。在多元文化格局下，人们的精神生活之所以丰富，从理论上讲，就是毛泽东曾经教给我们的理论与方法，即立足于现代中国，一手伸向古代，一手伸向外国，这叫“古今中外法”。这种“古今中外法”分开来说就是“古为今用、洋为中用”。运用这种方法，我们可以从多样化文化中同中求异、异中求同，古为今用、洋为中用，以我为主、为我所用。对古代内容的采用，关键是要结合现实推陈出新；对国外内容的采用，关键要结合国情，使之“中国化”。只搬古董，不为今用，是古教条；照搬洋人，不为我用，是洋教条。古教条、洋教条都不利于中国特色社会主义意识形态的创新和发展。① 梁漱溟先生说：“文化也者，谓人心之有仑脊也；所谓仑脊自其条析言之，则为析解所异；自其条贯言之，则为贯通所同；存乎物象，而寤于人心焉。”② 所谓“自其条析言之”，就是要在与西方文化的比较中，析其所异；所谓“自其条贯言之”，则是求其所同。梁漱溟先生还对文化就是生活、追求

---

① 郑永廷等：《社会主义意识形态发展研究》，人民出版社2002年版，第269页。

② 《梁漱溟全集》第4卷，山东人民出版社1991年版，第157页。

的内涵进行了阐述，他说："你且看文化是什么东西呢？不过是那一民族生活的样法罢了。生活又是什么呢？生活就是没尽的意欲（will）——此所谓'意欲'与叔本华所谓意欲略相近——和那不断的满足与不满足罢了。"① 后来，在《中国文化要义》中他说得更为明白，即人生的价值观念及态度是文化的根本，"文化就是吾人生活所依靠之一切"②。毛泽东、梁漱溟先生在这里所说的文化，主要是民族文化或精神文化。

尽管古今中外各个民族与国家主导文化的性质、形态不同，但这些文化都是人类社会的创造，而且相互之间存在着交流、交汇、交锋的态势。正是这种态势，不仅促进了文化的比较与发展，而且丰富了人们的思想观念。特别是在经济全球化、社会信息化的条件下，极大地促进了文化的交汇，"不同文化的差异构成交流的机制，文化的发展与创新内在于这一机制之中。没有差异，没有文化的多元发展，文明只能走向僵化与死亡，绝不可能出现丰富多彩的人类文化。"③ 文化在交流、交汇、交锋中发展、创新，是通过人来实现的；而发展与创新的方式，无非是人们在继承、借鉴、比较、批判的基础上实现文化超越。在这一过程中，人们不仅获得文化知识的发展成果，而且可以扩大视野、活跃思维、充实内在、提高境界，即丰富精神生活。只要坚持正确的价值观，善于比较、鉴别，就能从不同文化中吸取养料，丰富自己。例如，中国从古至今，强调伦理精神，注重道德修养；传承爱国精神，勇于担当责任；鼓励进取精神，追求建功立业；提倡奋斗精神，崇尚自强不息等基本精神，深刻蕴涵在古代优秀传统文化之中，学习优秀传统文化就能领略这些精神，并结合当代社会特点实现现代化转化。又如，在开放环境条件下涌入中国的西方文化，虽然流派众多、形态各异，但就其积极面而言，蕴涵在西方文化中的科学精神、法治精神、竞争精神与效率意识，对中国群众开阔视野、丰富精神生活是有推动作用的。再如大众文化，作为人民大众自己创造并参与其中的文化，虽然"是一种都市化、商业性、娱乐性的民间文化……其生产制作者以经济利益为首要目的，其消费或享受主体是现代都市大众"④，但它以其突出的形象性、娱乐性、实效性、流行性，弥补了主流文化、精英文化的抽象与单一，以生动的视听形式和先进的传播手段赢得了普通大众的欢迎，满足了人民群众多样而丰富的精神生活需要，同样能够激发人们建设社会主义的积极性，有助于提高人们对主流意识形态的认同。同时，大众文化因其受众的广泛性，能够更好地寓教于乐，把主流文化的内容与形象化、多样性的大众文化相融合，从而更好地发挥育人、化人功能，实现主流文化认同。

---

① 《梁漱溟全集》第1卷，山东人民出版社1989年版，第352页。

② 《梁漱溟全集》第3卷，山东人民出版社1990年版，第9页。

③ 于民雄：《经济全球化与文化多元化》，《理论与当代》2006年第8期。

④ 黄楠森等主编：《有中国特色社会主义文化研究》，山东人民出版社1999年版，第502页。

第五章　当代社会个体活动过程中精神生活水平的提高

在当代社会条件下，个体除自己所从事的本职工作之外，还开展和参与比较多的活动，主要有交往活动、学习活动和休闲活动。这些活动在改革开放、市场经济、信息社会和多元文化背景下，富有丰富多彩的精神生活内容与时代特征。研究这些活动过程中精神生活的发展和新问题，对提高人们的精神生活质量，具有重要作用。

一、交往与流动过程中的精神生活

由于市场经济发展的需要以及人们对自由而全面发展的向往，交往与流动在人们的生活中日益凸显，并呈现出开放性、包容性、不确定性、功利性和多重性等特点。行为的流动必然带来思想的流动，而思想流动必然影响到人们的精神面貌和精神生活质量。

（一）交往与流动的内涵及其在中国的发展

在当代社会，交往、流动不再局限于物理空间中的交往、流动，而是拓展到虚拟空间之中；不再局限于封闭范围的交往、流动，而是突破了传统时空界限，赋予交往、流动更为丰富的内涵与外延。

1. 交往与流动的内涵。什么是交往？从词源来讲，它源于拉丁语中的“communis”一词，这是一个意蕴丰富的词，它不仅具有交往之意，还包括信息、传播、通讯、交流、交换、交通、交易等多重含义。基于此，人们在对交往进行阐释时，依据各自学科的需求，做出了不同的解释和说明。在信息科学和传播学上，交往是指一个特定信息从一个系统（信源）通过操作可选择的符号（信道）传递到另一系统（信宿）的传播过程；在心理学上，交往亦可称为沟通，即人们通过直接沟通或心理接触而实现的交换意见、表达情感、传达思想等交流；在社会学上，交往不仅包括社会成员之间交换物质、信息的行为方式和过程，还表示为在这些行为方式和过程中所结成的特定的社会联系。作为哲学范畴，交往具有普遍性的意义，它包含着上述各门学科所蕴涵的各种意思，同时亦强调交往是人的实践活动的一个方面，也是人的社会存在的基本方式。鉴于此，我们认为，交往是指人与人或人与群体之间为实现实物、信息与意义的传递与共享而开展的各种相互沟通、相互影响的活动以及形成的社会关系。

何谓流动？流动原意是指液体或气体的移动，后引申为变换位置或（位置）不固定之意，被广泛应用于社会生活之中。然而由于流动的主导力量不同，流动亦可解释为自然流动与非自然流动。本文中谈到的流动是以人或人为因素为主体的非自然流动，即个人或群体在不同地域或不同社会关系与社会结构中的位置变动。其具体体现，一是流动是个人或群体自身或其作用下其他事物的一种活动，也就是说，流动的物体并不是像溪水、大气那样的自然存在物流动，而是人在自身或其作用下的事物，如人口、资金、信息等的流动；二是流动发生在不同的地域或不同的社会关系与社会结构中，这说明流动的范围是广泛的，它不仅发生于自然地理空间，也可以实现于社会空间；三是流动在本质上是一种位置的变动，然而位置是有现实与虚拟之分的，因而流动不是物理世界特有的活动，它也可以活跃于虚拟空间之中。

2. 中国新时期人口流动的发展。在中国新时期，人口流动成为社会的突出现象。随着改革的深化、开放的扩大、信息网络的形成和社会主义市场经济体制的建立，社会经济结构、城乡结构调整和社会组织、管理体制改革的不断推进，带来了人口的广泛流动和社会的巨大变迁。

第一，经济结构和城乡结构的调整推动人口流动。人口的广泛流动和大量的迁徙，既是对内对外开放的结果，也是经济社会发展的必然。中国进行的包括产业结构、区域经济结构、所有制结构等方面的改革，成为社会流动的深层次原因。由产业结构调整引起的全社会范围内的流动，既表现为从重工业到第三产业、电子信息产业等的行业流动，也表现为国有企业的职工向合资企业、私营企业的流动。城市产业结构调整，促进了人口的结构性流动，个人在职业与行业方面的横向流动或水平流动日益频繁。20 世纪 80 年代以来，为了促进区域产业结构良性健康发展，内地人员向东南沿海等经济发展快的地区流动，加速了南方移民社区、新型城镇的发展。20 世纪 90 年代以后，各地区纷纷调整发展战略，开始向产业结构的高级化、高增值化的方向过渡，为西部地区的经济发展提供了新的机会与空间。随着西部大开发的推进，人员也向西部流动，寻求发展和工作机会。

第二，所有制结构的调整促进人员流动。在所有制结构上，中国自 20 世纪 80 年代以后，根据生产力发展的要求，确立了以公有制为主体、多种经济成分共同发展的格局，发展了符合现代市场经济要求的微观经济构架，带来了人员从农村到城市、从国有企业到私营企业的流动。人口流动的基本趋势是，东部城市为中国流动人口的聚集地，造成人口东部聚集、中部密集、西部稀疏，形成流动人口的东部、中部和西部等“三带”和京津、东北、皖赣、新疆和云南等“五区”。[①] 1980—1990 年 10 年之间，中国

① 朱传耿：《中国流动人口的影响要素与空间分布》，《地理学报》2000 年第 9 期。

农村外出打工农民成为日益壮大的“农民工”，即便是在城市和其他地区，人们普遍接受外出就业、创业，异地就业和创业已成为现代人一种重要的经济和社会活动。

第三，城镇化道路的推进带动人口流动。城乡之间和地区之间的互动增强，加剧了人口流动。20 世纪 80 年代，中国农村人口的流动，主要采取就地职业转换的方式；进入 90 年代，人口流动主要表现为异地转移。伴随着市场化和整个社会现代化程度的不断提高，中国的城市化水平也显著提高。到 1998 年，中国各类城市已发展到 668 个，京、沪、穗三城市较具稳定性的外来人口每年都在 300 万左右。① 据《广州日报》1999 年 5 月 23 日报道：改革开放后，已有 1.35 亿的劳动力从农村与土地分离出来，进入乡镇企业和其他非农业领域；目前又约有 8000 万人进入城镇，大城市已成为流动人口的“中转站”和“暂住地”。在广州，全市常住人口 700 万，流动人口有 600 万。② 同样来自深圳市统计局的数据，1982 年的第三次人口普查，深圳总人口为 35.19 万人；1990 年的第四次人口普查，全市常住人口有 166.74 万人，比第三次人口普查增长 3.74 倍；2000 年 11 月进行的第五次人口普查，深圳人口已经超过 700 万，非户籍人口占人口总数的 82.67%。这些数据说明，中国的城镇化道路加剧了人口流动。

第四，社会组织与管理体制的改革引导“单位人”向“社会人”转变，导致人口流动。中国在计划经济体制下，居民工作和生活基本上以所属的工作单位为依托，“单位人”的社会身份维系了个人的稳固，个人的流动和换岗很少。20 世纪 80 年代以来，中国全能型单位体制逐渐解体，单位逐渐实行功能专业化；90 年代后，广泛推进“单位人”向“社会人”转变，编制外人员、个体工商户、私营企业主、进城农民工、暂住人口等大量增加。在大规模的人口流动中，不同群体或不同地域逐渐呈现出人口聚合的趋势，并在频繁的社会互动中产生了共同的情感、意念等文化心理和群体意识、社区理想、伦理精神等文化品质；反过来，在频繁社区互动中日益形成的精神文化因子又加速了“单位人”向“社会人”或“社区人”的转变。

此外，中国实行改革开放以后，同国外的交流、合作日益广泛，许多国外人员走进国门，越来越多的国人走向世界，进行经贸、科技、教育、文化等方面的交流、合作，开辟了更为广阔的流动空间。在网络领域，人们按照自己的需要与志趣，与网友自由交往、多向互动，形成了与物理空间既相联系又有区别的虚拟交往领域。

从上述概念的界定和社会人口流动的现实不难发现，交往与流动是密切相关的，交往是人的存在方式与生活方式，也是社会生成与发展的不竭动力与源泉；流动则是现代社会多样、快速发展的必然结果。也就是说，交往促使流动生成并推进其加快，流动则扩大了交往的渠道与方式，二者的相互作用推动了现代社会的发展。

---

① 参阅徐永祥《社区发展论》，华东理工大学出版社 2000 年版，第 33 页。

② 李筱文、盘小梅：《少数民族文化与都市文明之双向调适》，《广西民族研究》2000 年第 1 期。

（二）现代交往流动的类型与特征

1. 现代交往流动的类型。社会生活的丰富多彩，表明现代交往与流动的多种多样。根据马克思主义经典作家的观点，交往可以划分为物质交往与精神交往两大基本类型，它们与生产实践中的物质生产与精神生产密切相关。物质交往是指人们在社会物质生活中实现的物质、能量、活动等的交换，它是精神交往的前提与基础；精神交往是指人们相互之间实现的思想、文化、观念、情感等方面的沟通与交流。除此之外，还可以根据其他一些标准将交往划分为不同的类型。例如，按照交往的领域划分，有经济交往、政治交往与文化交往；按照交往的中介划分，有直接交往与间接交往；按照交往的性质划分，有积极交往与消极交往；按照交往的主体划分，有个体间交往、群体间交往、个体与群体交往；按照交往的空间划分，有现实空间交往与虚拟空间交往。现实空间交往是指人们在现实生活中发生的实物、信息、意义等的交换活动及其形成的社会关系，如商品买卖、人员直接交往等；虚拟空间交往又称网络交往，是指运用计算机与互联网等信息技术营造的赛博空间中发生的信息、情感、意义等方面的交往，随着信息技术的迅速发展与广泛应用，虚拟空间交往已成为人们交往的重要组成部分。

由于依据的划分参照不同，流动的分类也有多种。按流动的向度划分，有横向流动与纵向流动。横向流动是指流动主体在水平方向（包括不同地域、不同职业、不同角色等）上的位置变动；纵向流动是指流动主体在垂直方向上的移动，包含向上流动与向下流动。按流动结构划分，有结构性流动与非结构性流动，前者指由于社会结构发生变革而引起的流动，后者是指在社会结构基本稳定的情况下所发生的流动。按流动的主体划分，一是个人或群体自身的流动，即人口流动与社会流动。所谓人口流动，是指流动主体在地理空间上发生的位置变动，如移民、外出工作、求学、旅游、探亲访友等；社会流动则是指流动主体在社会生活中从一个社会集团转入另一个社会集团从而导致其自身社会位置的变换，如身份、角色、职业、地位等的变动。二是个人或群体作用下的其他事物的流动，如资金流动、信息流动、贸易流动等。

2. 现代交往与流动的特征。在现代社会，交往与流动密切相连，在交往中往往伴有流动行为，流动过程中亦有交往发生，二者能够如此相伴相随，呈现出现代交往与流动的共同特点。

第一，开放性。任何活动都是在一定的空间范围内发生的，其空间限制与否直接决定该活动是否具有开放性。在计划经济时期，由于严格的户籍制度与政策规定，加上封闭的社会环境，人们的活动空间往往局限于一定地域内的狭小圈子，交往与流动具有封闭性等特征。随着对内对外开放的扩大和市场经济体制的建立，限制人们活动空间的制约解除，人们的交往与流动从封闭的地域走向了开放的世界，甚至在网络领域突破了时空界限，使交往与流动具有开放性。

第二，包容性。现代交往流动的主体构成复杂多样，交往对象可能来自不同国家、不同民族，有着不同的文化背景，因而，交往必定在多元文化、多样价值观念与多种利益诉求的环境中进行。这就要求交往主体要有求同存异的心态，不能强制对方接受和认同自己的价值取向和行为方式，而只能在遵守交往基本准则和惯例的前提下，包容对方的价值观念和行为方式，从而使正常的交往得以进行。否则，交往、交流难以正常进行，甚至可能激化矛盾、相互冲突，使交往双方各自走向封闭。

第三，不确定性。市场经济是一种开放性、竞争性经济，开放意味着蕴藏生机与活力，并随时生成不确定因素；竞争意味着资源投入、分配、产出的不平衡性，即竞争过程中时间、地域、物质资源和文化资源、决策、风险等因素的变化，都会导致竞争过程与结构的差异。随着市场经济的发展，现代社会正逐渐从“稳定型社会”向“流动型社会”转变，人们的活动空间也正在从“熟人世界”向“陌生人世界”扩展，也就是说，现代社会不可能像小农经济、计划经济时代那样，社会格局稳定，变化缓慢，而是处于不断的变化之中。而交往与流动就是导致其变化的重要原因，因为，交往与流动本身就是动态的过程，在这个过程中，由于人们主观与客观因素的复杂交错，必然导致大量不确定因素。

第四，复杂性。现代的广泛交往与流动的复杂性，既与前面所说的不确定性因素大量增加有关，也与人们的价值取向多样、道德行为差异、人际环境变化等有关。现代交往与流动虽然是开放、竞争、信息化的结果，但更深层的动因是利益的驱动。多数人总是朝着有利于自身发展和获取利益的方位流动，如农民工为了改变贫困落后而进城务工、企业为获得更好的效益而招聘人才、有竞争力的个体与群体总是要到能发挥作用而利益丰厚的地域发展等。一般说来，人们在固定地域与熟人的交往中所表现的人格形象、所践行的价值观和道德准则是相对稳定的，但在与陌生人或不断流动的人群交往时，一些人则可能因人、因地、因事的不同而选择不同的价值取向与道德方式。在现实社会中，尤其在虚拟世界里，有些人将现代交往与流动的多重性展现得更为明显。不讲诚信、不负责任的相互交往、利益交换发生后，可以立即离开交往与交换现场而逃避应承担责任与道德谴责。在虚拟领域中，因隐藏了现实生活中的“自我”，呈现数字化、符号化身份与形象，通过信息流动与虚拟平台，自由地与其他成员进行交流与沟通，有些人采取更不负责的态度，或欺骗，或造谣，或散布虚假信息，等等，使网络领域更加复杂多变。

（三）交往流动中精神生活的丰富

马克思关于“社会生活在本质上是实践的”著名论断，明确告诉我们，只有实践才是社会存在与发展的基础与根本动力。基于实践表现在生产活动与交往活动中，马克思主义经典作家将“生产”与“交往”作为考察社会生活的重要指标，并得出结论：“人们是自己观念、思想等等的生产者，但这里所说的人们是现实的从事活动的人们，他们受自己的生产力和与之相适应的交往的一定发展（直到交往的最遥远的形态）所制约。”① 在现代社会，交往流动得到空前发展，相应的，在交往流动中的精神生活也得到丰富与发展，其具体表现是：

1. 丰富内心世界。现代交往流动在强化开放理念、培养和谐思想、增强规范意识、激发竞争情志等方面发挥决定作用，从而丰富了人们的思想观念与时代精神。

第一，增强开放理念。改革开放政策使中国由封闭走向了开放，同时也为人们封闭的思想观念打开了尘封已久的枷锁。日益频繁的交往流动冲击着人们长久以来在自给自足状态下所形成的僵化、守旧、封闭的思想，通过推广科学、理论宣传、艺术表演、思想教育等形式开展的思想传播，通过相互竞争、大众传媒、广泛交往，逐步强化人们的开放理念。这种开放理念是以面向现代化、面向世界、面向未来为特征，以推进社会科学发展和人的全面发展为主题的，既向国际开放，又向国内开放；既向古代开放，又向未来开放；既向自然开放，又向社会开放。所有这些开放，都为人的心灵开放创造了条件。

所谓向自然开放，是指人与自然平等对话、和谐相处、共同发展，其实质是发展求真精神。在交往流动中，自然虽然不是主体，但它常常是交往流动所指向的对象，即客体，在科技运用、创新以及在发展经济的交往中，表现得尤为突出。因此，我们在交往流动中必须遵循自然规律，善于珍惜自然、保护自然，以科学精神对待自然，反对污染环境、破坏自然生态、凌驾于自然之上的人类中心主义思想。

所谓向社会开放，是指人与他人公平竞争、互助合作、和谐发展，其实质是发展求善精神。人们在交往流动中具有各自的价值取向和利益诉求，形成明显的竞争关系，乃至产生利益矛盾甚至纠纷。如果各不相让、执意争夺，其结果可能两败俱伤，严重影响交往流动的顺利进行。因此，在交往流动中，中国各族人民以宽厚、礼让、包容的胸怀，以开放、合作的心态对待他人，在遵循社会基本道德规范和法纪过程中，不断提高讲德求善的境界，保证了中国的稳定发展与良好风尚。

所谓向心灵的开放，是指以精神文化净化心灵，促进身心平衡，提高人生境界，其实质是求美。在交往流动中，作为主体的人不可能总是一帆风顺，难免会碰到顺境与逆境、成功与失败、喜悦和忧愁，有时甚至遭受重大的挫折。因此，必须理智地审视自我，以开放、审美的心态正确看待交往流动中出现的各种情况和结果，从人的本质力量对象化的角度，坚持向前看，不懈追求美好目标，以获得审美的愉悦，达到尚美的境界。

第二，培养和谐思想。在和平与发展的时代主题下，在当今多样化的社会中，交往流动在不同社会集团、不同民族和国家、不同历史文化之间进行，充分体现了其开放性和包容性等特点，正是这种富有时代特征的交往流动，培养了人们的和谐思想。这种和谐思想，实际上是人们在处理各种复杂关系过程中，逐步形成的求同存异、宽容体谅、

① 《马克思恩格斯选集》第1卷，人民出版社1995年版，第72页。

和谐相处、和衷共济、互惠双赢的心态与道德承诺。

在人与自然的关系中，人们必须尊重自然，承认自然的“赋予性”地位，从而通过保障自然的持续发展实现人与自然的和谐。中国的传统伦理中并没有对自然的道德要求，但蕴涵了对生命的尊重，即尊重动物生命、保障动物生命持续发展，平等对待人的生命与动物生命的伦理，可以称之为生命伦理。随着交往流动的发展，其范围逐渐扩大到社会生产、生活的各个领域。而社会生产、生活依赖于自然，这里的自然不仅包括动物，而且包括植物、微生物乃至作为自然资源的无机物。人类对自然的尊重和保护，不再局限于动物界，而且发展到对自然“赋予性”地位的普遍认同、对整个自然界的尊重和保护，于是生态概念应运而生。原来局限于人与动物关系的生命伦理，拓展为人与整个自然关系的生态伦理。生态伦理的提出，是人们对交往流动所指向的客体的新认识，是尊重和保护自然生态持续发展的道德承诺。它有利于遏制人们在交往流动中对自然的破坏性欲念，培养人与自然和谐发展的思想。

在人与社会的关系中，人们往往受传统社会关系的制约，陷入狭隘的“熟人关系”。中国过去的小农经济社会，受生产力水平的限制，人们只能在家族、本地活动，同熟悉的人打交道，形成了“熟人好办事”的习惯。建立于熟人关系的传统伦理在一定程度上可谓之“熟人伦理”，如古代一直流传的“五伦”，即君臣、父子、夫妻、兄弟、朋友关系。这种熟人伦理投射到现代社会，则主要体现为血缘伦理、地缘伦理、学缘伦理、业缘伦理。血缘伦理是建立于血缘关系基础之上的同宗、同族圈子中的道德规范，地缘伦理是建立于地缘关系基础之上的同乡、同胞圈子中的道德规范，学缘伦理是建立于学缘关系基础之上的同学、同门圈子中的道德规范，业缘伦理是建立于业缘关系基础之上的同事、同行圈子中的道德规范。显然，血缘伦理、地缘伦理、学缘伦理、业缘伦理构成社会的熟人伦理，在熟人舆论和习俗的监督下得以实施，维系着同宗、同族、同乡、同胞、同学、同门、同事圈子在交往流动中的和谐关系。

然而，现代交往流动使人们的生产、生活突破了熟人圈子，越来越多地在陌生人圈子中进行。于是出现了植根于陌生人圈子的制度伦理，包括政治伦理、经济伦理、文化伦理、教育伦理、科技伦理。制度伦理所调节的对象虽然会涉及熟人圈子，但从制度设计的角度而言，它主要是针对社会公众。政治伦理是人们围绕政治活动建立的道德规范，经济伦理是人们围绕经济活动建立的道德规范，文化伦理是人们围绕文化活动建立的道德规范，教育伦理是人们围绕教育活动建立的道德规范，科技伦理是人们围绕科技活动建立的道德规范。显然，政治伦理、经济伦理、文化伦理、教育伦理、科技伦理构成现代社会的公民伦理，在社会制度和舆论的监督下得以实施，维系着公民之间在政治领域、经济领域、文化领域、教育领域、科技领域交往流动中的和谐关系。因此，交往流动催生了制度伦理与社会基本道德准则，规范、调节所有人的行为，相得益彰、相互补充，共同维护社会和谐。

第三，增强规范意识。市场经济体制的建立和发展，推进了社会的交往流动，这种交往流动同以往不同的是按照契约关系进行的。契约是市场主体之间的相互约定，契约关系是市场主体彼此遵守相互之间的承诺，一经形成，就会受到社会道德和法律的支持。① 也就是说，在市场经济发展过程中，人们必须遵循维护和保证市场正常运行的道德规范、法律规范和行业规范，否则就会发生市场混乱。道德规范是调节交往流动主体之间利益关系的柔性规范，主要靠行为主体的自律发挥作用，有赖于社会舆论和风俗习惯的监督。但随着制度伦理的出现，伦理制度化和法律化也赋予了道德规范一定的刚性要求，这种刚性要求在公共领域的作用更为明显。法律规范是调节交往流动主体之间利益关系的刚性规范，主要靠行为主体之外的他律发挥作用，借助国家机器的强制力得以实施，在公共领域交往流动中发挥着越来越重要的作用。行业规范是调节行业主体之间和行业主体与消费者之间利益关系的行为规范。行业规范一般为行业主体所熟知，而消费者未必十分了解。在现代交往流动中，尤其在私人领域，当行业主体以陌生人的身份与消费者打交道时，行业规范和行业标准显得尤其重要。遵守行业规范，执行行业标准，可以在很大程度上避免行业主体与消费者之间的纠纷，使行业主体感受到消费者的友好和工作的愉悦，也使消费者感受到良好服务和满意的享受。中国市场经济的顺利发展，正是因为广大群众在交往流动中，适应了市场经济的新形势，遵守道德规范、法律规范和行业规范，逐步增强了规范意识。

第四，激发竞争情志。利益是交往流动存在与发展的重要目的。随着市场经济体制下人们独立性、主体性的不断增强，利益主体在获利动机的驱动下，总是希望占有尽可能多的资源和谋得尽可能多的利益。然而，在资源占有与利益的获取上，总是存在不平衡性，有时可能发生矛盾，这势必引发利益主体之间的竞争，激发竞争的精神与动力。

由于资源的有限性、成功机会的不确定性和资源占有的差异性，使竞争过程中的交往流动不可避免地产生和呈现复杂关系，而物质资源、现实条件是客观存在的，如何运用资源与条件，则要靠竞争者的主观努力。因此，竞争成败的重要因素，是竞争者的能动性，即竞争者目标的合理性、动力的持续性、意志的顽强性以及策划的科学性，这些可概括为竞争情志。所谓“情”，首先是热情、激情，它是人们投入竞争的积极精神状态，在竞争中，热情越高，态度越积极，越可能在单位时间内集聚一切有利因素投入竞争，成功的可能性就越大。所谓“志”，主要指志向与意志。因为在竞争中难免遇到困难、挫折、逆境乃至失败，需要竞争者有坚定的目标、顽强的意志，只有志向坚定、意志顽强，才能保证竞争者持之以恒地朝着目标努力迈进。因此，竞争过程中的交往流动，激发了广大竞争者的情志。

2. 推进思想与情感交流。现代交往流动不仅丰富了人们的内心世界，而且推进了人们相互之间的思想与情感交流，活跃和拓展了人们的精神生活。

第一，提升思想与情感交流速度。人类的交往经历了语言媒介时代、文字媒介时

---

① 刘明合：《交往与人的发展》，中央编译出版社2008年版，第173页。

代、印刷媒介时代、电子媒介时代，如今则迎来了网络媒介时代。每一次人类交往信息媒介的变革，都是人类交往流动史上的一次重要革命，它推动人类思想与情感交流的演进，大大提升了思想与情感交流的时效性。尤其是网络媒介、手机短信作为现代社会的一种新的交往流动方式，为人们的思想与情感交流提供了新途径。由于网络是一个平等的交流平台，没有明显国界、种族与文化界限，人人都可以站在这个平台上传递信息、分享思想，所以，同样一种思想、一个观念、一种精神，在网络平台上可以在最短的时间内被分享给尽可能多的人。另外，网络自身具有快捷性的特点，它可以将世界各地发生的事件、开展的活动等信息在最短时间传递给网络上的人。而这些事件、活动信息的获得者，不仅因这些信息而开阔眼界、知多识广，而且还会对这些信息在物理空间与网络领域进行传播，开展评论。这种信息、思想与情感传播面的快速扩展，缩短了思想与情感传播、接收、认同的时间，为思想与情感交流的丰富、更新创造了便捷条件。

第二，扩大思想与情感交流范围。交往流动的发展不仅能够提升思想与情感交流的速度，而且能够扩大思想与情感交流的范围。这里所说的思想与情感交流的范围，是指人们在交往流动中传播的思想与情感所影响的历史时间和社会空间的界限，主要体现在两个方面。一是延长思想与情感交流的持续时间。人们可以通过文字、印刷品、音像资料等将人类的思想文化记载下来，并在交往流动中将其传承下去或者传播开来，进而使思想的积累与传播突破历史与时间的界限，使其在时间上具有延续性。二是扩大思想与情感交流的空间范围。马克思曾说过："那些从前一直和整个世界隔绝的偏僻地区，现在都有路可通了；……这样一来就不得不和外界接触，并接受强加于它们的文明。"① 也就是说，路通到哪里，思想就会被传播到哪里。随着城市化与全球化的迅速推进，各种思想逐渐被传播到地球村的各个角落，然而信息技术与互联网的应用，使人们的交往流动不仅不再局限于物理空间，还延伸至虚拟空间，所以，思想与情感交流不仅可以在物理空间得到扩展，而且可以延伸至虚拟空间。

第三，发展思想与情感交流方式。马克思说过，"观念的东西不外是移入人的头脑并在人的头脑中改造过的物质的东西而已。"② 这里所说的"移入"的东西，实际上包括人们之间的相互交往过程，也就是说人们通过交往实现思想与情感交流。交往方式的改变会直接推动思想与情感交流方式的变化。在现代社会，随着社会开放程度的加大以及信息技术的迅速发展，交往流动发生了巨大的变革，产生了许多全新的高效的交往流动方式，如国际交往、网络交往、竞争交往、合作攻关、娱乐交往等。交往流动方式的这种变化直接推动了人们的思想与情感交流方式向多样化方向的发展，克服了传统点对点的单向交流方式的限制，实现了"一对一"、"一对多"、"多对一"、"多对多"的非定向的思想与情感交流方式。这种多样化交流方式打破了人们思想发展的时空界限，提

① 《马克思恩格斯全集》第 1 卷，人民出版社 1956 年版，第 673 页。

② 《马克思恩格斯选集》第 2 卷，人民出版社 1995 年版，第 112 页。

升了思想与感情交流的效率。

（四）解决新问题，促进交往流动中精神生活的发展

1．新问题的出现。随着改革开放的深化、市场经济的发展和信息社会的到来，人们在交往流动中的精神生活得到了丰富与发展。但是也要看到，新的实践活动和新的交往流动方式，也会向人们不断提出精神生活的新问题。

第一，价值取向偏差。由于交往流动的某些个体受个体利益驱动，把交往流动视作利益实现的手段，其交往流动行为往往在不同程度上存在功利倾向而缺少人文精神，具有交往流动的盲目性与自发性，其价值取向往往陷于“物本信仰”即金钱本位、“科本信仰”即科技本位、“神本信仰”即神灵本位的偏向。这些价值取向势必阻碍现代社会的发展，并导致人的异化。无论是物质替代精神、科技替代人文，还是宗教代替道德，都会引起人们在主观上过分关注身外世界的某一方面，以物质、科技、宗教作为衡量价值的准绳，其结果是使交往流动物化、指标化、功利化，迷失人自身的价值和意义，使人因物欲驱使而脱离全面发展的轨道，丧失主体性而沦为客体的奴隶。

第二，民族精神和国家观念面临挑战。无论是在现实世界还是在虚拟空间，交往流动都是开放、自由的，它使不同区域、不同民族、不同国家之间的交往流动成为可能。在网络信息化与经济全球化浪潮的推动下，跨民族、跨国界的交往流动更加普遍和多样，于是，有些人在一定程度上淡化了国家地域疆界意识，淡化了民族文化之间的区别。另外，新中国成立以来，西方思想意识和文化观念的渗透就没有停止过，改革开放以后，西方文化大量涌入，冲击着一些人对本国、本民族精神与文化的认同感与归属感。人总是生活在一定的社会文化下的人，民族意识和国家观念是人的自我认同的精神之根，一旦人们对国家与民族的认同感与归属感缺失，就会成为缺乏精神支柱的无根飘零的浮萍。

第三，冲击理想信念的形成与坚定。在市场竞争条件下，人们之所以出现了价值追求的多样化，是因为在竞争中，物质的、科技的成果因其有形、能被量化以及与人们的利益直接挂钩，可以进行直接比较从而显示出价值与利益上的差距，交往流动主体可以直接感受到它的作用而显得价值优位。而隐藏和渗透在这些物质的、科技的成果后面的理想信念则因其无形与无法量化而难以显示效益，使有些交往流动主体无法直接感受到它的存在与作用。这种由市场竞争所导致的价值取向的偏差，不可避免地冲击着人们的精神生活，冲击着正确理想信念的形成与坚定，使一些人陷入迷惘困惑。

第四，有些人容易滋生双重道德。前面分析过，由于交往流动场合、时间、人员的变化，有些交往流动主体可能在不同场合、时间和与不同人员交往时，扮演不同的身份或角色，表现出不同的价值取向与道德行为。例如，有的人在公开场合很讲道德，表现正面，而私下场合则不讲道德，表现负面；有的官员公开讲话或做报告时，坚持原则，公正廉洁，回到家里则以权谋私，收受贿赂。这种相反的价值取向与双重道德行为，既

是对社会正常生活的污染和对风气的败坏，也是对交往流动主体心灵的挫伤与人格的毁损，它可能导致交往流动主体情绪紧张，精神压力加大乃至身心失衡，影响生活质量与身体健康。因此，交往流动过程中的双重道德行为，于人于己都是有害的，应当引起人们的警惕。

2. 解决之道。在改革开放进程中，中国针对交往流动过程中出现的新问题，及时采取了应对措施。在改革开放初期，党提出了社会主义物质文明建设和精神文明建设"两手抓，两手都要硬"的战略，在全国各条战线、各个领域，大力开展精神文明建设，形成了"五讲四美三热爱"的热潮。在广大群众中，特别是在广大青少年中，广泛开展了坚持四项基本原则、反对资产阶级自由化的教育，批判、抵制开放过程中资产阶级价值观和生活方式的影响，保证中国遵循党的基本路线所确定的原则与目标的顺利发展。

中国特色社会主义现代化道路的开辟，中国特色社会主义理论体系的形成与发展，中国特色社会主义共同理想的确立，为全国人民的社会实践和开展理想信念教育，提供了美好的目标和富有时代特征的教育内容，进一步坚定了各族人民走社会主义道路的决心与信心。正如邓小平所强调的："我们一定要经常教育我们的人民，尤其是我们的青年，要有理想。为什么过去能在非常困难的情况下奋斗出来，战胜千难万险使革命胜利呢？就是因为我们有理想，有马克思主义信念，有共产主义信念。"[①] 因此，理想信念教育、爱国主义教育、道德法制教育，成为中国引导人们正确进行交往流动的重要方式。

在经济全球化、社会信息化、文化多元化迅速发展的形势下，各种新思想、新事物不断涌现，各种新矛盾不断产生，中国社会呈现出前所未有的复杂状况。面对这一状况，党中央及时提出了社会主义荣辱观，以"八荣八耻"的鲜明对比，十分明确地表明并要求坚持什么、反对什么，提倡什么、批判什么，从而为人们的交往流动确定了准则与遵循，这是一种全局性、战略性的引导，是保证社会稳定、交往流动有序的有力武器。

中国特色社会主义核心价值体系的提出，以及中国特色社会主义核心价值体系教育在国民教育中的贯穿，更有力地主导着中国社会的交往流动过程。马克思主义指导思想，中国特色社会主义共同理想，以爱国主义为核心的民族精神和以改革创新为核心的时代精神，社会主义荣辱观，构成了社会主义核心价值体系的基本内容。马克思主义指导思想是灵魂，为全党全国各族人民提供思想基础与行动指南；中国特色社会主义共同理想是主题，确立了国家、民族未来美好的发展目标；以爱国主义为核心的民族精神和以改革创新为核心的时代精神是精髓，为中国实现共同理想提供强大动力；社会主义荣辱观是基础，为人们提供判断行为得失、作出正确选择的准则。所以，社会主义核心价

---

① 《邓小平文选》第3卷，人民出版社1993年版，第110页。

值体系是社会主义意识形态的本质体现，是巩固全党全国各族人民团结奋斗的共同思想基础。以社会主义核心价值体系为主导，一定能够保证人们的交往流动朝着正确方向、遵循正确准则发展。

二、现代学习活动中的精神生活

学习是提高人的素质、获得全面发展的重要途径，不仅决定着个人的成败，也关乎国家和民族的兴衰，因而既是民生，更是国计。《国家中长期人才发展规划纲要(2010—2020年)》，确定了中国未来教育改革发展目标，即基本实现教育现代化、形成学习型社会并进入人力资源强国行列，把教育、学习的重要性提到前所未有的高度。

学习作为人的一项活动，伴随着人的一生，体现在人的实践、生活的各个方面，既满足人的知识、能力提高的需要，也促进人的思想感情、精神生活的丰富、发展。在当代社会条件下，学习已成为人的生存、发展方式，也成为一种社会形态。

（一）学习及学习型社会的内涵

1. 学习的界定、内涵与功能。学习一词是“学”和“习”的组合。最先把学与习联系起来的是孔子，孔子说：“学而时习之，不亦说乎？”（《论语·学而》）意思是学了之后及时温习和实习，不是一件很愉快的事情吗？孔子只是把两个字联系起来，还未能组合成一个复合词。后来由孔子的弟子在编纂《礼记》一书时，在《礼记·月令》中有（季夏之月）“鹰乃学习”一语，才把“学”与“习”结合在一起，形成了“学习”概念。《说文解字》中说：“学，觉悟也”，“习，数飞也”。用现在的话说，“学”就是使人获得知识，有所启示，提高认识；“习”就是像鸟儿来回飞翔一样，反复运用知识，形成技能技巧。进一步的解释是，“学”就是通过自学、教学的听、看与模仿，接受感官信息与书本知识，感受、体验其思想含义；“习”就是通过温习、实习、练习，在学的基础上巩固知识和技能。“学”偏重于认知，“习”侧重于行动。

学习有广义与狭义之分。广义的学习是指人和动物在生存和发展过程中，通过获得经验而产生的行为或行为潜能的相对持久的适应性变化。这种对学习的界定，把动物也纳入其中，如西方行为主义学派认为动物的学习就是在刺激和反应之间形成联结，学习就是条件作用，学习就是行为，思维也是一种能够被分解和编制成详细行为目录的行为。西方格式塔学派则不同意行为主义学派的观点，认为学习的实质和目的不在于强化刺激和反应之间的联结，而在于形成和发展“格式塔”，即人的内在认知结构。狭义的学习，是指学生的学习，即在各类学校中和教师的指导下，有目的、有计划、有组织地进行系统接受前人积累的文化经验，以发展个人的知识技能，形成符合社会期望的道德品质的过程。

关于学习的界定，不同时期、不同领域、不同学派有不同的界定。《中国大百科全书（简明)》的界定是：学习是获取知识和掌握技能的过程。《现代汉语词典》将学习解释为：从阅读、听讲、研究中获得知识或技能。教育学领域界定为：学习是人类个体在认识与实践过程中获取经验和知识、掌握客观规律，使身心获得发展的社会活动。心理学的解释是：学习者因实践经验而引起的行为、能力和心理倾向的比较持久的变化。西方人本主义心理学派认为学习是自我概念的变化，是价值与潜能的实现。西方建构主义学派强调学习是学习者主动建构内部心理表征的过程。还有的学者主要从建立精神结构的层面进行界定，认为学习就是透过教授或体验而获得知识、技术、态度或价值的过程，从而导致可量度的稳定的行为变化，更准确一点来说是建立新的精神结构或审视过去的精神结构。目前，多数学者所接受的界定是："学习是个体在特别情境下，由于练习或反复经验而产生的行为、能力或倾向上的比较持久的变化及其过程。"

尽管学习的概念界定各有繁简和侧重，但究其界定所蕴涵的意念，大致有如下几个层次：一是学习表现为个体行为或行为潜能的相对持久变化，这种变化因经验的获得而产生；二是学习是人类在实践活动中自觉地改造自己、发展自己、提高自己、完善自己，使自身成为主体并不断增强主体性的过程；三是学习是人们通过多种途径、手段、方法、形式获取知识并使之转化为人的素质和能力的过程。对学习的这些内涵，可以进行更高层次的提炼，就是学习的本质是人类个体的自我意识与自我超越，是学、思、习、行的综合。

学习这项古今中外普遍存在并不断发展的活动，看起来是个体行为，其实是社会活动。因为学习不仅包含学习主体，也包含学习目的、学习内容、学习环境、学习对象等诸多主客观因素，还包括书本学习、交往学习、实践学习、网络学习等各种途径与方式。所以，学习是一项复杂的活动，它联络着个人，网络着社会。

学习的广泛需要与存在，是由它担负的重要功能所决定的。

第一，学习可以使人增长智慧，发展能力。孔子说："吾十有五而志于学"，"七十而从心所欲，不逾矩"（《论语·为政》)。他的学生子贡有言："夫子焉不学，而亦何常师之有?"（《论语·子张》）荀子说："吾尝终日而思矣，不如须臾之所学也；吾尝跂而望矣，不如登高之博见也。登高而招，臂非加长也，而见者远；顺风而呼，声非加疾也，而闻者彰。假舆马者，非利足也，而致千里；假舟楫者，非能水也，而绝江河。君子生而非异也，善假于物也。"（《荀子·劝学》）人们掌握了舆马、舟楫，就能够"致千里"、"绝江河"，人们学到了知识，就会有更大的本领。王充说："人有知学，则有力矣。"（《论衡·效力》）中国第一部教育专著《学记》中讲到："玉不琢，不成器；人不学，不知道。"汉代王充认为："学之乃知，不学不识而已"，"不学不问，不能知也。不学自知，不问自晓，古今行事，未之有也。……故智能之士，不学不成，不问不知。"（《论衡·实知》）东晋学者葛洪指出："不学而求知，犹愿鱼而无网焉，心虽勤而无获矣。"（《抱朴子·勖学》）

第二，学习可以加强修养，学会做人。孟子说："学问之道无他，求其放心而已矣。”（《孟子·告子上》）学习的作用在于发掘人的善性，改变恶习。荀子认为，只有学习，才能成为人，通过学习，可以用道德知识每日反省自己，自己的行为就不会有过错了，“君子博学而日参省乎己，则知明而行无过矣。”（《荀子·劝学》）张载认为，学习的意义在于“变化气质”，改变气质之性中愚、恶的部分，使之朝美、善的方向发展。他说：“凡欲为学，当先识义利公私之辨，今所学果为何事？人生天地间，为人当自尽人道。学者所以为学，学为人而已，非有为也。”（《语录下》）

第三，学与思、知与行结合是成功之道。“学”与“思”相互联系、相辅相成。孔子说：“学而不思则罔，思而不学则殆。”（《论语·为政》）学习离不开思考，只有积极思考，才能获得真知。孟子强调：“思则得之，不思则不得也。”（《告子上》）程颐说：“为学之道，必本于思”，“不思故有惑，不求故无得”（《遗书》卷二十五）。总之，“思不废学，学不废思。”（王廷相：《慎言·小宗》）“学非有碍于思，学愈博则思愈远；思正有功于学，而思之困则学必勤。”（王夫之：《四书训义》卷六）

知行结合是古代教育、学习所倡导的一个原则，知是指知识、认知，行是指行为、实践。知行结合的主张，孔子有很多论述，他教育学生，不仅有言教，更注重身教，他以以身作则的行为感化学生，他说：“躬自厚而薄责于人，则远怨矣。”“君子求诸己，小人求诸人。”“其身正，不令而行；其身不正，虽令不从。”“不能正其身，如正人何？”他要求学生面对人时要看他的行为，观察他的经历，考察他的习惯兴趣，他说“视其所以，观其所由，察其所安。”在学习和行动过程中，明确提出知行合一的是明代思想家王阳明。知行合一的意思是认识事物的道理与在现实中运用这一道理是密不可分的，王阳明说：“知是行的主意，行是知的功夫；知是行之始，行是知之成。”知行是学习的两面，知中有行，行中有知，二者不能分离。与行相分离的知，不是真知，而是妄想；与知相分离的行，不是笃行，而是冥行。他强调为人处世要言行一致，表里一致。

2. “学习型社会”与“学习型组织”。最早把“学习”与“社会”连接起来的是曾任美国芝加哥大学校长的赫钦斯，他在 1968 年出版的《学习社会》一书，提出了学习社会就是“自我实现的社会”、“人得以成才的社会”；在这样的社会里人人都必须终身学习，教育要成为引导社会、超越社会的活动。

1972 年，联合国教科文组织编写的《学会生存》一书，更加深入地阐述了“学习化社会”思想，认为，科学技术的迅猛发展，使人们在学校里学习的知识远远不能适应社会发展的需要，现代人不仅要在学校里系统学习知识，离开学校以后还要继续学习现代科学知识。因而人人需要接受教育，还要学会自我教育。自我教育的过程就是自我学习的过程。“社会与教育的关系，在其性质方面，正在发生变化。一个社会既然赋予教育这样重要的地位和这样崇高的价值，那么这个社会就应该有一个它应有的名称——

我们称之为‘学习化的社会’。”① “根据这些理由，国际教育委员会特别强调两个基本观念：终身教育和学习化的社会。……如果我们要学习的所有东西都必须不断地重新发明和日益更新，那么教学就变成了教育，而且就越来越变成了学习。如果学习包括一个人的整个一生（既指它的时间长度，也指它的各个方面），而且也包括全部的社会（既包括它的教育资源，也包括它的社会的和经济的资源）。那么我们除了对‘教育体系’进行必要的检修之外，还要继续前进，达到一个学习化社会的境界。”②

1979 年，罗马俱乐部发表了研究报告《学无止境》，报告提出和阐述了“社会学习、团体学习”的概念，指出：“我们还应当主张，不仅个人在学习，而且由人组成的团体也在学习，组织在学习。甚至社会也可以说是在学习。”③ “为了传播社会学习的意义，也许有必要作个类别。一个世纪以前，成长和发展的概念仅用于个人。今天，它已变为通常的用语，指称社会的成长和发展。同样，我们可以谈论社会的学习能力，即一个社会所具有的学得快还是学得慢，学得有效还是学得无效的能力。”④ 报告强调，教育的重心“必须把目标放在开发人们潜在的、处在心灵最深处的理解能力和学习能力上面”⑤；要“造就一大批发展了新学习观的人。这一观点必须由一种解决全球问题为目的的学习和教育形式来培养”⑥。

1990 年，美国学者彼得·圣吉出版了《第五项修炼》一书，提出和阐发了“学习型组织”的概念。他认为，“当世界更息息相关、复杂多变时，学习能力也更要增强，才能适应变局。企业不能再只靠像福特、史隆或华生那样伟大的领导者一夫当关、运筹帷幄和指挥全局。未来真正出色的企业，将是能够设法使各阶层人员投入，并有能力不断学习的组织。”⑦彼得·圣吉在书中论述了“学习型组织”的五项修炼内容，即自我超越、改善心智模式、建立共同愿景、团队学习、系统思考，并把这五项修炼作为学习型组织的真谛。

根据“学习化社会”、“学习型组织”的发展趋势，2001 年江泽民在北京召开的亚太经合组织人力资源能力建设高峰会议上，第一次提出了要在中国“构筑终身教育体系，创建学习型社会”的思想，2002 年在党的“十六大”报告中，提出了“形成全民学习、终身学习的学习型社会，促进人的全面发展”⑧ 的目标。

所谓“学习型社会”，就是在相应的社会环境和氛围中，人们更加重视学习，有明

---

① 《学会生存——教育世界的今天和明天》，教育科学出版社 1996 年版，第 202—203 页。
② 同上书，第 16 页。
③ 《回答未来的挑战》，上海人民出版社 1984 年版，第 20 页。
④ 同上。
⑤ 同上书，第 8 页。
⑥ 同上书，第 112 页。
⑦ （美）彼得·圣吉著：《第五项修炼》，上海三联书店 1998 年版，第 4 页。
⑧ 《江泽民文选》第 3 卷，人民出版社 2006 年版，第 543 页。

确的学习目标，自觉主动学习，因而使组织和个人具有内在发展的活力、动力、凝聚力、批判力、竞争力、创造力，不断战胜自我，超越自我，不断创新的社会。

（二）学习活动与精神生活的关系

学习活动是学习者自觉的获取知识并熟练应用技能的过程，更是伴随内在充实、精神丰富的修炼过程。在学习过程中，学习者不仅获得知识、技巧和能力，更重要的是获得对自身的超越。古今中外的思想家、教育家一直在探讨学习的本质、规律和方法。在这里，本课题主要探索学习活动与精神生活的关系，以便更能把握学习的本质，帮助更多的学习者真正地“学会学习”，把学习转化为精神动力，获得人生价值。

“大人之学也为道，小人之学也为利”（杨雄：《法言·学行》），各人的学习目的是不同的。向往人的发展、提高，追求人生价值实现，使人成为真正的人、幸福的人，这才是有意义的学习。《国家中长期人才发展规划纲要（2010—2020年）》认为，“教育改革发展的战略主题是要坚持以人为本、全面实施素质教育。教育的核心是解决好培养什么人、怎样培养人的重大问题，目标是培养德智体美全面发展的社会主义建设者和接班人，重点是着力提高学生的社会责任感、勇于探索的创新精神和善于解决问题的实践能力。”“教育要坚持德育为先、坚持能力为重、坚持全面发展。”

事实上，人的学习不仅能使人获取知识和技能；还能使人增长智慧、发展能力；更能激发人的精神潜能，提高人生境界，学会做人。也就是说，学习能丰富人的精神生活，构建精神家园，进入高尚的精神境界，拥有强大的精神动力。

1. 学习是精神生活的基础与载体。学习能使人获得内在资源，使人获得精神发展，使人获得人生发展的强大动力。一个人内在的精神素质和能力的提高，主要依赖于各种知识的获得。知识不仅使人学识渊博、智慧聪敏、能力高强，而且可以涵养德性、塑造品质。所以中国先贤说：“书犹药也，善读可以医愚”，“好学近乎知”（《中庸》）。“人有知学，则有力矣。”（王充：《论衡》）这些论述都说明一个道理：通过学习可以使人获得知识、增长智慧、提高能力、增强精神动力。培根认为，人类统治宇宙万物的力量深藏在知识之中，知识是对事物及其发展规律的研究、发现和解释，人们熟悉和掌握了知识，就熟悉和掌握了规律，就可以在思想上得到真理而在行动上得到自由。毛泽东在延安时曾说过，读书可以使人增长学问，有了学问，好比站在山上，可以看到很远很多的东西。没有学问，如在暗沟里走路，摸索不着，那会苦煞人。

学习实际上包括两个相互联系的过程，一是认知过程，即获取知识；二是将知识内化成为内在精神与素质。《学会生存》贯穿这一思想：“无论人类是自觉地，还是不自觉地这样做，他们总是终身不断地学习和训练他们自己。这种学习和训练主要是通过周围环境的影响，通过亲身经验改变他们的行为、他们的人生观和他们的知识内容。”在学习过程中，我们不能把知识、能力、素质、精神发展简单地划等号，知识只有被学习者理解、掌握并实践，能力和素质才能提高，进而才有可能获得精神发展。而且，知识、能力、素质、精神发展之间的这种转化和升华不是自发完成的，需要学习者主动、自觉地接受和转化。能否主动、自觉地进行知识的内在转化，关键取决于人的能动性，即人的目标选择与价值判断，这本身就是一个思考的过程，或者说是一个精神过程。这种精神过程的高低层次，影响甚至决定着学习的质量，而学习的质量又影响和决定精神生活的水平。

有些人的学习活动，由于存在相当大的盲目性和被动性，虽然在学习上付出的时间、精力、代价大，但所学习的知识并没有完全真正转化为人的素质、能力和精神的力量。有的学习者忽视学习与精神生活的关系，认为学习知识和技能就是学习的全部，不愿意主动地把学习与自身的精神世界紧密联系起来。他们的学习是为了物质功利而学习，他们的学习仅仅是为了学习知识、获得技能，为了谋生。这样对学习的价值定位过低，大大低估了学习的意义，也局限了学习发挥应有的功能。这是学习的悲哀。现实表明，一个人成功与学习成绩（知识、技能）没有直接的关系。从社会各个层面观察成功人士，我们会发现，成功者是明辨是非、为他人和社会着想、有超强的行动力和坚持力的人，是富有个性和自信的人。面对这个困境，我们必须树立现代学习观念，明确学习的根本目的指向能开发人的潜能、指向人的终极关怀，使人成为真正的人、完整的人、幸福的人。这样才能使学习变得有乐趣，并获得更大的收获，这样才能更充分实现和展示学习的价值。另外，知识、能力、素质、精神发展之间的这种转化和升华也不是一次能完成的，只有不断学习、反复以各种途径和形式把外在的知识内化为自身的思想道德素质和业务素质，才能提高精神生活水平，提高业务能力。

2. 学习充实人的内在和促进人的超越。学习的根本目的在于提高学习者的精神素养，学习的本质是塑造人。苏联著名教育理论家和教育实践家苏霍姆林斯基认为，学校教育、学生学习的任务不仅要掌握知识和培养能力，而且要给每个人精神生活的幸福，使每个人有丰富的内在精神世界，能享受劳动和创造的欢乐，具有个人的尊严感、荣誉感和自豪感。苏霍姆利斯基著有《学生的精神世界》、《怎样培养真正的人》等著作，对教育、学习的目标进行了系统论述，他认为，教育和学习促进学生“和谐全面发展的核心是高尚的道德”，“人的全面发展——就是造就个体的人的丰富性，把高尚的道德信念、道德品质、审美价值、物质需要和精神需要的文明有机地结合起来”。

美国著名心理学家马斯洛提出人有七个层次的需要，分别是生理需要、安全需要、归属需要、尊重需要、认知需要、审美需要和自我实现需要。[①] 马斯洛的需要发展层次是逐步递进的模式，其方向是从物质需要向精神需要递进，自我实现的需要是最高的需要，实际上是人追求目标、实现超越的精神需要。这种需要，要靠人不断学习、确立目标并付诸实施才能得到满足。联合国教科文组织根据学习的作用与目的，提出了学习的层次要求：第一是 learn to learn，学会求知；第二是 learn to do，学会做事；第三是

---

① 参见（美）马斯洛《动机与人格》，华夏出版社 1987 年版，第 40—50 页。

learn to together，学会相处；第四是 learn to be，学会做人。学习的最高层次是学会做人，学会求知、学会做事、学会相处为学会做人奠定了基础，只有学会做人，才能使人一步步不断超越自己，利用所获取的资源不断充实内在、促进发展。学习可以发展天性，改变习性，改变气质之性中愚、恶的部分，使之朝美、善的方向发展。精神上的种种缺陷，也可以通过求知来得到改善。

在当代社会，学习的更大价值在于开发潜能、战胜自我、发展自我、超越自我，让自己“苟日新，日日新，又日新”。学习者通过多种途径、形式、手段，学习知识，培养能力，形成思想，提高素质，强健灵魂，实现全面发展。

社会存在着这样一个现象，有的人学习成绩很好，善于应对考试，但作为不大、成就不多。究其原因，就是这些学习者没有真正明确学习的目标，仅仅把学习成绩当做学习目标，忽视在学习中培养素质、充实内在，因而学习没有使他们实现自身超越，当然成就不会大。一个人无论拥有多么聪明的大脑，学到了多么深奥的知识，掌握了多么高超的技艺，如果他的精神是孱弱的，就很难激发自己的潜能，获得真正的成功，甚至学到的知识也会失去。一些学习目标明确的人，他们之所以有所作为，一个重要的原因是他们的学习，是为了强健身心、明确责任感，尽可能多地获得资源发展自己。这样的人能够乐于学习、专心学习，在学习过程中具有乐观、机智、主动、热情的状态和克服学习困难的信心。因而，学习既需要良好的精神状态，也为精神生活提供了丰富资源。所以宋代政治家、文学家司马光说：“才者，德之资也；德者，才之帅也。”① 成功的学习不仅使人学识充实渊博、智慧聪敏、能力高强，更能培养优秀品质，提高精神境界。

3. 学习使人知今博古、知情达理而富有责任感、自尊心。学习不仅是认识世界、把握世界、认知与把握自我的方式，也是人寻找精神家园、构建精神家园、走向广阔的精神世界的方式。只有注重学习的精神蕴涵、价值追求，学习才富有活力和动力，学习者才能在掌握知识、技能的过程中，同时获得精神升华，才能在认识自身与他人、社会不可分离的关系中，形成自尊心与责任感。这就是说，学习者可以通过学习活动知今博古、知情达理、明确使命。

一个有效的学习者在学习过程中，通过知识的掌握、理论的启导和思想的转化，就会逐步领悟人生的责任、生命价值，而实现内在的改变，丰富精神世界，使人不断融入社会，形成目标，遵循规范，富有责任感，达到自我内在与外在的和谐。人一旦获得了这样的精神状态与行为方式，就会摆脱个人狭隘的藩篱，超越功利的价值束缚，不断提高自己的品格，获得人生的幸福。所以，学习者的成功，首先在于内在的成功，没有一个成功的内在，是难以与外在和谐的，也是难以成功的。所谓成功内在和内外和谐，就是言行一致、身体力行，并能协调好人与自然、人与社会、人与人、人与自我的关系，能够承担自己的责任，为社会发展尽义务、做贡献。

---

① 选自《资治通鉴·卷第一·周纪一·周威烈王二十三年》（戊寅、公元前四零三年）。

（三）现代学习与人的精神生活发展

1. 现代学习活动的发展。现代社会的知识创新和广泛传播，既为人们提供了丰富的学习资源，也为人们创造了便捷的学习条件，还为人们拓展了学习时空。现代学习，已经突破了学校教学、个体学习的时空领域，发展成为“学习型社会”、“终身教育”和“终身学习”，也就是说，学习的空间不再局限于课堂上、学校里，而是拓展到了人们的生活领域和网络世界；学习的时间不仅在学生期间，而是扩展到人的一辈子。“终身教育”这一概念于1965年在联合国教科文组织主持召开的成人教育促进国际会议期间，由联合国教科文组织成人教育局局长、法国的保罗·朗格朗（Purl Lengrand）正式提出；1972年国际发展委员会的报告《学会生存：教育世界的今天和明天》中对终身教育的界定是：“终身教育这个概念包括教育的一切方面，包括其中的每一件事情，整体大于部分的总和，世界上没有一个非终身而非割裂开来的永恒的教育部分。换而言之，终身教育并不是一个教育体系，而是建立一个体系的全面的组织所根据的原则，这个原则又是贯穿在这个体系的每个部分的发展过程之中。”

终身教育理论确立以来，受到各国的普遍重视。目前许多国家把终身教育纳入规范化渠道，并以终身教育的原则来改组、设计自己的国民教育体系，力图建立一个从幼儿园到老年大学、从家庭教育到企业教育的全面实施终身教育的大系统。1995年3月通过的《中华人民共和国教育法》规定：“国家鼓励学校及其他教育机构、社会组织采取措施，为公民接受终身教育创造条件”，“国家鼓励发展多种形式的成人教育，使公民接受多种形式的政治、经济、文化、科学技术业务教育和终身教育”。从而以法律的形式确立了终身教育在中国教育中的地位。1998教育部“面向21世纪教育振兴行动计划”提出，到2010年“基本建立起终身学习体系，为国家知识创新体系以及现代化建设提供充足的人才支持和知识贡献”。2010年发布的《国家中长期人才发展规划纲要(2010—2020年)》确定了未来10年教育改革发展的目标的三个层次：基本实现教育现代化、基本形成学习型社会、进入人力资源强国行列。

联合国教科文组织教育研究所专任研究员戴维认为：“终身教育应该是个人或诸集团为了自身生活的向上，而通过每个人的一生可达到的一种人情的、社会实践的、职业的、发达的过程。这是在人生的各种阶段及生活领域，以带来启发或提高为目的，并包括全部的‘正规的’、‘非正式的’学习在内的一种综合和统一的理念。”美国教育家柯伯勒从四个层面描述了终身教育。第一层面是时间层面：教育与个人的一生相始终，自出生到死亡。第二层面是形态层面：终身教育在正规的、非正规的和非正式的教育情境中发生。正规的教育，指在正规学校教育系统内的教育活动；非正规的教育，指在正规学校系统以外的各种有组织、有系统的教育活动；非正式的教育活动指在日常生活或环境中所产生的行为或态度的改变，是一种非经特殊安排的教育情境。第三层面是结果层面：终身教育可导致个人获得、更新和提升知识，最终目标是促进个体的自我实现。第四层面是实施层面：教育的成功有赖于个体增进从事自我导向学习的动机与能力。据此，他还提出终身教育的三个重要原则：①学习是终身的历程，个人在一生中应致力于培养这种学习的习惯；②学习在各种情境中发生，学校学习知识只是个人生命历程中的部分经验而已；③终身教育的实现由个人来完成，个人要有这种学习的要求，并具备自我导向学习的能力。1994 年在意大利首都罗马召开的“首届民办终身学习会议”认为：“终身学习是通过一个不断的过程来发挥人类潜能，它激励并使人们有权力获得他们终身所需要的全部知识、价值、技能与理解，并在任何任务、情况和环境中有信心，有创造性和愉快地应用它们。”

可见，终身教育和终身学习是一个问题的两个方面，其特点是：一是终身性。这是终身学习的最大特征。它突破了正规学校的框架，把学习看成个人一生中连续不断的过程，是人们在一生中所受到的各种培养的总和，实现了从学前期到老年期的整个教育过程的统一。二是广泛性。终身学习是一切时间、一切地点、一切场合和一切方面的学习。三是灵活性和实用性。现代学习具有灵活性，表现在任何需要学习的人，可以随时随地接受任何形式的教育，学习的时间、地点、内容、方式均由个人决定，人们可以根据自己的特点和需要选择最适合自己的学习。

2. 现代学习活动中人的精神生活的发展。首先是学习内容的丰富与人的精神生活的发展。毛泽东在《实践论》一文中强调：“知识的问题是一个科学问题，来不得半点的虚伪和骄傲，决定地需要的倒是其反面——诚实和谦逊的态度。”① 学习的主要内容是知识，不管是自然科学知识还是社会科学知识，都是科学研究的成果，是人们创造的结晶。不管是学习知识、运用知识，还是创造知识，只能以科学的态度来对待，即以诚实和谦逊的态度来对待，否则，就与知识的性质不相符合而导致失败。

在当代社会条件下，科学技术是第一生产力和知识经济的到来，使知识的学习、运用和创造更加广泛，正如胡锦涛《在全国科学技术大会上的讲话》所指出的：“在世界新科技革命推动下，知识在经济社会发展中的作用日益突出，国民财富的增长和人类生活的改善越来越有赖于知识的积累和创新。科技竞争成为国际综合国力竞争的焦点。当今时代，谁在知识和科技创新方面占据优势，谁就能够在发展上掌握主动。”为此，广大群众，特别是科技工作者要“有心系祖国、自觉奉献的爱国精神，求真务实、勇于创新的科学精神，不畏艰险、勇攀高峰的探索精神，团结协作、淡泊名利的团队精神。”② 这些精神，既要体现在科学技术知识的学习与运用过程中，也要贯穿于科学技术知识的创造过程中。否则，科学技术知识的学习、运用与创造就会毫无成效，精神生活的提高也无从谈起，就会像美国心理学家陆哥·赫胥勒总结历史经验所说的那样：

---

① 《毛泽东选集》第 1 卷，人民出版社 1991 年版，第 287 页。

② 胡锦涛：《坚持走中国特色自主创新道路为建设创新型国家而努力奋斗——在全国科学技术大会上的讲话》，《人民日报》2006 年 1 月 9 日。

“如果让我来总结人类20世纪的历史，我将这样写道：‘人类在20世纪的最大悲哀，不是地震、不是水灾，甚至不是原子弹在日本广岛、长崎上空的爆炸，而是芸芸众生活着然后死去，却不知道自己究竟有多大的潜能，人们只知道卡通片的感官欲望的刺激，不知道生命的意义和价值，缺乏理想和信仰。他们在生理上已经衰老，但在心理上却没有满月；他们的躯体已经接近坟墓，但在人格上却没有健全。’”所以，温家宝在同济大学100周年校庆时对大学生提出了殷切希望，他深情地说：“一个民族有一些关注天空的人，他们才有希望；一个民族只是关心脚下的事情，那是没有未来的”，“我们的民族是大有希望的民族。希望同学们经常地仰望天空，学会做人，学会思考，学会知识和技能，做一个关心国家命运的人”。①

其次，交往学习的多样与人的精神生活的发展。交往不仅是一种思想交流，也是互动学习。现代交往学习打破了过去单向的教学模式，发展成为多向、互动的学习，如集中参与性的学习、讨论性学习、合作性学习、辩论性学习、比较性学习等。这种学习活动发生在人际之间，以语言、文字、动作、表情为中介，在进行知识、技能传播、比较、接受的同时，进行着思想、情感与价值观的交流。这种互动学习的特点是主体性的充分发挥，是竞争性的充分体现，还是激励性的充分运用。因而这种学习活动，既适应开放环境、信息社会的要求，也满足人们主体性、创造性实现的愿望，是提高业务素质和精神生活水平的有效方式。

最后，实践学习的拓展与人的精神生活的发展。所谓实践学习，就是在实践过程中增长才干，提高思想认识。毛泽东在革命战争年代就说过：“读书是学习，使用也是学习，而且是更重要的学习。从战争学习战争——这是我们的主要方法。没有进学校机会的人仍然可以学习战争，就是从战争中学习。革命战争是民众的事，常常不是先学好了再干，而是干起来再学习，干就是学习。”② 实践活动不仅是多种多样的，而且是不断发展的，生产实践、社会实践、科学实验是主要的实践方式。这些实践在发展过程中，又衍生出新的实践活动，如改革开放实践、科技创新、管理、网络虚拟实践，以及志愿者活动、社会考察，等等。所以江泽民在党的“十六大”报告中强调：“实践没有止境，创新也没有止境。我们要突破前人，后人也必然会突破我们。这是社会前进的必然规律。我们一定要适应实践的发展，以实践来检验一切，自觉地把思想认识从那些不合时宜的观念、做法和体制的束缚中解放出来，从对马克思主义的错误的和教条式的理解中解放出来，从主观主义和形而上学的桎梏中解放出来。”③ 实践是基础，它不仅可以改变、改造客观世界，创造物质财富，而且可以改变、改造主观世界，创造精神财富。因而，在各种实践活动中学习，在实践发展中学习，不仅可以改进、丰富精神生活，而

---

① 《中国教育报》2007年10月11日第11版。
② 《毛泽东选集》第1卷，人民出版社1991年版，第174页。
③ 《江泽民文选》第3卷，人民出版社2006年版，第538页。

且可以创造精神生活的内容与方式。

（四）提高学习过程中精神生活水平的关键

学习的效果与精神生活水平是一个正比关系，即学习效果好，一般来说精神生活水平比较高；学习过程中精神生活水平高，学习效果一般比较好。学习效果不好，肯定影响精神状况；精神状况不佳，学习肯定受影响。所以，并不是所有的学习活动都可以提高精神生活水平。如果学习者存在重智育轻德育、重科技轻人文、重记忆轻思考、重感性轻理性的倾向，在学习过程中，精神生活水平是难以提高的。其原因在于，这样的学习者把才与德、科技与人文、简单记忆与深入思考、感性满足与理性追求分割开来，只注重前者而忽视甚至轻视后者，这样的学习受功利主义价值观影响，往往具有很明显的实用、求利色彩，缺乏对学习的全面、长远考虑，而且学习的自觉性不高。为了解决这种学习倾向，提高学习效果和精神生活水平，必须把握学习的两个关键。

1. 确立高远的学习目标。所谓目标，是个人、部门或整个组织所期望的成果。目标有眼前与长远、片面与全面之分。学习活动是一个综合性活动，既涉及思维领域的各个要素，也受一定客观环境的影响，还与学习者所追求的学习目标直接相关。是否确立了正确、全面、长远的学习目标，是提高学习效果和精神生活水平的关键。因为学习目标的确立，就为学习的价值确定导向，就会激发学习的精神动力，就能为提高学习效果和精神生活水平奠定基础。每个人在学习过程中，都有一定目的，但不同的目的产生的作用是不同的。局限于实用、求利的学习目标，虽可产生短暂动力，但当具体的实用、求利目的达到，动力也就消失。学习的目标不全面和不高远的学习者，在学习过程中，一般是被动性的，感觉也不轻松，甚至认为学习是一种负担。所以美国著名教育心理学家布鲁纳认为，学习的目的不仅是将我们带到某处，而且应该让我们在前进时更为容易。

诸葛亮曾说“夫志当存高远”，就是说做人应该有远大的理想和志气。如果心志不坚定，心胸不开阔，长期在庸俗的氛围中过日子，就会成为一个平庸的人。苏东坡曾说，古今成大事者，不惟有超世之才，亦有坚韧不拔之志。志是人的精神世界，是人的精神支柱。一个人追求的目标越高，他的才力发展就越快，使人伟大或渺小皆在其志。伟大的毅力只为伟大的目标而产生；一个没有学习、事业目标和远大志向的人，只会变得懒惰，难以把握成功的契机，更不会有创造和发明。

常言道，立身以立学为先。目标是人前进的方向，也是人前进的动力，一旦有了目标，怎样实现目标的方法也会随之出现。学习也是这样，有了全面、高远的目标，不仅可以促进学习者全面发展，而且学习起来更轻松，获得的知识和精神上的愉悦更多。英国牛津大学校长在北京大学建校一百周年的大会上说：大学是这样一个地方，她为追求幸福的男人女人提供教育，给他们指南，让他们去获得寻求幸福的手段，获得寻求幸福的能力。中国教育家陶行知先生一生从事教育事业，长期探索教育理论，形成了自己的教育思想，其中包括对教与学、德与智关系的论述。他认为，教育、学习的目标应当是“教人求真，学做真人”；1943年陶行知为广东大埔县百侯中学所做的校歌中写到：“千教万教，教人求真；千学万学，学做真人”；并强调教育是教人做人，教人做好人，做好国民的意思；他希望教师教会学生学习，教会学生生活，教会学生做人。

2. 辩证对待学习活动中的苦与乐。学习活动，既是认识活动，也是实践活动，认识为了实践，实践深化认识。因而不管是认识还是实践，都需要人有主观能动性，也能够增强人的主观能动性。所以我们说，学习活动总是伴随着精神生活。

学习是一种自觉获得知识、技能，追求思想升华和精神境界的过程。在这个过程中，学习者会有“苦”和“乐”两种精神感受。一方面，学习需要人付出时间、精力、钻研与艰辛，体现为“苦”，即刻苦学习、苦心攻读，古代流传的十年寒窗苦、学海无涯苦作舟，以及“凿壁偷光”、“悬梁刺股”的故事，都是说学习要刻苦、要吃苦。另一方面，学习可以增长智慧、能力，丰富内心世界、提高精神境界，又有喜与乐，即古代所说的“乐学善思”。宋代皇帝赵恒说，书中自有黄金屋，书中自有颜如玉。尽管反映了封建社会士子读书的追求，但它也表达了读书可以获得美好结果的意思。学习的“苦”和“乐”总是相互联系、相互转化的，即没有苦，也就没有乐；苦可转化为乐，乐可转化为苦。这个道理很简单，就是任何美好的结果、成果，都需要艰苦付出。要想快乐，先要吃苦；要想杰出，先要付出。古人所说的“宝剑锋从磨砺出，梅花香自苦寒来”，讲的就是学习苦和乐的辩证道理。

对学习过程中的苦与乐，不同的学习者感觉是不一样的。有正确学习目标和主动学习的学习者，虽然也要付出艰辛，但他会以学为荣、以学为乐，而缺乏正确学习目标和被动性学习的学习者，往往不愿付出艰辛，表现出应付、厌学的情绪；具有兴趣和爱好的学习者，对所学内容会很有激情，没有兴趣和爱好的学习者，对所学内容会很感厌倦。学习被动、被迫、应付、厌倦，不是快乐的精神状态，而是痛苦的精神状态，在这种精神状态下学习，人的智力、活力受到压抑，既不可能有好的学习效果，更不可能提高精神生活水平。天才是1%的灵感加99%的努力，就说明了付出的重要性。每个事业、学术上的成功者，他们在获得、享受自己成功的成果时，无疑是美好而快乐的；但他们要在长期不懈的学习、实践过程中，付出了心血才能取得这样的结果。钱学森在回忆早年在北京师范大学附属中学学习时，深有感触地说，我们“每天午饭后，在教室里交谈感兴趣的各种科学知识。学生的求知欲强，把学习当成一种享受而不是一种困难”；当时“学生临考试是不做准备的，从不因为明天要考什么而加班背诵课本。大家都重在理解不在记忆”。[①] 北宋著名思想家范仲淹说过：“昼夜苦学，五年未尝解衣就寝。或夜昏怠，辄以水沃面。”“酸甜苦辣咸，人生百味，尽在其中。”学习的苦与乐是相对的，学习不完全是苦，也不完全是乐，而是有苦有乐。在学习过程中，既有“山

---

① 刘沪：《钱学森人生的一个高潮》，《人民日报》2011年10月25日第16版。

重水复疑无路”的苦闷，也有“柳暗花明又一村”的惊喜，正是这种苦中有乐、乐中蕴苦的交错感受，才能使人真正认识学习活动的真谛。

二、现代休闲活动的精神生活

休闲，一个在现代社会开始被广泛关注的名词，越来越彰显其重要性。据预测，2015 年，发达国家将“进入休闲时代”。在中国，休闲也逐步受到社会和人们的重视。随着科学技术的迅猛发展，人类创造了前所未有的物质财富。然而，在这个物质生活越来越丰富的时代，有些人在不断膨胀的物欲面前“异化”了自己，精神生活变得相对匮乏，甚至由于精神的缺失，导致某些社会不良风气的形成。因此，发展休闲活动过程中的精神生活，对提高人们的生活质量具有重要作用。

（一）休闲概念与相关概念

1. 休闲的界定与内涵。对休闲概念，在不同时期，人们从不同视角进行了界定，《现代汉语词典》的界定是：“休息；过清闲生活。”对休闲概念的界定还有以下三个角度。

第一，从时间角度解释休闲。从时间视角界定休闲，以马克思关于“自由时间”的论述最为突出。马克思把相对于“劳动时间”、“必要劳动时间”之外的时间，即“自由时间”称为休闲，他说：“节约劳动时间等于增加自由时间”，自由时间“就是可以自由支配的时间……这种时间不被直接生产劳动所吸收，而是用于娱乐和休息，从而为自由活动和发展开辟广阔天地”。① 他还阐述了休闲活动的内容及其与劳动时间的区别，“可以自由支配的时间，就是财富本身，一部分用于消费产品，一部分用于从事自由活动，而这种自由活动不像劳动那样是在必须实现的外在目的压力下决定的，而这种外在目的的实现是自然的必然性，或者说社会义务——怎么说都行”。② 虽然马克思在此用的是“自由时间”而不是“休闲时间”，但这对于我们正确界定“休闲”这一概念具有十分重要的方法论意义。《国际教育百科全书》中关于休闲也是从时间角度界定的：“按照量的定义，休闲就是指所有规定的其他基本要求，诸如应付工作和睡眠、社会义务和社会约束之外，个体的一段自由的、无责任的或娱乐性的时间。”③ 联合国的《社会和人口统计体系》将个人可支配的时间称为休闲时间。英美等国的社会学家将人们每天的时间划分为工作时间、上下班往返的时间、家务劳动与个人副业劳动时间、照顾和教育孩子的时间、满足人正常生理需要的时间、休闲时间，以及休闲时间中各种活

① 《马克思恩格斯全集》第 46 卷（下），人民出版社 1979 年版，第 120 页。
② 《马克思恩格斯全集》第 26 卷，人民出版社 1974 年版，第 282 页。
③ 《闲暇教育》，载《国际教育百科全书》第 5 卷，贵州教育出版社 1990 年版，第 654 页。

动相关的往返。[①] 这些划分虽表述不同，但基本意思是，人们在工作以外个人可支配自由时间的活动就是休闲。

第二，从社会活动角度解释休闲。休闲不仅是一个时间范畴，更是一个活动范畴。古希腊时期的先哲，认为“休闲”意为“不是在不得不做的压力下从事的严肃的活动”。从社会活动的角度定义休闲，可以扩展这个概念的内涵，使其包括“一系列在尽到职业、家庭与社会职责之后，让自由意志得以尽情的发挥，它可以是休息，可以是自娱，可以是非功利性的增长知识、提高技能，也可以说对社团活动的主动参与”[②]。休闲时间虽然是“空闲”时间，但不是“空白”时间，休闲时间总是伴随着休闲活动。休闲活动是个体根据自己的兴趣爱好，自由选择符合自己内心感受和需要的活动内容与方式，体验并意识到自我，进而展现、发展自我。

第三，从生存心态角度解释休闲。亚里士多德曾把休闲界定为“不需要考虑生存问题的心无羁绊”的状态。心理学家用“心灵上的”自由或“驾驭自我的内在力量”来表达他们所理解的休闲，认为无论外部环境如何，人人都应相信，他是自由的。“休闲感有，且只有一个判据，那便是心之自由感。只要一种行为是自由的，无拘无束的，不受压抑的，那它就是休闲的。去休闲，意味着作为一个自由的主体，由自己的选择，投身于某一项活动之中。”[③]

2. 现代休闲活动的内涵。如果要对现代休闲活动做一个界定，就是在现代社会条件下，个人或团体在闲暇时间内自愿从事的以放松身心、获得愉快体验并促进个体发展的活动。其内涵包括：首先，现代休闲活动是针对现代社会各种休闲活动形式而言的，体现时代性；其次，休闲活动的前提是闲暇时间的存在，及在工作和其他社会任务以外的时间从事的活动；再次，活动的性质是放松、舒解、随己所好、任意而为的一种活动；最后，活动的价值在于使个体享受精神放松，扩展知识面，提高精神生活质量，促进身心健康及社会参与。中国学者何福田教授认为，现代休闲活动存在三种取向：对个人而言，在于促进生理机能健康、松弛紧张的身心、稳定个人情绪、扩展生活经验、培养社会智慧；对家庭而言，在于促进家庭和谐、亲情融洽、经验分享、消除代沟、增进向心力；对社会而言，在于促进社会和谐、消弭暴戾、提高工作情绪、增进工作效率。因此，积极健康的现代休闲活动于个体、家庭和社会都有着非常积极的意义。

3. 休闲的相关概念。与休闲相关的概念主要有以下三点。

第一，“闲暇”。所谓闲暇，《现代汉语词典》解释为“空闲”，即“没有事情要做的时间”或“没有事的时候”。闲暇是指个人不受其他条件限制，完全根据自己的意愿

---

① 参见《社会学和现时代》第1卷，转引自《中国社会科学》1987年第6期。

② Dumazedier, J (1960). Current problems of the sociology of leisure. *International Social Science Journal*, 12 (Winter), p. 526.

③ 参见（美）杰弗瑞·戈比《你生命中的休闲》，康筝译，云南人民出版社2000年版，第6页。

去利用或消磨时间，如唐代大诗人白居易在《长恨歌》中写道的“承欢侍宴无闲暇，春从春游夜专夜。”

第二，“娱乐”。娱乐与休闲虽不是同一层面的概念，但娱乐是休闲的主要方式。娱乐只是人生活、工作的条件，而不是对生活意义的揭示，但它可以蕴涵生活意义与休闲的价值。正如美国社会学家米德所分析的，娱乐代表着一种“态度，它把工作和游戏所带给人们的快乐紧密联系在一起，成为一个整体，其中任何一个都无法孤立出来。但是，人必须工作，然后疲劳，于是去娱乐（休闲），使自己能重新投入工作”①。在米德看来，“娱乐”一词集中体现为一种有条件的快乐态度，在此种快乐中，工作与娱乐所带来的乐趣紧密交织。

第三，“畅”。“畅”是美国心理学家奇克森特米哈伊提出的概念，是指在工作或休闲时产生的一种最佳体验，类似于马斯洛提出的“高峰体验”和中国的“陶醉”概念。他认为，畅是“一种感觉”，当产生这种感觉时，“注意力高度集中，没有心思注意与此无关的事，也不考虑别的问题。自我意识消失，甚至意识不到时间的存在。能让人获得这种体验的活动实在是让人陶醉……”② 在工作或休闲中，人们只有全神贯注、游刃有余才可以获得畅的体验。显然，这种畅的体验不常出现，但多数人都曾有过，它不仅出现在科学与文艺的创作活动之中，还出现在劳动与休闲之中。

（二）休闲活动是人类社会的普遍活动

古希腊时期的先哲们认为，美好的生活目标，就是对智慧、美德和休闲的追求，休闲与知识、美德、幸福是不可分割的。柏拉图在构建其理想王国时，认为具有德性的哲学家是在自由和休闲中培养出来的，他将具有娱乐性的音乐教育，与算数、几何、天文等知识教育同等看待，认为通过学习音乐，不仅可以培养军人严肃、勇敢、慷慨、高尚的品质，提高斗志，还可以在战争时直接鼓舞士气，赢得战争胜利。亚里士多德继承并发展了柏拉图关于休闲的思想，在其代表作《尼各马可伦理学》和《政治学》中，系统阐述了幸福、休闲、快乐、美德和安宁的关系。他认为休闲体现幸福，而关于个人幸福的是伦理学，关于集体幸福的是政治学。亚里士多德与柏拉图一样，也把智慧、幸福和休闲作为生活的三大目标，并认为休闲“是对人类最高目标理解的完成”，是实现其他两大目标的先决条件。他还区分了休闲游戏的快乐同理智与德性幸福的层次，他说：“来自游戏的快乐，并不是由它自身而被选择的，它利大于弊。由于有权势的人在游戏中消磨时间，所以游戏也被当作幸福。但作为高尚活动源泉的理智与德性并不在权势

---

① Mead, M. (1958). The patterns of leisure in contemporary American culture. In E. Larrabee & R. Meyersohn, (eds.) *Mass Leisure*. Glencoe, LI: The Free Press, pp. 11 - 12.

② 参见（美）杰弗瑞·戈比《你生命中的休闲》，康筝译，云南人民出版社2000年版，第21页。

中，所以幸福决不是游戏。”① 他还论述了劳动与休闲的辩证关系，“人类天赋具有求取勤劳服务同时又愿获得安闲的优良本性，勤劳与休闲的确都是必需的……而人生所以不惜繁忙，其目的正是在获致休闲。”“那么，试问，在休闲的时刻，我们将何所作为？总不宜以游嬉消遣我们的休闲……游嬉，在人生中的作用实际上都同勤劳相关联……游嬉恰正使勤劳的人们获得了憩息。”② 亚里士多德还论述了休闲的道德要求，他说：“如果要获得休闲，进行修养，这须有若干必须条件……勇毅和坚韧为繁忙活动所需的品德；智慧为休闲活动所需的品德；节制和正义则在战争与和平时代以及繁忙和休闲中两皆需要，而尤重于和平与休闲……休闲愈多，也就愈需要智慧、节制和正义。”③

在中国古代，休闲也历来备受人们的关注。早在先秦时期，周朝的士大夫们就认为休闲对于国家安定、繁荣有重要意义，如《大雅·生民之计·民亦劳止》中就有“民亦劳止，汔可小康。惠此中国，以绥四方……以定我王”，“民亦劳止，汔可小休。”《小雅·十月之交》中有“民莫不逸，我独不敢休”，强调人民的休闲生活应当成为统治者关注的重要内容。在先秦儒家思想中，以闲养德更是备受推崇。孔子及其弟子大多家境贫寒，但他们不役于环境，而是以自己的精神驾驭环境，达到乐以忘忧、乐其所乐的境界。“贫哉，回也！一箪食，一瓢饮，在陋巷，人不堪其忧，回也不改其乐。”④ 身处简陋的环境，颜渊能苦中求乐，孔子对其乐作了解答：“饭蔬食饮水，曲肱而枕之，乐亦在其中矣。不义而富且贵，于我如浮云。”⑤ 这便是备受孔子推崇的“贫而无怨”、“贫而乐道”的生活方式。道家所主张的“无为”，本身就是一种惬意的生活。无欲、不欲、至虚、受静，心处恬淡、和适，可以说是道家对生活的基本态度。古代文人崇尚“乐道而忘贱，安德而忘贫”，虽有禁欲倾向，但也是一种精神生活的追求。青灯下，一桌、一茶、一书，不假思索，以不求甚解；斜阳里，小溪旁，听鸟语呢喃，看云聚云散，未尝不是清闲的生活。从古以来，人们把休闲作为一条通往美好精神家园的渠道。

在现代社会，休闲活动越来越受到重视，人们通过休闲活动，可以进一步丰富人生体验，提升精神生活质量，促进全面发展。

第一，现代社会的发展需要休闲活动。美国休闲学专家杰弗瑞·戈比在考察诸多休闲文化的基础上提出：“休闲是从文化环境和物质环境的外在压力中解脱出来的一种相对自由的生活。”⑥ 休闲活动是生命的高层次需要，是一种精神的愉悦。马斯洛提出的“人的需求层次理论”，将人的需要由低到高，依次分为生理需要、安全需要、社交需要、自我实现的需要和尊重的需要。按马斯洛的观点，生理的快感是因为满足了人的生

① （古希腊）亚里士多德：《尼各马可伦理学》，苗力田译，中国社会科学出版社 1989 年版，第 222 页。
② 同上书，第 410 页。
③ （古希腊）亚里士多德：《政治学》，吴寿彭译，商务印书馆 1965 年版，第 393—394 页。
④ 朱熹《四书集注》，岳麓书社 1993 年版，第 124 页。
⑤ 同上书，第 138 页。
⑥ （美）杰弗瑞·戈比：《你生命中的休闲》，康筝译，云南人民出版社 2000 年版，第 9 页。

理需要引起的，休闲愉悦是自我价值得以实现引起的。前者居于需要的最低层次，后者居于需要的高级层次，前者一旦得到满足，快感也随之消失，后者得以满足一次，便终身难忘。中国休闲学专家马惠娣，系统论述了休闲在现代社会的地位、作用与价值，她认为，把休闲从劳动状态与负有责任的其他活动中分离出来，这是人的生存整体一个组成部分。在某种意义上，休闲与马斯洛的需求层次理论中的自我实现的理念一致，旨在巡查精神世界中人的创造力和鉴赏力，通过休闲促使人对生活（生命）进行思索，有助于人的全面发展和个性的成熟。休闲的价值不在于提供物质财富或实用工具与技术，而是为人类构建美丽的精神家园。[①] 现代社会，生产力高度发达，人们在满足了物质层次的需要以后，就会产生更高层次的需要。通过休闲活动，人们可以在精神自由中感受审美、创造和超越等高层次精神享受，从而获得愉悦体验，使心灵获得安顿，达到自我实现需要的满足，构建美丽的精神家园。

第二，现代社会发展为休闲活动提供良好条件。休闲活动的进行需要一定的物质条件，这些条件在现代社会已经逐步具备。美国未来学家格雷厄姆·T. T. 默利托预测，休闲将是新千年“经济发展五大推动力”（第一大推动力是政治，第二大推动力归功于理论，第三大推动力是企业家，第四大推动力是人民群众，第五大推动力来自国外的力量）中的第一引擎，新千年的若干趋势将使“一个以休闲为基础的新社会有可能出现”，2015 年后发达国家将进入“休闲时代”。目前，美国已有 1/3 的时间、2/3 的收入、1/3 的土地面积用于休闲，休闲业已经成为美国第一位的经济活动产业。在中国，休闲产业也得到了前所未有的发展，旅游业越来越成为一些地区的支柱产业，大中城市各类休闲活动得到蓬勃发展，如商业区，娱乐设施、餐饮服务、体育竞技、图书馆、名胜古迹、继续教育、高雅艺术展馆等设施已经建成或在开发中，人们进行休闲活动的选择越来越多和越来越方便了；网络技术的发展也为现代休闲活动创造了条件。以上都是现代社会适应人们对休闲活动的需求而创造的物质条件，这些物质条件也进一步促进了休闲活动在现代社会的发展。

（三）现代休闲活动的发展、类型与特点

休闲活动对现代人来说如此重要，因此我们有必要进一步考察现代休闲活动的发展、类型及特点。

1. 现代休闲活动的发展。在传统社会中，休闲没有相对的独立性，只是劳动的从属和依附。在现代社会，随着生产力的发展，休闲从劳动中分离出来，具有独立性，并与劳动一样成为人们社会生活的组成部分。现代休闲活动的发展具有三个明显特征。

第一，休闲活动逐步融入社会生活体系。在现代社会，人们越来越注重精神体验，尤其是进入信息社会后，休闲活动已经逐渐渗透到人们的生活空间，成为当代文明不可

---

① 参见于光远、马惠娣《于光远马惠娣十年对话》，重庆大学出版社 2008 年版，第 224 页。

或缺的象征之一。有学者认为，在下一个十年，人们将用更多的休闲来满足个人的兴趣爱好，将不能仅仅凭一个人在干什么就确定这个人是在劳动还是在休闲。按照全球休闲与旅游业发展的一般趋势，当一个国家的人均 GDP 达到 3000—5000 美元，就将进入休闲消费、旅游消费的爆发性增长期。目前，中国人均 GDP 已达 3000 美元，已触及了休闲消费“爆发性增长”的中低线。休闲作为一种业态，既有闲情逸致的传统消费场所，也有乡村庄园、葡萄酒庄、高尔夫球场、豪华游艇、大型游乐园等。中国 2007 年《政府工作报告》首次从国家层面定位，要求积极培育休闲这一消费热点。国民休闲是一个国家发展到“盛世”的内在表现，是一个民族繁荣昌盛和生活水准高度的重要体现。可以预见，休闲活动将逐步成为社会生活的中心。

第二，休闲活动逐步走向大众化。随着生产力水平的提高，物质财富快速增长，使人们的劳动时间比过去相对缩减，对自由时间的消费也不再局限于休息体力或简单的娱乐活动。当工业社会发展到机械化和自动化时期，机器的大量使用使人类从体力劳动中解放出来，社会便出现了“少数人的闲暇与文化不必仰赖大多数人的劳动”，于是休闲被视作人的一项基本权利也越来越受到重视。20 世纪 60—70 年代，各种国际劳动组织关于劳动者权益宣言相继问世，从而在法律上对闲暇作出规定，使休闲成为一种新的社会建制，保证了人们从事各类休闲活动的权利。我们可以看到，人们越来越追求多样化的休闲方式和精神享受，各类业余电脑、外语及其他专业技能班，科技馆的科普启蒙，文史博物馆的历史文化推介和庆典活动等越来越受到人们的欢迎，文化娱乐消费、假日旅游、体育健身等休闲娱乐方式也越来越受到大众的喜爱，休闲活动因而走向大众化。

第三，休闲活动的形式越来越多样，层次越来越高。休闲活动在现代社会的发展基本遵循了这样的轨迹：在前工业社会，人们的休闲活动主要是看电视、购物消费或从事体育活动，以追求享乐为满足，不大注重精神生活质量的提高。后工业社会中，家用电脑、移动电话和因特网等无限通讯工具方便了人们的工作和休闲，人们在闲暇时间不再沉溺于电视和网络中，更愿意进行家庭以外的休闲活动，如旅游、交流、进行各种有氧运动、参加社团和俱乐部等，更注重心灵自由的追求，关注自我价值的存在与实现，促进与家人、朋友的交流，共同构建健康的精神生活。

2. 现代休闲活动的类型。现代休闲活动种类繁多，依据活动本身的性质可以分为：体育性休闲活动，如田径、体操、游泳、划船、登山等；知识性休闲活动，如阅读、朗读、写作、实验、研究等；娱乐性休闲活动，如棋艺、摄影、钓鱼、观剧、旅行及游览等；艺术性休闲活动，如音乐、绘画、雕刻、舞蹈、插花及烹饪等；服务性休闲活动，如环境清洁、探访孤独老人、参加杜会公益活动等志愿者服务等。

另外，国内外学者依据不同的标准对现代休闲活动的类型也作出了不同的划分。美国学者约翰·凯利根据人们从事休闲活动的目的将休闲活动分为四类：纯粹性休闲活动，补偿性休闲活动，调整性休闲活动，准备与恢复型休闲活动[①]。这一类型划分说明，各种类型的休闲活动对于休闲者而言，既可以使个体松弛身心、洗涤心灵、获得快乐、获得成长，也可以使个体增进与家人、同事的交往，增进对工作的认同和丰富生活经验。中国学者宁泽群结合休闲者身心健康的自我完善程度，将休闲活动分为三大类别[②]，这三大类别的休闲活动对休闲者身心健康的发展起着不同的作用：第一类是满足生理机能需要，对休闲者起恢复体力和放松的作用，如睡眠、散步、饮食、健身锻炼等；第二类是满足精神追求的需要，对休闲者起精神愉悦和欢乐享受的作用，如自由阅读、欣赏艺术和音乐、公益活动、与他人的思想交流等；第三类是获得生存价值的理解，达到身心合一的境界的作用，使休闲者进入身心陶醉的状态。[③] 这三种类型休闲活动的作用不断递进和深化。休闲活动的层次只有不断提升，才能更好地获得自我实现，提高精神生活质量，促进个体全面发展。

3. 现代休闲活动的特点。现代休闲活动具有鲜明的时代特点，概括起来主要有以下几个方面。一是文化活动通俗化。具体体现在文学作品、影视作品和高雅艺术等休闲活动形式，都开始走向大众而更加通俗。文学作品在现代社会多了一些娱乐性因素；越来越多的影视作品以大众口味的形式出现；戏曲、歌剧甚至芭蕾舞、交响乐等高雅艺术也开始面向大众普及，显得更加平民化。二是消费行为休闲化。是指人们的生活方式不再主要受到物质条件的限制，逐渐增加精神内涵的享受。人们的消费活动，开始由关心休闲物质产品的使用价值转向关心依附在物质产品上的文化价值和精神内容。三是日常生活娱乐化。是指娱乐因素越来越多地渗透到工作、生活、购物及各种活动中，如人们越来越多地把娱乐休闲性融入逛街购物活动，越来越多的公司在进行人力资源开发和人才培训时，引入了大量的游戏和户外拓展项目作为员工培训和塑造团队精神的内容。四是休闲空间虚拟化。随着计算机网络技术快速发展并不断普及，人们借助网络构建了新的休闲娱乐空间，聊天、听音乐、看电影、看电子书、玩游戏等十分便捷。五是休闲追求个性化。是指人们的休闲追求越来越体现个性化特点，表现为消费者越来越富于想象力，渴望变化、喜欢创新，有强烈的好奇心，他们所选择的不仅是休闲产品的实用价值，更要求其具备与众不同的特性，能够充分体现个体的自身价值。

（四）现代休闲活动与精神生活质量

物质生活的丰富并不能让人获得最大的幸福感，只有精神享受、精神上的满足才能让人感觉到生命的自由及生活的幸福。精神生活质量的高低在一定程度上意味着现代人

---

① 转引自（韩）孙海植等《休闲学》，东北财经大学出版社 2005 年版，第 33 页。

② 宁泽群、王兵：《现代休闲方式与旅游发展》，中国旅游出版社 2007 年版，第 85 页。

③ （美）托马斯·古德尔、杰弗瑞·戈比：《人类思想史中的休闲》，成素梅等译，云南人民出版社 2000 年版，第 254 页。

生活质量的高低。

1. 现代休闲活动与精神生活的关系。中国休闲学专家从休闲的目的、内涵、价值几个层面，论述了与精神生活的关系，认为："休闲的目标是满足人的生理、心理和精神需求，在寓教于乐中塑造和擢升人的文化精神品格，促进人的多方面的发展。""休闲本身是一种精神体验，是人与休闲环境融合的感觉，是人的社会性、生活意义、生命价值存在的享受。""休闲的价值……是为人类构建意义的世界和守护精神的家园，使人类的心灵有所安顿、有所归依。"① 现代休闲活动最重要的意义在于引导人们注重对精神生活的体悟，追求高层次的精神生活感悟，在精神自由中把握自我，实现个体的发展。正如瑞典哲学家皮普尔所说的："休闲是人的一种思想和精神的态度，它既不是外部因素作用的结果，也不是空闲时间的必然，更不是游手好闲的产物，而是人们的一种精神的态度，即人们保持的平和宁静的态度，也是人为了使自己沉浸在平和心态中，感受生命的快乐和幸福。"②

休闲活动与精神生活的关系，在现代社会更加紧密，其主要体现：一是休闲活动是精神生活的载体。人类的精神生活是内蕴于各种具体的文化中的，是在"历史的积淀中逐渐形成和孕育出一个相对稳定的意义世界和'活'的文化世界。这一世界既是人的存在的个性化本质与精神追求的文化表征，也为人的存在提供着终极的价值支撑和神圣的意义归属"。"作为意义世界，它容涵与负载着人关于自身存在意义的理性觉知、文化认同、心灵归属和情感寄托。"③ 显然，人们从事休闲活动，在其中实现精神自由，体验审美的、道德的、超越的各种能使人回归意义世界的感受。因而，休闲活动"通过人类群体共有的行为、思维、感情，创造文化氛围，传递文化信息，构筑文化意境，从而达到个体身心和意志的全面、完整地发展"④。因此，休闲活动的意义在于给我们一种文化底蕴，承载我们的精神生活。二是休闲活动的目的是提升人的精神生活质量。休闲活动有休息放松、休闲娱乐、个体发展等不同的目标层次，通过积极健康的休闲，不仅可以使人摆脱身心疲劳，恢复精神与活力，还能培养人对生活的审美态度，使自己的精神世界更加丰富多彩。三是休闲活动的过程是享受精神生活的过程。休闲活动一方面蕴涵着许多韵味，另一方面也是生成体验和丰富情感的重要源泉。在休闲活动中，人们参与并投入了自己的情感，内化休闲所带来的对身心的调节，可以获得深层次的情感体验。情感体验不仅对休闲过程有着重要的启动、激励、维持、调控的作用，而且与个人态度的形成、信仰的确立、个性的完善息息相关。缺乏情感体验的融入，休闲或许能在大脑中留下痕迹，但无法在心灵中、在人生中留下震撼。⑤ 休闲的最高境界体现为

① 马惠娣：《休闲：人类美丽的精神家园》，中国经济出版社 2004 年版，第 77 页。

② 马勇、周青：《休闲学概论》，重庆大学出版社 2008 年版，第 27 页。

③ 庞立生、王艳华：《精神生活的物化与精神家园的当代建构》，《现代哲学》2009 年第 3 期。

④ 马勇、周青：《休闲学概论》，重庆大学出版社 2008 年版，第 66 页。

⑤ 马勇、周青：《休闲学概论》，重庆大学出版社 2008 年版，第 196 页。

“畅”的感受。“畅”是指在工作或休闲时产生的一种最佳体验，类似于马斯洛提出的“高峰体验”，是人在进入自我实现状态时所感受到的一种极度兴奋的喜悦心情。[①] 四是休闲活动是现代人享受精神生活的重要方式。要获得精神的享受，需要有精神投入和精神交流，从而获得精神满足，并实现精神文化的创造。而这一个过程需要两个基本条件：闲暇时间和物质基础。现代休闲活动正是满足了这两个条件，才成为现代人享受精神生活的重要方式。

2. 现代休闲活动的性质制约精神生活取向。随着社会多样化的发展，休闲的内容与方式也出现多样化。这种多样化包括休闲性质的差别导致的精神生活的不同取向，主要体现为“雅闲”、“俗闲”和“恶闲”。

第一，“雅闲”，指文化精神层面的休闲活动方式，是一种高雅、有品位的休闲，其特点是超越性和发展性，最终指向精神的愉悦和自我的提升。“雅闲”这种生活方式已经超越了对物质的单纯追逐和依赖，而是追求一种自由的精神生活或精神消费，不断地完善自我、实现自我。可以说，“雅闲”就是一种生活品位、一种社会地位的体现。“雅闲”又是一种精神消费，具有创造性，有利于发挥人的本质力量，成为生产力水平提高和物质财富丰富后的人们日常生活的必然需求。“雅闲”蕴涵着丰富的文化内涵，于光远曾提出“要玩得有文化”，就是要求注重休闲的文化内涵及其高雅品味，摆脱低级趣味的休闲。因而，“雅闲”倡导和追求的是积极向上的精神生活。

第二，“俗闲”，指一种大众化的休闲活动方式，能满足大众休闲心理的需要，是社会的普遍休闲方式，其主要特点是娱乐性和闲适性。随着物质生活的不断改善，人民大众的休闲活动也越来越多样，如看电视、聊天、出外旅游、品尝美食、上网娱乐等。这些俗闲活动过程中的精神生活，主要是放松身心，使生活变得轻松、有意义，使人能在日常生活中满足精神生活的基本需要，保持健康的精神状态。

第三，“恶闲”，指对社会、自然和自己产生不和谐的休闲活动，是一种不健康、不文明的休闲方式，也是违背道德、文明的行为，具有消极性与破坏性。如果不进行正确引导和必要的遏制，对社会发展和个人幸福会造成危害。例如，有的人有钱之后寻欢作乐、纵情声色，甚至赌博、吸毒、犯罪，还有某些社会陋习在一些人中死灰复燃，如占卜算卦、测字相面、巫医大神、信神弄鬼、风水先生等侵入休闲活动。这种落后、恶性的休闲活动，带来的是消极、有害的精神生活取向，它使人精神颓靡、迷失自我，把健康向上的人引向歧途。

因此，休闲活动是否健康、文明，直接影响人们获得怎样性质的精神体验，决定了精神生活的质量。

3. 现代休闲活动层次决定精神生活境界。休闲活动既有不同性质、不同方式的差

---

① （美）托马斯·古德尔、杰弗瑞·戈比：《人类思想史中的休闲》，成素梅等译，云南人民出版社 2000 年版，第 254 页。

别，也有不同层次的区分。不同层次的休闲活动影响着精神生活的境界层次，主要表现为感性与理性、低俗与高雅、大众与经典层次。

第一，感性与理性层次。进行休闲活动，应有健康内容、正确价值、合理方式的理性选择，不可任性妄为。人有各种各样的欲望，休闲活动在一定程度上能满足我们的生理欲望和精神欲望。但如果只强调感性欲望的满足而不顾后果，甚至通过吸食毒品、出入色情场所等恶劣的方式来满足欲望，则是缺乏理性驾驭的行为选择。如此肆意妄为的"休闲"只能带给个体一时的满足，留下不良后患。因此，要提倡理性对待、选择休闲活动，不可感情用事。面对现代社会中形形色色的休闲活动，更要控制好自己的欲望，抵制不正当休闲的诱惑，选择有益的休闲活动。

第二，低俗与高雅层次。社会中存在的各种各样的休闲活动，往往雅俗共陈，人们各有所好。偏于低级、庸俗的休闲活动是不能给人以高层次精神体验的，甚至会影响社会风气。如色情活动，铺张浪费的餐饮活动，在网上散布垃圾信息，以及有些大众休闲产品以炒作、恶搞为能事，充斥低俗、恶俗、劣俗，矫情、滥情、色情甚至封建迷信思想，"娱乐至死"，缺乏对现实社会的人文关照和对人类面临问题的深入思考，一定程度地加剧了社会的浮躁心理，劣化了社会的精神状态。① 因而，一定要拒绝低俗休闲，选择高雅有益的休闲。有益、高尚的休闲表达了一种美好的情趣，体现着个人的气质与追求。古人有云，交好友能"与君一席谈，胜读十年书"；揽名胜可"胸有一副别才，眉下一双别眼"；读好书可得黄金屋颜如玉，觅真谛。在古代，高雅的休闲方式表现为诗词歌赋、琴棋书画，能让人领会到深邃的意境，平添高贵和典雅。在现代，高雅的休闲方式更趋多样化。但并不是所有人都有机会感受高雅艺术，因此，要提倡高雅艺术走向大众，使广大群众都能看得懂、听得懂、欣赏得了高雅的艺术作品，使他们能够在艺术的熏陶中培养高尚的情操。

第三，大众与经典层次。影视作品、音乐、文学作品等常常涌现出经典之作。所谓经典之作，是指经久不衰的传世之作，被后人尊称为经典。典是指具有典范性、权威性的著作，经典就是经过历史选择出来的"最有价值的"。② 真正的经典能让人从中体悟到生命的价值。那些只是用于排遣无聊、增加愉悦感的影视、音乐、文学作品则不能称之为经典，只能称之为大众娱乐。大众文化是在市场经济全面发展和大众传播广泛普及的基础上发展起来的文化，它丰富和活跃了人们的日常文化生活。但是，由于受市场经济影响，大众文化在满足民众娱乐和情绪表达的同时，却难以为民众提供有深度的心灵教养和精神价值。因此，在进行休闲活动时，经典的作品经过时间的锤炼可以引发我们关于人类历史、人生哲理等高层次的体验和感悟，从而提升精神生活的境界，而大众化的作品在带给我们的则更多是娱乐放松，留给精神层面深层次的体悟不多。因此，休闲

---

① 方旭红：《休闲方式与时代精神建构》，《苏州大学学报》（哲学社会科学版）2009 年第 2 期。

② 马惠娣：《休闲：人类美丽的精神家园》，中国经济出版社 2004 年版，第 71 页。

活动中选择作品的经典与大众之分，影响着人们感悟精神生活的层次。

4. 现代休闲活动过度则会冲击精神生活质量。虽然休闲活动对精神生活质量的提升有着重要作用，但如果休闲过度，则会对精神生活造成冲击，其表现主要有以下几点。

第一，有些人网络成瘾造成主体精神缺失。网上休闲是当前年轻人热爱的休闲方式。网络具有信息的丰富性和活动的自由性，一些在现实中难以实现的意图，可以在网上实现，因而人们能够在网上获得满足感。此外，网络为人们提供了自由交往、交流的平台，可以满足情感表达的需要，还可以开展各种游戏活动寻找刺激、体验乐趣。但是，《通信白皮书》提供的调查结果表明：网虫们的睡眠时间和看电视时间因为上网减少了 50%，看杂志的时间减少了 40%，看报纸和学习工作的时间减少了 22%，和家人交流的时间减少了 13%。[①] 过度沉迷网络导致一些人身份的多重化和虚拟化，使得人精神生活的独立自主性受到冲击，严重的甚至使个体失去真实的自我，这与休闲活动提升精神生活质量的目的和价值是相悖的。因此，要把握网上休闲的度，防止过度迷失。

第二，沉醉消费文化造成主导精神虚弱。随着消费社会的到来，通过消费而获取物质和精神上的满足已成为现代社会常见的休闲活动方式。消费休闲是一种“从文化环境和物质环境的外在压力下解脱出来的一种相对自由的生活，它使个体能够以自己喜爱的、本能地感到有价值的方式在内心之爱的驱动下活动。在休闲消费中，人们可以从更高层次上反思自我，审视品味个性化的生活意义，满足自我的心灵本质需求，追求自由自觉的活动，实现着自身的全面发展。”[②] 但是，也要看到，人们在消费物品的同时更是在消费物品所象征的身份认同、符号价值。“他们对消费品的选择行为是其个人将无意识领域中形成的对其主体身份自我认同的主观形象投射到了消费品上，是将其无意识理论的身份认同的外化”，“人们消费的不是物品，而是各种符号”。[③] 可见，生产消费主义实际上是一种消费文化，消费休闲因此成了显示金钱、权力、身份和获得自我满足的一种方式。在过度消费中，消费者会迷失在商品的海洋中，失去自我，消费没有使自身得到确证，消费者反而被自己的消费所强制、控制和操纵，人在消费面前异化了，成了“单向度的人”。因此，过度沉醉于消费文化会造成个体主导精神虚弱，背离人的真实需要，与精神生活的实质——实现人的自由全面发展是相悖的。

第三，过度浏览信息造成理性精神飘失。闲来看书、看报纸、上网浏览信息，是信息社会人们日常的休闲活动。当前，我们正处于一个信息爆炸的时代，信息量之大史无前例。有一项调查显示，如今，全世界每年出版新书 60 余万种，新增期刊近万种，发表科技文献 500 多万篇。融计算机、通信卫星、声像技术为一体的多媒体技术使各式各

① 黄铁苗、曹琤：《试论正确的休闲》，《岭南学刊》2008 年第 3 期。

② 陶培之：《人的全面发展：休闲消费的伦理之维》，《苏州大学学报》（哲学社会科学版）2008 年第 4 期。

③ 郭凌、王志章：《后现代消费主义文化观及当代休闲研究》，《江淮论坛》2009 年第 4 期。

样的信息铺天盖地地向现代人涌来。当过度浏览这些信息时，往往发现其真假难辨，有许多垃圾信息混杂其中，能吸引眼球的则是那些经过炒作、夸大事情严重性的信息。可以说，在信息爆炸时代，浏览信息越多的人，可能越容易失去理性判断能力，分不清信息的是非真假，出现信息消化不良、信息干扰、信息恐惧等症状。可见，在信息爆炸时代，把浏览信息作为休闲活动时，要注意有选择性地阅读，增强理性分析能力并且注意适度休息，才能达到愉悦精神的目的。

5. 现代休闲活动不足或缺失则会抑制精神生活。在第 14 个世界精神卫生日，来自中国心理卫生协会的数据显示，目前，中国的抑郁症患者已经超过 2600 万。社会科学文献出版社最新出版的《中国人才发展报告 NO. 3》指出，目前，中国知识分子群体有七成人处于亚健康状况，七成知识分子走在“过劳死”边缘。我们随处可见的忙忙碌碌的人们，表现出身心的双重疲惫。《中国保健营养》记者对北京、天津、吉安三个城市中不同职业的 40—50 岁年龄段的人调查发现，92% 的人称自己活得不轻松。这样一组数据说明劳动过度、休息不足、休闲不够给现代人带来的危害。

休闲的目的既在于身心放松，也是为了更好地工作，让人保持健康的体魄和良好的精神，让生命更好地延续。然而，现代社会竞争激烈，生活节奏加快，社会矛盾增多，人们的工作、生活压力越来越大，很多人身心疲劳，没有闲暇时间释放自己的情感，常处于紧张、忧虑的情绪中，即使“身闲”也无法“心闲”，导致精神疲倦，长期睡眠不好而患上神经衰弱、焦虑甚至抑郁等精神性疾病。据了解，抑郁症目前已成为世界第四大疾患，而到 2020 年可能成为仅次于心脏病的第二大疾病。据世界卫生组织报告，抑郁症在全世界发病率约 11%，而抑郁症又是严重危及生命安全的疾病，严重的患者中有 15% 因自杀而结束宝贵的生命，2/3 的患者有自杀的念头。抑郁症同时给患者和家属带来严重的精神痛苦和经济损失。可见，休闲不足导致精神长期处于紧张状态对人类造成的危害是严重的。

西班牙有一句谚语：“匆忙的人先到坟墓。”英国著名数学家、理论物理学家霍金曾形容人类是“惟一被时间束缚的动物”。要更好防治以上因劳累过度引发的精神性疾病，最有效的方法就是休闲。杰弗瑞·戈比说：“休闲生活可以成为紧张生活和疾病之间的缓冲。”① 休闲活动可以使人自觉从社会生产的压力中解放出来，重新积蓄体力，获得精神放松，更好地投入工作，获得更大的创造。所以，现代意义上的休闲，就是真正关注身体的健康，克服浮躁心理，消除矛盾情绪，保持恬静心态。

（五）提高现代休闲活动的精神质量

马惠娣说过：“休闲作为补偿当代生活方式中的许多需要创造了条件，它通过身体竞技、科学活动和接触大自然，一方面丰富了生活、锻炼了体魄，提供了激发创造思维

---

① （美）杰弗瑞·戈比：《你生命中的休闲》，康筝译，云南人民出版社 2000 年，第 338 页。

的条件；另一方面培养了人的感情世界，铸造了人的坚韧、豁达、开朗、坦荡的性格，促进了人类理想的进步。”① 要在休闲过程中形成良好的精神状态，提高精神生活质量，必须掌握以下要点。

1. 明确现代休闲活动的价值取向。现代休闲活动正确的价值取向应是通过积极、层次高雅的休闲，促进人们获得更高层次的精神体验，从而提升精神生活质量。要达到这一目的，一是要提升休闲活动的质量。休闲活动对于个体、家庭和社会都是不可缺少的，但现代人从事休闲活动更要注重精神享受，满足精神上的需求。为此，要倡导选择性质积极向上、层次高雅的休闲活动。当人们的物质需求已基本得到满足后，更渴望过上高雅的生活，其渴望甚至会超越人们对贵重财产的占有欲。这种生活方式最大的特征在于它是以高雅文化为蕴涵的。高雅文化不追求功利性、实用性、商业性，它追求超越性，力求提升人的精神境界，追求神圣和崇高。二是适度把握休闲活动数量以保证精神生活健康。休闲活动过度与不足都会对精神生活造成不良影响，前面分析了过度上网休闲会使主体精神缺失，过度文化消费会使主导精神虚弱，过度的信息浏览会使理性精神飘失；而休闲活动缺失也会使个体在身体和心理上产生疾病甚至引发“过劳死”。因此，在从事休闲活动时要适当把握一个度，在工作之余适当休闲。只有这样，才能发挥休闲活动对精神生活的促进作用。

2. 养成紧张工作与放松休闲相结合的生活状态。在生活中，人们往往会有这样的发现：有些人在工作时间敷衍了事，总是想着要休闲，而在休闲时间又心神不宁，想着没做好的工作，结果工作的效率没达到，也没体会到休闲的快乐和放松。其实，这是对休闲与劳动的一种割裂与对立。休闲和劳动本来是对立统一的关系，劳动是休闲的基础，没有有效的工作就不可能有高质量的休闲；同时，人们只有在休闲中达到全身心的放松，体力、心力才能真正得以恢复，也才能以饱满的热情投入工作。因此，我们要学会养成紧张工作与放松休闲相结合的生活状态。工作像是休闲，休闲挂牵工作，既不可能提高工作效率，也不可能得到休闲的享受。

3. 掌握提高现代休闲活动精神质量的方式。要提高现代休闲活动的精神质量，有一个非常重要的前提就是要加强休闲教育。现代人虽然闲暇时间在增多，也有了可以外出休闲的条件，但并不是所有人都能真正懂得休闲对于精神生活和个人发展的意义，也不懂得如何合理地进行休闲。

第一，要通过休闲教育传播休闲的理念，掌握合理的休闲的方法。休闲教育的本质在于促进人的完善，休闲教育的真谛是既要给人们以在社会中生存的最基本的知识、技能，更要引导人们去认识、理解生存的意义和价值，为此，要改变传统的休闲观念，培养科学的休闲价值观。美国教育专家 J. 曼蒂认为：“闲暇教育过程的最终结果是帮助

---

① 马惠娣：《休闲：人类美丽的精神家园》，中国经济出版社 2004 年版，第 71 页。

人们提高自己闲暇生活的质量。”① 生命质量高低的衡量除了外在的物质生活条件外，更重要的是看主观的幸福感受，即在精神层面上的体悟，讲到底就是精神生活质量的高低。休闲教育就是要引导个体进入精神生活世界，真正关注个体生命本身。休闲教育对于提升精神生活质量而言，最重要的是改变人们传统的休闲观，让人们真正认识到“闲”在生命中的重要价值，不再认为休闲就是休息，甚至认为休闲就是“游手好闲”、“不务正业”。此外，现代社会快节奏的生活、物欲横飞、工具理性、消费主义横行，对人们的生活造成了极大的影响，人在忙忙碌碌和追求物质享受中迷失了自己，忘记了生命的本质在于精神层面的满足，忘记了个体的真实存在和价值实现。因此，休闲教育首先要改变人们传统的休闲观念，教会更多的人明智地、个性化地安排休闲活动，充分认识和开发休闲活动对提升精神生活质量的价值，从而提高个体的休闲生命质量。

第二，要提升参与现代休闲活动的能力。马惠娣说：“闲暇时间增多是社会进步的标志，会不会休闲是检验人的生存状况、生命质量、精神态度的试剂。”懂不懂得休闲，有没有参与更多样休闲活动的能力，直接关乎人们能否享有更高质量的精神生活。生活中的很多乐趣并不是与生俱来的，而是通过学习培养出来的，我们并不是生下来就懂得参与各种各样的休闲活动的，只有通过不断的学习，我们才能更好地参与休闲，才能在生活中品位高雅、充实自我和获得高质量的精神生活享受。参与休闲活动的能力的提升还可以增进人际交往能力。我们倡导大范围、多内容、多形式的交往，这能使人的社会关系充分丰富，有利于人的全面发展。马克思认为，“个人的全面性不是想象的或设想的全面性，而是它的现实关系和观念关系的全面性”②。人的全面性取决于社会关系的丰富性、全面性，只有当人的社会关系的发展达到某种丰富性即全面性，人才能在全面的社会关系中进行全面的活动，并通过全面的活动亦即通过人们之间普遍的相互交往而获得全面的发展，达到人自身的全面性。

第三，合理安排休闲活动时间。休闲具有追求快乐和价值的性质。在现代社会，通过休闲获得的满足和快乐能使人们从社会责任的压迫中解放出来，满足人们对内在价值的追求和情感的需要。③ 但是，每个个体是不同的，个人的兴趣爱好、发展层次也不相同，因此每个人需要的精神生活内容是不同的。学会休闲就要学会合理地安排自己的闲暇时间，根据自己的兴趣爱好采用适合的休闲方式去放松、去享受；同时，也要根据自己身心发展的不同阶段和不同需求有层次地发展更高雅的休闲，从而促进个体的全面发展。人们根据自己的兴趣选择不同的休闲方式，在参与休闲活动中实现自己的内在追求时就会感到满足和快乐，因为，休闲活动可以令人感受到生活的意义，丰富了人生的内容并得到精神上的极大满足。现代社会中有各种各样的休闲活动，宜静宜动、宜群宜

---

① （美）J. 曼蒂等：《闲暇教育理论与实践》，叶京等译，春秋出版社 1989 年版，第 3 页。

② 《马克思恩格斯全集》第 46 卷（下），人民出版社 1980 年版，第 36 页。

③ 李仲广、卢昌崇：《基础休闲学》，社会科学文献出版社 2004 年版，第 102 页。

己、宜易宜难、宜俗宜雅。我们都可以根据自己的兴趣爱好和需要选择不同的休闲方式，学会运动、学会旅游、学会阅读、学会饮茶、学会赏乐、学会交流等等，使自己的精神生活内容不断丰富，体验不同的休闲方式给我们带来的不同感受，这样，我们的精神家园才能像万花筒，绽放多姿多彩的礼花。

第六章　当代社会提高精神生活质量的新课题

当代社会人的精神生活所面临的新课题，也可称之为新问题、新矛盾或新挑战。这些新课题主要由当代社会客观条件的发展变化所引发或导致。当代社会的客观条件主要有：社会主义市场经济体制，社会主义政治文明建设，多元文化格局的影响，信息社会的发展。这些客观条件，是在中国新时期形成和发展起来的，时间不长，而且还在快速发展之中。这些富有时代特征的客观条件，将相互融合与渗透，使中国社会不断涌现新情况、新问题。而新情况、新问题必然会在不同群体和个体中引起不同思想反映，出现各种精神生活问题，研究和解决精神生活的新问题，对提高精神生活的质量具有重要现实价值。

一、市场经济体制条件下精神生活的新课题

（一）市场经济体制下精神生活的新问题

社会主义市场经济体制在推进中国经济社会和精神生活发展的同时，也出现了一些新矛盾、新问题。在精神生活方面所提出的新课题主要表现在两个方面。

1. 物质价值强势取向对精神生活的冲击。随着中国市场经济体制的建立和市场竞争的展开，使中国社会充满了发展的生机与活力，推动了经济、科技和社会各项事业的快速发展，增强了每个人的竞争精神与发展动力。但是，也要清醒地看到，在市场经济体制下，物质利益的实现是人们存在和发展的基础，一部分人在竞争中，往往主要受物质利益驱动，不同程度地存在以追求物质价值为主、忽视精神价值的偏向。并且，市场经济在经济领域所遵循的价值规律，并不能在观念上层建筑领域为精神生活的丰富与发展提供范式、发挥作用。相反，一些单位、一些个人利用市场竞争机制的强大作用，在获取物质价值的同时，把市场经济所遵循的价值规律向精神领域推进，导致精神价值目标的偏离甚至替代，这就是社会中存在的重物质、轻精神的价值目标。这种价值目标，实际上是以物为本的价值目标。相对于以人为本的价值目标，它是以外在物质或金钱作

为判断有无价值以及价值大小的标准，忽视或否定了人的内在精神的作用。

作为一种价值追求，物本价值目标在市场经济条件下的竞争过程中，表现得比较明显。例如，有些人过分追求物质利益，忽视自身的价值和意义，理想信念淡漠；有些人在交往中推崇物质利益原则，不讲人情观念与精神关怀；有些干部大搞“政绩工程”、“形象工程”等物化工程，忽视教育工程与灵魂工程；甚至官场的一些领导向往以权谋私的钱权交易，市场中一些人推行假冒伪劣的缺德交易，学场里一些人存在剽窃舞弊的钱学交易。正如有的思想家所哀叹的那样，人生的意义就在商业和制造业中，而不在心灵和灵魂中，人的尊严和独特品格被市场和广告世界所毁灭，友谊、欢乐、爱情、亲情和忠诚皆成为商品……一些群体与个人中，之所以出现单一物质价值目标，是因为在竞争中，物质成果因其有形和能被量化、指标化，并与个体利益挂钩，可以进行直接比较，能够显示出利益上的差距并可直接感受到它的作用而受到重视，而那些渗透在物质成果后面的精神因素，诸如价值观念、思想道德、奋斗精神等，则因其难以量化、指标化而被忽视。这种单一物质价值目标，偏离中国社会全面、协调与可持续发展要求和人的全面发展目标，不可避免地会产生利益矛盾与冲突。

以金钱为本位的“物本信仰”，马克思称之为“物的依赖性”，是资本主义国家崇尚个人主义、实用主义价值的集中表现。正是这一信仰，滋生了西方国家单纯追求经济增长的经典现代化，导致了发达国家利用科技对物质资源的无限度开发与占有，当个体的开发与占有欲望与行为被国家汇集，就形成了对外的武力扩张，第一次、第二次世界大战以及以后的无数战争掠夺，既造成了人类社会的巨大悲剧，也造成了生态破坏、环境污染。对这种在资本主义条件下，由金钱本位所导致的人的异化，马克思进行过深刻的分析与批判，并提出了未来社会主义社会是人自由、全面发展的社会。

我们应当看到，中国在市场竞争过程中，引发的某种程度的物本价值目标，对社会和一些人的影响是广泛而深刻的，应该引起足够的警惕。因为“物本信仰”在本质上是与“人本信仰”对立的，它只能使人异化而脱离全面发展的轨道，只能使人缺乏甚至丧失精神生活而成为金钱的奴隶。所以，不仅马克思和恩格斯曾深刻批判过这些信仰，就是西方国家的许多进步人士也对这些信仰作过深刻剖析。党中央根据马克思主义的基本原理，针对中国现实发展需要，提出了以人为本的思想和科学发展观，为我们在全面建设小康社会进程中开展理想信念教育，帮助人们树立正确的世界观、人生观、价值观，提供了理论指南。

2. 价值目标的功利性影响精神生活质量。重物质价值轻精神价值，以物质替代精神，必定导致人们过分关注身外之物，并以物质作为衡量价值的准绳，忽视对自身内在精神家园的耕耘与和谐。有些人思想上存在着迷惘与困惑，不知道要从精神层面求解；有些人在工作中与生活中表现出来的急躁、浮躁、焦躁、烦躁倾向，即“心躁”状况，不明白“人无远虑，必有近忧”的古训；有些人虽然拥有现代化生活的物质条件，但满足感与幸福感缺乏；还有一些人因为长时间忽视对自己精神家园的关注与投入，程度不同地患上精神疾病而遭受着精神折磨。所有这些我们可以感受到的事实，都可称之为不同程度的“精神缺乏症”。这些症状之所以发生，根本原因是有这些症状的人只讲现实功利的价值观所导致的。

功利原义为“功效”、“效用”、“效益”等，所谓功利，按英国伦理学家边沁的话说，即“指一种外物给当事者求福避祸的那种特性，由于这种特性，该外物就趋于产生福泽、利益、快乐、善和幸”。也就是说，功利就是外在之物对人的精神的直接影响。功利有个人与社会两个层面，个人“功利”即指个人行为的实际效果及其对自身、他人和社会产生的实际效益或价值，社会“功利”即指社会或社会集团行为所产生的实际效益或价值。以“功利”为核心主题和基本道德观点的学说，即“功利主义”。功利主义又译为功用主义或乐利主义，它以人的行为效果大小和利益多少作为价值判断的准则，是在资本主义市场经济的基础上产生和发展起来的。虽然它在道德与经济的关系、主张物质利益享有上有一定合理性，但它主张狭隘目的，其出发点和落脚点最终是个人主义，因而与社会主义核心价值体系所倡导的价值观是不同的。

在中国市场经济条件下，如果群体或个人以追求眼前的、具体的物质利益为满足，就是陷于现实功利价值目标。这种现实功利价值目标，也是一种目标，也有思想或精神活动，只不过是一种单一的物化目标与具体的思想活动。如果在实现目标过程中遇到困难、曲折与失败，就会把困难、曲折与失败原因局限于狭隘范围，就事论事地加以对待，并在工作、处理关系、对待竞争结果等问题上，自发地表现出急躁、浮躁、烦躁、焦躁倾向。对人难以控制情绪，牢骚怪话多；对己难以控制思维，注意力不集中。这样的“心躁”状况时间长了，就会转化为心理疾病。这种情况，不仅给个人发展增加了阻抗，而且还要社会对其所造成的损失作出补偿。对此，我们只能理解为是社会和一些人忽视和轻视精神生活所遭致的应有报复。因为我们是人，人有自己的精神家园，人有物质的、社会的、精神的全面性本质，人应当全面占有自己的本质。而人的精神本质，就是人的特有能动性，就是人对远大目标的确立与追求。

（二）解决市场经济条件下精神生活新课题的取向

随着中国市场经济的快速发展和经济结构的不断调整，随着多种所有制、多种分配方式并存发展和竞争的展开，随着中国社会阶层结构、城乡结构、就业结构、组织结构的变化加快，中国经济社会发展面临的矛盾和问题更加多样，加上城乡之间、地区之间、行业之间、阶层之间以及个人之间的收入差距拉大，其中价值观念的矛盾尤为明显。要解决这些矛盾与问题，除了进行经济利益协调、缩小收入差距之外，需要精神生活面向经济领域拓展，为经济社会发展提供合理的价值目标和法制道德规范，以增强经济社会发展的活力、动力与规范。

1. 坚持市场竞争中价值目标的全面与协调。在市场经济条件下，人们相互竞争在思想上最先要确立的是价值目标，即竞争主体的成功愿望。正是价值目标，激发竞争动力，推进竞争展开。所谓价值目标的全面性，是指社会和人全面发展所必须坚持的价值目标的多样性，即物质价值与精神价值、科技价值与道德价值、经济价值与政治价值的兼顾。所谓价值目标的协调性，是指社会和人全面发展过程中价值关系的互补性与互动性。全面性是协调性的基础，协调性是全面性的保证。坚持价值目标的全面性，就是要在市场竞争过程中，改变重物质价值轻精神价值，甚至以物质价值替代精神价值的倾向。

应该看到，社会与人价值目标的全面性与协调性，是衡量历史进步的重要尺度。在历史的不同阶段，社会与人的发展呈现出不同的时代特征，“人的依赖关系（起初完全是自然发生的），是最初的社会形态，在这种形态下，人的生产能力只是在狭窄的范围内和孤立的地点上发展着。以物的依赖性为基础的人的独立性，是第二大形态，在这种形态下，才形成普遍的社会物质变换，全面的关系，多方面的需求以及全面的能力的体系。建立在个人全面发展和他们共同的社会生产能力成为他们的社会财富这一基础上的自由个性，是第三个阶段。”① 忽视人的精神价值，在古代表现为人对人的依赖，即主体精神的丧失，在资本主义社会表现为人对物的依赖，即人本精神的缺失。因而，在市场竞争过程中所出现的重物质轻精神或以物质替代精神的价值取向，是落后的价值观念，是人对于人的本质认识的落后。

坚持价值目标的全面与协调，归根结底是人的本质的要求和体现。马克思主义认为，人的全面发展从根本上说，是“人以一种全面的方式，也就是说，作为一个完整的人，占有自己的全面的本质”②。物质性、社会性、精神性都是人的本质特性。如果在市场竞争过程中，只注重物质价值，实际上是人的物化。人的本质的全面性，决定了社会生活的丰富性和社会价值目标的全面、协调性，社会生活的丰富性则既包括物质生活，也包括社会生活与精神生活。

所以，价值目标作为一种特殊的精神指示器，不仅反映人的愿望，体现人的动机，同时也渗透在价值实现的活动中，深刻地影响着人们的生产和生活。当人们过分追求物质利益，坚持以物本价值为取向，就会导致对精神世界的忽视和精神家园的荒芜。审视市场竞争过程中的价值目标现状与变化，我们既不能无视价值目标上的偏差与替代而任其发展，也不能像过去那样采取非此即彼的方式抑强扶弱，即压制经济、科技发展，强化精神、道德作用，而只能按照党中央提出的科学发展观，坚持价值目标的全面与协调。

2．树立远大理想信念，提高精神生活境界。理想信念，是人精神生活的核心内容。但理想信念有正确与错误的性质区别，也有高低境界之分。从前面的分析可以看到，在市场经济条件下，一些人容易产生功利价值倾向，即以眼前、现实利益为满足。如果我们把这种功利价值倾向也看做这些人的“理想信念”的话，那么，这就是一种狭隘的、

① 《马克思恩格斯全集》第46卷（上），人民出版社1979年版，第104页。
② 《马克思恩格斯全集》第42卷，人民出版社1979年版，第123页。

个人的、低境界的思想观念与精神活动。要超越这种价值取向，其基本向度就是在主观上要超越狭隘的、个人的范围，把视野与责任向集体、民族、国家扩展，把个人的利益、前途与集体、民族、国家的利益、前途联系起来，把集体、民族、国家的远大目标，转化为自己的理想信念，确立远大目标。远大目标是具有全局性、长远性的目标，它包含并超越了个人的具体目标，是集体、民族、国家为了全局、长远发展所确立的目标。建设中国特色社会主义共同理想，建设富强、民主、文明、和谐的社会主义强国的目标，是中国各族人民应当树立的目标。树立了这一目标，不仅可以产生源源不断的动力，增强竞争力，而且可以帮助我们超越个人的狭隘范围，从自发走向自觉，站在全局、长远发展的高度，对待物质利益的获取与具体问题的解决。

二、社会主义政治文明建设进程中精神生活的新要求

社会主义民主政治与法制建设的发展，社会主义市场经济体制的形成与推进，增强了人们的自主性与自由性，冲破了计划经济体制的高度集中统一性与依赖性。按照马克思关于商品、市场关系高度发展条件下的生产，对人的发展提出的要求是："因为要多方面享受，他就必须有享受的能力，因此他必须是具有高度文明的人。"① 然而，市场经济与民主政治活动，也会带来新的问题，提出新的要求。"市场经济活动存在的弱点及其带来的消极影响，反映到人们的思想意识和人与人关系上来，容易诱发自由主义、分散主义和拜金主义、享乐主义、利己主义，人民内部矛盾的内容和表现形式也出现了许多新的情况。"②

（一）社会主义民主建设的政治认同新要求

在社会主义市场经济与民主政治协同发展下，中国社会阶层呈现多样化发展，加大了社会主义政治主导与整合的难度。改革开放前，在高度集中的计划经济体制下，中国社会主义政治认同是建立在单一社会结构的基础之上的。那时，中国的阶级构成简单，社会封闭，户籍制度严格，社会流动渠道少，社会主义政治通过组织号召、社会动员、宣传教育，就可以获得认同。"阶层分化最重要的基础性推动力是经济体制改革所带来的经济多样化。"③ 改革开放以来，中国社会形成了几种阶层类型，有以产业工人、知识分子、公务员、农业劳动者为主的基本阶层，有以乡镇企业职工、农民工、私营企业主、企业家群体组成的新兴阶层，有以个体劳动者、失业者构成的复新阶层，还有以军人、大学生、游民、休闲人士等人员形成的过渡阶层。因此，中国新社会组织发展迅

① 《马克思恩格斯全集》第46卷（上），人民出版社1979年版，第392页。

② 《江泽民文选》第3卷，人民出版社2006年版，第81—82页。

③ 朱光磊等著：《当代中国社会各阶层分析》，天津人民出版社2007年版，第8页。

速，在民政部门依法登记的社会团体、基金会、民办非企业单位等新社会组织已达40多万个，在促进经济发展、提供公共服务、反映公众诉求、维护社会稳定、推动精神文明建设等方面发挥着重要作用。社会阶层的分化和多样化无疑对推动经济社会发展、推动社会民主化和法制化进程具有重大意义；但是社会阶层的分化意味着思想观念、价值取向的多样化，同时，有的社会阶层只关注自身的实际利益，而疏离主导政治，从而加大了社会主义政治的整合难度。有学者认为，社会群体的分化、阶级的分化、产业的分化、地域的分化“使中国从一致性社会变为多元社会”，从而使“国民行为失去了总体联动性”。[①] 中央电视台曾播放的一则调查很能说明这个问题。调查的对象是一位在美国摩托罗拉中国分公司上班的中国年轻人，当记者问及“在中国利益与美国利益发生冲突的时候，你持什么立场”时，年轻人的回答是：“维护中国利益。”而当记者问及“当摩托罗拉公司的利益与中国的利益发生冲突时，你持什么立场”时，他的回答是：“维护摩托罗拉公司的利益。”这就告诉我们，经济全球化过程中，人们所处的环境、看问题的视角与方式、社会关系与利益关系等都发生了变化，这就向社会主义政治认同提出了新问题。面对这种经济与政治状况，一些人容易在利益趋动—西方政治思潮影响下，模糊政治界限，或影响对党与政府机关的公信力，或淡漠社会主义政治，或倾向西方资产阶级政治。近年来，在报刊、网络等媒体上频频出现了“普世价值”一词，宣称民主、自由、人权、公平、正义、平等、博爱等是“普世价值”，在这些“普世价值”面前没有区分姓“资”姓“社”的必要，甚至主张无论是经济、政治还是社会、文化方面的理论创新，都必须以“普世价值”为尺度，跟国际上的主流观念接轨。这种忽视、放弃社会主义政治主导，宣扬所谓“普世价值”的内容其实就是美国价值，包括美国的政治制度、政治体制、政治观念、价值观念。这是资产阶级自由化在新形势下的新表现，向社会主义民主政治建设提出了新挑战。

经济决定政治，政治是经济的集中表现。“政治和经济的统一，政治和技术的统一，这是毫无疑义的，年年如此，永远如此。”[②] 对于经济与政治不可分割的互动关系，恩格斯早就进行过阐述：“政治、法律、哲学、宗教、文学、艺术等等的发展是以经济发展为基础的。但是，它们又都互相作用并对经济基础发生作用。并非只有经济状况才是原因，才是积极的，其余一切都不过是消极的结果。这是在归根到底总是得到实现的经济必然性的基础上的互相作用。”[③] 经济与政治的统一就是经济决定政治，政治主导经济。市场经济不是不讲政治，社会主义民主政治建设不是不讲政治原则，而是更强调、更需要社会主义政治主导。邓小平提出市场是资源配置方式，与社会制度不是本质的联系，但同时也指出，社会主义市场经济体制是同社会主义基本制度结合在一起的。

---

① 李培林、李强、孙立平等著：《中国社会分层》，社会科学文献出版社2004年版，第61页。

② 《毛泽东文集》第7卷，人民出版社1999年版，第351页。

③ 《马克思恩格斯选集》第4卷，人民出版社1995年版，第732页。

市场经济不是万能的，政治自由不是无度的，必须有社会主义政治为经济与社会提供发展保证，也就是需要政治这只“有形的手”发挥作用。

为此，政治文明建设一是要紧密结合经济发展与利益多样化的实际进行，二是要坚持开展主旋律教育，就是中国宪法规定的：国家提倡“在人民中进行爱国主义、集体主义和国际主义、共产主义的教育，进行辩证唯物主义和历史唯物主义的教育，反对资本主义的、封建主义的和其他的腐朽思想。”主旋律教育，就是在各项教育中居于主导地位、具有主导作用的教育，包括爱国主义教育、集体主义教育与社会主义教育，因为这三项教育都是以国家为对象和内容的教育。爱国主义讲的是公民对国家的立场、态度、责任与情感，以及国家给公民的保护、权利与安全，所以爱国主义教育主要是政治教育。由于中国公民总是属于我们国家，研究和处理公民与国家的关系，既是个体也是国家面对的基本问题。因而，进行爱国主义教育，始终是古今中外各个国家永恒的教育主题。同时，中国实行的是社会主义经济、政治制度，坚持以公有制、按劳分配为主导的经济制度。在这样的经济、政治制度基础上，中国必须坚持集体主义价值观。爱国主义、集体主义、社会主义是具有内在逻辑联系的思想体系，是中国社会的主旋律。中国的爱国主义教育，必定是社会主义性质的、以集体主义为价值取向的教育。只有坚持主旋律教育，才能坚持和保证中国在政治上的主导。

（二）法制建设的育人新要求

中国宪法要求：“国家通过普及理想教育、道德教育、文化教育、纪律和法制教育，通过在城乡不同范围的群众中制定和执行各种守则、公约，加强社会主义精神文明的建设。”法制建设虽然是政治文明建设的重要内容，但它在新的历史条件下，也不能孤立进行，必须保证精神文明建设的顺利推进并以精神文明建设为基础。政治文明建设与精神文明建设的关系，是通过坚持依法治国与以德治国相结合的方略联系的。

所谓“治国”，就是按照法制与道德进行规范与治理。社会层面的规范与治理，需要延伸并体现在人的身上，因为法制与道德只有成为人的思想与行为的规范、社会规范与治理才有效。历史经验表明，治国与育人是内在统一的，既要以具有权威性和强制性的“法治”方式来贯彻国家的意志、约束人们的行为，又要以具有感召力和劝导力的“德治”方式来内化道德原则、规范人们的行为，二者是一个紧密结合的整体。依法治国使立法机关及时将先进的道德文化上升为法律规范，为以德治国提供制度保障；以德治国促进人们提高思想道德素质，为依法治国提供强大的精神力量和道德支持。把依法治国与以德治国结合起来，体现在人的层面上，就是坚持教育与管理相结合，形成以德育人与以法律人的教化结合。

所谓“育人”，也可称之为德教，是“德治”的延伸；“律人”也可称之为管理，是“法治”的延伸。以德育人与以法律人既是教育方式，也是政治文明建设方式。两者结合，就是法制与道德内容的结合、教育与管理的结合。法制与道德虽然分属于政治、伦理两个不同的意识形式，但两者在不同层次、不同范围，最终要内化为人的精神世界，才能规范人的思想与行为。以德育人与以法律人相结合，是由中国社会主义现代化建设目标的一致性决定的。中国是社会主义国家，坚定走中国特色社会主义道路，为实现中国特色社会主义共同理想而奋斗。要实现这一目标，只能坚持不懈地以德育人，引导、教育全国各族人民提高思想认识、道德水平，树立共同理想，增强民族凝聚，自觉为中国特色社会主义现代化建设做贡献；只能坚持不懈地以法律人，用纪律和各种规章制度规范人民群众的思想与行为，形成社会合力，维护社会稳定，保证中国特色社会主义现代化建设顺利进行。因此，以德育人与以法律人在实现中国特色社会主义共同理想过程中，既是不可缺少的，又是不可分割的。

以德育人与以法律人相结合的实施，一是要树立以人为本的思想观念。人民群众既是社会主义民主政治建设与法制建设的主体，也是以德育人与以法律人的出发点和归宿。在以德育人与以法律人过程中，要充分尊重人民、平等对待人民、真心依靠人民、一切为了人民；要体现人文关怀，增强积极性与创造性。二是要善于把道德与法律规范与本单位实际相结合，与人们的生活实际、思想实际相结合，引导人们在运用中认同、内化，并形成思想观念，充实自己的精神生活，自觉指导实践。如果道德原则与法规制度不能内化为人们的思想观念、价值取向和道德自觉，道德原则与法规制度就可能成为一些人认为的外在性强加，不仅行为缺乏自觉性，而且精神生活也会贫乏。三是创造以德育人与以法律人相结合的文化环境，形成良好的讲信修睦、和谐共进的风尚，把抽象的道德、制度通过生动具体的人与事，通过传统转化为无形的力量，赋予以德育人与以法律人巨大的感染力。

三、多元文化条件下精神生活的新矛盾

文化可分为广义的和狭义的两方面，广义的文化是指人类社会活动的全部成果，包括人类所创造的一切物质财富和精神财富的总和；狭义的文化仅指精神文化，主要包括社会价值观念、道德规范和社会心理状态。本文所讲的文化，主要是精神文化。

（一）新时期中国多元文化格局的形成与发展

当今时代，无论国际与国内，都正处于大发展大变革大调整时期，和平与发展是时代主题，改革开放向纵深发展，社会信息化扩展迅速，文化的交流、交汇、继承与借鉴同时展开，文化产业蓬勃兴起，民众精神生活期待不断提高，共同促进了新时期中国多元文化格局的形成和发展。

1. 和平与发展的时代主题推进文化交流与发展。改革开放后，邓小平同志审时度势、高瞻远瞩，明确提出当今社会的时代主题是和平与发展，他说："现在世界上真正

大的问题，带全球性的战略问题，一个是和平问题，一个是经济问题或者说发展问题。"[①] 邓小平关于和平与发展的思想，是在反思我们党过去对国际形势估计不当，"以阶级斗争为纲"导致了中国现代化建设进程迟滞的历史教训的基础上得出的。党的"十三大"、"十四大"到"十五大"，都将和平与发展分别概括为"当今时代的主题"，党的"十六大"还对和平与发展的时代主题作了阐述："维护和平，促进发展，事关各国人民的福祉，是各国人民的共同愿望，也是不可阻挡的历史潮流。世界多极化和经济全球化趋势的发展，给世界的和平与发展带来了机遇和有利条件。"[②] 以胡锦涛为总书记的中央领导集体进一步深化了对时代主题的认识，提出了共建"和谐世界"的新理念，强调"和平与发展仍然是时代主题，求和平、谋发展、促合作已经成为不可阻挡的时代潮流。……国际力量对比朝着有利于维护世界和平方向发展，国际形势总体稳定"[③]。2010 年，胡锦涛主席发表了以"共创世界和平与发展的美好未来"的新年贺词，提出中国将高举和平、发展、合作旗帜，同各国人民一道推动建设持久和平、共同繁荣的和谐世界。和平与发展成为时代主题，为世界各国抓紧时机发展自己提供了良好的国际环境，是各国开展文化交流、相互学习、相互借鉴、取长补短、求同存异、共同发展的良好契机，也为中国民众的精神生活发展创造了有利条件。

2. 改革开放向纵深发展促进精神文化丰富与发展。党的十一届三中全会确立了解放思想、实事求是的思想路线，彻底否定了"两个凡是"的错误方针，实现了思想路线的拨乱反正，做出了改革开放的历史性决策。从此，国门打开，人们的思想观念从封闭、僵化的禁锢状态中解放出来。在经济建设方面，中国积极融入经济全球化进程，经济体制深入改革，社会主义市场经济体制建立并不断完善，人民生活从总体小康进入全面小康阶段。在政治建设方面，中国社会主义民主政治不断发展，党的执政能力不断提高，人民群众的政治参与意识、法律维权意识不断增强。在思想文化建设方面，人们的思想观念随着经济基础、管理体制和社会条件的改革而变化，思想信仰、价值观念、道德观念日益丰富，精神文化产品的生产、传播与消费不断创新，形成了思想文化大发展大繁荣的局面。事实充分说明，中国的发展离不开世界，人的全面发展离不开开放环境。因此，面向世界，形成全方位、多层次、宽领域的对外开放格局，为中国精神文化的发展和人民精神生活质量的提高创造了极为有利的条件。

3. 社会信息化开辟精神生活新领域。随着计算机、通信和控制技术的飞速发展，人类社会跨入了信息社会。在信息社会中，信息是资源。社会各个领域的生产、服务、管理、生活的各个层次不同方面，都可以依靠信息技术转化为不同形式的信息资源，为

① 《邓小平文选》第 3 卷，人民出版社 1993 年版，第 105 页。

② 《江泽民文选》第 3 卷，人民出版社 2006 年版，第 566 页。

③ 胡锦涛：《高举中国特色社会主义伟大旗帜，为夺取全面建设小康社会新胜利而奋斗》，人民出版社 2007 年版，第 46 页。

全社会共享。同时，社会信息化实现过程中所采用的基本手段——数字化技术，已经广泛运用于社会生产与生活，正在并将继续给人们带来高效率的生产、高质量的产品和高品位的生活。如今，各种数字化家用电器、各种数码产品、数字音频广播、数字化的电子杂志、报刊和图书以及数字图书馆等数字化产品，已经成为我们生活的一部分。影响更为普遍和深远的是互联网络的发展及其运用。互联网络的发展突破了时间和空间的限制，把整个世界连在一起，偌大的地球变成了一个小小的“地球村”。今天，互联网日益成为覆盖广泛、快捷高效、影响巨大、发展势头强劲的大众传媒，成为思想文化信息的集散地和社会舆论的放大器。在网络上，人们既是思想和信息的接受者，也是传播者和创建者。网络的发展同时又加速了社会的信息化和数字化发展。信息化、数字化、网络化相互促进，连成一体，不断改变着人类的生活、工作、学习和娱乐方式，并由此形成了现代人的新的生存方式——虚拟生存。进而，人的精神生活发展开辟出了一个新领域——虚拟精神生活。

4. 文化交流、继承与借鉴丰富精神生活资源。我们正处在一个文化多元的时代，世界各地的文化发展不再处于孤立封闭的状态，而是相互激荡、相互影响。各民族文化都是在继承自身文化传统的基础上，与其他文化展开广泛交流，在交流中相互学习和借鉴。文化的交流、继承和借鉴，是文化发展、进步和创新的重要动力。列宁指出：“只有确切地了解人类全部发展过程所创造的文化，只有对这种文化加以改造，才能建设无产阶级的文化，没有这样的认识，我们就不能完成这项任务。”① 社会主义文化作为一种崭新的社会文化，只有在继承和利用人类的全部优秀文化成果的基础上，并结合新的实际进行新的创造，才能顺利建设成功。同时，我们也要利用文化交流的机会，积极向世界展示中华文化的优秀成分，使其变成世界性的文化，让世界了解我们的文化。正如江泽民在党的“十五大”报告指出的：“我国文化的发展，不能离开人类文明的共同成果。要坚持以我为主、为我所用的原则，开展多种形式的对外文化交流，博采各国文化之长，向世界展示中国文化建设的成就。”②

文化的广泛交流、继承与借鉴，不但使个人日益摆脱传统陈旧观念的束缚而具有更多的现代性，由狭隘地域的个人转变为“世界历史性的个人”，使精神生产形成世界性的生产，各民族的精神产品成了公共的资源，而且还不断扩展和丰富人的社会关系，从而尽可能使人们发展起普遍的并不断提高的能力来利用自己所创造的一切。从而，精神生活发展的开放性与世界性取代旧式的狭隘性成为可能和现实。

5. 文化产业兴起为精神生活提供食粮。文化产业是指从事文化产品与文化服务的生产经营活动，以及为这种生产和经营提供相关服务的行业，主要包括文艺演出业、影视业、音像业、文化娱乐业、文化旅游业、艺术培训业和艺术品业等。发展文化产业的

---

① 《列宁选集》第4卷，人民出版社1995年版，第285页。

② 《江泽民文选》第2卷，人民出版社2006年版，第35页。

最终目的是满足人们的精神文化需要。党的“十六大”报告指出：“发展文化产业是市场经济条件下繁荣社会主义文化、满足人民群众精神文化需求的重要途径。”① 改革开放以来，特别是社会主义市场经济体制建立以来，市场化取向使中国大众化市场得以形成，人们日益增长的文化需求和先进的文化生产资源配置使社会主义文化市场空前繁荣。这为文化产业的发展创造了制度和市场条件，带动了中国文化产业的发展。

伴随着经济全球化、政治多极化和文化多元化发展，特别是进入新世纪以来，文化软实力在国家综合国力中的重要作用的确认和在国际竞争中的重要作用的凸显，文化作为重要的产业形态被提高到了新的高度。文化产业发达与否，关乎一个国家在全球文化交流中有无竞争实力。目前在世界上一些发达国家，文化产业不仅成为其支柱产业和新的经济增长点，而且日益深刻地介入了人们的日常生活之中。在中国，文化产业也正日趋成为推动社会经济发展的重要产业，在社会经济结构中形成支柱产业的态势。党的“十七大”报告在总结过去五年的工作时指出：“文化体制改革取得重要进展，文化事业和文化产业快速发展，人民精神文化生活更加丰富。”在今后的目标要求方面，明确提出要“大力发展文化产业，实施重大文化产业项目带动战略，加快文化产业基地和区域性特色文化产业群建设，培育文化产业骨干企业和战略投资者，繁荣文化市场，增强国际竞争力。运用高新技术创新文化生产方式，培育新的文化业态，加快构建传输快捷、覆盖广泛的文化传播体系。”②

文化产业的发展必然要求加快文化市场建设，文化市场建设又推进文化产业的发展，二者相互推动、相互促进，为满足人民群众的精神文化需要创造着越来越优越的条件。

（二）中国多元文化的特点与矛盾

精神文化是人类社会生活的创造物，是人类精神成果的结晶。人类学之父泰勒认为，文化是一个包括知识、信仰、艺术、法律、道德、风俗以及作为一个社会成员所掌握和接受的任何其他的才能和习惯的复合体。中国新时期所形成的多元文化格局，包括社会主义文化、中国古代传统文化、西方社会传入的文化、民众催生的大众文化，还有伴随网络形成的网络文化、草根文化、精英文化等。其中，社会主义文化占据主导地位，发挥着引导和规制作用，使整个文化形态有助于社会主义制度的巩固和发展，有助于社会主义国家综合国力的增强，有助于人民群众精神生活的丰富和精神生活质量的提升。

由于各种文化所产生的基础不同、性质不同，所蕴涵的价值观念不同，因而多元文

① 《江泽民文选》第 3 卷，人民出版社 2006 年版，第 561 页。

② 胡锦涛：《高举中国特色社会主义伟大旗帜，为夺取全面建设小康社会新胜利而奋斗》，人民出版社 2007 年版，第 4、36 页。

化在交汇、交流过程中，难免发生矛盾甚至交锋，矛盾的主要表现在以下几点。

1. 中国多元文化的特点。当前，中国改革发展已进入关键时期，经济社会发展呈现出许多新的阶段性特征。特别是随着社会结构、社会组织形式和社会利益格局的深刻变化，社会思想观念和价值取向日趋活跃，主流文化与非主流文化同时并存，先进文化与落后文化相互交织，传统文化与现代大众文化、国内文化与国外文化彼此影响。这既为社会发展进步注入了活力，也带来了社会思潮的纷纭激荡，使中国文化领域呈现出主导性与多样化和谐发展，交汇、交流与交锋并存，文化领域不断拓展和功能不断发展等基本特征。

第一，主导性与多样化和谐发展。当今世界，伴随经济全球化、政治多极化的深入发展，思想文化的多样、多元趋势日趋明显。经济全球化的发展，对各民族和地域的文化冲击很大，从而在很大程度上改变了它们原有的面貌，但不同民族的各自特点，包括文化差异依然客观存在，使得文化呈现出百花齐放、百家争鸣、丰富多彩的繁荣局面。对当前的中国而言，社会经济成分、利益分配方式、就业形式和组织形式在改革开放中日益多样化，与之相呼应的是思想文化的多样化特征日趋明显。与此同时，伴随着对外交流的加强，国外思想文化对中国的影响日益加深。特别是以欧美文化为核心的西方文化，对中国思想文化领域乃至人民群众的生活产生深刻的影响。在当代中国，文化发展必然呈现主导性与多样化和谐发展的局面。一方面，以马克思主义为指导的社会主义先进文化必须占据文化发展的主导地位，引领文化发展。江泽民强调指出：“坚持什么样的文化方向，推动建设什么样的文化，是一个政党在思想上精神上的一面旗帜。”[①] 马克思主义是我们党和国家的根本指导思想，是社会主义先进文化的灵魂。马克思主义不仅是世界观和方法论，更是一种价值观，是一种反映无产阶级和人民群众根本利益的社会意识形态。只有坚持以马克思主义为指导，社会主义文化才能保证正确的发展方向，才能使人民群众真正获得文化权益的保障，也才能更有效地维护和巩固社会主义的政权，推动中国特色社会主义建设事业不断取得胜利。实现以马克思主义为指导的社会主义先进文化的主导性，关键是推动社会主义先进思想文化的发展，最根本的是坚持用社会主义核心价值体系引领社会思潮。社会主义核心价值体系是社会主义意识形态的本质体现，是社会主义思想文化的核心部分。它包括马克思主义指导思想、中国特色社会主义共同理想、以爱国主义为核心的民族精神和以改革创新为核心的时代精神、社会主义荣辱观等基本内容。它把我们党倡导的基本理论、思想观念和价值取向系统凝炼整合在一起，集社会主义价值理念之大成，决定着社会主义思想文化的性质和方向。《中共中央关于构建社会主义和谐社会若干重大问题的决定》强调指出：“必须坚持马克思主义在意识形态领域的指导地位，牢牢把握社会主义先进文化的前进方向，弘扬民族优秀文化传统，借鉴人类有益文明成果，倡导和谐理念，培育和谐精神，进一步形成全社会共

① 《江泽民文选》第3卷，人民出版社2006年，第277页。

同的理想信念和道德规范，打牢全党全国各族人民团结奋斗的思想道德基础。”① 另一方面，要包容文化的多样性，引领多元文化和谐发展。文化在所有的地方、所有的时代都有它的共同点、都有它的多样性。为了享受各种不同的文化，必须进行交流，也要保持区别。文化与整体的认同说到底涉及一个社会伦理问题，其实多样化是人类生存的一种内在逻辑，是天然的，但是常常会受到文化霸权的限制。实际上，人类文化存在的内在逻辑是共性和多样性共存，但是因为某些文化霸权和文化中心对文化资源的占有，才使得弱势文化的多样性难以保存。在当前中国，文化的多样性是一个客观事实，从根本上说是社会主义经济基础的反映，是社会主义文化建设发展的必然要求。在社会主义市场经济条件下，社会经济成分、组织形式、就业方式、利益关系和分配方式的多样化，使社会文化的多样化和人的思想观念多样化成为必然。发展社会主义文化，既要坚持以社会主义核心价值体系引领社会思潮，也要尊重差异、包容多样，最大限度地形成思想共识，促进社会主义文化的繁荣发展。

第二，文化交汇、交流与交锋并存。多元文化共同发展的条件下，必然会出现文化交汇、交流与交锋并存的状态。一方面，从国内来讲，中国已进入文化消费的快速增长期，人们的精神文化需求更加旺盛。改革开放 30 多年来，“我国文化事业快速发展，覆盖城乡的公共文化服务体系已初步形成，人民群众的基本文化权益得到更好保障。文化产业方兴未艾，文化企业活力大大增强，文化产品琳琅满目，文化市场空前繁荣，文化‘走出去’取得积极进展和明显成效。我国正迎来一个文化发展‘黄金时期’。2004 年以来，全国文化产业年均增长速度在 15% 以上，比同期国内生产总值增速高 6 个百分点。在国际金融危机背景下，文化产业逆势上扬，成为经济寒冬中的一股暖流。”② 当前在中国，就本土文化来说，就已经出现主流文化、青年亚文化、精英文化、大众文化、民间草根文化等共同发展的局面。可以说，通过 30 多年来的改革实践探索，我们对文化建设规律的认识不断深化，初步走出了一条中国特色社会主义文化发展道路。另一方面，在世界范围内，伴随经济全球化的深入发展，西方发达国家凭借经济、科技优势，对外大肆输出其价值观和文化产品。“在当今世界文化发展中，存在着严重的不对称、不平等现象。在全球信息流动中，90% 以上的媒体资讯是由以美国为首的西方发达国家控制的。在全球互联网服务器的存储中，美国提供的一般信息占 80%，服务信息占 95%。随着经济全球化的发展，西方思想文化借助经济、科技和传播上的优势迅速扩张。作为当代西方思想文化重要形式的西方社会思潮对包括我国在内的世界各国产生了广泛影响。”③ 但从长远看，世界文化舞台不可能是西方文化的一统天下，必然形成

① 《深入学习实践科学发展观活动领导干部学习文件选编》，中央文献出版社、党建读物出版社 2008 年版，第 242 页。

② 中共中央宣传部理论局：《划清“四个重大界限”学习读本》，学习出版社 2010 年版，第 76 页。

③ 中共中央宣传部理论局：《划清“四个重大界限”学习读本》，学习出版社 2010 年版，第 67 页。

多种文化交流、交融、交锋和对话的新格局。世界各种文化将通过对话和交流，在保持自身特色的前提下，共同维护关系人类共同利益的基本文化价值。因此，全球性文化交汇对于中国来说，既是挑战也是机遇。我们要在有效抵御西方文化渗透、保持民族文化独立性的前提下，坚持扩大对外文化交流，更加积极主动地投入全球性的文化对话中，努力增强中华文化的影响力，提升文化软实力，以文化形式弘扬社会主义核心价值体系。

第三，文化领域不断拓展与功能不断发展。“当今世界，文化与经济和政治相互交融，在综合国力竞争中的地位和作用越来越突出。文化的力量，深深熔铸在民族的生命力、创造力和凝聚力之中。”① 文化发展具有如此重要的战略地位，决定了文化领域与功能的不断拓展必然成为当今文化发展的重要方面，并且日趋成为各个国家民族应对全球化这柄双刃剑的强有力的武器与壁垒。

文化领域的拓展，突出表现为文化在国际、竞争、网络、生态等领域的拓展。当今经济全球化的过程，也是文化的国际化、世界性发展过程。如今在国际交往中加强文化的交流与合作，已经成为世界各国政府的普遍共识，也是世界各国人民的殷切期待。文化交流已成为世界各国加强双边和多边交流合作的重要内容。文化的国际性发展，客观地说，必然会使每一种文化都相对地有所取有所予并有所修改。也就是说，每一个文化都可能从其他文化中汲取新的因素，以资适应新的形势。但是，文化的交融与取舍，如果不经过有意识的反省与思考，终究会在潜移默化之中失去自己文化的独立性和民族文化的本色。因此，文化愈是全球性发展，愈是繁荣多样，文化的竞争也愈是激烈。江泽民指出：“当今世界激烈的综合国力竞争，不仅包括经济实力、科技实力、国防实力等方面的竞争，也包括文化方面的竞争。世界多极化、经济全球化的深入发展，引起世界各种思想文化，历史的和现实的，外来的和本土的，进步的和落后的，积极的和颓废的，展开了相互激荡，有吸纳又有排斥，有融合又有斗争，有渗透又有抵御。总体上处于弱势地位的广大发展中国家，不仅在经济发展上面临严峻挑战，在文化发展上也面临严峻挑战。保持和发展本民族文化的优良传统，大力弘扬民族精神，积极吸取世界其他民族的优秀文化成果，实现文化的与时俱进，是关系广大发展中国家前途和命运的重大问题。”② 与此同时，伴随着文化的国际性发展、竞争性加强，借助现代科技传媒尤其是现代电子传媒应运而生的网络文化也更加迅速地发展。网络文化不仅是科技与文化联姻的结果，而且是世界性文化交流的重要平台，当然，也是文化和意识形态竞争的重要阵地。随着互联网的日益普及，特别是手机上网功能以及 iphone 的开发，网络文化发展越来越成为文化发展中各国不可轻视，且倍加重视发展和管理的一个领域。另外，在

---

① 江泽民：《全面建设小康社会　开创中国特色社会主义事业新局面——在中国共产党第十六次全国代表大会上的报告》，人民出版社 2002 年版，第 38 页。

② 《江泽民论建设有中国特色社会主义》（专题摘编），中央文献出版社 2002 年版，第 390—391 页。

当今生态环境遭到严重破坏的情况下，各个国家在处理自己的环境问题时，以及世界各国在共同应对和处理这个世界性难题时，都不约而同地将目光转向文化，从文化方面，或用文化的观点去规定人应当如何与自然、与周遭的物质环境发生联系，规定人应当如何看待人与地球、人与宇宙之间的关系，决定人对待其他生命形式包括动物与植物的态度。总而言之，文化在生态领域也日益凸显出它不可或缺的“柔性”地位。

文化功能的发展与文化领域的拓展有十分密切的联系。文化领域的拓展既突出了文化在相应领域的功能，也要求文化功能的发展。这些功能包括预示、整合、凝聚等。马克思指出：“物质生活的生产方式制约着整个社会生活、政治生活和精神生活的过程。不是人们的意识决定人们的存在，相反，是人们的社会存在决定人们的意识。”① 当前，中国改革开放深入发展，社会主义市场经济不断推进，世界经济全球化进程加快，文化交流日益增多，科学技术发展日新月异，网络虚拟世界不断开阔和繁荣，这些社会存在的深刻变革，必然会引起人们精神世界的深刻变化。为了防止和抵制腐朽文化和各种错误思想观点对人们的侵蚀，我们必须加强社会主义文化建设，以充分发挥文化的预防和警示作用。江泽民强调指出：“坚持什么样的文化方向，推动建设什么样的文化，是一个政党在思想上精神上的一面旗帜。”② 在当代中国，高举先进文化的旗帜，引导广大人民群众从思想上、精神上正确武装和不断提高，是社会主义先进文化建设的根本任务。同时，在世界各种思想文化、价值观念相互交融、碰撞、冲突，相互影响、相互激荡下，在西方资本主义文化的强势冲击下，我们也必须切实加强社会主义先进文化建设，增强社会主义先进文化的价值引领作用和整合凝聚作用，以在全党和全国人民中形成凝聚人心、统一意志的正确指导思想和共同理想。正是基于文化预示、整合、凝聚等功能的现代发展和必需发展，我们党多次反复强调：“在全社会形成共同理想和精神支柱，是有中国特色社会主义文化建设的根本。”③ “必须把弘扬和培育民族精神作为文化建设极为重要的任务，纳入国民教育全过程，纳入精神文明建设全过程，使全体人民始终保持昂扬向上的精神状态”④；“要巩固马克思主义指导地位，坚持不懈地用马克思主义中国化最新成果武装全党、教育人民，用中国特色社会主义共同理想凝聚力量，用以爱国主义为核心的民族精神和以改革创新为核心的时代精神鼓舞斗志，用社会主义荣辱观引领风尚，巩固全党全国各族人民团结奋斗的共同思想基础。” “切实把社会主义核心价值体系融入国民教育和精神文明建设全过程，转化为人民的自觉追求。”⑤

---

① 《马克思恩格斯选集》第2卷。人民出版社1995年版，第32页。

② 《江泽民文选》第3卷，人民出版社2006年版，第277页。

③ 《江泽民论建设有中国特色社会主义》（专题摘编），中央文献出版社2002年版，第389页。

④ 《江泽民文选》第3卷，人民出版社2006年版，第561页。

⑤ 胡锦涛：《高举中国特色社会主义伟大旗帜，为夺取全面建设小康社会新胜利而奋斗》，人民出版社2007年版，第34页。

2. 多元文化格局的矛盾。

第一，中国特色社会主义文化主导面临机遇与挑战。机遇与挑战之一是西方文化的借鉴和冲击。开放环境与经济全球化大潮，为中国特色社会主义文化的发展与发挥作用，提供了广阔的舞台，带来了历史机遇，我们要以积极的态度同各个国家进行文化交流与合作，努力借鉴和汲取各民族的优秀文化成果，并把自己的优秀文化传播出去，为世界文化的繁荣作出贡献。但是我们也要清醒地看到，中国文化还处于相对弱势地位，西方强势文化和文化帝国主义政策对中国社会主义文化安全造成冲击和威胁。美国总统前国家安全事务顾问布热津斯基在《失去控制》一书中就赤裸裸地声称，削弱民族国家主权，增强美国的文化作为世界各国的“榜样”的文化和意识形态力量，是美国维持其霸权地位所必须实施的战略。美国外交学者弗兰克・A. 宁柯维奇也声称：“文化手段和政治、经济、军事手段一样，不但都是美国外交政策的重要组成部分，在大国间军事作用有限的条件下特别是现代战争无法严密保护本国不受报复的情况下，文化手段成为美国超越障碍的一种更加重要的强大渗透工具。”① 一些人在西方文化影响下，把拜金主义、享乐主义、极端个人主义作为自己的价值追求，甚至崇拜西方文化，这种价值观念的扭曲与错位是对中华民族文化凝聚的直接冲击。如果一个国家主导的、稳定的价值取向因为受到干扰和遭到外来文化的渗透而失去了主导地位，那么社会中具有不同价值需要、运用不同话语体系的各利益集团就会沿着不同价值观念的边界进一步发生不可弥合的分裂，进而引发整个社会的大分裂、大动荡。② 因而，这是我们特别需要警惕和防范的。

机遇与挑战之二是传统文化的继承和阻滞。继承中国古代优秀传统文化，并结合当代社会特点进行现代转化，不仅可以增强中国社会主义现代化建设的文化底蕴与民族特色，而且可以孕育推进现代化建设与人的发展的精神力量，是十分重要和必要的。但是，在继承传统文化和进行现代转化过程中，有些人或出于经济利益需要，或出于信仰原因，把古代一些腐朽思想、文化糟粕也进行继承与推广，有的人甚至打着要以民族文化为主导的旗帜，主张中国要以儒学为主导，排斥马克思主义在中国的指导地位。这些人混淆了时代与社会的性质差异，看不到古代传统文化结构的反思性和超越性的缺失，狭隘地把现代中国的发展归属于古代传统、习俗、经验经验之中，是一种停滞不前的保守状态。而且，儒家学说的宗旨并不是引导人超越自发的文化体系，而是把人纳入由血缘关系、家庭出身、宗法制度、自然伦理纲常所确立的传统体系，因而不可避免地要束缚人们的创造力和主体性，对社会主义高度自觉的主体精神和创新精神起着排斥和制约作用。③ 所以，过分强调古代传统文化而拒斥现代性、批判现代主义的文化保守主义思

---

① 方立：《美国全球战略中的文化扩张与渗透》，《理论动态》1998 年第 6 期。

② 参见于炳贵等《中国国家文化安全研究》，山东人民出版社 2007 年版，第 21—48 页。

③ 参见衣俊卿《现代化与文化阻滞力》，人民出版社 2005 年版，第 242—260 页。

潮，对中国现代文化精神与社会主义意识形态的发展构成了阻滞力。①

第二，中国特色社会主义文化影响力面临新问题。面临的新问题之一是大众文化的影响。大众文化作为市场经济条件下大众所创造的一种具有商业性、世俗性、娱乐性、消费性的文化，满足了大众精神生活的某种需要，丰富了中国社会的文化内容，其积极面应当充分肯定。但同时要看到，有些大众文化明显隐含着一种值得注意的趣味诱导，这就是回避崇高、忽视理性、弱化信念。大众文化的这种影响当然和社会主义先进文化的理想追求相矛盾。中国的主导文化，其根本精神是以远大理想为追求指向，弘扬积极向上的精神，号召人们树立正确的世界观、人生观和价值观，在全社会形成奋发进取的良好氛围，激励社会大众为共同理想而努力奋斗。主导文化的这种价值取向和大众文化的世俗化取向之间存在着差异。大众文化以实际的、世俗的、物质的、愉悦的精神为主旨，倡导人们关注当下的感受，直接面向现存的生活境遇。这种大众文化能够满足大众的休闲、娱乐需要，应当肯定其价值及其发展。但仅限于这种文化是不行的，因为在一定程度上，它忽视了远大理想和崇高精神的追求。有些人甚至打着传播大众文化的旗帜，迎合社会文化转型期一些社会大众不稳定、不成型的价值态度、文化品味、审美趣味，忽视社会主义文化的价值目标与规范，嘲弄和戏谑历史英雄和先进人物，冲击人们对社会主义文化的向往心理，在大众中造成不良影响。

面临的新问题之二是宗教文化的扩展影响主导文化吸引力。改革开放以来，中国宗教事业得到发展，宗教的社会影响不断扩大。应当肯定，大多数宗教团体和信教人员，愿意接受中国共产党的领导，热爱祖国，遵守法纪，为社会主义现代化建设作出了积极贡献。但是也要看到，一些不法商人假借宗教，大肆兜售宗教假货，坑蒙拐骗；一些“假和尚”、“假道士”利用人们对宗教的信仰与同情获取不法利益；一些地方机构利用“旅游热”，大肆兴建“人造胜地”；一些官员基于对权位的狂热垂涎而大打“宗教牌”，人为地扩大宗教的影响；有的寺庙在市场经济浪潮的冲击下，甚至到了金钱至上、僧不为僧的地步。这些不良现象，不仅有悖于宗教教义，损害了宗教的形象，而且也对社会主义文化和人们的思想观念造成负面影响。特别是一些民族分裂分子，把宗教政治化，利用宗教进行分裂活动。2008 年在西藏发生的打砸抢烧暴力事件、2009 年发生在新疆的暴力事件，都是利用宗教分裂祖国的违法犯罪行为。为此，尤其要警惕一些国内外反动势力利用宗教进行各种破坏活动，少数分裂主义分子披着宗教外衣进行民族分裂活动，对国家政治安全与稳定构成了严重威胁。②同时，宗教都是有神论，都强调人对神的皈依，人的本质被神遮蔽，迷失了自我和本性。这与我们所要坚持的马克思主

---

① 参见衣俊卿《文化哲学——理论理性和实践理性交汇处的文化批判》，云南人民出版社 2005 年版，第 296—299 页。

② 参见郑永廷《宗教经济与经济宗教简论——基于宗教意识形态与经济的关系的视域》，《学术交流》2009 年第 4 期。

义的辩证唯物论，以及以人为本的价值观是背离的，不符合解放思想、实事求是、与时俱进的思想路线的要求，也与中国科技、社会的迅速发展和人的全面发展相悖。

中国文化领域处于复杂、多样、多重、多变的状况下，在各种矛盾相互作用的过程中，并不是坏事，而是更有利于我们在比较、斗争中发展，正如毛泽东所说的："有比较才能有鉴别，有鉴别和斗争才能发展。"① "正确的东西总是在同错误的东西做斗争的过程中发展起来的。真的、善的、美的东西总是在同假的、恶的、丑的东西相比较而存在，相斗争而发展的。……这是真理发展的规律，当然也是马克思主义发展的规律。"②邓小平也强调："属于文化领域的东西，一定要用马克思主义对它们的思想内容和表现方法进行分析、鉴别和批判。"③ 因而，中国思想文化发展的基本趋势是：坚持和发展中国特色社会主义主导文化，继承和弘扬中华民族优秀传统文化，学习和借鉴一切有益的外来文化，引导和创新大众文化与网络文化。

（三）多元化条件下面临的新矛盾

在多元文化条件下，人们的精神生活不仅有丰富、发展的有利条件，而且面临着新的矛盾与困难，概括起来主要有两个方面。

1. 多元文化条件下面临比较、选择的矛盾。随着对外开放的不断扩大，随着中国社会经济成分、组织形式、就业方式、利益关系和分配方式日趋多样化，社会思想文化呈现出多元、多样、多变的特点。多元是指在思想文化领域，具有不同性质、不同体系、不同功能与价值的文化的交汇，即在思想文化领域中，既有占社会主导地位的社会主义文化，也有资本主义文化，还有封建主义文化。多样是就思想文化的内容与形式而言的，其体现是既有进步的思想文化，也有落后的思想文化；既有科学的思想文化，也有谬误的思想文化；既有高尚文明的思想文化，也有低级庸俗的思想文化；既有理论形态的文化体系，也有变化多端的文化心态。多变是就思想文化的发展来说的，其体现是随着知识更新和社会生活变化速度的加快，随着互联网的普及，思想文化与人们的思想观念在不断地变化、不断地除旧布新。对积极的、进步的、有益的文化内容，我们要学习、继承与借鉴，对消极的、落后的、有害的糟粕，则要辨析、抵制与批判。

由于文化，特别是精神文化，是一定价值观念的表达和价值取向的选择，因而在面对复杂、多元的思想文化时，不同的群体与个人，对文化有不同的理解、认同、接受与传播的倾向。从文化层面看，表现为文化的矛盾与冲突；从接受文化的群体与个人的观念层面看，则是思想观念或价值取向的矛盾与冲突。在市场体制与民主政治条件下，随着人们主体性与自由性的增强，选择性成为人们主体性活动的重要标志。对于人的这一

---

① 《毛泽东文集》第7卷，人民出版社1999年版，第280页。

② 《毛泽东著作选读》下册，人民出版社1986年版，第785页。

③ 《邓小平文选》第3卷，人民出版社1993年版，第44页。

特点，古希腊哲学家亚里士多德早在两千多年前就已经认识到了，他认为选择是人类特有的行为。莫里斯也说："人活着就是选择某一些事物，放弃另一些事物，中立是选择正在形成的那一个片刻。单单坚持中立的自我则是死亡了的自我。"①

在面对多元文化内容、影响，以及在事实上存在不同文化选择、传播的复杂情况下，一些人，特别是一些价值观尚未完全形成与稳定的青年人，经受着各种文化思潮的冲击，对文化的性质、根源、价值取向难以辨别，于是存在文化认同、接受困难，在哪些应当继承与借鉴、哪些应该抵制与批判的选择上分辨不清，产生迷茫与困惑。所谓迷茫与困惑，就是迷途不知所向，茫然不知所措，困扰不知所解，是思想层面认识不清的问题，是价值层面取向不明的问题，是精神层面状态不振的问题，不是知识、技术问题，更不是物质条件问题。因而可以断定，在中国社会存在迷茫与困惑的人，实际上是在多元文化影响下徘徊不定、难以确定文化选择与价值取向的人，也就是价值观与理想信念尚未完全形成与稳定的人。这样的人的精神生活往往冲突常有、起伏不定，时而烦恼苦闷、时而满足现状，缺乏强有力的精神支撑，精神动力显得不足。如果不能认识到这种状况是文化适应与选择的矛盾，自觉认同、选择社会主义主导文化，明确正确价值取向，树立远大理想信念，这种迷茫与困惑状况就会持续下去，不仅会消解自己的主体精神，而且在事业上也难有大的作为。

面对多元文化所发生的比较、选择的矛盾与困难，实际上是文化适应性与价值确定性的矛盾与困难。要解决这一矛盾与困难，就要加强学习社会主义主导文化，学会运用社会主义核心价值体系鉴别各种文化内容，继承、借鉴有益文化，分析、批判有害文化，坚定正确价值取向，形成远大理想信念。只有这样，才能提高精神生活质量，增强内在动力与竞争力。

2. 多元文化条件下面临不同性质文化的价值冲突。前面讲过，在中国文化领域，不同性质文化的存在是客观事实，我们不可能将异质文化清除出去。如果落后的、腐朽的、反动的思想文化仅仅作为一种文字性、知识性内容而存在，对人们不产生影响也无妨，问题是，持有不正确认识与错误价值观的人们，认同、传播、推行落后、腐朽、反动的思想文化，在社会上就会导致文化冲突，在群体与个体之间就会造成思想观念冲突或精神生活冲突。

文化与思想观念冲突，常常以思潮冲击的方式，在中国时有发生。例如，有人打着"改革攻坚"的旗号，声称中国"经济改革实际上已经结束"，采用西方发达国家的政治文化，提出了所谓"改革攻坚"的政治改革模式，即主张实行"多党制度"和"台湾模式"，"希望共产党形成两派，希望军队国家化"，经济上主张"推动私有化"，认为"民法上的基础就是私有制……而不是集体制度的方式"。显然，这种"攻坚"，实际上是拿着资产阶级的文化攻击社会主义制度，背离社会主义中国应当坚持的价值取

① 张华金：《自由论》，上海人民出版社1990年版，第130页。

向，造成一些人思想离散、精神消解。又如，有人以西方资产阶级政治文化为根据发表文章，公开主张要“为民主社会主义正名，为中国共产党向民主社会主义转变扫清障碍”，提出了“只有民主社会主义才能救中国”的口号，认为“构成民主社会主义模式的是民主宪政、混合私有制、社会市场经济、福利保障制度。民主社会主义核心是民主。”① 这种试图从文化西化走向政治西化的行径，不仅要改变中国的社会制度，而且要改变中国广大人民的精神世界。再如，有的人打着弘扬民族文化的旗帜，不顾时代发展与变化，也不讲国家的性质与基础，主张以古代传统文化来主导当今中华民族的发展，大搞崇古、复古活动，排斥甚至否定马克思主义与中国化马克思主义理论。这种把文化向后拖而不是向前推的价值取向，不仅严重阻碍中国改革开放进程和经济社会发展，而且将重新禁锢人们的思想观念，扼杀人的现代性与创造性。还有对西方思想文化的教条主义搬用和对中国历史与现实否定的历史虚无主义思潮，推行西方资产阶级民主、自由、人权、正义、平等、博爱等为“普世价值”的思潮，企图“终结中国共产党的一党专制体系”，建设名副其实的资产阶级“宪政民主国家”的“中国宪政改革”思潮，极力鼓吹私有化、反对政府干预经济的新经济自由主义思潮，以及满足于感性、愉悦、商品化大众文化消费而告别崇高，忽视主导文化学习、运用的倾向，等等，不仅在社会上挑起了文化冲突，阻碍和谐文化建设，而且影响了人们的思想观念，冲击了人们的精神生活。

在多元文化条件下，异质文化的冲突，以及由异质文化影响所导致的人们思想观念、内心世界的矛盾与冲突在所难免。要有效解决矛盾与冲突，一是坚持中国特色社会主义文化的主导地位并充分发挥主导作用，强化其对社会文化的引导、整合力度；二是运用马克思主义理论，帮助人们对各种文化及其所形成的思潮，进行分析、鉴别，正确认识、理解各种文化的性质与价值，进行合理继承与借鉴；三是对腐朽、落后与错误的文化敢于抵制、批判，避免其侵蚀人们的内心世界。这是保证中国文化和谐与人们精神生活和谐的有效方式。

（四）文化性质差异决定或影响精神生活的不同取向

每一种文化都具有各自独特的性质和精神内核，这便是不同文化的根本差异，造成了文化的多样性。不同国度的文化，同一国度不同时代的文化、同一时代不同地位的文化，都存在着文化性质的差异。这是因为时代不同、客观条件不同，具体社会实践不同，反映在文化上，就形成了不同的文化性质与特色，由此也导致人的精神生活具有不同的价值取向。

1. 文化性质的差异，首先表现在文化的阶级性差异。西方社会传入的文化与中国社会的文化存在着明显的阶级性差异，由此决定西方社会与中国社会精神生活体现于意

---

① 参见谢韬《民主社会主义模式与中国前途》，《炎黄春秋》2007 年第 2 期。

识形态上的本质区别。马克思、恩格斯指出："统治阶级的思想在每一时代都是占统治地位的思想。这就是说，一个阶级是社会上占统治地位的物质力量，同时也是社会上占统治地位的精神力量。支配着物质生产资料的阶级，同时也支配着精神生产资料，……占统治地位的思想不过是占统治地位的物质关系在观念上的表现，不过是以思想的形式表现出来的占统治地位的物质关系。"[①] 因此，在西方资本主义社会，占统治地位的文化必然是资产阶级的文化；而在社会主义社会，占统治地位的文化也必然是无产阶级的文化。两者存在着阶级本质的不同，资产阶级的文化是为资产阶级的私人利益服务的，社会主义的文化是为人民大众服务的。毛泽东说："真正人民大众的东西，现在一定是无产阶级领导的。资产阶级领导的东西，不可能属于人民大众。"[②] 尽管在全球化的今天，东西方文化的相互学习、相互借鉴日益频繁，但是这并不能消除两者性质对立的一面。恰恰相反的是，西方国家特别是几个发达国家，竭力利用与中国日益频繁的政治、经济与文化交流的一切机会，利用新闻、广播、出版、电影、电视、音乐、舞蹈、戏剧、文学、教育、体育、卫生与科学技术、网络等一切可以利用的途径和手段，对中国进行思想文化渗透。美国政府甚至认为，电影、电视、广播、网络等要配合政府的"全球战略"，用生动形象的表现形式推销资产阶级的意识形态。在他们看来，向中国人民，特别是正在成长的年轻一代灌输西方的思想文化价值观，取得这种意识形态斗争的胜利比他们所有的武器、条约、外援和文化交流都更为重要。西方文化价值观的强势输入，在中国市场经济发展带来社会与自我价值取向发生分化的现实情况下，难免对人们特别是青年选择正确的精神生活的价值观产生很大影响。从而，使得中国反对"和平演变"，反对"西化"、"分化"的图谋，增强民族凝聚力，增强包括文化软实力在内的综合国力的任务更加具有艰巨性和长期性。江泽民说："意识形态领域，社会主义思想不去占领，资本主义思想就必然去占领"；"在改革开放加快步伐，建立社会主义市场经济体制的新形势下，宣传思想工作更具有新的特殊重要性"。[③] 其原因就在这里。

2. 文化性质的差异，也表现在文化的感性与理性差异，由此形成精神生活不同方位的价值取向。中国传统文化历来注重伦理道德和情感，这与中国古代以农立国，以血缘关系为纽带，家国一体的自给自足社会结构是分不开的。以农立国决定了社会的相对稳定性和熟人社会的极富人情味，血缘纽带编织了富有亲情的长幼有序和以仁爱为主的道德关系，家国一体催生了君臣父子的宗法等级和封建社会的伦理纲常。这种以情感道德为主导价值取向的传统文化的表现，在国家、社会的层面，就是以德政、德治与德教为主；在个体层面，则是修身为本和对理想道德人格的追求。中国古代社会，通过道德理想的引导和伦理价值的宣扬，实现了对人的内在调控和社会的软管理，家国一体与仁

---

① 《马克思恩格斯选集》第1卷，人民出版社1995年版，第98页。

② 《毛泽东邓小平江泽民论世界观人生观价值观》，人民出版社1997年版，第121页。

③ 《江泽民论建设有中国特色社会主义》（专题摘编），中央文献出版社2002年版，第407页。

爱、亲和的整体价值观倡导加强了社会凝聚，天人合一的道德境界追求有利于自然与人类的协调。这是中国民族文化的特色与优势。但是，这种以情感道德为主的精神生活价值取向在其发展过程中，也显示出了明显的不足。这就是，“在经济领域，社会倡导的清心寡欲、小富即安、知足常乐的利义观，压制了人们对物质的追求，抑制了整个社会的消费需求和生产动力，阻碍了经济的发展；在文化领域，社会强调重道鄙器、学而优则仕的知识观，造成了道德取向对科技进步的抑制，导致读书人重道德修炼、轻科技文化，致使国民创造力受阻和我国原创性科技成果不多；在政治领域，社会主张的德主刑辅、实施人治，导致民主与法制文化基础薄弱和国民民主与法制意识淡漠。”① 由此可见，中国传统文化的情感道德价值取向先天形成了对其他社会价值取向的抑制甚至替代，并在一定程度上成为中国特色社会主义建设的艰巨任务乃至沉重的历史包袱。

与中国古代传统文化始终以伦理道德情感为基础，进而由内向外、由小到大推向更宽更远、更高更深的层面大为不同，西方文化没有古代中国文化那种一脉相承的连续性，而是形成了几个大的不同发展阶段，在精神生活上既体现出理性的禁欲主义特色，也存在着感官快乐的满足与享受。丹尼尔·贝尔这样指出：“无论早期资本主义的准确地理位置能否确定，有一点很明显，即从一开始，禁欲苦行和贪婪攫取这一对冲动力就被锁合在一起。前者代表了资产阶级精打细算的谨慎持家精神；后者是体现在经济和技术领域的那种浮士德式骚动激情，它声称‘边疆没有边际’，以彻底改造自然为己任。这两种原始冲动的交织混合形成了现代理性观念。而这两者间的紧张关系又产生出一种道德约束，它曾导致早期征服过程中对奢华风气严加镇压的传统。”②

在欧洲中世纪时期，以宗教为主导的神本价值取向是西方文化特色的明显标志。基督教提供给人们以充分和圆满的生命意义，超越意识和终极关怀就是教人如何接近上帝，如何摆脱俗世的罪恶，拯救自己堕落的灵魂，获得上帝的恩宠。例如，奥古斯丁认为，人的本性是罪恶的，人的罪恶本性不仅导致人的堕落，而且是人自身无法克服的，只有通过信仰上帝才能使道德的力量发挥作用，使人得到解脱。“因为我们看不到我们的至善，所以只能依照信心而生活。而且，我们也只能够这样做：以我们的信心和祈祷，盼望那给我们以信心的上帝会帮助我们。”③ 托马斯·阿奎那认为，人有三种自然的“倾向”，即人同自然物一样，有自然的欲求；人同动物一样，有感性的欲望；人有理智和意志，追求普遍的和最高的善。只有追求普遍的和最高的善，人才能将自己与自然物和动物区别开来。人的自然欲求和感性欲望虽然可以带来尘世的享受，但对于人接近上帝却是很大的阻碍。因此，人的道德行为就是要克服尘世的快乐，依靠自己的理性

① 郑永廷、方涛：《价值取向的全面与协调——兼论科学发展观的历史超越与当代意义》，《中山大学学报》2004年第6期。

② （美）丹尼尔·贝尔：《资本主义文化矛盾》，赵一凡等译，生活·读书·新知三联书店1989年版，第29页。

③ 参见李秋零《精神档案——改变人类心智的千年篇章》，九洲图书出版社1997年版，第231页。

和意志去接近上帝，神的意志成为社会和人们衡量一切的判断体系和价值导向。基督教伦理所推崇的虔敬德行和克己赎罪的禁欲苦修，实质上是对人的一种精神控制。这对维系封建时代的教会统治和君主地位起到了稳定和强化作用。

近代西方社会的文化实际变迁始于文艺复兴运动。它以反禁欲为口号，一方面推动了人的个性解放，另一方面也以人们追求世俗幸福的正当名义打开了一道贪欲和纵欲的大门。但是，在马克斯·韦伯看来，近代资本主义文化并非以文艺复兴开始就完全导向了纯粹的功利主义和享乐主义，相反，宗教改革运动所提倡的新教在另一层面凸显了这场宗教改革的特殊文化价值。这就是，它以"入世"的禁欲主义代替了中世纪的"出世"的禁欲主义。即，它认为谋财致富虽有正当理由，但从履行职业义务的角度看，只能通过自己的刻苦勤劳，而不能膨胀为恶劣的贪欲，靠投机取巧来满足。因此，必须以禁欲主义来驯服纵情享乐这一魔鬼。韦伯说："上帝所接受的唯一生活方式，不是用修道禁欲主义超越尘世道德，而是完成每个人在尘世上的地位所赋予他的义务。这是他的天职。"① 因此，"宗教改革并不意味着废除教会对日常生活的控制，而是以一种新的控制方式代替旧的控制方式。它意味着抛弃了一种松散的、在当时的实际生活中几乎不法察觉，而且几乎完全流于形式的控制，代之以对行为整体的管制。这种管制由于渗入到个人和社会生活的一切领域，因此推行起来需要艰苦卓绝的努力和无限的热情。"② 但是，历史的辩证法是不以人的主观意志为转移的。"目的一经蜕化为手段，那么，只要有别的更佳选择，它就可以成为甚至必然成为被替代的东西，就像脱掉一件旧外套一样。"③ 因此，"自从禁欲主义试图重造尘世并在俗世中实现它的种种理想以来，物质财富获得了一种历史上任何阶段都未曾有过的、愈来愈大且最终变得不可抗拒的统治人类生活的力量。"④ 于是，世俗生活的染缸很快使禁欲主义变色，宗教的根系慢慢枯萎，物本价值取向替代了其他社会价值取向，并成为西方社会现代化进程中的现代性困惑。

随着科学技术的日益发达，科学技术的丰硕成果极大地刺激和满足了当代西方社会人们的物欲和感官快乐追求，由此导致了当代西方国家以科技为本位的价值取向日益彰显。人们对科技的盲目自发崇拜，把科学技术的作用推到了至高无上、无以复加的地步。科技本位在本质上仍然是物质本位价值观，它所关切的并非科学性与客观性，而是科技在现实条件下的物质功用和科技作为统治的工具。当代西方国家单纯追求经济增长和物质享受的现代化模式，以及相信科技决定一切、科技改变一切的唯科技主义价值取向，不仅没有使人们获得真正的幸福，相反造成了人的"单向度"发展，而且更进一步造成了对社会资源的极大浪费和对全球性生态环境的破坏。以物质价值替代精神价

① （德）马克斯·韦伯：《新教伦理与资本主义精神》，陕西师范大学出版社 2002 年版，第 57 页。
② （德）马克斯·韦伯：《新教伦理与资本主义精神》，陕西师范大学出版社 2002 年版，第 4—5 页。
③ 张凤阳：《现代性的谱系》，南京大学出版社 2004 年版，第 55 页。
④ （德）马克斯·韦伯：《新教伦理与资本主义精神》，陕西师范大学出版社 2002 年版，第 175—176 页。

值、以科技价值替代道德价值，这种教训是相当深刻的。美国学者加德纳在他的《幸福、献身和意义》里这样指出："虽然人们普遍认为满足、悠闲、舒适、娱乐和达到全部目的就意味着幸福，但事实恰恰相反，这一切并没有给人带来幸福。尽管经过了有史以来最狂热的努力，美国人并没有捉住象征幸福的青鸟。""每一个人都应该有机会享受美好生活给人带来的舒适和愉快，但我们在这里所要指出的是，仅仅这些是不够的。假如舒适和快乐的生活就足够了的话，那么有不少的美国人应当说是极度幸福了。……他们应当相互诉说自己的安宁和喜悦，而不是像他们现在这样彼此交换镇静剂的药方。"①

3. 文化性质的差异，还表现为不同层次文化的价值取向差异。中国特色社会主义文化在中国居于主导地位，反映着国家的主流意识形态，并代表着文化发展的方向。中国特色社会主义文化是当代中国的先进文化。在全面建设小康社会和构建社会主义和谐社会的进程中，我们要牢牢把握先进文化的前进方向，也就是要始终坚持用马克思主义理论占领中国的意识形态阵地，用社会主义核心价值体系统领社会主义文化建设。社会主义核心价值体系是社会主义意识形态的本质体现。坚持社会主义核心价值体系，就是要巩固马克思主义指导地位，坚持不懈地用马克思主义中国化最新成果武装全党、教育人民，用中国特色社会主义共同理想凝聚力量，用以爱国主义为核心的民族精神和以改革创新为核心的时代精神鼓舞斗志，用社会主义荣辱观引领风尚，巩固全党全国各族人民团结奋斗的共同思想基础。因此，社会主义核心价值体系能够把共同利益群体的精神取向整合成为一种积极向上的进步力量，形成一个"文化磁场"，增强整个社会的文化凝聚力。精英文化以表达知识分子主体的理性思考和理想追求为宗旨，在价值取向上总是不满足于眼前的世俗生活，有现实主义的批判态度和历史觉悟，体现高尚的道德情操和精神境界，关注人的生存意义与价值。精英文化代表和体现着一个民族的精神面貌和文明程度，也体现着人类智慧和心灵的深度与广度，因而具有不断超越的精神动力。②大众文化作为当代中国社会生活转型时期的文化，既掺杂着属于中国传统文化和农业文明的一些东西，又融入了当代中国和西方的各种文化形式，因而赢得了各年龄群体、各文化层次的人的接纳和喜爱，极大地丰富了普通百姓的精神生活。当代中国的大众文化正在对中国社会风尚的培育、人们价值观念的树立和行为模式的养成产生着日益深广的影响，已经成为日常生活化的意识形态的构造者和主要承担者。但是，中国转型期大众文化的发展不可避免地存在着不成熟性、浅层次性、自发性等特点，以及过于商品化的倾向，这在一定程度上导致了文化的人文精神和科学精神的稀释，需要予以积极引导。当代科技文化是在科学与技术联姻的基础上生成和发展起来的。科学和技术的协同发展伴随着市场经济的发展，使人类获得了源源不断的动力来源，它消除了时间的差距和空

---

① 转引自（美）马斯洛等著、林方主编《人的潜能和价值》，华夏出版社 1987 年版，第 410—411 页。

② 参见黄楠森《有中国特色社会主义文化研究》，山东人民出版社 1999 年版，第 506 页。

间的阻隔，生产出了大规模的、标准化的、质优价廉的无差异产品，极大地激发和满足了人们对物质追求的无限欲望。丹尼尔·贝尔说："资产阶级社会与众不同的特征是，它所要满足的不是需要，而是欲求。欲求超过了生理本能，进入心理层次，它因而是无限的要求。"① 对物质的无限占有欲和消费欲，使人的价值取向越来越趋于功利，注重享乐；并且，由于科技满足人们无限欲求的魔力，由此导致人们对科学和工具的盲目追求，对技术和手段的无限崇尚。最终的结果是，人日益物化、工具化、数字化和形式化，人的内在的人文精神、价值目标缺失，精神动力不足，社会责任感不强，成为缺乏主体性的工具。对此，马克思是这样评价的："人的内在本质的这种充分发挥，表现为完全的空虚化；这种普遍的对象化过程，表现为全面的异化，而一切既定的片面目的的废弃，则表现为为了某种纯粹外在的目的而牺牲自己的目的本身。"②

精神生活对人的生存和发展的重大价值，不在其表层，而在于深层次的价值观、理想、信念的导向作用、动力源泉作用、精神支柱作用。正像鲁道夫·奥伊肯告诫人们的："倘若人不能依靠一种比人更高的力量努力追求某个崇高的目标，并在向目标前进时做到比在感觉经验条件下更充分地实现他自己的话，生活必将丧失一切意义与价值。"③

文化性质差异以及由此产生的精神生活的不同价值取向，归根结底是由一定社会的生产方式和客观条件决定的。价值取向出现偏差，或一种价值取向抑制或替代其他价值取向的现象，实质上反映的是社会和人的发展的不协调性和不成熟状态。它启示我们，在建设中国特色社会主义、实现现代化的进程中，必须吸取历史与现实的经验教训，坚持以人为本的科学发展观，努力实现人自身以及人与社会的全面协调发展。

四、社会信息化条件下精神生活面临的新问题

社会信息化是社会进步和人类文明发展的体现。但由于人类理性的"吊诡"，社会信息化又是一把双刃剑。目前，信息引起的社会问题、精神生活新问题日渐明显，其主要表现有以下几个方面。

（一）社会信息化的显性问题与隐性问题

所谓显性问题，主要是指社会信息化对社会产生直接负面影响作用的现象。这类问题主要有信息泛滥和信息污染、信息犯罪、信息入侵等。目前，信息社会的信息产生和传递主要依靠因特网这个平台。但是因特网是一个以计算机技术和通信协议为基础的松散网络组织，发布信息不需要事先经过严格的审核程序。任何个人或组织，只要在因特

① （美）丹尼尔·贝尔：《资本主义文化矛盾》，赵一凡等译，生活·读书·新知三联书店1989年版，第68页。
② 《马克思恩格斯全集》第30卷，人民出版社1995年版，第480页。
③ （德）鲁道夫·奥伊肯：《生活的意义与价值》，万以译，上海译文出版社1997年版，第41页。

网上注册域名，就可以向因特网发布信息。网络信息是自下而上的，每个人都可以自由地制造、复制和传播信息，无需任何审核程序。因此，因特网这一开放性特性，使以网络为基础的信息高速公路处于分散化及没有中心控制化状态，意即整个网络处于一种“无政府”状态，缺乏必要的规范和控制，导致网上信息泛滥和信息污染，即在信息社会中存在许多虚假、老化、过剩、淫秽等不良信息，从而影响人们对有用信息的吸收和利用，对人们的学习、生活、工作带来诸多不便，甚至影响社会的正常生活秩序和社会稳定。如制造虚假新闻、侵犯知识产权、进行煽动性政治宣传、谣言惑众、国外网络文化侵略等。信息犯罪是指利用网络进行信息骚扰、诈骗、盗窃、破坏等活动，从而侵犯他人的合法权益等行为。在信息社会，人们往往依赖信息化管理，因而所有的一切基本上都转化为信息储存在电脑中，但是电脑一旦联网，就容易遭到窃取或破坏，从而使个体蒙受损失，电脑黑客就是最为典型的例子。

所谓隐性问题，主要是指社会信息化对社会产生直接负面影响的本质问题。这类问题主要表现为对制度的解构、秩序失序、文化消解、人格分裂等方面。在信息社会，由于信息传播的平台是因特网，而因特网的开放性特征在一定程度上可以让人处于体制之外，即通过信息网络的开放性摆脱某一体制的束缚而与外部建立许多新的多向度的联系。如果这一发展趋势得不到有效抑制与引导，就可能使在现有社会历史和文化条件下已经建立起来的制度体系遭到破坏，而同时新的社会制度却没有能够及时建立起来，这就可能使社会制度处于解构状态。如果社会制度在信息社会中处于解构状态，必然导致社会秩序的失序，制度是规范人类行为活动的准则，如果这项准则处于真空或解构状态，必然导致人们的行动失去依据与准则，从而影响整个社会秩序的有序运行。托夫勒在《第三次浪潮》中指出，工业社会由于传播工具不断向人们灌输的是统一的形象，人们形成的是一种具有“群体化的思想”，而在信息化时代条件下，传播工具的非群体化也使人们的思想非群体化，形成了众多的网络文化、信息文化，非主流文化充斥着网络，而主流文化却在日渐式微，文化开始走向历史的黄昏。在信息时代，由于人们交往普遍采用非当面（不在场）的交往形式，导致了人和人之间面对面的交流变得越来越少，从而使人与人之间缺乏“道德亲密感”，使人走向分离化和孤立化，这种分离化和孤立化状态，又加深了人与人之间价值观念的鸿沟。同时，由于长期处于人机对话状态，更是加深了“人对物的依赖性”这种异化状态，从而扭曲了人格，造成人格分裂。

（二）信息社会条件下人的异化现象

在信息社会条件下，科技的迅猛发展和信息的海量增加，特别是科技、信息与物质利益的结合，导致了精神生活的新问题与新挑战，归纳起来有如下几个方面。

1. 信息迷恋与膜拜。所谓信息迷恋，就是痴迷于信息；所谓信息膜拜，就是以信息为本的狂热追求。它与以神为本的宗教狂热追求和以金钱为本的物质狂热追求一样，把信息看做最有价值的追求对象而乐此不疲甚至舍弃其他。这种狂热逐渐蔓延，成为信息社会的一种病态。这种病态的具体表现是：一些人追逐信息的变更与吞吐，缺乏对信息的评价、选择与合理吸纳；有些人过度攫取和占有信息资源，而没有考虑这些信息是否具有实际的价值。也就是说，有的人逐渐变得非常单纯地和非理性地为了信息而获取信息，而在信息涌流和变更中缺乏乃至丧失了自我。追逐信息变更和满足信息吞吐的典型表现是电视迷、网络迷、游戏迷，以新奇、诱惑、竞技信息的扑捉、更替为旨趣，以感官刺激为满足，长此以往，必定陷于一种感性化、快餐式的信息消费。而这种信息消费方式，会逐步使人随感性信息而飘荡，以诱惑信息为主导，疏于思考而疏离经典，缺乏理性而陷于肤浅。这就是现实生活中我们所看到的对深层理想信念不予重视，对经典名著不感兴趣，对什么事情都浅尝辄止的迷惘、困惑状态。这样的人，缺乏对信息变化的自觉驾驭，缺乏对信息的价值评判和合理选择，不是他支配、主宰了信息，而是信息制约或支配了他。很明显，这是一种迷恋信息、沉溺信息而缺乏乃至丧失主体性的异化现象。这种现象只会使人在信息中随波逐流而不会使人独立自主地发展。

2. 信息狂占与压迫。所谓信息狂占，是指以信息竞争为目的的狂热占有；所谓信息压迫，是指在信息竞争中所产生的沉重负担。信息狂占与压迫在现实生活中已经出现，例如，无限度地购买信息产品和收集、下载信息而不加以整理、加工和利用；无休止地参加培训、考证而忽视实际工作的价值创造；无目的地重复获取信息的数量而不讲信息的质量；等等。这样的人，不是立足于自身获取、选择、应用信息能力的提高，而是强迫自己接受、拥有更多的信息，以知识、信息的拥有量作为竞争的资本和尺度。这样，人便在竞争中慢慢专注于信息而忽略了自身的内在精神与目标实现。

3. 信息滥造与污染。所谓信息滥造，就是不合理、不正确地剪贴、复制、更改信息而导致的信息量的膨胀；所谓信息污染，就是不负责任地扩散虚假、有害的信息垃圾所造成的不良后果。信息滥造与污染在经济领域、学术领域、网络领域已不同程度地存在。经济上的虚假信息，学术上的抄袭剽窃，人际中的短信干扰，网络中的有害信息，等等，都是一些人对信息生产、传播、应用正向发展的背离。这种背离，不仅是个体的存在与发展与信息社会的发展产生异动，即个体在信息上的不良行为，作为对立面阻碍了自身的发展；而且个体的信息滥造和污染，也会增加别人搜寻和认知的困难，甚至成为别人发展的障碍和陷阱。

4. 信息同化与抽象化。所谓信息同化，就是人被像物一样的数字化、符号化；所谓抽象化，就是人数字化、符号化的一种形态。随着电子技术的发展，科技手段现代化使现代社会成为一个数字化、符号化的社会，人在交往、管理和网络中，也要被压缩并用数字、符号来表示。“各种精密观测仪器正在使语言本身失去其表现特征，并越来越排他地显现出一系列符号特征，在这样一个时代里，甚至每个个体灵魂的无限意义和价值观念也已经变得陈腐过时。”① 也就是说，人被数字化、符号化，人只是作为像物一

① （德）霍克海默：《霍克海默集》，上海远东出版社 1997 年版，第 324 页。

样的一种存在表达，而没有人的意义表达，人的灵魂与观念是难以用数字和符号来表达的。数字化、符号化的人，是只有外在存在方式区别的人，是看不出个性的人。霍克海默根据这一前提论定，人的数字化、符号化必定导致“个别主体之独特性的文化时代已经寿终正寝”[①]。人作为整体，被他的身份证号码、电话号码、汽车号码、电子邮箱地址等所替代，也就是被简化为符号的存在，而作为有血有肉有感情的活生生的个体及其主体文化特征，在交往、管理、网络中被忽略了，人被抽象为一系列数字、符号，具有“生成性”、“发展性”、“矛盾性”特点的活生生的人，成为毫无生气和没有价值的包含数字与符号的替代物。这样，“通过信息工具和现代传媒手段，把人类生活集置入一种平乏无殊的均匀状态之中。于是，一切价值等级体系都难以确立和维持，终极的、绝对的道德和信仰理想势必变成了空中楼阁。”[②]“生命行为的质量已经被数量所取而代之了。人类生活中更多地剩下了数量关系。”[③] 作为人，决不是一个简单、抽象的数字、符号可以代替的，如果人满足于充当数字、符号的角色，如果人在交往、管理、网络中只是把人作为一个数字、符号对待，就是人在信息社会的典型异化。人是具体的、丰富的、发展的存在，人的丰富性与发展性，在于其个性和人格的独特性，在于其人性的纯真和情感的复杂性，在于其道德的高尚和精神的富有性，在于其信仰的坚定和灵魂的安宁，而不仅仅在于其有多少财富、技术和符号。

从以上分析可以看出，电子技术的发展，导致了人新的异化。这种新的异化根据，是信息经济、知识经济的兴起，使信息作为资源或财富在社会生活中地位突出，人对信息价值的过分高估，对信息量的过度占有，对信息作用的过头发挥，都会导致在对信息的顶礼膜拜中发生异化，这同人对商品顶礼膜拜所产生的异化类似。这种异化的实质是人以信息价值替代了人的价值，以简单、抽象的信息、数字、符号替代了人的全面本质。要对这种异化进行抑制和扬弃，就必须正确评价信息价值，合理使用信息，自主选择信息，在信息社会中增强人的主体性；在数字化、符号化交往、管理、网络中，增强现代人文性，赋予数字、符号以价值性和情感性，避免人的抽象化、简单化。

（三）网络发展过程中精神生活的新问题与新挑战

1. 网络信息的海量性对有的人产生“信息压迫”与选择困难，阻碍人的发展。网络信息的海量性是指网络领域信息资源的无限丰富性和快速变更性，它突破了传统媒体，如书刊、广播、电视等储存、传播信息的局限，实现了信息跨时空的交换与连接。网络信息的海量性不仅表现为信息的容量、信息的种类、信息的来源、信息的方式的多样性，而且表现为信息流变、传递、交换的快速性。正如曼纽尔·卡斯特所说的：“所

---

① （德）霍克海默：《霍克海默集》，上海远东出版社 1997 年版，第 343 页。

② 孙周兴：《我们时代的思想姿态》，东方出版社 2001 年版，第 70 页。

③ 孙周兴：《我们时代的思想姿态》，东方出版社 2001 年版，第 69 页。

有种类的信息全都包藏于媒介之中，因为媒介变得十分全面、多样、富于延展性，使得媒介在同一个多媒体文本里吸收了所有人类过去、现在和未来的经验。”浩如烟海的网络信息，包括各种知识、理论、经验等，一方面为人的发展提供了取之不尽的资源，另一方面给人造成了强大的“信息压力”和“信息选择”的困难。“信息压力”主要是在信息海量和信息变更条件下形成的。因为信息的量增与变更并不是一种纯信息方式，信息方式的背后是社会经济、政治、文化的发展与变更，是社会各个领域以及人们激烈竞争的形式表达。所以，人们面对网络信息的量增和变更，感受的是相互比较的直接和竞争的强烈，觉得发展太快、信息太多、应对太累、压力太大。反映在心理层面，就是“心躁”，即急躁、浮躁、焦躁、烦躁。许多学者认为，这种“心躁”可能是一个普遍的现代性特征。相对于古代社会几千年的平稳发展和人们所拥有的平和心态，“心躁”是对其复制状态的突破，既意味着一种发展的内在“躁动”，产生推力，也表明人们内心充满着矛盾乃至冲突，搅乱了人的心境甚至使思维空间无序，使人专注眼前的变更与功利而陷于困惑，这无疑有碍心智的发展，智力的发展与发挥，也不利于长远目标与深沉信念的形成。

同时，在信息质的评价与选择上，由于存在着价值多元、多样和多变的社会背景，评价与选择的主观认定与客观参照借助信息必定互换更替，这就是在网络领域经常涌起的信息新潮、浪潮甚至狂潮，不断地更替评价与选择标准一方面有利于期望值的攀升，产生激发作用，但另一方面也会使许多人在网络的信息海洋中像一叶小舟不知驶向何方，无从选定，犹豫不决，一切都想选择与一切都无法选择的迷惘也会使人产生心躁并与信息压力产生的心躁合并。吉登斯针对现代人对价值选择的困惑，指出，在现代性发达的当代社会中，个体的价值选择面临很多困难，其中一个重要的困难在于社会的多元特征，特别是现代社会的裂变，“知识和信息爆炸”，使得个体在五花八门的知识、信息和行动模式之间无所适从，“现代性使个体遭遇到种种复杂的选择，并且因为它是无原则的，因此它同时对于如何进行选择无法提供帮助”。[①] 由此得出一个结论：生活在一个高度现代性的世界中，就是生活在一个不断变化的、不确定的、充满着很多机遇，但同时也面临很多风险的世界中。这就是说，信息的评价与选择对人的发展既可能是正面的，也可能是负面的。

2. 网络领域的诱惑性容易使有些人成瘾而丧失主体性。诱惑性是网络的一种特性，这种特性主要表现为新颖性、奇异性、成瘾性。新颖性是指它的内容与形式无限多样地不断更新，奇异性是指它内容与形式奇特怪异，成瘾性是指它的内容与形式具有引诱、迷恋的作用。网络信息的诱惑性既可反映、模拟现实诱惑性，还可运用网络方式制造、强化诱惑性。网络信息诱惑性是因人而异的，如有的人追求新颖奇特，有的人迷恋智能竞技，有的人满足于谈情说爱，有的人沉迷黄色信息的感官刺激，等等。一旦在网络上

① （英）吉登斯：《现代性的后果》，译林出版社2000年版，第92页。

形成一种持久而难于解脱的信息满足方式，就表明人已形成网络信息的内在强迫，就意味着成瘾形成，网络成瘾就是人被网络信息左右、控制，身不自己地丧失主体性，甚至成为网络的附庸与奴隶，就像毒品成为吸毒人的需要一样。进入网络的主体者素来是自主、自由的行为，是现代人主体性的高度体现，但主体在网络诱惑中丧失自主、自由，表现出反主体行为，这就是网络中的典型异化。吉登斯对现代社会的成瘾性进行过分析，他认为，在现实生活和信息流变中，各种具有极强内在性的“强迫作用”又开始侵入个人生活，主要表现为各种“成瘾”现象的急剧增多；成瘾已不再局限于酗酒和吸毒，而扩展到了性欲、爱情以及各种个人关系等领域中。现代成瘾不是集体性的、仪式性的、规范性的，而是个体性的。网络成瘾是典型的个体自行成瘾，具体表现为“网迷”、“网虫”。一个人只要被邪瘾所左右，就不再能够主宰自己的生命，并陷入焦虑和不安之中。针对这种现象，吉登斯告诫人们：“对我们大家来说，今天的问题是建立比较稳定的生活习惯和生活方式，使之免于太深地陷入强迫性之中。”①

3. 网络的虚拟性，容易导致一些人的虚假性与反现实性。所谓网络虚拟性，是指有形的事物以及现象在网络中以数字、图像、声音等抽象方式表达的特性。虚拟性自人类产生以来就已形成，表现为人的想像性、虚构性，古代人的自然神想像、宗教，以及迷信活动，都表现为一种虚拟，这种虚拟也可以用图像、文字、语言表达。这种虚拟虽然其原材料来源于现实，但它不是现实人和事物的形式转化，而是一种想像的虚构。人类正是因为有这种虚拟、虚构的传统，所以，在不同的历史时期，虚拟、虚构的内容、方式也不断地丰富和发展。网络虚拟与过去虚拟的不同之处，是人应用现代科学技术，将人自身的现实活动，而不是异己的力量与对象，转化到网络的虚拟空间，实现了人把自己虚拟化、神秘化的梦想。网络虚拟性是相对于社会现实性而言的，网络中的虚拟人、虚拟环境、虚拟交往也是相对于现实人、现实环境、现实交往而言的。网络虚拟性，主要表现为网络环境（或空间）、网络主体、网络交往的虚拟。在网络空间或赛博空间（cyberspace）活动的人和人的活动，如信息浏览、信息传播、相互交流等，都不具有现实物理空间的可感知性、可触摸性和可判别性，而只有抽象化、数字化的形式和功能上的实在性。也就是说，网络上的人和网络上的交往活动，都脱离了现实的物理空间，在被数字化后进入网络的虚拟空间。

应当充分肯定，网络虚拟性对人的知识、能力、社会关系、个性等各个方面的发展都是大有促进的，是应当充分肯定的，对此我们不应当有怀疑，在这里也不必展开论述。但是，网络的虚拟性与人的发展也容易形成异动而导致人的异化。

第一，网络领域的虚假性容易造成人的发展风险。在网络领域，在把现实的人、事物、现象进行数字化转化时，由于受人的利益、需要、道德的趋使与影响，往往把现实人、事物、现象的客观真实性进行掩盖、割裂，甚至进行虚构，在网络中制造虚假的人

---

① （英）吉登斯：《失控的世界》，周红云译，江西人民出版社2001年版，第49页。

和事，发布虚假信息。制造这种虚假的人和事以及信息的网络安全，其本身是一种欺骗行为，这种网络欺骗虽然在技术上要有一定技巧，但与在道德上与在现实生活中进行欺骗本质一样，只不过在网上更难鉴别而已。网络技术的发展，使一些人不仅没有发展网络道德，甚至把现实生活中的不道德行为通过网络技术加以放大和扩散，成为与网络技术的先进性很不协调的价值性，很显然，这是制造欺骗的网络主体的一种道德退化。同时，虚假的人、事和信息在网上的传播，对其他的网络主体造成欺骗和识别上的困难。如果其他网络主体，相信、选择和应用了这种虚拟的人和事以及信息、知识，不仅会造成自己在时间、精力、情感等资源投入上的浪费，还会导致现实的不良后果，这就是人在网络中发展所面临的风险。在网络出现之前，人的发展也存在风险，用吉登斯的话说，主要是一种“外部风险”，这种风险是能够比较精确地进行计算的，如自然灾害、疾病、失业等。这种风险对人的发展也形成威胁，但它可以通过社会福利体制加以应对。吉登斯认为，在现代社会，特别是在网络中，最主要的风险不是外部的风险，而是“人造风险”。他写道：“人造风险是由人类的发展，特别是由科学技术的进步所造成的。人造风险所指的是历史没有为我们提供前车之鉴的新的风险环境。我们实际上往往并不知道这些风险是什么，就更不用说从概率的角度来对它们加以精确计算了。”① 更麻烦的是，很多新的风险的特点是，就连它们是否存在，以何种方式存在，在判断上都是困难的，也有不同看法。因为在网络中，人的发展风险与人的发展机遇是不可分割地联系在一起的，发展的机遇多，发展的风险也会多，正面发展的可能性大，负面发展的危险性也大，这是人在网络发展中的辩证法，绝对不会只有机遇而没有风险、只有正面作用而没有负面影响。因此，人在网络中面临发展风险在所难免，我们既不能因为网络中有虚假和风险而抗拒网络，也不能对网络风险掉以轻心。

第二，网络交往的虚拟性与诱惑性，容易导致人的反社会性。网络交往是一种新的交往方式，它开辟了人的虚拟交往领域，扩充了人的现实交往空间，显示了人的现代文明进步。网络交往形式分为技术型交往和关系型交往。技术型交往主要是通过信息技术进行信息传播和交流，如发电子邮件、网络寻呼、BBS 等；关系型交往的主要特点是对象之间的情感交流、信息共享和另类生存等。网络交往是一种信息交往、虚拟交往，与现实交往相比较，具有更加平等、自主、自由、广泛、多样等特点，它完全建立在交往主体自觉自愿的基础上，并且在交往过程中，可以不受现实条件和利益关系的制约，把交往变为非功利的信息与情感交流，也就是交往双方或多方可以不受任何约束地进行对话、宣泄、坦露、交流，只要交往双方或多方接受、满意，交往就可以进行下去并不断密切。这种具有空前平等、自由、自主性的交往比起古代社会的血缘等级、宗法等级、夫权等级，以及资本主义社会的金钱等级交往，比起现实生活中事实上存在的不平等关系交往，的确是一种进步。所以吉登斯把现代社会这种抽象性的交往关系，称为“纯

---

① （英）吉登斯、皮尔森：《现代性——吉登斯访谈录》，新华出版社 2001 年版，第 195 页。

粹关系”，类似于马克斯·韦伯所说的人际关系的“理想类型”。这种网络交往中的“纯粹关系”，指的是一种情境，其中，“一种社会关系的达成没有外在的原因，它只是因为个人可以从与另一个人的紧密联系中有所获，这样一种情境只有在关系双方都对关系满意的情况下才能持续下去”。[①] 而维持这种纯粹关系的唯一纽带是情感交流，它是“一种基于感情交流的关系，这样交流的结果就是关系赖以继续的基础”[②]。纯粹关系的动力在于人与人之间开放的情感交流和积极的相互信任。它远离等级、威胁和暴力，对话是推动其向前发展的重要机制，因而这种关系具有民主的内涵。网络为网络主体满足情感需要、进行情感交汇和交流、建立情感关系提供了平台，当这种情感关系添加进恋情、色情、情趣，便会产生诱惑，使之强化便成瘾。这样，网络主体就会由不忍舍弃到割舍不断，再到对交往对方的依恋、依附，实际上就是对虚拟交往的热衷与迷恋。

人毕竟是现实生活中的人，网络中的虚拟交往不可能替代现实交往关系。但当网络主体在现实交往中感情受挫、关系冲突而又难以自我平衡和调节时，选择逃避现实、取向虚拟交往往往是迷恋网络交往者的方式，如青少年学生受到家长、老师严格要求和严厉批评后寻求网络慰藉、失恋者感情受挫追寻网恋、失败和失利者寻找宣泄对象等。这一方面为现代人的心理压力提供了宣泄缓解的渠道；但另一方面，当网络交往者逃避现实、沉溺网络之中时，便会逐渐疏远现实关系，甚至疏离亲情、友情、人情，而亲情、友情、人情的淡薄，正是人的人文性、社会性缺乏，工具化、数字化突出的集中表现。这样的人发展下去，有可能由逃避现实进而发展为敌视现实、反抗现实，成为与现实社会异动的力量。一些年龄很小，却对自己的同学、同伴，乃至对自己的亲人，采取十分残忍的方式进行打杀、报复的反社会行为，在当代社会并不鲜见。

4. 网络领域中精神生活面临的新挑战。网络已经成为各种思想文化与精神生活交锋、冲突的重要领地。由于网络传播的特殊性，精神生活在网络中的矛盾更加复杂，形式更加多样，冲突的范围和内容更加广泛。现实社会中所具有的各种精神生活内容在网络上都会反映出来，而且网络与各种社会思潮相结合，产生了形形色色的网络舆情、网络文化，如网络恐怖主义、网络民族主义、网络女权运动等。更为重要的是，这些思想观念和精神生活在网络上的激荡，往往会引发不同网络主体在现实社会中的摩擦和冲突。精神生活向网络领域拓展，难免面临复杂局面与挑战，其主要表现在以下几方面。

第一，西方思想文化与精神生活的网络渗透加剧。从世界范围看，互联网在很大程度上成为以少数发达国家尤其是美国的语言、思想、文化为主导内容的传播体系，这是由西方发达国家在经济、技术上的优势地位所决定的。西方国家在经济、科技发展上明显处于领先地位，为其语言、文字的广泛运用提供了条件，为其精神生活的传播奠定了物质、技术基础。尤其是美国，在经济全球化进程中不仅彰显其强大的经济、军事力

---

① （英）吉登斯：《亲密关系的变革》，陈永国等译，社会科学文献出版社 2001 年版，第 77 页。

② （英）吉登斯：《失控的世界》，周红云译，江西人民出版社 2001 年版，第 57 页。

量，也彰显出强大的文化影响力，也就是所谓的国家“软实力”。在当今愈来愈激烈的国际竞争中，美国不遗余力地利用全方位的优势对其他国家，特别是对有着不同精神生活的国家进行无时不有、无所不在的网络文化渗透，因而使西方发达国家的互联网成为传播资本主义精神生活、进行思想渗透和文化扩张的强大阵地。中国精神生活向网络领域拓展，必须正视和积极应对来自西方的文化挑战。

第二，网络上思潮迭起，影响精神生活。由于网络的建立与发展具有多样性与自主性，因而网络上的信息也具有多样性与复杂性，既有积极进步的，也有消极落后的，既有阳光正义的，也有灰暗邪恶的。西方资产阶级的自由、民主、人权，以及经济上鼓吹私有化、政治上鼓吹自由主义、文化上鼓吹民族虚无主义的言论，在网络中时有所现；对改革开放不满，利用改革过程中的一些失误，散布消极观点的言论，在网络中偶有所闻。无论是“左”的还是右的思潮，都会冲击精神生活在网络领域的主导地位。互联网除了一些具有强烈精神生活色彩的理论、路线、方针政策外，多数信息不带有明显的精神生活色彩。但不管什么信息，都在事实上存在价值取向，都会遵循某种法制、道德规范，因而总是与一定的精神生活有着这样那样的联系。

第三，网络上海量信息对精神生活的影响。在网络领域，其信息一是数量大，二是变化快，三是性质杂，这些特点决定了网络信息的流动性、即时性与碎片性。因而在网络领域，更难以坚持精神生活主导，但为了保证网络领域的安全与健康，更需要正确的价值观主导。巨大的信息数量，往往容易淹没核心价值主导；迅速变更的信息，往往冲击精神生活的理性思维；各种冗余信息、污秽信息、盗版信息、虚假信息、失真信息、错误信息，容易造成信息污染。这些都是精神生活在网络领域面临的新情况与新问题。

（四）信息社会条件下精神生活问题的根源与解决

信息社会条件下，中国精神生活领域所出现的新问题和面临的新挑战，既与信息社会形成不久、发展很快、一些人难以适应有关，也与资本主义国家的影响有关。

1. 资本主义社会的科学主义。资产阶级掌握政权、建立国家以后，受个人主义、享乐主义价值观的支配，其“生存和统治的根本条件，是财富在私人手里的积累，是资本的形成和增殖”；所以资产阶级特别重视发展生产力，特别是科学技术。“资产阶级在它的不到一百年的阶级统治中所创造的生产力，比过去一切世代创造的全部生产力还要多，还要大。”但资本主义社会科学技术的发展和剩余价值的增加，“使人和人之间除了赤裸裸的利害关系，除了冷酷无情的‘现金交易’，就再也没有任何别的联系了”。[①] 这是马克思恩格斯对资本主义社会只重金钱、科技的分析与批判。

英国经验主义哲学奠基人弗兰西斯·培根，提出了“知识就是力量”的经典名言和唯物主义经验论的原则，强调实验对认识的作用。到19世纪末20世纪初，实证主义

① 《马克思恩格斯选集》第1卷，人民出版社1995年版，第284、277、274页。

创始人孔德认为科学对人和社会发展是最有意义的，评判意义的标准是“经验证实原则”，即科学知识只能由经验证实：“从培根以来一切优秀的思想家都一再地指出，除了以观察到的事实为依据的知识以外，没有任何真实的知识。”① 实证主义者进而认为，真正的科学知识只有一种，那就是自然科学，“科学之为自然理论的体系，之为实际真理的系统，在原则上仅有一种，就是自然科学”②；人文科学则不属于真正意义上的科学，而是“玄而又玄”的、“虚假”的、由一串词连在一起构成的“伪陈述”，扬言要把它从科学知识的大厦中清除出去。这样，科学主义在资本主义社会便成为一种占支配地位的价值取向。

科学主义，也称唯科学主义，其内涵一是认为自然科学知识是最精确、最可靠的知识，是其他科学的典范。二是认为自然科学的方法是人类认识世界唯一正确和有效的方法，应该应用到人文社会科学的一切研究领域。《牛津英语辞典》是这样解释科学主义的：“指科学知识与技术万能的观念。认为物理科学那种研究方法可以代替哲学，特别是代替人的行为科学和社会科学等其他领域研究方法的那种观点。”③ 三是认为自然科学知识可以推广至解决人类的一切问题，包括人生问题。科学主义是在冲破宗教神学禁锢和近代科学技术兴盛发展的基础上形成的，早期科学主义在崇尚科学、反对迷信方面，起过积极作用；但它否定人文精神，否定价值目标，又使人和社会走向动物化与工具化。例如，把达尔文的生物进化理论机械地搬到人类社会，推行社会达尔文主义；把机器原理用于人，认为人也是机器；以动物的弱肉强食现象为种族主义、殖民主义作辩护；等等。于是，唯科学主义走向“科学神”，成为一种新的宗教或类宗教，其后果是违反科学原则，走向反科学的歧途，对人与社会的发展造成了极大的危害。两次世界大战对人类的大屠杀、对自然生态与社会秩序的巨大破坏，以及人在机器生产中的异化，都与唯科学主义思潮密切相关。

2. 资本主义社会的人文主义。面对唯科学主义所导致的严重后果，德国哲学家狄尔泰在19世纪末提出，人文学的研究方法与科学方法不同，人文学应该注重“主观”，与科学重视“客观”相对，并批评试图将科学方法应用于人文学研究的思想为科学主义。本来，人文主义是资产阶级进行革命所高举的思想旗帜，即以“人本”反对“神本”，但资产阶级出于利益追求，则走向唯科学主义，忽视甚至轻视“人本”。所谓人文主义，按照英国《简明不列颠百科全书》的解释，是指一种思想态度，认为人和人的价值具有重要意义。……凡重视人与上帝的关系、人的自由意志和人对自然界的优越性的态度，都是人文主义。④ 德国大百科全书《拉鲁斯辞典》认为：“把人和同人有关

---

① （法）A. 孔德：《实证哲学教程》，商务印书馆1964年版，第27页。

② 洪谦：《维也纳学派哲学》，商务印书馆1989年版，第131页。

③ Simpson. J. A. and Weiner. E. S. *The Oxford English Dictionary*, Vol. 17, Oxford University Press, 1989.

④ 参见《简明不列颠百科全书》第6卷，中国大百科全书出版社1989年版，第761页。

的事物看作核心、尺度和最高目的的人生哲学，都是真正的人文主义。”① 说法虽然不尽相同，但基本意思均强调人的价值、尊严和自由，“是一种以人为中心和准则的哲学”。

为了发展资本主义社会的人文，西方国家的许多流派都从不同层面进行了探索。德国存在主义哲学家雅斯贝尔斯，在其后期的研究中，看到了西方国家强大的现代科技对社会的统治和对人的控制。他说：“作为技术统治的牺牲品，它黯然无光或杂色纷呈，人在其中已不再能辨认出自己，他被剥夺了他的做人的个性。”② 他针对现代科技对人支配、使人异化的现象，提出了实现“新人道主义”的主张，提倡发展人的自主性与个性，反对技术时代和官僚国家对人的自由选择和个性发展的压制，实现人的自由交往，建立促进人自由发展的世界秩序。法兰克福学派的德裔美籍哲学家马尔库塞认为，资本主义社会片面强调和推进科技发展与物质追求，造成了个人与社会的单面发展，把人变成了片面的“单向度的人”，抹杀了人的内心自由与自主性，使人丧失了判断力与批判精神。他反对技术中立思想，认为现代科学技术具有明确的政治意向性，具有“统治的功能”，“技术理性这个概念也许本身就是意识形态的。不仅工艺的应用，而且工艺本身就是（对自然和人）统治”。③ 在他看来，技术的逻各斯变成了继续奴役人的逻各斯，科技理性适用于维护社会统治，这种“统治功能”正是意识形态的特点，所以科学技术是一种新意识形态。马尔库塞对资本主义社会的科技发展与使用，导致人们精神生活失落的分析是深刻的，但把科学技术等同于意识形态又是片面的。美国未来学家约翰·奈斯比特，在他的《大趋势——改变我们生活的十个新方面》一书中，描述了在现代科学技术推动下，人和社会的新发展，充分肯定了科学技术知识、信息技术是人和社会发展“最重要的资源”。他既不同意一些人本主义者关于科技越发展，人的精神越失落的悲观论调，也不赞成科学主义者的技术决定论，他提出了信息社会条件下人的发展要坚持“高技术与高情感相平衡，这是象征我们需要平衡物质与精神现实的原则”。④ 尽管奈斯比特对高情感的内涵未作阐述与展开，但我们可以看出，他以科技与人文互动共进的乐观态度，展示了人未来发展的乐观前景。

3. 西方科学主义与人文主义对中国的影响。西方科学主义与人文主义思潮，对中国社会有不同程度的影响，相比较而言，科学主义的影响更普遍一些。其原因在于：科技作为工具，直接与人们的利益相关，在当代社会条件下，重视利益获取，必定重视科技的学习、运用与创造。同时，一些人往往把学习、掌握科学技术，看做有真才实学和有作为、有贡献的标志，而只把人文知识作为提供情感慰藉的工具，甚至在现实生活中

---

① 沈恒炎等主编：《国外学者论人和人道主义》第1辑，社会科学文献出版社1991年版，第758、785页。

② （德）雅斯贝尔斯：《时代的精神状况》，上海译文出版社1997年版，第37页。

③ 参见（美）马尔库塞《否定》，波士顿1969年版。

④ 参阅（美）约翰·奈斯比特《大趋势——改变我们生活的十个新方向》，中国社会科学出版社1984年版，第14、42、53页。

把道德规范当做获得功利的游戏规则。这样一来，重科技轻人文的价值取向，导致了事实与价值、科学与人文、物质生活与精神生活的分离和对立。这种对立，导致了一些科技工作者的认识片面、思想偏激，有的说“科技是脚，道德是鞋”；有的说“道德是必要的罪恶”；有的认为道德、民主、法律都没有科学可靠，所以，没有资格约束科技进步。他们试图证明科技是超越于道德和民主法治的事业。显然，这些就是科学主义的观点，是违背“以人为本”的观点，是必须反对的错误观点。只有克服科学主义的错误观点，才能谋求科学与人文的平等对话和融合，才能为人的精神生活奠定基础。

中国科技与人文相互结合与渗透的问题并没有很好地解决，究其原因，既有国外科学主义的影响，也与过去受小农经济、计划经济制约，学科、教育、工作分工即分家，各自封闭、独立进行的传统有关。最主要的是在市场经济体制下，一些单位和一些个人，只顾追求现实的、眼前的物质利益与科技手段，忽视了长远目标的追求和精神生活的质量，因而导致科技与人文的分离比较普遍和明显。这种分离，主要不表现在理论形态上，而是表现在实际活动中，即实际的科技工作者日益紧密地与经济工作者结合，对社会问题、人文问题，多数不大关心，少数还存在轻视的倾向。而社会科学和人文科学工作者，由于对科技缺乏了解或缺乏科技知识，难以根据科技的新发展而及时发展人文科学，也难以借鉴现代科技方式把人文向科技领域渗透。这样便形成了经济、科技的物质文明建设“一手硬”，人文、社科的精神文明建设“一手软”的现象。这种现象如果任其发展，会在社会发展和人的发展上形成异动阻抗，而不是互动共进。

4. 坚持马克思主义关于人的全面发展目标，实行科技与人文的结合与渗透。马克思根据资本主义扩张、增殖必定谋求科技和生产力发展的趋向，在《资本论》中详细分析了人在资本主义制度下被异化的状况，指出：“在现代制度下，如果弯腰驼背，四肢畸形，某些肌肉的片面发展和加强等，使你更有生产能力（更有劳动能力），那么你的弯腰驼背，你的四肢畸形，你的片面的肌肉运动，就是一种生产力。如果你的精神空虚比你充沛的精神活动更富有生产能力，那么你的精神空虚就是一种生产力。”① 也就是说，在资本主义社会，私有者所注重的是经济利益，而不是人的全面发展。人，在资本主义社会不管处于什么状态，只要能作为手段谋取利益就是目的，而人是丧失主体性与目的性的，是物化了的“商品”、“工具”。为此，马克思提出了人的全面本质的占有，深刻揭露和批判了资本主义社会对人的异化。马克思还针对资本主义社会片面追求物质利益与科学技术，忽视和轻视精神生活的的倾向，尖锐指出：“技术的胜利，似乎是以道德的败坏为代价换来的。随着人类愈益控制自然，个人却似乎愈益成为别人的奴隶或自身的卑劣行为的奴隶。甚至科学的纯洁光辉仿佛也只能在愚昧无知的黑暗背景上闪耀。我们的一切发现和进步，似乎结果是使物质力量具有理智生命，而人的生命则化

① 《马克思恩格斯全集》第42卷，人民出版社1979年版，第261页。

为愚钝的物质力量。"[①] 人的精神退化、道德丧失，也就是人不成其为真正的人，而是把人变成了"物"。只要科技发展在市场体制下进行，如果没有强有力的精神文明建设和全面的价值取向追求，人的异化是不可避免的。

中国是社会主义国家，在建设中国特色社会主义现代化建设过程中，我们党确定了全面的建设目标，提出了物质文明、政治文明、精神文明、社会文明、生态文明建设协调发展的战略举措，创立了科学发展观与和谐社会建设理论，并始终坚持人的全面发展目标，从而对资本主义国家的科学主义以及中国科技与人文传统分离的影响，进行了卓有成效地抵制与克服。但是，必须清醒地看到，科学主义以及中国科技与人文传统分离的影响还将长期存在。根据中国的实际情况，要解决科技与人文分离的问题，既不能采取过去批白专道路，对发展科技进行压制的方式，也不能按西方后现代主义和唯人文主义者对现代科技进行排斥、否定的主张，只能在强化科技发展的同时，加强人文发展。因为中国科技还比较落后，人们的科技水平并不高，特别是科学精神比较缺乏，科技创新能力更是有待提高，为此，人文要为科技提供强有力的价值导向和精神动力。人文只有与现代科技发展相结合并相协调，才能在现实社会中发挥应有的作用。如果不顾中国国情，按照后现代主义的观点，对科技采取悲观、倒退、消解的态度，只会阻滞社会发展和导致人的异化。为此，中国既要大力发展现代科学技术，不断提高生产力水平，又要发展人文科学，为科学技术发展和发挥作用提供强大精神动力，正如范岱年教授2005年8月在中南大学举行的第十二届全国科学哲学年会上的报告《唯科学主义在中国——历史的回顾与批判》中所指出的："中国在工业、农业、科学技术和国防现代化方面已取得了相当大的成就。中国正在和平崛起。但在政治体制改革、价值观念、伦理道德建设方面还有十分艰巨的任务。现在提出'以人为本'，建立'和谐社会'，'关心弱势群体'，是一巨大进步，是对唯科学主义的有力批判。"

---

① 《马克思恩格斯选集》第1卷，人民出版社1995年版，第775页。

第七章　当代社会精神生活质量的特征与测评

人的物质生活和精神生活，都有水平高低、质量好坏之分。精神生活的质量体现在两个方面，一是满足个人精神需要的客观程度，二是个人对这种满足状况的主观感受。当代社会精神生活质量具有现代性与传统性并存、超越性与滞后性兼有、层次性与起伏性交错的基本特征。对精神生活质量进行衡量与测评，要明确精神生活质量的范围与要素，把握衡量精神生活质量的维度与向度，建立精神生活质量测评的指标体系。

一、质量、生活质量与精神生活质量

精神生活质量，是由质量、生活质量两个概念组合而成的。要确定精神生活质量的概念并阐述其内涵与外延，必须对其组合的概念有一个大致了解，才能找到精神生活质量在其概念体系中的位置。

（一）质量与生活质量的概念

1. 质量。质量这一概念，在各个学科和各个领域都有运用。物理学中所讲的质量，通常是指物体所含物质的量，是量度物体惯性大小的物理量。生产或工作过程中所说的质量，是指产品或工作的优劣程度，简单地说，就是指优劣或好坏的程度。质量在社会领域的运用比较早，三国时期的刘劭在《人物志·九徵》中说："凡人之质量，中和最贵矣。中和之质，必平淡无味。"一般性的质量概念，是一组固有特性满足明示的、通常隐含的或必须履行的需求或期望的程度。所谓"固有"，是指某事或某物本来就有的。所谓"特性"，是指可区分的特征，有些特性是固有的，有些特性是赋予的。各种事物，有不同的特性，如物质的特性、行为的特性、精神的特性等，各不相同。所谓"明示的"，是指明确规定的要求或要达到的要求；所谓"通常隐含的"，是指不言而喻的惯例；所谓"必须履行的需求"，是指不能违背的法规、条例、准则要求或有强制性标准的要求。赋予特性不是固有的，不是某事物中本来就有的，而是对某事物或产品所增加的特性，如限制某文化产品的发行渠道、特殊价格、时间范围等特性，就是赋予特性。所以，一般质量概念，简单地说就是一组固有特性满足要求的程度，如果满足了要求，质量就为好；不满足要求，质量则为差。

2. 生活质量。生活质量也称为生存质量或生命质量，是指环境、社会提供给人的生活条件的充分程度，以及人们对自身和自身所处生活条件与环境的评价和满意程度，简单地说，生活质量就是生活的好坏和人们的感受程度。生活质量概念最早是美国经济学家约翰·肯尼斯·加尔布雷思于1958在《富裕社会》一书中提出来的。该书分析了美国居民较高的物质生活水平与社会的、精神的需求满足相对落后之间的矛盾，形象地描述了一家人的生活片段："全家开着内饰桃木、装有空调、使用动力转向和具有机动刹车功能的汽车出游，穿过路面不平、垃圾横飞、房屋破败、广告牌东拉西扯、电线横七竖八架在空中的城市，到达充斥商业艺术的乡村。他们拿出便携式冰箱里包装精美的食物在被污染的河边野餐，然后在不符合公共卫生和道德的停车场里过夜。他们置身于腐烂垃圾的恶臭中，躺在尼龙帐篷下的充气床上，睡前可能会反思自己的幸福为何如此不均。这些真正是美国的精英吗?"① 富裕社会虽然市场上消费性商品充斥，但发展起来的经济并未满足人们生活的全面需求。1960年加尔布雷思在美国《总统委员会国民计划报告》和R. R. 鲍尔主编的《社会指标》文集中，正式提出"生活质量"这个术语。此后，生活质量概念逐步传播开来并形成了一个专门的研究领域。20世纪60年代到70年代，美国学者对生活质量的指标体系与测定方法做了大量研究，随后，生活质量研究相继在世界各地展开。20世纪80年代初，中国开始结合国情对生活质量指标体系及有关问题进行研究。生活质量往往根据生活的客观条件与自己的主观感受来衡量其高低。生活的客观条件，主要是物质方面的，如经济收入、居住条件、消费水准与环境卫生等；自己的主观感受，主要是精神方面的，觉得身边关系和谐、文化生活丰富、心情舒畅等，就是生活质量比较高。根据这两方面的条件，经过研究，确立了生活质量的指标体系：①客观条件指标，包括人口出生率和死亡率、居民收入和消费水平、产品的种类和质量、就业情况、居住条件、环境状况、教育程度、卫生设备和条件、社区团体种类和参与率、社会安全或社会保障等等；②主观感受指标，主要测定人们由某些人口条件、人际关系、社会结构、心理状况等因素决定的生活满意度和幸福感。

在开始研究生活质量时，曾出现过两种对立的生活质量概念，一是侧重于客观生活条件的研究，一是强调人们主观福利的研究。两者对生活质量、福利的理解存在较大的差异。斯堪的纳维亚半岛的生活条件研究是建立在福利被定义为"个人资源的支配"基础上的，包括收入、资产、教育、知识、社会关系等，也包括个人生活的外部环境。这种以资源为中心的福利观注重满足需求的能力，其生活质量概念的各种指标，也就围绕着客观生活条件来选择。与斯堪的纳维亚半岛的资源观相对立，美国的生活质量研究则主要从需求满足的角度来界定福利，即按照个人的主观体验给予评价。因而这一观点

① （美）加尔布雷思：《富裕社会》，赵勇等译，江苏人民出版社2009年版，第3页。

的主要目标，不是生活质量的客观条件，而是以“满意度”、“幸福感”的主观感受来衡量福利。这样，生活质量的概念就依靠主观的指标来体现。如果用数学方式来描述生活质量，生活质量应包括客观生活质量和主观生活质量两个方面，主观、客观生活质量是两个自变量，生活质量是因变量。所以，把生活质量只定义为生活物质条件的好坏，或者只定义为人们对生活的满意程度，都是有缺陷的。这两个方面的逻辑关系是：生活质量的好坏、高低是由社会生活提供的条件和人们生活需要满足程度两个方面决定的，任何一个方面虽然与生活质量相关，但都不能作为决定生活质量好坏、高低的唯一因素。只有把二者有机结合起来，才是对生活质量的全面理解。

与生活质量相关的概念是生活水平。所谓生活水平，是指在某一社会发展阶段，居民用以满足物质、文化生活需要的社会产品和劳务的消费程度，具体内容包括：居民的实际收入水平、消费水平和消费结构、劳动的社会条件和生产条件、社会服务的发达程度、闲暇时间的占有量和结构、卫生保健和教育普及程度等等。生活水平包含一系列满足居民物质生活需要和精神生活需要的内容，一般用指标体系来测定。1953 年联合国首次草拟了关于生活水平的指标体系和国际比较方法。1959 年联合国关于《在国际范围测定和衡量实际生活水平》的报告，进一步使衡量生活水平的方法系统化。1978 年联合国进一步修订了《社会和人口统计体系》（SSDS）文件专辑，提出了测定生活水平的 12 类指标，即：出生率、死亡率及其他人口学特征，医疗卫生条件，食品消费，居住条件，教育和文化，劳动条件和就业率，居民的收入和支出，生活费用和消费价格，运输工具，休息的安排，社会保障，人的自由。每一类中又规定了若干具体指标。生活水平与生活质量有联系也有区别。生活水平可以用很多数字去衡量，比如收入多少，消费多少，吃、穿多少，基本上是收入和消费两大块。但是生活质量是比较深层次的东西，我们经常可以看到，有的人钱多了，但是并不觉得生活得好。他们虽然钱很多，生活水平上没问题，但是他们对自己的生活并不满意。所以生活质量常常用人的满意度这样一个心理测量的指标来表示，实际上它跟社会心理的关系更加密切。

生活质量是物质生活质量和精神生活质量的综合。物质生活质量是由婴儿死亡率、预期寿命和识字率作为衡量的指标，这三者反映了社会在满足基本需要方面的许多相关条件，是社会发展状况的综合体现。精神生活既可能是先进、积极、主动、长远、自觉、现代高质量的，也可能是落后、消极、被动、眼前、自发、传统低质量的。从量的标志看，精神生活的广度和深度、科学健康的价值的认可程度、精神生活层次的高低，精神生活各要素发展的全面与片面、协调与不协调，与物质生活发展的平衡与不平衡等，可以显示精神生活的质量状况。

（二）精神生活质量的内涵与外延

1. 精神生活质量的概念。所谓精神生活质量，是指精神生活满足个人精神需要的客观程度以及个人对这种满足状况的主观感受。精神生活质量概念的界定，同生活质量概念的界定大致相近，即精神生活质量，也要根据人们需要的客观程度和人们主观感受，来衡量其高低。这是因为，人们的精神生活，是人们在参与社会政治生活、社会物质产品和精神产品的生产过程、社会交往和社会活动过程、家庭生活以及休闲活动中体现并蕴涵的精神消费与享受，精神既是这些客观活动形成与发展的需要，也由这些客观活动丰富与创造。离开客观活动与条件，精神没有最终的基础与依托，不可能有精神生活，也就谈不上精神生活质量，这是问题的一个方面。另一方面，就是在同样的客观活动与客观条件下，人们对精神生活的感受与满意程度，是存在个体差异的，即有的人感受良好、心情愉悦、满意度高，体现为精神生活质量高；而有的人感受不好、心情苦闷、满意度低，体现为精神生活质量低。这往往由人们的主观条件所决定。因而，精神生活质量，也要由两个方面相结合来衡量，而不能只看其中一个方面。当然，这两个方面的条件，前一个是主要的，因为它最终起决定作用；后一个也很重要，因为它是人的能动性体现。为此，衡量精神生活质量，需要以主客观指标相结合、相对性与动态性相结合，以精神生活特性、精神生活需求、精神发展程度和精神感受作为衡量指标。

2. 精神生活质量的内涵与外延。所谓内涵，是指一个概念所概括的思维对象本质特有的属性的总和，也就是概念的内容。内涵是内在的、隐藏在事物深处的东西，需要探索、挖掘才能理解，而不是表面上的东西。所谓外延，是指一个概念所概括的思维对象的数量或范围。内涵与外延，是两个相互对应的概念。

现代精神生活质量的内涵与外延，首先体现在政治与法律的保证上。因为政治与法律既是其他生活正常进行的保障，也是精神生活的重要内容。政治与法律的内容，包括执政党有正确、坚定的政治路线，先进的意识形态和与时俱进的现代化追求，坚持以国家的繁荣昌盛、长治久安和广大人民的幸福作为最终的目标；不断推进政治文明建设，实现民主的制度化和法律化，人民的民主权利得到宪法和各项法律的保护；政府能有效依法行政，社会公平、公正、自由、民主，公民的人身、财产安全得到保障；个人在政治文明建设与环境中能够充分发挥积极性与创造性，实现自身价值，感受到快乐和幸福，这是现代社会人们高质量精神生活的首要内容。

其次，现代精神生活质量的内涵与外延，体现在人们进行物质产品（包括服务）和精神产品的生产过程中。因为，生产实践是人们建设社会、创造财富的主要活动，在活动中，人们既需要精神资源，又创造精神资源。人们在实践过程中，要确立实践目标和理想信念，保证实践的方向性；也要学习、运用知识，发挥聪明才智，锻炼意志，克服困难，获得效益，实现价值；还要结成关系，相互信任与尊重，相互促进，在共同努力取得成功和成就的过程中，获得愉悦和幸福，感悟人生价值实现的满足。这种精神上的愉悦和幸福感越强烈，精神生活的质量就越高。

再次，现代精神生活质量的内涵与外延，体现在人际交往和环境影响过程中。人际交往有单位人际交往与社会人际交往，如公司、机关、学校、村镇、连队等单位内部，人与人之间的团结合作，亲近往来，相互帮助，形成了和谐有序的集体和富有凝聚力的团队精神，使人感到安全、心情舒畅、充满希望，自觉为集体发挥聪明才智、创造业绩，这是精神生活质量高的表现。人们参加各种社会活动、跨单位与行业的会议以及外出参观考察等，在与各种类型的人员交往过程中，注重礼节，讲究道德，相互信任，坦诚相待，共同提高，就会使人感到亲近融洽，激发热情，感受良好社会风尚所带来的满意与快乐。同样，环境影响也包括单位工作、生活环境与社会环境两个方面，主要指物质条件、文化氛围、自然环境的影响，满足需要的物质条件，安定团结的社会环境，丰富、健康的文化活动，幽美、清新的自然条件，都会给人们带来赏心悦目的感觉。

复次，现代精神生活质量的内涵与外延，体现在恋爱与家庭生活过程中。在现代社会条件下，男女谈情说爱，是两个人基于一定的物质条件和共同的人生理想，在各自内心形成的对对方的最真挚的仰慕，并渴望对方成为自己终生伴侣的最强烈、最稳定、最专一的感情。因而恋爱过程是一个感情交流、磨合与深化的过程，充满着愉快、浪漫与甜美，是人生的一段美好时光。在家庭中，有劳动能力的成员就业充分，收入不断增长；夫妻恩爱，子女孝顺，尊老爱幼，和睦相处；物质充足，住房舒适，文化生活健康丰富；等等。在这样家庭中生活的人，轻松而又舒畅，定会感到满足和幸福，精神生活质量高；如果家庭条件不好，特别是家庭不和，肯定影响其家庭成员的精神生活质量。

最后，现代精神生活质量的内涵与外延，体现在休闲的享受和消费过程中。人们除了进行生产实践、正规学习和培训之外，还有丰富多彩的业余爱好、休闲生活，包括参加各种文体活动、社会活动、旅游活动等。在活动中，人们紧张工作和学习的状况得到放松，并享受到自己或他人创造的物质产品与精神产品，精神受到振奋，情感得到释放，感受到愉悦和幸福的程度越高，精神生活的质量也越高。

总之，精神生活质量的内涵，虽然是丰富的、多样的，但可以进行概括，就是人们内心世界的丰富、充实程度以及人们感觉满意、快乐与幸福的程度；精神生活质量的外延，则是人们实践、交往、生活的一切领域。

二、当代社会精神生活质量的基本特征

精神生活是以物质生活为基础并相对应的生活，它既由现实物质条件所决定，又具有相对独立性；既表现为条件的客观性，又体现为人们感受的主观性；既广泛存在于人们活动的一切领域而具有社会性，又在不同个体、群体活动过程中表现出质量的差异性。这些辩证关系，是精神生活的一般特点。在当代社会条件下，时代不仅赋予精神生活时代特征，而且使精神生活的一般特点更加鲜明，凸显出当代社会精神生活质量的基本特征。

（一）精神生活质量的现代性与传统性并存

在当代社会条件下，精神生活质量的现代性与传统性，是指精神生活质量兼备的两

种形态，即体现当代社会特征的现代形态和蕴涵以往社会文明精神的传统因素。精神生活质量不管是高是低，都不可能凭空呈现。这是因为，主观精神最终要由客观条件所决定，即一定社会的生产力，是人的物质生活质量和精神生活质量的基础；人的各种精神需求的满足，离不开现实的社会生产。社会生产力越发达，经济社会发展越快，物质生活和精神生活质量就越高，人们对精神生活的要求和满足的程度也越高。同时，精神生活质量还要受到政治制度、传统文化、民族习俗等社会因素的影响和制约，赋予其时代特征与社会特性。因而，精神生活质量按其形态划分，则有现代性与传统性的区别。精神生活质量的现代性，是指精神生活反映当代主题，体现时代精神，顺应时代要求，符合时代趋向，等等。精神生活质量的传统性，主要是指精神生活反映或包含以往时代的内容和思想因素等。

所谓现代性，就是人类文明在告别前现代而进入现代这一过程中，所创造和洐生出来的新的状态和特性。“现代”概念相对于古代而言呈现其意义；“现代性”是一种持续进步的、合目的的、不可逆向发展的时间观念；现代化进程推进了民族国家的历史实践，建立了高效的社会组织，形成了民族国家的现代观念。哈贝马斯把现代性理解为一个方案、一项未竟的事业。美国学者布莱克认为“‘现代性’逐渐被广泛地运用于表述那些在技术、政治、经济和社会发展诸方面处于最先进水平的国家所共有的特征。”① 把那些共有的特征归纳起来就是现代文明的特征，也是现代性的主要内容。因而现代性涵盖着文明的各个方面，既包括物质层面、制度层面，也包括精神层面。这些层面处于开放的演化过程中，相互作用和相互渗透。美国社会学家英格尔斯在《人的现代化》一书中，强调了人的精神、思想现代化的重要性，他说：“如果一个国家的人民缺乏一种能赋予这些制度以真实生命力的广泛现代心理基础，如果执行和运用着这些现代制度的人，自身还没有从心理、思想、态度和行为方式上都经历一个向现代化的转变，失败和畸形发展的悲剧是不可避免的。再完善的现代制度和管理方式，再先进的技术工艺也会在一群传统人的手中变成废纸一堆。”② 因而，现代性首先是一种思想理念与精神状态。只有以现代理念与精神状态为导向和动力，才能推进现代化进程，创造现代社会。没有现代理念与精神状态，现代社会是无法驾驭的，现代科技是无法创造和运用的，现代机构是无法运转的。

现代性不是现代社会某一方面的特征，而是现代社会的本质规定性，这种规定性是以现代文化精神血脉渗透到社会各个领域而体现的。为此，哲学家衣俊卿根据很多战略家、思想家在思考现代性问题时，着力于现代文化精神的研究与成果，提出了精神性维度是现代性的一个基本维度的命题。如康德关于现代“启蒙”的理解，胡塞尔关于“纯粹的理性”的阐述，霍克海默和阿多诺提出“启蒙理性”，哈贝马斯的“时代意

① （美）C. E. 布莱克：《现代化的动力》，周风铭等译，四川人民出版社 1984 年版，第 5 页。
② （美）阿列克斯·英格尔斯：《人的现代化》，殷陆君译，四川人民出版社 1985 年版，第 4 页。

识”，等等，都从不同层面论述了从传统社会的经验结构中超脱出来的最根本的特征就是文化精神获得了现代性。所以，德国社会学家、哲学家齐美尔，将现代性的本质归结为个体对生活世界的主观感受和心理体验；有些哲学家把现代性的本质说成是人的自我力量的发现，还有的思想家把现代性的本质归结为人上升为主体。这些概括虽然有片面性，但都是为了从文化精神上寻求现代性的本质，找出现代社会与传统社会的区别。

胡锦涛在党的“十七大”报告中，明确地概括了中国“新时期最鲜明的特点是改革开放”，并强调了变革性、开放性的时代价值：“这场历史上从未有过的大改革大开放，极大地调动了亿万人民的积极性……”“改革开放以来我们取得一切成绩和进步的根本原因，归结起来就是：开辟了中国特色社会主义道路，形成了中国特色社会主义理论体系。”①

现代文化精神，相对于传统的文化精神，不仅具有鲜明的时代气息与丰富的内涵，而且具有强大的作用与价值。主体性、开放性、竞争性、发展性、民主性、自由性、参与性、创新性、批判性等，既是现代社会所需要的精神特质，又是人们发展的内在追求。因而，对这些精神要素追求的自觉程度与拥有程度，便成为衡量现代精神生活质量的重要尺度。而现代的文化精神和人们当下的精神生活水平，并不是凭空形成的，它既是当代社会开放环境、改革发展、社会竞争、民主法制建设、科技创新、信息社会等实践活动所创造的成果，也是传统文化精神的传承与弘扬。现代性和传统性的关系，是贯穿于文化精神之中的重要关系，把握这一重要关系，是认识文化精神发展规律的必要环节，是自觉追求精神生活质量的体现。

所谓传统，就是世代相传的具有特点的文化、道德、思想、习俗等社会因素。《西方哲学英汉对照辞典》中这样界定传统：“为一个社会所接受并形成其文化的现存的社会习俗、制度、信仰方式和行为准则……传统是从前代继承下来的并可能以一种改变了的形式传到后代。”② 传统最基本、最明显的含义是世代相传的东西，即任何从过去延传至今的东西，它是人类行为、思想和想象的产物，并被代代相传。③ 希尔斯对传统的含义的关注点，集中在人的内在精神和行为方式的沿传和稳定上，具有合理性。

传统所传承的思想文化具有相对独立性，所以它能够在时空中延续和变异，存活于现在，连接着过去，同时也包蕴着未来。因而，传统与现代并不是非此即彼的二分状态，而是一体相联、互为表达、彼此推进的，传统是同现在相对、又对现在甚至未来起作用的文化上的过去。

中国共产党一向注重对民族优秀传统文化、民族精神的继承和弘扬。毛泽东说：

---

① 胡锦涛：《高举中国特色社会主义伟大旗帜，为夺取全面建设小康社会新胜利而奋斗》，人民出版社 2007 年版，第 12 页。

② （英）尼古拉斯·布宁、余纪元编著：《西方哲学英汉对照辞典》，人民出版社 2001 年版，第 1008 页。

③ 参见（美）爱德华·希尔斯《论传统》，傅铿、吕乐译，上海人民出版社 1991 年版。

"从孔夫子到孙中山，我们应当给以总结，承继这一份珍贵的遗产。这对于指导当前的伟大的运动，是有重要的帮助的。"① 他还提出了继承传统和借鉴国外文化的准则：古为今用，洋为中用。邓小平强调："要懂得些中国历史，这是中国发展的一个精神动力。"② 胡锦涛在党的"十七大"报告中指出："全面认识祖国传统文化，取其精华，去其糟粕，使之与当代社会相适应、与现代文明相协调，保持民族性，体现时代性。"③

中国传统文化长期发展的思想基础，就是中国传统文化的基本精神，文化的基本精神是文化发展过程中的内在动力。中华民族传统精神文化，在其发展过程中不仅对中国社会的发展起着积极的推动作用，而且在实践中不断充实其丰富内涵，它所包含的坚韧不拔的从道精神，厚德载物的宽容品格，贵和尚中的和谐理想，崇德重义的价值观念，社会交往的包容意识，超越功利的人文精神，整体协同的思维方式，注重修养的人格追求，自强不息的奋进精神，崇尚俭朴的生活态度，等等，经过数千年的积淀，作为古代中国人的精神支柱，不断熏陶人们的心灵，提升人们的精神境界，形成了中华民族的风骨与气度，培养了民族独特的品格和精神。对中华民族精神形态的基本特点，早在《周易》中就有明确的表述："天行健，君子以自强不息"，"地势坤，君子以厚德载物"。后来张岱年进行了概括，认为中华民族传统文化的基本精神，与西方国家民族精神相比较，不仅表现为崇尚世俗道德而不同于宗教，而且具有刚健有为、和与中、崇德利用、天人协调的基本特点。④

民族精神像一条精神纽带，把全国各族人民不分地域、不分职业、不分年龄凝聚在一起。以民族精神为纽带，引导人们以振兴中华为己任，始终保持奋发有为、昂扬向上的精神状态，是全国各族人民的共同心愿，是推进社会主义现代化建设的强大精神动力。为此，江泽民在党的"十六大"报告中强调："民族精神是一个民族赖以生存和发展的精神支撑……在五千多年的发展中，中华民族形成了以爱国主义为核心的团结统一、爱好和平、勤劳勇敢，自强不息的伟大民族精神。我们党领导人民在长期实践中不断结合时代和社会的发展要求，丰富着这个民族精神。"⑤

大力弘扬中华民族精神，不断赋予民族精神以新的时代内涵，使民族精神扎根于人民群众心灵中，见诸行动，不仅是推动中国特色社会主义事业不断发展的现实要求，而且是提高全国各族人民精神生活质量的需要。因为只有弘扬中华民族精神，才能站在以振兴中华为己任的高度提高思想道德素质，才能以自信、自立、自强的精神状态走向世界，才能通过传统精神文化的代代承传，使全民族在思维方式、价值取向、理想人格、

① 《毛泽东选集》第2卷，人民出版社1991年版，第534页、第707—708页。

② 《邓小平文选》第3卷，人民出版社1993年版，第358页。

③ 胡锦涛：《高举中国特色社会主义伟大旗帜，为夺取全面建设小康社会新胜利而奋斗》，人民出版社2007年版，第18页。

④ 参见张岱年《论中国文化的基本精神》，载《中国文化研究集刊》第1辑，复旦大学出版社1984年版。

⑤ 《江泽民文选》第3卷，人民出版社2006年版，第559页。

伦理观念、审美情趣等精神文化方面渐趋认同，形成并发展中华民族的向心力与凝聚力。

总之，“传统总是在变化之中，然而传统的概念中有某种东西包含着耐久性；传统的信念和习俗具有抵制变化的完整性和延续性。”① 传统的这种特性，决定了现代人在发展现代性时，不能离开传统，即现代性需要传统，因为传统奠定了精神文化和精神生活的基础，并赋予其连续性；同样，传统也需要现代性，没有现代做参照，传统便失去发展的目标和方向，传统与现代相伴才能体现其存在价值。因此，我们既要立足现在，以今为主，也要尊重历史，以古为用，但尊重历史、继承传统，是要剔除其封建性的糟粕，吸收其民主性的精华，而不是颂古非今，不是向后看。对精神生活质量的衡量，当然要坚持以现代内容、现代形态为主，以传统内容、传统形态为辅，把现代性与传统性有机结合起来。任何强调现代性而忽视和否定传统性，或强调传统性而忽视和否定现代性，都是片面的，都不可能达到高质量的精神生活水平。

（二）精神生活质量的超越性与滞后性兼有

在当代社会条件下，精神生活质量的超越性与滞后性，是指精神生活所呈现的两种状态，即精神生活逾越现有物质生活条件而高于社会文明的超越状态，或后于现有物质生活条件而低于社会文明的滞后状态。

1. 精神生活超越与滞后的辩证。超越与滞后，是两个相对应的概念。所谓超越，是指人对自身具有相关性、重要性的事物、现象、观念等的超过或者跨越。中国古代许多思想家，就对思想、精神超越作过阐述，南宋时期著名思想家叶适在《胡釭名说》中说：“思致超越，学而不倦。”意思是要使思维开阔，精神高远，就要不断学习。明代布衣诗人谢榛在《四溟诗话》卷二中，强调读大师著作，方能达到精神超越境界：“熟读太白长篇，则胸次含宏，神思超越，下笔殊有气也。”这里所讲的超越，主要是指主体主观对客观、自身对他人、自我对自我的超过、逾越。所谓滞后，就是落后、迟延，落后于形势发展，跟不上时代步伐。这里所讲的滞后，主要是指主体认识落后于实际，思维迟缓于现实，精神显得保守、狭隘、压抑。

衡量精神生活质量的超越与滞后，不是随意的，而是既要坚持一定的前提与基础，又不能局限于一定的前提与基础。之所以要以一定的前提与基础来衡量人的精神生活质量，是因为精神生活要受经济社会发展的制约，要以物质条件为基础。一般来说，由于工作实践的成功、物质生活的满足而产生的快乐和愉悦，只能在具备事业成功的物质生产和科学技术条件的基础上才可能出现；丰富的物质生活条件才能保障人们获得满意的物质生活质量和精神生活质量。因此，人的精神生活的质量，一般来说，与现有的物质生产水平和物质生活水平紧密相连，缺乏或没有这些客观条件，谈精神生活质量就是空

① （英）安东尼·吉登斯：《生活在后传统社会中》，商务印书馆2001年版，第80页。

话。之所以不要局限于一定的前提与基础条件，是因为一定的思想、精神并不是一定客观条件的被动产物，而是人的能动性表现，这种能动性表现为相对独立性，即它既可以超出一定客观条件而具有先导性，又可能落后于一定客观条件而具有滞后性。这种先导性与滞后性，是人的主观条件，是人发自内心的感受和体验。不同的人所处的社会和物质环境不同，社会阅历和经验不同，所受文化教养和品德不同，会对精神生活质量的感受和追求表现出许多主观上的差异。这些差异一般有两个表现：有较好的物质生活条件的人，精神生活的质量并不高；但也有人由于信仰、意志和精神力量的作用，哪怕是物质匮乏、条件艰苦、环境恶劣，都表现出坚定的信念和高涨的热情，义无反顾，勇往直前，不达目的，誓不罢休，直到最终实现自己追求的目标，获得高质量的精神生活。这是人在追求高质量的精神生活时，能超越艰苦的物质条件，主观能动性得到充分发挥和释放。

2. 现代人精神生活质量超越性的内涵与根源。在当代社会条件下，人们精神生活质量超越性的内涵是什么，根源是什么，这是确认其超越性的根据。

首先，现代人精神生活质量超越性的内涵，主要是指人们的主观认识、追求目标、主体特性对社会现实条件的超出和创造，体现为人们自觉能动性的发挥。所谓自觉能动性，就是毛泽东说的："思想等等是主观的东西，做或行动是主观见之于客观的东西，都是人类特殊的能动性。这种能动性，我们名之曰'自觉的能动性'，是人之所以区别于物的特点。"① 正确目标的确立，是人的精神生活质量超越性的前提。人总是要在一定的正确目标指导下进行实践，正确目标源于现实又高于现实，它引导人们的思想和行为面向未来，这便是超越。在实践过程中，人们往往不满足现状，在不断推进改革、创新与发展的进程中，形成新的认识，而新的认识具有能动性，正如列宁所说："人的意识不仅反映客观世界，并且创造客观世界。"② 意识正是通过对现实的不断反思，发挥主观能动作用，推进实践活动实现对实现的超越。同时，超越根源于人自身的自我意识和对象意识。自我意识就是人作为主体，通过反省，把自身的内在尺度由潜在状态转变为现在状态，从而使之成为被自觉把握的东西，即马克思所说的"人则使自己的生命活动本身变成自己的意志和意识的对象"③，这就是人的主体性确证。正是人的主体性，使人的活动蕴涵着发展的方向性、价值性，体现着应然对实然的超越，"超越就意味着应然不断地代替实然，可能不断地代替现实，在这个否定过程中，意味着人的生命的自我生成和自我实现，意味着人的价值生命的不断跃进和提升"④。总之，精神生活质量的超越性本质，是人的自觉目的性。

① 《毛泽东选集》第2卷，人民出版社1991年版，第477页。

② 《列宁全集》第55卷，人民出版社1990年版，第182页。

③ 《马克思恩格斯全集》第42卷，人民出版社1979年版，第96页。

④ 冯建军：《主体道德教育与生活》，《教育研究》2002年第5期。

其次，现代人精神生活质量之所以具有超越性，既与人的特性和追求相关，更由当代社会条件所决定。

从人的特性和追求来看，人的肉体、生理方式的存在是物质性存在，人的社会交往和在社会运行中的存在是社会性存在。人的高贵之处在于，人能以无形的精神、灵魂支配和驾驭自己的肉体并超越肉体的制约，以有目的的、自觉的精神追求来引导自身的行为，所以人还是精神性的存在。应当看到，自然环境、社会规范在为人提供物质条件、促进人的社会化、保障社会有序运行的同时，也使人具有的本能欲望，以及在实际生活、工作实践中逐渐生成的情感、目标受到不同程度的限制或压抑，人面对这种限制或压抑，往往试图在精神领域寻求抗争与突破，也就是立足于现实又不满足于现实，以探索、创新、发展寻求出路。这种探索、创新、发展的过程，首先源于心灵创造，诸如确立创新、发展的动机、目标，在创新、发展过程中形成动力、意志等，这种心灵创造就是精神超越。正是人们不断进行精神超越，才赋予人丰富多彩的人生。没有精神的超越，就不会有激奋昂扬的人生体验，也不会有崇高的人生境界。所以，中国古代儒家，根据人的本性，强调人具有“内在超越性”。所谓“内在性”，就是人之所以为人的内在精神本性；所谓“超越性”，是指人对存在的根据或宇宙本体的探究，如“天道”、“天理”、“太极”等。儒家哲学的“超越性”和“内在性”是统一的，形成了人“内在的超越性”或“超越的内在性”问题。最能代表孔子内在超越精神的，是他说的“为己之学”过程，他说：“吾十有五而志于学，三十而立，四十而不惑，五十而知天命，六十而耳顺，七十而从心所欲，不逾矩。”“知天命”是知“天道”的超越性，“六十而耳顺”是说孔子在心灵上与“天道”会合，至“七十而从心所欲，不逾矩”是指达到了“内在超越”的境界。在古希腊，柏拉图、亚里士多德把世界分为超越性的本体与现实世界，提出人要追求本体理性。其后，基督教预设人性为恶，提供一个外在超越性上帝要人们崇拜。马斯洛提出了人的需要层次理论，即人有生理需求、安全需求、社交需求、尊重需求、自我实现需求。马斯洛认为，人的自我实现过程，实际上是创造性过程，这一过程能产生“高峰体验”情感，使人呈现出最高、最完美、最和谐的欣喜若狂、如醉如痴的状态。马斯洛在晚年，为了弥补需要层次理论的缺陷，还提出了“超越性需要”的概念，尽管他没有对超越性需要做更多阐述，但可以看出他注意到了人的超越性特性。

从当代社会的客观条件看，它为人们的精神超越提供了基础。一是对内对外开放的环境，既为人们提供了广阔的活动空间，又向人们提供了丰富多彩的精神资源，人们通过所见、所闻、所学、所思、所做，扩大视野，充实内在，不断形成新的观念与新的目标，超越原有的思想认识与目标。二是社会竞争，既通过比较攀升竞争目标，又产生激励强化内在驱动。中国社会主义市场经济体制建立后，既形成了社会的竞争机制，也增强了人们的自主性、积极性与创造性。人们一改计划经济体制下的依赖状态，自觉地与竞争对象进行主客观条件比较，形成不断向上的竞争目标，并在竞争目标激励下，产生要成为竞争强者的强烈期待与强大精神动力。竞争群体的这种期待与动力，形成了社会的活力与创造力，因而，社会竞争是推动人们精神超越的“无形之手”。三是信息社会的发展，既为人们源源不断地提供信息与知识，又为人们创建新的手段与平台。发达的现代大众传媒，每天都在为人们传播、交流着海量信息与知识，这些信息与知识不断更新、交错，人们在见识、学习、交流和运用这些信息与知识的过程中，也将不断改变思维方式，更新观念，丰富精神家园，提高思想境界。同时，现代科技所提供的各种便捷方式，特别是互联网所创建的网络领域，更是帮助人们突破了精神生活的物理空间与时间界限，使人们能够体验虚拟空间和跨时间的精神感受，实现了精神生活的现代超越。

3. 现代人精神生活质量滞后性的表现与根源。精神生活质量滞后性，是指精神生活的总体水平跟不上形势发展的要求，主要表现在三个方面。

第一，精神生活滞后于物质生活并与物质生活不协调。中国改革开放以来，随着经济社会的快速发展和物质产品的丰富，人们的物质文化生活条件不断改善，物质生活质量明显提高。但有些人并不感到愉快和幸福，精神生活质量不高。这种精神生活滞后的现象，可以用美国社会学家 W. F. 奥格本的文化滞后理论加以解释。这一理论认为，一般来说，物质文化的变迁速度快于非物质文化，两者发展变化往往不同步；就非物质文化的变迁看，其各构成部分的变化速度也不一致，一般总是制度变迁速度较快，其次是风俗、民德变迁，最后才是价值观念的变迁。中国新时期正处于重大的变革之中，经济体制转变，社会急剧转型，社会各个领域迅速发展，特别是经济快速持续发展，为各个领域的发展提供了扎实的基础，而一些人的思想观念往往跟不上经济社会的发展，精神生活的内容、方式显得滞后。

第二，精神生活受传统观念束缚显得落后。由于传统文化和人们的生活习惯、思维方式具有相对独立性，有些落后的观念并不会因为改革开放和经济社会的快速发展而立即消失，它还会在新的形势下继续影响人们的思想与行为，如与自然经济相一致的小农经济观念，在封闭环境中养成的求稳怕乱思想，在缓慢变化节奏进程中形成的小富即安价值倾向，在缺乏社会竞争机制条件下习惯于安于现状的态度，等等，虽然面临着现代浪潮的猛烈冲击，但要完全克服，形成现代观念，必然要经历一个矛盾、改造、转化的过程。在这个过程中，既有解放思想的快乐，也会伴随改造思想的困苦。只有完成了传统观念的改造与转化，精神生活质量才能提高。

第三，盲目追求物质价值与工具价值导致精神生活质量滞后。随着市场经济体制的建立和竞争机制的形成，人们的自主性与竞争性增强，一方面调动了人们创造财富的积极性与创造性，另一方面也强化了一些单位与个人追求眼前现实利益的倾向。这些片面注重功利价值追求的单位和个人，受价值规律的自发调节，或专注自身物质利益获取，或注重科技知识的掌握，对长远目标、全局发展不感兴趣，忽视人际交往、德性修炼，有的单位和个人甚至一切向钱看，不讲道德，违法乱纪。这种情况，不仅导致精神生活质量滞后，而且污染社会精神文化环境，对社会精神生活产生消极作用。

（三）精神生活质量的层次性与起伏性交错

人的精神生活、精神境界是有层次的，有毫不利己、专门利人的高尚精神境界，也有遵纪守法、利人利己的一般精神境界，还有不讲道德、损人不利己的庸俗精神境界。人的精神生活、精神境界或分层递进、稳步上升，或分层下降、逆向滑坡。精神生活、精神境界的层次在当今社会，比以往任何时代都要明晰和凸显，一方面是人们所拥有的精神生活条件既多样又差异，另一方面则是由于人们对精神本身的追求，呈现出程度不同的自发或自觉状态。

精神境界也称为人生境界、心灵境界，是浓缩一个人的过去、现在、未来而形成的精神世界的整体，是一个人人生意义和价值的体现。对人的精神生活、精神境界的层次，古今中外早有探索和阐述。柏拉图在《理想国》中，把世界划分为“洞穴”的感觉世界和理性的理智世界，哲学家要从感觉世界上升到理智世界。而理智世界就是天地境界，到达天地境界的人，就是与宇宙同一、精神境界最高的人。中国古代的儒家，把人生境界等同于道德境界，确立了内圣外王的境地，并将这些境地的层次归结为“格物”、“致知”、“诚意”、“正心”、“修身”、“齐家”、“治国”、“平天下”，即“致知在格物，物格而后知至，知至而后意诚，意诚而后心正，心正而后身修，身修而后家齐，家齐而后国治，国治而后天下平”（《礼记·大学》）。这些道德人格的层次，大体上是由内及外，逐步提升的。汉传佛教宗派之一的禅宗，常用三种境界来描述心灵境界，即悟的境界：第一境是“落叶满空山，何处寻行迹”，比喻精神漂流，没有禅境的指引；第二境是“空山无人，水流花开”，意思是已经破除法执与我执，超脱了客观性与主观痴迷，使精神获得一定的自由；第三境是“万古长空，一朝风月”，形容在顿悟中获得超越时间与空间的永恒高峰体验。这一描述虽然是唯心的，但也把佛教徒的精神境界分出了层次。

马斯洛根据人的多样化需要，提出了“需要层次理论”，即人有生理、安全、社交、尊重和自我实现等需要。这五个层次的需要是递进的，高层次需要主要是精神需要，如社交需要，指感情与归属上的需要；尊重需要，包括自尊、自信、自豪等心理上的满足感和名誉、地位、不受歧视等方面的满足感；自我实现需要，指人实现自身理想和价值的需要。王国维在《人间词话》中形象地提出了人生三境界，他说：古今之成大事业、大学问者，罔不经过三种之境界。“昨夜西风凋碧树。独上高楼，望尽天涯路。”此第一境界也。“衣带渐宽终不悔，为伊消得人憔悴。”此第二境界也。“众里寻他千百度，回头蓦见，那人正在灯火阑珊处。”此第三境界也。[①] 这一论述是典型的诗意凝聚和精神贯注，蕴涵着高尚的精神体验。冯友兰把人生境界分为四个层次，即自然境界、功利境界、道德境界、天地境界。不同境界的人，世界和人生对于他们的意义是不

---

① 王国维：《人间词话》，上海古籍出版社 2005 年版，第 21 页。

一样的，每个人所享受到世界的大小也是不一样的，境界高的人实际享受到的世界比较大，境界低的人实际享受到的世界比较小，因为一个人所能实际享受的世界，必定是他所能够感觉和了解的世界。[①] 北京大学哲学教授张世英按精神境界的递进层次，论述了人生的四种境界，即欲求境界、求知境界、道德境界，审美境界。[②]

所有上述关于精神境界或人生境界层次的概括，多是按照境界层次的递进关系展现的。一般来说，低层次境界是高层次境界形成的基础，高层次境界也程度不同地体现、渗透在低层次的境界之中。每个人的精神境界或人生境界，或呈现层次递进的提高，或呈现层次下滑的降低。但每个人在一定阶段或一定条件下，往往要以某个层次的精神境界或人生境界为主导。

在当代社会条件下，精神境界或人生境界层次之所以多样而分明，原因是复杂的。如果按照影响精神生活的条件分析，主要表现在三个方面。其一，中国自改革开放以来，经济社会持续快速发展，民主法制建设稳步推进，社会局面安定团结，精神文明建设丰富多彩，人们物质文化生活条件不断改善，从而为人们提高精神生活质量奠定了扎实的物质基础，创造了前所未有的良好条件。这些物质基础和良好条件，从总体上看，与过去相比提高明显，但从区域、行业、单位、个人比较来看，由于竞争机制的作用和受原有基础的制约，又存在一定差距。这些差距的存在，对精神生活的层次必定产生客观制约与影响。其二，中国开放政策的实施，社会主义市场经济体制的建立和民主建设的发展，极大地增强了人们的开放性、独立性、自主性、竞争性、自由性与创造性，这些特性，就是富有时代特征的精神状态。人们在这种精神状态下，能够自主地按照社会发展的要求和自己确立的目标，进行发展资源、发展方式的选择，充分发挥自己的聪明才智与精神潜能，在有效改造客观世界的过程中，不断丰富内心世界。但也要看到，受文化多元化的影响，特别是受西方国家个人主义、享乐主义价值观影响，有些人的价值观偏离了中国社会的主导价值取向，程度不同地陷于落后的精神追求，与时代精神形成反差。其三，信息社会的发展，特别是互联网络的普及，成为发展、影响人们精神生活质量的重要条件。一方面，大众传媒每天为人们提供大量的新信息、新知识，人们不断开阔眼界，启发思维，充实内在；另一方面，人们在获取信息、进行比较鉴别过程中，也面临着各式各样的反差和各种情绪的感染，如焦躁疑惧、迷茫失落、愤青思维、拜金主义等负面情绪，钱权交易、缺德交易、损人利己等不良现象，借助于媒体传播，使社会负面情绪与丑恶现象得以放大，冲击一些人的积极心态与社会信心。

总之，当代社会精神境界或人生境界层次的多样性，既是社会发展多样化、流动性、差异性的体现，也是人们自主性、个性化发展的折射。但不管精神生活多么复杂和多样，大致还是可以划分这样几个层次：

---

① 参见冯友兰《冯友兰学术文化随笔》之《人生的境界》，中国青年出版社 1996 年版。

② 参见张世英《人生的四种境界》，《新华文摘》2010 年第 7 期。

一是求利的精神生活层次。所谓求利，就是追求眼前的、现实的物质利益。在当代社会，求利不只是谋求生存的物质条件，还包括对金钱、物质财富、生活奢侈品、高雅生活环境的追求。这种以获取物质利益为主导目标和思维理念的内在活动，就是求利的精神生活层次。这种层次的精神生活，主要是人的本能欲望在起作用，集中体现着人的自然本质，因而是人最起码、最低等的精神生活层次。

二是求知的精神生活层次。所谓求知，就是追求知识、技能。在当代社会，求知不只是学习书本知识，还包括掌握信息技术、运用高科技产品、开展科学研究和技术改造、在网络领域进行学习和虚拟实践等。这种以学习、掌握、运用知识和技能为价值目标和思维理念的内在活动，就是求知的精神生活层次。由于有些知识蕴涵着人文精神，有些知识在传播、理解和运用过程中伴随着价值观念，求知者在求知过程中，也会受知识的熏陶和技能的启迪，内在精神得到充实，境界得以提高。因而，求知的精神生活层次，比求利的精神生活层次要高。但如果求知者的主要目的是为了掌握科技手段而为自己谋求物质利益，而不是运用科技为社会创造财富，求知者的精神生活层次就仍然处于求利的精神生活层次。

三是求德的精神生活层次。“德”是指内心的情感或者信念，用于人伦，则指人的本性、品德。“德”的本意为顺应自然、社会和人类客观需要去做事，不违背自然发展，去发展自然、发展社会，发展自己的事业。适应、遵循自然、社会的规律地为人、做事，就是讲“道”，“道”只有通过人们的思维意识才能认识和感知。“德”则是“道”的载体，是“道”的体现，是人们通过感知后所进行的行为。因而，“求德”是在求利、求知过程中的求真向善，合情合理，和谐协调。“求德”既以求利、求知为基础，又超越了求利、求知的范围与价值目标，把认识、思维由局限于个体，扩展到与自然、社会、他人相适应和促进，是较高层次的精神生活。

四是求美的精神生活层次。所谓美，是事物和谐发展的客观属性与功能激发出来的主观感受，是客观实际与主观感受的具体统一。人的审美追求，在于提高人的精神境界与综合素质，促进人的全面发展，创建和谐美好的世界。人之所以求美、审美，除了愉悦自己的目的之外，在很大程度上也是为了完善自己、发展自己。人类正是通过一代代人对自身和自然的评判，逐渐形成更为本质、完善的看法。在当今社会，人们通过对美好事物的向往、创造、欣赏，不仅得到现代物质条件的满足，而且通过高文明的追求、创造，获得审美情趣与高度自由。因而求美是精神生活的最高层次。

人的精神生活层次或人生境界，应该随社会的发展而发展，随人的发展而发展；社会的发展与人的发展，也离不开人们精神生活层次的提升。所以，提升自己的精神层次，是社会发展的需要，也是个人发展的需要。

所谓精神生活质量的起伏性，是指人的精神生活质量不是恒定不变的，而是随着工作、学习、生活、环境条件的变化，或在与社会、他人进行比较过程中，人的精神生活条件和人在精神上的体验、感受、满足程度相应发生的变化。这种变化，既表现为社会精神生活质量的高低不平，也表现为个体精神生活质量的起伏跌宕。在当代社会条件下，精神生活质量之所以具有起伏性，既有客观原因，也有主观原因。其客观原因，一是随着改革开放的扩大与深化，社会结构、利益关系经常进行调整，面对新情况、新问题，必定影响人们的思想情绪与精神状态；二是人们在开放、流动过程中，随着工作、生活、交往条件的变化，也会导致精神生活的变化；三是激烈的社会竞争，容易产生竞争过程与结果的差距，面对差距会有不同的思想反映；四是社会不确定因素增多，特别是风险、危机频发，对人们会产生意想不到的精神冲击，导致精神生活不稳定。这些客观因素，不仅对精神生活起伏变化起决定作用，而且人们已经形成的思想与价值观念，也会对客观因素形成不同的判断、体验与价值倾向，从而引起人们精神状态的变化。

所以，当代社会精神生活的层次性与起伏性，总是相辅相成地联系在一起的，层次性是产生起伏性的基础，起伏性是层次性形成的条件。

三、精神生活质量的衡量与测评

（一）精神生活质量的范围与要素

人的精神生活涉及的因素是复杂的，内容是丰富的。确定精神生活的范围与要素，首先要搞清楚，这些要素和内容是客观的、主观的还是主客观兼备。因为在生活质量研究中，就有侧重生活客观条件研究、生活主观感受研究和主客观结合研究的倾向。

精神生活，从字面上看，是人心灵领域的生活，属于主观范畴。但从它的形成与发展的基础来分析，它又根源于一定的客观条件，不能局限于人的主观范畴。因而，精神生活质量的范围与要素，既包括客观因素，也包括主观因素，而且是客观因素与主观因素交互作用的结构。为了研究精神生活质量衡量与测评的指标体系，首先要确定精神生活的边界与要素。

1. 生产劳动与实践活动过程中的精神生活质量。生产劳动、实践活动是人们生活的主要内容与方式，所以马克思说："社会生活在本质上是实践的。"① 人们在进行物质生活产品和精神生活产品的生产过程中，都需要并拥有个人的动机、期望和内在动力；在生产过程中，都需要发挥自己的志向抱负、智慧禀赋、知识技能，克服实践过程中的困难与阻力，为实现预期目的创造条件；经过生产和实践为社会和自己创造了物质和精神财富，在受到社会和单位肯定、赞扬和为自己体验自己成果的过程中，必定产生欣慰和幸福，并会形成更高的目标追求与精神动力。因而，生产劳动、实践活动的全过程，都既需要又发展精神生活，并且，精神上的需要越强烈，精神动力越强大，精神的愉悦越充分，精神生活的质量就越高。这种精神生活的质量，是与劳动创造财富与人的价值

① 《马克思恩格斯选集》第1卷，人民出版社1995年版，第60页。

实现程度成正比的。

2. 客观环境制约与影响下的精神生活质量。人们总是生活在一定环境（包括自然环境、社会环境、文化环境、网络环境）之中，内在精神既受环境客观条件的制约，也受一定思想指导对客观环境进行改造，正如马克思所说的："环境的改变和人的活动的一致，只能被看作是并合理地理解为革命的实践。"① 在诸多环境因素中，国家的政治制度，民主与法制的制度化程度，以及公平、公正、自由、民主和公民人身财产安全，国家的发展目标、政治稳定、长治久安和繁荣昌盛等，都直接与每个人潜能的发挥、目标与价值的实现、快乐和幸福状况相关，并成为现代社会人们高质量精神生活的首要内容，因为政治保障是国家和人民的根本保障，政治稳定是国家发展与人们全面发展的根本条件，政治文明主导着社会其他文明的发展。

3. 人际交往过程中的精神生活质量。人是社会的人，"人的本质不是单个人所固有的抽象物，在其现实性上，它是一切社会关系的总和。"② 因而，人际交往不仅是每个人生活的一部分并贯穿人生的始终，而且是社会发展的必然产物和基本前提。没有人际交往过程中所形成的各种各样的社会关系，以及人们所担当的各种各样的社会角色，社会就不成其为社会。人际交往，简言之就是人与人的相互作用与相互影响。不管人际交往活动在内容上、形式上多么复杂多样，但任何人际交往，都伴随着思想、情感、态度和信息的交流。首先，每个人都是一个独立的生命个体，都有自己独特的经历、感受和认识，人际交往提供和他人交流、向他人学习的机会，不仅可以增长见识、学习经验，而且能够活跃思想、丰富内在。其次，每个人在群体和社会中，都要承担一定的职责与义务，并同他人一起完成生产、工作、学习任务，都会通过交流、比较、相互评价而获得认同、归属的满足，并达到更好地认识自己、发展和谐关系的目的。最后，每个人都是社会的一个成员，只有人际交往才是走向社会、学习社会、改造社会、奉献社会的桥梁，才能了解社会全局与发展趋势，保持和人民大众的血肉联系，为增强民族凝聚力、实现民族振兴做贡献。总之，与他人交流思想，头脑就有了更丰富的思想；与他人分享快乐，大家可以共同快乐；与他人分担忧愁，忧愁就会减少。因此，一个人的人际交往越积极主动，人际关系越丰富多彩，这个人的精神生活质量也越高。

4. 休闲活动中的精神生活质量。人除了紧张的劳动、工作、学习之外，还要放松闲暇。所谓闲暇，"就是指所有规定的其他基本要求，诸如应付工作和睡眠、社会义务和社会约束之外，个体的一段自由的、无责任的或娱乐性的时间。"③ "休闲是从文化环境和物质环境的外在压力中解脱出来的一种相对自由的生活，它使个体能够以自己所喜

① 《马克思恩格斯选集》第1卷，人民出版社1995年版，第59页。
② 同上书，第60页。
③ 《闲暇教育》，《国际教育百科全书》（第5卷），贵州教育出版社1990年版，第654页。

爱的、本能的感到有价值的方式，在内心之爱的驱动下行动，并为信仰提供一个基础。”① 马克思曾指出：“节约劳动时间等于增加自由时间”，自由时间“就是可以自由支配的时间……这种时间不被直接生产劳动所吸收，而是用于娱乐和休息，从而为自由活动和发展开辟广阔天地”。② 随着科学技术的广泛运用和生产力的发展，物质生产和文化产品生产的效率与质量不断提高，人们的休闲时间增多，休闲的内容与方式越来越多样，人们在休闲过程中享受和消费自己或他人创造的物质产品和精神产品，感受到轻松、愉悦和幸福的程度越高，精神生活的质量越高，反之则越低。

5. 家庭生活过程中的精神生活质量。每个人既来自家庭又组建家庭，家庭生活是人的生活的组成部分。恩格斯考察了人类社会家庭形式随生产方式变化而发生的改变，并从现代性爱的平等互爱前提、双方结合的理想以及性交关系的评价方面，揭示了爱情、婚姻、家庭的精神内涵，指出爱情的本质是“人们彼此间以相互倾慕为基础的关系”③，爱情就是男女之间基于一定的客观物质基础和共同的生活理想，以互爱为前提，以相互倾慕为基础并渴望对方成为自己终身伴侣的真挚、强烈、稳定、专一的感情，它是人类高级的精神生活。“如果说只有以爱情为基础的婚姻才是合乎道德的，那么也只有继续保持爱情的婚姻才合乎道德。”④ 马克思曾针对恋爱、婚姻、家庭忽视情感与道德的现象进行批评：“吃、喝、生殖等等，固然也是真正的人的机能。但是，如果加以抽象，使这些机能脱离人的其他活动领域并成为最后的和唯一的终极目的，那它们就是动物的机能。”⑤列宁也曾强调：“在性生活上，不仅应该考虑到单纯的生理上的要求，而且也应考虑到文化上的特征，看它们究竟是高等的还是低等的。”⑥ 因此，家庭生活，决不仅仅是性生活与物质生活，更重要的是精神生活。家庭成员中有劳动能力者就业充分，收入不断增长，物质条件满足固然是生活基础，但家庭成员之间，最重要的基础是宽容、尊重、信任和真诚，夫妻恩爱，子女孝顺，尊老爱幼，全家和睦，家庭成员才能轻松、愉快、舒畅，感到满足和幸福，精神生活的质量高，所谓家和万事兴，说的就是这个道理。相反，如果一个家庭物质条件丰厚，但家庭成员之间互不信任，经常争吵甚至夫妻离异，就不可能有高质量的精神生活。

（二）衡量精神生活质量的维度与向度

1. 精神生活质量的维度与向度的内涵。之所以提出精神生活质量的维度与向度的概念，是因为精神生活既有其被决定性，又有其相对独立性；既不能离开物质生活、社

---

① （美）杰弗瑞·戈比：《你生命中的休闲》，康筝译，云南人民出版社2000年版，第14页。

② 《马克思恩格斯全集》第46卷（下），人民出版社1979年版，第120页。

③ 《马克思恩格斯选集》第4卷，人民出版社1995年版，第234页。

④ 《马克思恩格斯选集》第4卷，人民出版社1995年版，第81页。

⑤ 《马克思恩格斯全集》第3卷，人民出版社2002年版，第271页。

⑥ 蔡特金：《列宁印象记》，生活·读书·新知三联书店1979年版，第69页。

会生活孤立地研究精神生活质量，又不能以物质生活、社会生活水平等同于替代精神生活质量。这样，精神生活质量既有一个可以客观把握的维度，又有一个判断其性质、层次的向度。

总体来讲，精神生活质量是一个评价精神生活优劣、高低的概念，是社会提供人们精神生活的客观条件与人们对精神生活的全面评价。因而，精神生活质量既离不开物质生活和社会生活的质量，也不完全取决于物质生活和社会生活的质量。中国古代就有“衣食足，知荣辱”、“有朋自远方来，不亦说乎”的说法，讲的是物质生活、社会交往对精神生活的决定与影响，有物质生活基础、社会生活保障，精神生活质量才有必要条件。中国古代也有“人穷志不穷”、“逆境成才”的说法，是讲精神生活的相对独立性，在一定条件下，精神生活可以超越物质生活和社会生活。也就是说，精神生活质量与物质生活、社会生活水平既存在正相关关系，也存在不平衡关系，还存在负相关关系。一般来说，随着物质生活、社会生活水平的提高，精神生活水平也会相应提高，因为物质生活、社会生活毕竟起着基础的、决定的作用。但是，精神生活与物质生活、社会生活之间的关系也存在变数。因为精神生活形成后，具有相对独立性，它不仅可以反作用于物质生活和社会生活，而且可以超越或滞后于一定的物质生活和社会生活水平。

所以，从一定意义上说，精神生活是一个可以单独进行衡量的概念。这就向研究的问题提出了一个考究的事实：物质的富足是不是必然带来精神的高尚，物质的贫乏是不是必然导致精神萎靡。对于这个问题，古代有不少经典的说法，如“为富不仁矣，为仁不富矣”（《孟子・滕文公上》），“富贵不能淫，贫贱不能移，威武不能屈，此之谓大丈夫”（《孟子・滕文公下》），安贫乐道，知足常乐；等等，讲的都是精神生活与物质生活、社会生活的不平衡性。在当代社会，这种不平衡依然存在。根据中国首家中外合资人寿保险公司中宏保险关于幸福的调查显示，中国经济最为发达的北京、上海、深圳、浙江等省市，幸福指数低，而江苏、四川、福建、重庆四省市幸福指数排名居前。这说明，物质生活与精神生活在一定条件下并不是正比关系。①

人们的物质生活与精神生活，可以说是对生活对象的两种把握方式，物质生活是对对象的物质性把握方式，精神生活是对对象的精神性把握方式。两者有区别，但这种区别并不在于精神生活是纯粹精神性的，而物质生活是纯粹物质性的。而在于物质生活是一种客观的活动过程，其中包含着精神因素；精神生活则是一种非实在的象征性活动过程，其中也蕴涵着物质因素。所谓象征性过程，是指一种过程指向另一过程、代表或表示另一过程，而不仅仅是自身的直接存在。因而精神生活与物质生活既不可分割，又相互区别，其区别主要是前者为非实在的象征性过程，后者为实在过程。

为了全面、准确地衡量精神生活质量，本文尝试应用“维度”与“向度”两个概念进行表述。精神生活的维度，是指衡量精神生活的客观条件，是提高精神生活质量的

---

① 中国新闻网，http：//www. sina. com. cn，2010 年 2 月 5 日。

途径与方式；精神生活的向度，是指衡量精神生活的主观感受，是提高精神生活质量的认识与取向。

在古希腊，亚里士多德就将理性分为理论理性、实践理性与诗意理性。康德根据亚里士多德的思想，提出了纯粹理性、实践理性、判断力理性也即审美理性，这些理性的相关对象分别是真、善、美。真善美一直被视为人类精神生活所追求的目标，其基本内容包括指向外部世界的理论生活、指向人们自身的道德生活和指向前两者综合的审美生活。借鉴这一思路，我们将精神生活的维度分为实践（劳动）活动、环境教育、社会交往、休闲娱乐、家庭生活几个方面，侧重于精神生活的客观条件；将精神生活的向度分为善思向真、勤勉向善、真诚向和、求乐向美、尽心向睦几个方面，侧重于精神生活的主观感受。并根据客观条件与主观感受难以分割的关系，把维度与向度大致进行组合，使维度具有旨归和目标，使向度具有基础和依托。

2. 实践活动与求真向善。人们的实践活动，其基本形式包括物质生产劳动、处理社会关系和科学实验。物质生产劳动是人类最基本的实践活动；处理社会关系的实践是调整和处理社会关系中矛盾的活动；科学实验是改造自然和社会的探索性活动。随着实践的发展，人们所从事的管理工作、文化产品的生产以及物质交换、交流等实际工作，都属于实践活动。

实践、物质、精神三者在实际上构成物质与实践、实践与精神两对关系。物质与实践的关系，就是人们外部的客观条件同人们改造客观对象的物质活动之间的关系。客观条件是物质世界的一部分，只有在物质力量的作用下，才能改变它的存在形式。人们的实践活动，也是一种主观能动的物质力量，所以人们可以通过实践活动来同外部的物质环境相互作用，并按照自己的需要改变外部环境。

实践与精神的关系，也就是实践与认识、实践与思想的关系。两者之间，实践是基础，是决定性的方面。但实践离不开一定思想的指导，实践不是受正确思想指导，就是受错误思想指导；不是自觉接受一定思想指导，就是盲目接受某种思想指导。精神的重要性，就在于它决定着实践的性质是正确的还是错误的，支配着实践的进程与结果。也就是说，精神要素对实践指导的性质、进程和结果如何，首先取决于精神的内容是正确的还是错误的。而精神、思想的正确与否，并不是精神自身范围之内所能确定的，只有通过实践检验，才能断定精神活动、思想内容是否合乎客观实际。因此，实践活动是人的实际行动与精神活动的统一，即维度与向度的统一。离开这一统一对待实践，要么是脱离实践的唯心思辨，要么是没有能动的动物行为。所以，任何人的实践活动都伴随着精神活动。

但是应当看到，构成精神、思想内容的对象，与形成精神、思想的源泉是有区别的。客观物质对象在头脑中的能动反映形成精神、思想的内容，形成精神、思想的源泉则是人们改造客观物质对象的社会实践；没有被反映、被认识的客观对象，就不会有精神、思想的内容。但是，对客观对象的反映、认识，只有在改造客观对象的活动中才能发生。存在于人们之外的物质，并不能直接变成精神；同样，精神也不可能直接变成物质。只有在实践的基础上，物质变精神、精神变物质才能实现。因而，物质、精神、实践总是不可分割联系在一起的。

实践活动是创造物质财富、精神财富和生活条件，是产生社会效益和经济效益，是获得利益与条件的活动。所谓利益，就是对人们有好处的事物，这个“好处”对于不同时间、不同的人而言，其衡量标准是不一样的，因为每个人所处的客观条件不同，衡量的价值尺度不同，每个人的感受也不一样。实践活动与求真向善，主要是通过两个关系具体表达的。

第一，义利关系。中国古代所倡导的义利关系，实际上讲的是物质与精神的关系。儒家提出的先义后利，重义轻利，“君子谋道不谋食”，“杀身成仁，舍身取义”，等等，虽然强调了精神的重要性，但存在一定程度的“禁欲”倾向。人们所求之利，必须是现实的，表现为“真”，要遵循客观规律才能获得；人们所求之义，必须是合理的，表现为“善”，按照一定社会的道德准则才能符合。所以，社会主义道德建设的标准是义利并重。

求利既是人满足自身生存和发展的物质需要，又是人精神生活的基本条件；求义既是对求利的合理性规定，又是人精神的追求与满足。如果只满足求利而忽视求义，则精神生活处于低层次甚至见利忘义、背信弃义；如果只满足求义而忽视求利，则物质生活终将走向贫困，精神生活也会呈现出空虚、禁欲的状态。因此，求利与求义两者并不矛盾。求利作为精神生活的一个基本维度，在追求正当利益的过程中获得精神上的满足，但如果只停留在求利层次，则精神生活处于低层次水平；求义作为精神生活的重要向度，是注重自身的道德修养，不断在实践中循着公私兼顾、先公后私、“毫不为己，专为利人”的层次提高。一个人若能向道德境界迈进，他感受到的精神愉悦感就越高，精神生活质量也越高。

所以，马克思说：“人们为之奋斗的一切，都同他们的利益有关。”① 马克思恩格斯又在《共产党宣言》中强调，共产党既要反对只追求工人阶级目前利益而忽视长远利益的倾向，又要反对空谈共产主义的美好理想而忽视争取工人阶级目前利益的倾向，“共产党人为工人阶级的最近的目的和利益而斗争，但是他们在当前的运动中同时代表运动的未来”②。

第二，科技与人文的关系。这里所说的科技，是指科学技术实验的实践活动，也叫科学实验。所谓科学实验，是指按照研究目的，运用一定的物质手段，通过干预和控制研究对象而观察和探索研究对象有关规律和机制的一种研究方式。《中国大百科全书·哲学》是这样对科学实验进行定义的：“人们为实现预定目的，在人工控制条件下研究

① 《马克思恩格斯全集》第1卷，人民出版社1995年版，第187页。

② 《马克思恩格斯选集》第1卷，人民出版社1995年版，第306页。

客体的一种科学方法。它是人类获得知识、检验知识的一种实践形式。”科学实验是搜集科学事实、获得感性材料的基本方法，同时也是检验科学假说，形成科学理论的实践基础。同其他实践活动一样，不管是科学技术研究，还是科学技术的掌握和运用，首先是要从客观对象出发，实事求是地探索对象的本来面目，揭示或遵循其规律性，在对主、客体的辩证综合认识过程中实现从必然王国向自由王国的飞跃，这就是“求真”。所谓“求真”，就是“求是”，就是依据解放思想、实事求是、与时俱进的思想路线，去不断地认识事物的本质，把握事物的规律。“求真”也是一种精神，这种精神是对马克思主义认识论实质的概括，是对真理孜孜不倦追求的精神，是科学精神的集中体现。

在科学技术研究和科学技术学习、运用的过程中，光有求真精神、求知精神还不够，还必须有人文精神。所谓人文精神，是指对人类生存的意义和价值的关怀，是在人文认识活动中形成的一系列价值观念和态度。相对于求真精神、求知精神而言，人文精神主要不是以客观对象为尺度，而是以人为尺度，重视人的精神在社会实践活动中的作用，尊重人的价值，注重人的精神生活，追求人生的真谛与境界。

为什么在科学技术研究和科学技术学习、运用的过程中，要有人文精神呢？因为科学技术对人来说虽然很重要，但它是工具，古代称之为“器”，即器具。科学技术的发明创造、学习运用，着重解决“是什么”的问题，而不能解决“为什么”的问题。要解决“为什么”的问题，只能靠人文精神。正是在这个意义上，我们说科学技术是把“双刃剑”，科学技术研究和科学技术学习、运用具有不同的价值取向。具有正确价值观、高尚道德的人进行科学技术的发明创造、学习运用，就会为人民造福，为社会做贡献，否则就会危害人民与社会。因此，科技与人文，是承载和导引社会发展，赋予人们精神生活的维度与向度，缺少其中任何一个方面，社会就无法顺利前进，人们也无法有正常、健康的精神生活。所以，我们既要反对“重道鄙器”，轻视科学技术、忽视生产力发展的传统观念，也要反对西方一些国家分离科技与人文，片面追求科技、否定人文的唯科学主义倾向。

3. 社会交往与求谊向和。马克思恩格斯认为，社会交往指人们在生产及其他社会活动中发生的相互联系、交流和交换，是人的本质体现与内在要求。社会交往，简称“社交”，是指在一定的历史条件下，人与人之间相互往来，进行物质、精神交流的社会活动。从不同的角度，可以把社会交往划分为：物质交往与精神交往、个人交往与群体交往、直接交往与间接交往、竞争、合作、冲突等类型。

社会交往系统的要素，一是显性要素，是指构成人际交往的交往主体、交往对象、交往手段、交往环境、交往目的、交往过程、交往内容等外在要素；二是隐性要素，是指影响人际交往的利益、观念、情感、尊严等内在因素。这些要素，有物质的也有精神的，有实体的也有非实体的，它们相互结合、渗透，形成社会交往。也就是说，不管哪种交往类型，就是两个人之间说话，恋人之间暗送秋波，也包含声音震动、面部表现的物质因素和语言、表情蕴涵的精神因素，这样才能体现交往是人与人之间的“相互联系、交流和交换”关系，而不是物与物之间的无精神要素的关系。所以马克思、恩格斯在《费尔巴哈》一文中，论述物质、意识与关系之间的联系时指出：“凡是有某种关系存在的地方，这种关系都是为我而存在的；动物不对什么东西发生‘关系’，而且根本没有‘关系’……因而，意识一开始就是社会的产物，而且只要人们还存在着，它就仍然是这种产物。”① 这就是说，人、交往、意识总是不可分割地联系在一起的。虽然列宁将社会关系划分为“物质的社会关系”和“思想的社会关系”两大类，但列宁并不是从切割“物质”与“思想”关系的思考角度来进行划分的，而是运用马克思的方法，“就是从社会生活的各个领域中划分出经济领域，从一切社会关系中划分出生产关系，即决定其余一切关系的基本的原始的关系”的辩证，来说明“思想的社会关系不过是物质的社会关系的上层建筑，而物质的社会关系是不以人的意志和意识为转移而形成的，是人们维持生存的活动的（结果）形式”。②

如果把社会交往作为人们精神生活的一个维度，那么，交往体现在精神上的性质、程度，则是精神生活的向度。社会交往不仅受社会政治文明、精神文明、社会风气、风俗习惯、交往情境等公共精神要素以不同方式、不同程度的影响，而且交往的隐性要素直接制约交往的向度。这些隐性要素，一是利益因素，泛指金钱、财产、权利、声誉、信息、知识、时间、空间、感情、友谊等，在特定情况下这些内容都可以成为人们关注的利益。随着传统的血缘关系和地缘关系对人际交往影响的逐渐减弱，现代经济关系、政治关系、法律关系、师徒关系、同事关系、干群关系、朋友关系对人际交往的影响不断增强。利益作为影响社会交往的内在因素，如果认识、处理合理、公正、公平，人际交往就会向和谐友好的方向发展，成为事业的推动力量；如果处理不好，就会对人际交往造成负面影响。二是情感因素，即人们对环境和条件，对工作、学习和生活，对他人行为的一种情感体验。人们之间相互的亲近程度不同，价值观念不同，经历和经验不同，兴趣爱好不同，个性特点等不同，情感体验也会存在积极与消极、健康与颓废、高雅与低俗、善意与恶意的差别。三是尊严因素，主要指交往者在交往过程中的“自尊”和“受尊”。自尊和受尊是人格的体现，人格力量是一种道德力量，是物质力量无法代替的。如何做人和如何待人，即坚持做好人还是有意做坏人，是自爱还是自毁，是自尊还是自鄙，是严于律己宽以待人还是放纵自己苛求别人，是学习别人还是攻击别人，等等，都会直接影响交往的方向与质量。

要坚持、发展人际交往的积极正向作用，必须本着真诚相待、充分信任，相互学习、相互帮助，交流情感、丰富内在，取长补短，共同进步的态度与原则，才能推进交往过程中精神生活的丰富与发展。交往的要诀是交往者要以友情、友爱、友好，即友谊为重。友谊是人们在交往活动中产生的一种特殊情感，这种情感由交往双方或多方共同

---

① 《马克思恩格斯选集》第1卷，人民出版社1995年版，第81页。

② 《列宁全集》第1卷，人民出版社1984年版，第10、12页。

付出、共同凝炼、共同分享。友谊的核心是亲近密切，亲密性也就成为衡量友谊程度的一个重要指标，也是衡量交往过程中精神生活质量的向度。所以，美国心理学家卡尔·兰塞姆·罗杰斯对交往的亲密性作了概括：能够向朋友表露自己的思想感情和内心秘密；对朋友充分信任，确信其“自我表白”将为朋友所尊重，不会被轻易外泄或用以反对自己。社会学家认为，友谊是幸福的源泉，收入和社会地位不同的人之所以能有各自的幸福感，在很大程度上是因为友情因素的存在。马克思和恩格斯的友好合作，创造了伟大的马克思主义，他们两人的友谊是人类友谊的典范。欧洲文艺复兴时期人文主义文学的集大成者莎士比亚说，有很多良友，胜于有很多财富。友谊既是一种责任和义务，也是愉快、欢乐和幸福，还是人终身的精神食粮。没有交往与友谊，就会像孔子所说的，独学而无友，则孤陋而寡闻；也会像法国现实主义文学奠基人巴尔扎克所说的，在各种孤独中间，人最怕精神上的孤独。

除了把握亲密性核心向度外，还要在交往中注重形成亲密性的前提——向“和”，即寻求平稳、和善、和缓、协调。不“和”则难有亲密性。中国古代在人际交往过程中就主张“和为贵”、“和而不同”、“讲信修睦”、“人心齐，泰山移”。《周易》认为，“和”就是兼容相对立的两端，如《乾卦》的彖辞说：“乾始能以美利利天下，不言所利，大矣哉！大哉乾乎！刚健中正，纯粹精也；六爻发挥，旁通情也。时乘六龙，以御天也，云行雨施，天下平也。”“乾”能达到这种境界，是因为它刚健中正，圣人秉承这一品德，就能致天下于太平，使世界处于和谐完美之中。孔子强调与人交往要“温柔敦厚”，即性情温和，讲求中和，也就是能宽容忍让，求同存异。儒家在人际交往过程中所强调的“中”，即将对立的事物调和起来，居中不偏，实际上是指为人处事要以“和”为上，不仅人际交往都讲求“和”，面向自然也要遵循“天人合一”，即将自然界万物作为审美、抒发情感的对象，追求“天行健，君子自强不息；地势坤，君子厚德载物”的崇高精神境界，在欣赏“大自然有大美而不言”的过程中，感受精神的愉悦与超脱。“和”在中国的现代概念，就是团结合作、团结互助、团结友爱，强调“团结就是力量”、“民族凝聚力是衡量综合国力的重要标志”，既是对中国传统“和”的思想的继承，也是在新的历史条件下对社会关系理论的创造。

在当代社会，随着人们主体性的增强和个性的彰显，加上激烈的竞争和一些人功利价值取向明显，难免因个体差异、利益获取产生矛盾甚至冲突，如果能够正确认识、对待自己和别人，做到求同存异，有识人之志、容人之量，与人之乐，谨慎处理日常生活中的不尽如人意之事，站得高些，看得远些，想得大些，思得深些，就可以营造良好的交往环境，做到和睦相处，有利于精神生活的健康发展。否则，就会争名夺利、嫉妒丛生、关系紧张、精神疲惫。

4. 休闲活动与求乐向美。所谓休闲活动，是指人在自由闲暇时间里自主选择的存在状态和活动方式；西方学者认为休闲是指人在完成社会必要劳动时间后，为不断满足人的多方面需要而呈现和展开的一种文化创造、文化欣赏、文化构建的生命状态和行为方式。休闲是与劳动、工作相对应的概念，人们劳动、工作之外的活动方式和活动内容都可以归入休闲范畴。所以马克思认为："休闲是人在自由闲暇时间里的自由自主性活动，是摆脱了物质必然性和社会关系的外在强制的主动性活动，是人的全面发展的必要条件和'物质'保障。"① 亚里士多德也把休闲界定为"对要履行的必然性的一种摆脱"，认为"休闲可以使我们获得更多的幸福感"，"休闲耕耘了心灵、精神和个性"。② 与休闲相关的概念主要有休养、休暇、休息、休假等，都是指人们在劳动、活动过程中生理、心理的间歇，以达到恢复体力、平衡心理的一种方式。

休闲活动，首先是一种自由自主性活动。所谓自由性活动，一是指在闲暇时间中的自由性，二是指摆脱了"物质必然性和社会关系的外在强制"，即从文化环境和物质环境的外在压力下解脱出来的相对自由；所谓自主性活动，是指休闲主体可以自主选择自己喜爱的、感到有价值的存在状态和活动方式。其次，休闲是一种精神性活动。休闲既不以追求直接的物质占有为目的，也不以物质资源的消耗为主要方式，休闲是为了获得闲暇的、放松的、快乐的心态，即一种精神状态。只有在这种精神状态下，人们才能感觉到生存、生活的乐趣，体验到人生的意义，认识到劳动的价值。因而，真正的休闲活动是精神生活的一个重要维度，其蕴涵的丰富精神内涵又具有不同的向度。

从休闲过程精神生活的性质来看，有"积极休闲"与"消极休闲"的区别。所谓"积极休闲"，是积极选择休闲和选择积极休闲的统一，就是选择有利于自身健康、快乐，有利于促进自己全面发展和社会进步，有利于生态文明建设的休闲内容与方式，如唱歌、跳舞、锻炼、公共活动等。而消极休闲，则是有损自身健康，招致苦闷烦恼，阻碍自己全面发展，有碍社会进步和生态文明建设的休闲内容与方式，如过度上网，酗酒抽烟，睡懒觉，无所事事，游手好闲等。马克思在《资本论》等著作中，不仅强调增加工人自由时间的必要性，而且把休闲提到了推动人类文明进步的高度，他说："从整个社会来说，创造可以自由支配的时间，也就是创造产生科学、艺术等等的时间。"③ 西斯蒙第在《政治经济学新原理》的一个注释中特意说明：休闲不是闲混，而是发展智力："休息（闲暇）是指停止旨在创造财富的劳动；所以，决不能和无所事事混为一谈。""作为休息，主要是一切脑力活动，而且脑力活动只能和休息同时存在，所以，人们进行积累，只是为了在他消费自己所积累的果实时去锻炼自己的脑筋，舒畅自己的心神。国家进行积累是为了使每个人能够得到启迪智力的必要的休息，使群众中的某些人能通过逐渐完善的途径来提高人类的品质。如果他们不断劳动，便达不到财富的目的……"④ 美国制度经济学鼻祖托斯丹·邦德·凡勃伦，也在《有闲阶级论》一书中，批

① 参见王景全《我们是否懂得什么是休闲》，人民日报2005年8月24日第9版。
② 《亚里士多德选集》（政治学卷），中国人民大学出版社1999年版，第278页。
③ 《马克思恩格斯全集》第30卷，人民出版社1995年版，第524页。
④ （瑞士）西斯蒙第：《政治经济学新原理》，商务印书馆1964年版，第59页。

判了资本主义社会“有闲阶级”的消极休闲，他说，“有闲阶级”必然是充分的“有钱阶级”，而且他们的金钱来自“掠夺”，而不是“劳动”；他们最为重要的心理特点便是他们的“金钱竞赛”以及与此相关的“歧视性对比”；他们总是希望通过“竞赛”与“对比”来展示自己的“充分”与“明显”的“有闲”，其实质是以此来炫耀自己的财富；他强调：“‘有闲’这个字眼，指的并不是懒惰或清净无为。”① 近代英国经济学家马歇尔还研究了休闲的“经济性”与“高尚性”，他认为，休闲从经济学角度推断可以是“经济的”，休闲从生活追求来看应当是“高等生活程度的一个必要条件”，（所谓“高等生活程度”，就是高度的文明生活）而“真正的高等生活程度是不会达到的，除非人学会了善于利用空闲时间”。②

从休闲过程精神生活的层次来看，则有求乐向美的向度。所谓求乐，就是追求快乐；所谓快乐，就是一种快感。这种快感，主要由感官需要而得到满足。因而，快乐往往是短暂的，某一方面的，如口渴时喝水就得到快感、看精彩表演感到快感等。西方功利主义者将人定义为追求快乐的动物，例如英国功利主义哲学家边沁认为，人是受苦乐统治的，并将人的苦与乐进行量化，显然有失偏颇。应当承认，快乐、愉悦确实是人们的追求，因而是精神生活的向度之一。但如果休闲活动仅仅满足于快感和物质刺激，不再追求高雅，则这种求乐缺乏发展前途。

为了超越这种求乐的局限性，休闲活动还应当追求“向美”。美学大师朱光潜认为，“美感与实用活动无关，而快感则起于实际要求的满足。并不是起于无所为而为的形象的观赏……美感的态度不带意志，所以不带占有欲。”③ 也就是说，美是非功利的，美是人和世界的全面解放，审美的解放是一种特别的解放，它所解放的是人自身的束缚，即人的身体和心灵的束缚。“在美中，人自身生命力得到了充分表达。人不是死气沉沉，而是生机勃勃；不是简单粗糙，而是细腻丰富；不是身心分裂，而是自心和谐。”④ 美作为人的追求，是人与动物区分最具体的表现，所以马克思说：“动物只是按照他所属的那个物种的尺度和需要来进行塑造；而人则懂得按照任何物种的尺度来进行生产，并且随时随地都能用内在固有的尺度来衡量对象，所以，人也按美的规律来塑造物体。”⑤ 马克思还通过分析资本主义社会劳动的异化，认为共产主义社会这一时代的人才是美的实现者，是人的解放和感觉的全面解放。⑥ 美作为人类追求的最高目标，也应是个体休闲活动的发展目标。人追求快乐无可厚非，但只停留这一层次的需要，则精神生活难以达到高雅境界。一个没有美的世界，就是只有功利和欲望的世界，这样的是

---

① （美）凡勃伦：《有闲阶级论》，商务印书馆 1964 年版，第 9、36 页。
② （英）马歇尔：《经济学原理》下卷，商务印书馆 1965 年版，第 370、363 页。
③ 朱光潜：《谈美》，安徽教育出版社 1989 年版，第 47—48 页。
④ 彭富春主编：《美学》，武汉大学出版社 2005 年版，第 132 页。
⑤ 马克思著：《1844 年经济学哲学手稿》，人民出版社 1979 年版，第 50—51 页。
⑥ 同上书，第 78—82 页。

世界是不自由的世界，这样的世界中的人是不自由的人。我们应该在休闲活动中学会发现美，追求美，培养审美情感与情趣，追求高雅的生活。

5. 家庭生活与求睦向亲。所谓家庭，是以婚姻和血缘为纽带的基本社会单位，包括父母、子女及生活在一起的其他亲属。家庭相比社会虽小，但也有关系结构。一般来说，家庭成员生活在一起，共同进行生产和消费，形成了婚姻关系、血缘关系（亲与子、兄与弟之间的关系）。由于婚姻关系是家庭赖以建立的基础，因而居于首要地位，正如《易经》所说的，“有夫妇然后有父子”，夫妇仰事父母，俯育子女，主导家庭。

社会学家根据家庭结果，把传统的家庭模式分为三大类型：一是由夫妻及其未成年子女组成的核心家庭，二是由夫妻、夫妻的父母或者直系长辈以及未成年子女组成的主干家庭，三是由核心家庭或主干家庭加上其他旁系亲属组成的扩大家庭。在现代社会条件下，经济发展、信息社会、人口流动以及价值取向多样等主客观因素，使传统家庭模式受到影响与冲击，向着多样化方向发展，出现了非传统家庭模式，主要有单亲家庭，即由单身父亲或母亲养育未成年子女的家庭；单身家庭，即有些人到了结婚年龄不结婚或离婚以后不再婚的个人生活家庭；重组家庭，即夫妻一方再婚或者双方再婚组成的家庭；丁克家庭，即双倍收入、有生育能力但不要孩子、浪漫自由、享受人生的家庭；空巢家庭，即只有老两口生活的家庭。不管是什么类型的家庭，都是以男女间的经济分工为基础而形成的，都有一定的结构，即使是最简单的结构。这种家庭结构，便形成了家庭职能。家庭的主要职能有：性爱职能，即夫妇在相爱过程中发挥的作用；繁衍职能，即人口再生产的职能；经济职能，即家庭生产职能和消费职能；教育职能，即家庭承担的教育成员、培养后代的职能；赡养职能，即无经济能力家庭成员依靠有经济能力家庭成员的扶养、正常维持生活的职能。家庭成员正是通过履行这些职能发生相互关系，形成家庭生活。

家庭生活是建立在血缘关系和亲情基础上的。所谓血缘关系，是由婚姻或生育而产生的人际关系，诸如父母与子女的关系，兄弟姐妹关系，以及由此而派生的其他亲属关系。所谓亲情，不仅指养亲，更有敬亲、爱亲、尊亲。中国自古代就对血缘关系与亲情进行了概括并传承至今，如《左传》提出：“父慈而教，子孝而箴，兄爱而友，弟敬而顺，夫和而义，妻柔而正，姑慈而从，妇听而婉，礼之善物也。”唐代陈子昂还提出了“兄弟敦和睦，朋友笃信诚”的《座右铭》。清代的宣鼎在《夜雨秋灯录·南郭秀才》中强调：“孝顺公婆，和睦妯娌”。父慈子孝、夫妻爱敬、兄友弟恭、注重家教是家庭和睦的关键。家庭和睦不仅影响和决定成人的精神生活，而且对孩子的健康成长至关重要。因为对于涉世未深的子女来说，既需要家长的教育，更需要家长以身作则的示范，还需要家长提供一个温馨、和睦和充满爱的家庭氛围作为与孩子倾心交流的环境。所以，美国一位心理学家对4000名独生儿童的研究发现，“家庭气氛和睦、常有笑声的家庭中的孩子，智商都比不和睦家庭的孩子要高”。因而，和睦是家庭生活的前提，是精神生活的重要向度。

按照家庭的性质、职能，家庭成员本应和睦相处、恩爱有加，但事实上有些家庭则相反，或违背家庭美德而不和，或各持己见而争执，或陷于个人私利而丧情，或夫妻情感分裂而离散，等等。这些矛盾、冲突甚至破裂的家庭，不仅给家庭程度不同地带来不幸，而且给每个家庭成员蒙上精神文明的阴影，难受、沮丧、痛苦在所难免。

因此，要维持、巩固、发展家庭和睦，还必须坚实和睦的基础，这个基础就是亲情。所谓亲情，特指家庭亲人之间的特殊感情，无论家庭成员是贫穷或是富有，是身体健康或是身有疾病，都要爱他。因而，亲情一是具有相互性，即不是单方面的情与爱，而是相互之间的情与爱，母爱是亲情，爱母也是亲情；二是具有立体性，即不是专指母女情、父子情，还有手足情、祖孙情，甚至可以扩展到朋友之情。亲情重在“情”上，夫妻关系、血缘关系应当有亲情，但不一定有亲情；不是亲人关系的看似无亲情，但胜似有亲情。这就是家庭生活过程中情感的不同向度。

为了强化家庭成员之间的亲情，为家庭和睦奠基，每个家庭成员一是要注重感情投入，加强互动交流；二是要忠诚相待、真诚相爱、相濡以沫、患难与共；三是要发展、超越恋爱、性爱到恩情、亲情，赋予亲情以更多理性，使亲情不断稳定、充实。只有每个家庭成员在家庭生活上都尽职尽责，才能形成家庭共有的精神家园供每个家庭成员分享，才能建设丰衣足食、其乐融融的幸福家庭。

（三）精神生活质量测评的指标体系

根据上面的分析，测评精神生活质量的指标体系，应该既有范围，也有途径，还有方位；应该既有客观指标，也有主观指标，还有动态指标。要把这些原则的、定性的内容具体化到可操作的指标并构成体系，则需要进一步研究。

对生活质量指标体系的研究，比较早地开启于西方发达国家，如强调人们主观福利的美国生活质量研究，以“满意度”和“幸福感”来衡量的人们的主观福利；侧重于客观生活条件的斯堪的纳维亚半岛的生活水平研究，以资源为中心，主要关注人们满足需求的能力，所列指标也各有侧重。德国的生活质量概念及指标体系研究，其核心是在不同生活领域将客观的生活条件和主观福利结合起来。欧洲生活质量指标体系的概念框架主要建立在三种福利概念之上，即生活质量、社会凝聚力和可持续发展。自 1972 年埃瑞克·沃拉德把人的基本需求从低到高分为物质的需求、爱的需求和自我成就的需求，并兼顾需求满足的主观和客观指标后，生活质量及指标体系的主导性研究方向就把客观指标和主观指标结合在一起。中国研究生活质量及指标体系的代表性成果，如周长城的专著《生活质量的指标构建及其现状评价》（经济科学出版社 2009 年版），以及农民生活质量指标体系研究、城市居民生活质量指标体系研究特别是幸福指标体系研究等成果，不断增多。这些研究成果，对精神生活质量及指标体系的研究，具有借鉴作用。

同精神生活质量及指标体系相近的研究，主要是关于心理健康的具体标准的研究。这一研究成果主要是心理学研究者提供的，如从认知、情绪情感、意志与个性心理四个方面，提出心理健康的一般标准是：基本符合客观的认知、良好的情绪情感、坚强的意志品质、健康的个性心理。1982 年世界卫生组织丰富了健康概念，认为心理健康包括人的生理健康、心理健康、社会适应良好以及道德健康，并提出了心理健康的标志：身体、智力、情绪调和；适应环境，人际关系中能彼此谦让；有幸福感；在工作和职业中，能够充分发挥自己的能力，过着有效率的生活。①

用于大学生、研究生的牛津幸福指数量表（全部为单选题）：

第 1 题：年级。

第 2 题：性别。

第 3 题：通常，大多数时间，我是难以置信地愉快。

第 4 题：我感到未来充满希望和前程似锦。

第 5 题：我对我生活中的一切完全满意。

第 6 题：我认为我能完全掌握我生活中的各个方面。

第 7 题：我感到生活充满奖赏。

第 8 题：我对我自己的生活方式感到欣慰。

第 9 题：事情对我的影响总是好的。

第 10 题：我热爱我的生活。

第 11 题：我强烈地对他人有好感。

第 12 题：我可以非常容易地做出所有决定。

第 13 题：我感到能获得任何东西。

第 14 题：我起床时总感到休息得很好。

第 15 题：我感到我有无限的能量。

第 16 题：对我来说，整个世界是美丽的。

第 17 题：我十分的机灵敏捷。

第 18 题：我感觉处于世界之巅。

第 19 题：我爱大家。

第 20 题：我似乎对过去的所有事情都感到十分的快乐。

第 21 题：我经常处于一种喜悦和兴高采烈的状态。

第 22 题：我做了我想要做的一切。

第 23 题：我适合做我想要做的一切。

第 24 题：和他人相处，我总是很愉快。

第 25 题：我总是能让其他人感到快乐。

第 26 题：我的生活十分有意义和目标明确。

第 27 题：我总是有责任心和全力以赴。

① 汪向东、王希林、马弘编：《心理卫生评定量表手册（征订版）》，中国心理卫生杂志社 1999 年出版，第 69 页。

第28题：我认为世界是一个十分美好的地方。

第29题：我笑口常开。

第30题：我认为我魅力十足。

第31题：一切都令我开心。

这些研究成果，对精神生活质量及指标体系研究，具有重要参考价值。

相比前面的研究，精神生活质量及指标体系研究的成果相对较少，这可能既与中国研究生活质量及指标体系起步较晚有关，也与精神生活质量及指标体系难以把握和确认有关。廖小琴2005年在《学术交流》杂志第12期上发表了题为《精神生活质量指标体系研究》的文章，把衡量精神生活质量的具体指标，分为精神生活特性、精神生活需求、精神发展程度、精神感受四个方面，侧重于主观指标方面。还有研究者研究了农民精神生活质量提高的主要表征是：主体性提高、文明性增强、精神需求增长，体现了农民精神生活质量的三个方面。张国启2008年在《甘肃理论学刊》第2期上发表了题为《现代人精神生活质量提升面临的时代课题》，概括了提升现代人精神生活质量的三个维度与向度，即必须科学对待经济发展与精神生活的关系、必须努力追寻自主为利与服务利他的平衡、必须科学对待普世伦理与民族伦理的关系，包括主客观条件，涉及国内外因素。

本课题按照社会生产力、物质生活水平与精神生活的密切相关，精神生活的维度与向度、主观指标和客观指标相结合，可具体操作的准则和要求，参考、借鉴生活质量、心理健康指标体系的形成经验，通过研究形成了精神生活质量的测评指标体系：

1. 个人在生产劳动与实践活动过程中的精神生活质量指标：

（1）对工作（或劳动、脱产学习）岗位的感受；

（2）对工作（或劳动、脱产学习）岗位稳定性或失业的看法；

（3）个人智慧禀赋、知识能力发挥施展的满意度；

（4）自己认为在生产劳动与实践活动中理想抱负形成和实现的程度；

（5）在实践活动中价值实现的快乐程度；

（6）自己的工作成就、劳动和研究成果在单位和社会受到重视的愉悦程度；

（7）在工作（或劳动、脱产学习）过程中因竞争受挫或失败的心态；

（8）在获取经济利益过程中遵循法纪、道德规范的认识与表现；

（9）在学习、运用和创新科学（包括社会科学）技术过程中充实人文精神的认识与表现；

（10）对自己未来事业发展前景与职业理想实现的信心。

2. 客观环境制约与影响下的精神生活质量指标：

（1）国家安定团结政治环境对自己精神生活质量作用的认识；

（2）民主集中制的贯彻执行对发挥主观能动性的程度；

（3）个人民主权利保障、使用的效果与满意度；

(4) 中国主导社会舆论环境对自己精神生活质量的影响程度；
(5) 竞争环境对自己精神生活质量的正面或负面影响；
(6) 社会良好风尚对自己精神生活质量影响的状况；
(7) 对以权谋私、假冒伪劣、污染环境现象的态度；
(8) 对当代社会风险危机频发的心理反映；
(9) 对单位工作（或劳动、学习）环境的感受及满意度；
(10) 对文化环境的认识与期盼。

3. 人际交往过程中的精神生活质量指标：
(1) 社会交往对自己精神生活质量作用的认识；
(2) 你处理竞争与合作关系的感受与方式；
(3) 与同事、同行、同学交往相处的满意度；
(4) 与同事、同行、同学合作共事的快乐程度；
(5) 个人有快乐和痛苦是否愿意与同事、同行、同学分享和诉说；
(6) 对上下级关系的理解和对上下级相处的满意程度；
(7) 思想、感情交流在人际交往中所占的比重；
(8) 认识和处理人际隔阂、冲突的基本态度。

4. 休闲活动中的精神生活质量指标：
(1) 对休闲活动的目标与价值认识；
(2) 享受和消费物质产品的满意程度；
(3) 享受和消费精神文化产品的快乐程度；
(4) 对物质生活和精神生活的满足程度；
(5) 个人的业余爱好和主要休闲方式；
(6) 个人和家庭用于文化教育经费占消费总支出的大致比例；
(7) 个人用于休闲时间与工作时间的大致比例；
(8) 健康休闲对促进有效工作的感受。

5. 家庭生活过程中的精神生活质量指标：
(1) 家庭物质生活（吃、穿、住、用、行）的丰富程度和满意程度；
(2) 夫妻互敬互爱、历久弥新、和衷共济的程度；
(3) 孝敬父母、克尽子职、尊老爱幼的和谐程度；
(4) 家庭成员充分就业、经济收入、勤俭持家对精神生活质量的影响；
(5) 家庭成员身体健康、有序生活、正当娱乐对精神生活质量的影响；
(6) 家庭教育、子女成长对精神生活质量的影响；
(7) 相互尊重、邻里和睦、热心公益对精神生活质量的影响；
(8) 家风纯朴、家规严明、知足常乐的幸福体验。

第八章　精神生活的规律及其遵循研究

精神生活规律，是指精神生活发生、发展、变化过程中固有的本质的必然的联系，其中精神生活发生的根源和精神生活发展、变化的基础，是最重要的本质联系。社会物质生活条件从根本上决定精神活动与状态，改造世界的实践活动推进精神生活发展，精神交往深刻影响精神生活发展。精神生活的规律必须遵循，同时也要发挥人的主观能动性。

一、精神生活规律研究概述

（一）规律及其类型

规律这一概念，在各个领域、各个学科运用较多，因而各个领域、各个学科对其界定也各有侧重和特点。对规律这一概念的界定，一般以哲学或字典的界定为据。马克思主义哲学教材认为："规律是客观事物发展过程中的本质联系，具有普遍性的形式。"《中国大百科全书（哲学卷）》指出："规律就是事物运动过程中固有的本质的必然的联系，或事物之间的内在的必然联系，决定着事物发展的必然趋向。"这些界定，源于经典作家的论述，马克思强调，规律是事物之间的"内在的和必然的联系"①。列宁认为："规律是现象中同一的东西"，"规律是现象中巩固的（保存着的）东西"，"规律就是关系，本质的关系或本质之间的关系"。②

由此可以归纳规律的基本内涵与特性是：其一，规律是事物的本质联系，即规律集中体现了唯物辩证法关于客观世界的事物、现象普遍联系中的固有的、本质的联系；其二，规律是事物的必然联系，即规律规定着事物的必然状态与确定不移的趋势；其三，规律是事物的稳定联系，即规律揭示了事物何以在变动不居、千变万化的现象中具有相对稳定性、重复性的根源。因而，任何规律都是事物运动过程本身所固有的联系，任何

---

① 《马克思恩格斯全集》第25卷，人民出版社1965年版，第250页。

② 《列宁全集》第38卷，人民出版社1986年版，第159、158、159页。

规律都是事物运动中的本质联系，任何规律都是事物运动过程中的必然的联系，这就是规律的共同特性。

毛泽东曾经说过："认识的真正任务在于经过感觉而到达于思维，到达于逐步了解客观事物的内部矛盾，了解它的规律性，了解这一过程和那一过程间的内部联系，即到达于真理的认识。"① 认识的对象不同，了解其规律类型也会不同，如对自然界、社会、思维领域的认识，分别形成自然规律、社会规律与思维规律。唯物辩证法所阐明的普遍规律是关于普遍联系和永恒发展的一般学说，它概括了一切事物运动规律的共性，而自然界、社会和思维的运动又是普遍联系和永恒发展的具体表现形式。因此，规律可以划分为一般规律、特殊规律、个别规律三种类型，哲学研究的是一般规律，研究自然界、社会和思维的运动规律是特殊规律，研究政治、经济、文化、教育等各个领域的是具体规律。

（二）精神生活规律及其质的规定性

精神生活规律研究的是与自然界、社会和思维运动相关，以及与社会政治、经济、文化、科技、教育等各个领域实践活动相伴的具体规律。

这是因为，精神生活是相对于物质生活而言的，是指能展现人的精神生命，满足、追求人的精神需要和体现人的精神价值的各种活动的总和。精神生活按性质划分，有积极的、正面的、先进的精神生活，也有消极的、负面的、落后的精神生活，还有犯法的、违纪的、缺德的精神生活。只有积极的、正面的、先进的精神生活才真正体现人的价值，才是我们研究和提倡的精神生活。

精神生活是社会生活的一方面，也是人的生活的一部分，它与人的物质生活、实践活动既相联系，也有区别，是人相对独立的生活领域。这样一个相对独立的生活领域，虽然其活动空间主要在人的内心世界，但它要受到外部世界物质条件的决定与制约，并要通过外在行为表现出来；虽然其活动方式主要以现实个体为主体，但它最终离不开社会的影响与作用。正如马克思所说："'精神'一开始就很倒霉，受到物质的纠缠……"② "思想、观念、意识的生产最初是直接与人们的物质活动，与人们的物质交往，与现实生活的语言交织在一起的。人们的想象、思维、精神交往在这里还是人们物质行动的直接产物……人们是自己的观念、思想等等的生产者，但这里所说的人们是现实的、从事活动的人们，他们受自己的生产力和与之相适应的交往的一定发展——直到交往的最遥远的形态——所制约。"③ 因而，精神生活不可能脱离物质生活条件与社会而孤立存在，精神生活与物质生活是社会生活的组成部分，都是人的存在方式，在社会领

① 《毛泽东选集》第1卷，人民出版社1991年版，第286页。
② 《马克思恩格斯选集》第1卷，人民出版社1995年版，第81页。
③ 《马克思恩格斯选集》第1卷，人民出版社1995年版，第72页。

域，二者相互渗透、相互包含、密切相关。

因此，所谓精神生活规律，是指精神生活发生、发展、变化过程中固有的本质的必然的联系，其中，精神生活发生的根源和精神生活发展、变化的基础，是最重要的本质联系。我们要研究精神生活规律，就不能不考虑它与物质生活和社会的联系。

精神生活作为相对独立的生活领域，在其活动过程中，精神生活的要素，诸如政治的、哲学的、道德的、文艺的等意识形式，以及各种观念、情感，也会相互渗透、相互影响、相互作用，形成丰富多彩的思想关系。这些思想关系也要遵循一定规律的支配，不可能是纯粹偶然和随意的。恩格斯曾一再强调，构成《共产党宣言》核心的基本原理是：每一历史时代主要的经济生产方式与交换方式以及必然由此产生的社会结构，是该时代政治的和精神的历史所赖以确立的基础，并且只有从这一基础出发，这一历史才能得到说明。马克思恩格斯所阐述的这一基本原理，为我们提供了认识精神生产的性质和规律的重要思想依据。马克思指出："各个人都有自觉预期的目的，总的说来在表面上好像也是偶然性在支配着。""但是，在表面上是偶然性在起作用的地方，这种偶然性始终是受内部的隐蔽着的规律支配的，而问题只是在于发现这些规律。"[①] 这样，研究精神生活的规律，决不能就精神生活自身研究精神生活，而必须从精神生活形成的根源、基础以及精神生活所遵循的本质联系几个层面展开研究。

（三）研究精神生活规律的指导理论与思路

按照精神生活产生的根源、发展变化的基础，以及精神活动所遵循的本质联系几个层面研究精神生活规律，就是坚持以马克思主义辩证唯物论、实践论、意识相对独立性理论为指导所开展的研究。只有这样的研究，才能充分体现精神生活规律质的规定性。客观性是精神生活规律的首要特性。应当承认，在精神生活过程中，精神生活主体的目标、内容和方法，以及所呈现的精神状态，都具有主观形式，但这些主观因素与主观形式，都为现实的人所拥有，都不是人们纯粹主观想象的产物，而是根源于客观世界，来自社会实践活动，主观因素的内容是客观的，要遵循一定规律才能产生和发展。正如马克思所说："意识在任何时候都只能是被意识到了的存在，而人们的存在就是他们的现实生活过程。"[②] 又说："物质生活的生产方式制约着整个社会生活、政治生活和精神生活的过程。不是人们的意识决定人们的存在，相反，是人们的社会存在决定人们的意识。"[③] 同时，已经产生的精神生活，即社会和人们已经形成的思想、观念、理论与情感，具有相对独立性，通过人们对客观存在发生作用和影响，改变客观存在和人的行为。从其相对独立的存在方式和发生作用的角度看，这种已经产生的主观因素也具有客

---

① 《马克思恩格斯选集》第4卷，人民出版社1995年版，第247页。
② 《马克思恩格斯选集》第1卷，人民出版社1995年版，第72页。
③ 《马克思恩格斯选集》第2卷，人民出版社1995年版，第32页。

观性，即它对一个人是主观的东西，对另一个人来说就是客观的东西；对人是精神的东西，通过人的实践运用，又可以转化为物质的东西。也就是说，精神生活规律是具有客观特性的规律。在精神生活过程中，涉及的因素是多样的，现象是多变的，关系是复杂的。这种多样、多变、复杂的现象，大量是偶然的，这给揭示和把握精神生活的规律增加了难度。偶然性与必然性，总是既对立又统一地联系在一起的，在精神生活的大量偶然性后面，总是隐藏着必然性。认识精神生活规律，应当从它的复杂关系中，揭示其必然的、本质的关系。

综上所述，精神生活规律是隐藏在精神生活现象背后的东西，是看不见摸不着的，它只能依靠抽象思维去揭示，而精神生活规律的表现形式则是精神生活的外部现象，人们可以直接感知它。正是这种现实人的、呈现丰富多彩现象且可直接感知的精神生活，虽然具有主观的形式，但却具有客观的内容。因而精神生活规律具有客观特性。这一特性，指的是精神生活规律的存在和发生作用不以人的意志为转移，精神生活规律既不能被创造也不能被消灭，精神生活规律具有不可违背性。坚持精神生活规律的客观性，是我们同唯心主义对待精神生活的根本区别。唯心主义或者否认规律的存在，认为规律是人强加给事物的；或者以这样那样的方式把规律说成是个人的主观意志的产物，是人的理性为客观世界立法；或者把规律说成是客观精神或“绝对精神”外加给事物的，甚至是天命和神意的代名词。这种把人思维想像出来的、作为永恒不变的东西进行推销，其要害是否定规律客观性，陷于主观性。这是唯心史观的根本特征之一，也是马克思主义产生之前的一切思想体系所共有的根本缺陷。马克思、恩格斯创立了唯物史观，并发现了人类社会发展的一般规律，为我们研究精神生活规律提供了科学指导思想。

二、精神生活的产生与发展规律

在人类文明发展进程中，形成了不同历史阶段的精神文化，具有不同历史特点的精神活动与精神状态。有不少先哲、学者对精神生活进行过探讨，提出了许多有益的见解与理论。特别是马克思主义的辩证唯物主义和历史唯物主义，为研究精神生活规律提供了正确的理论与方法。

（一）社会物质生活条件从根本上决定精神活动与状态

社会生活，一般指人类整个社会物质的和精神的活动。改造自然界的物质成果就是物质文明，它表现为人们物质生产的进步和物质生活的改善。在改造客观世界的同时，人们的主观世界也得到改造，社会的精神生产和精神生活得到发展，这方面的成果就是精神文明，表现为文化事业的发展和人们思想、政治、道德水平的提高。因而，物质生活和精神生活，是同人们改造客观世界与改造主观世界紧密结合的两大生活。

所谓物质生活，主要是指围绕维持身体的生存和舒适性展开的各种活动的总和。这些活动伴随着有形物的消耗或损耗，提供了基础条件，满足身体、生理、本能的需要，并为精神生活实现目标提供可能。人之所以需要物质生活，是因为“人直接地是自然存在物”，自然界“是我们人类（本身就是自然界的产物）赖以生长的基础……”① 需要有物质条件维护其生存，保证其发展。“所谓人的肉体生活和精神生活同自然界相联系，不外是说自然界同自身相联系，因为人是自然界的一部分。”② 同时，“人是能思想的存在物……”③ “真正的人 = 思维着的人的精神。”④ 人的主观能动性特性决定了人需要精神条件或精神生活，推进人超越现实，实现人的价值。因而，物质生活和精神生活对于人的生存与发展既不可缺少，也不能分离。物质生活是精神生活的基础，精神生活是物质生活的升华。

精神生活既然高于物质生活，那么，精神生活是怎么来的呢？其形成与发展的根源是什么呢？这当然是精神生活的一个本质关系问题，就像研究意识产生与发展的根源一样，揭示了它的本质关系，也就把握了它的规律。“辩证法在考察事物及其在观念上的反映时，本质上是从它们的联系、它们的联结、它们的运动、它们的产生和消逝方面去考察的。”⑤ 马克思恩格斯坚持辩证唯物主义和历史唯物主义世界观和方法论，在多处论述了经济基础与上层建筑、物质生活的生产方式与精神生活、社会存在与社会意识的关系。马克思在《〈政治经济学批判〉序言》一文中指出：“人们在自己生活的社会生产中发生一定的、必然的、不以他们的意志为转移的关系，即同他们的物质生产力的一定发展阶段相适合的生产关系。这些生产关系的总和构成社会的经济结构，即有法律的和政治的上层建筑竖立其上并有一定的社会意识形式与之相适应的现实基础。物质生活的生产方式制约着整个社会生活、政治生活和精神生活的过程。不是人们的意识决定着人们的存在，相反，是人们的社会存在决定人们的意识。”⑥

精神生活的根源性，可以从三个层面揭示。

1. 社会结构层面的揭示。经济基础与上层建筑的关系，从宏观上展现了社会的层次或结构。经济基础可称之为经济结构，上层建筑包括法律的和政治的上层建筑、观念上层建筑。“一定的社会意识形式”就是观念上层建筑，包括政治、法律、哲学、道德、文艺、宗教等意识形式，也可称之为一定社会的精神文化或意识形态，是一定社会精神生活的主要内容。这些内容的产生和发展，不是无缘无故的，而是以经济发展为基础的。正如马克思和恩格斯在《德意志意识形态》一文中所阐述的：“思想、观念、意识的生产最初是直接与人们的物质活动，与人们的物质交往，与现实生活的语言交织在

---

① 《马克思恩格斯选集》第 4 卷，人民出版社 1995 年版，第 222 页。

② 《马克思恩格斯选集》第 1 卷，人民出版社 1995 年版，第 45 页。

③ 同上书，第 409 页。

④ 《马克思恩格斯全集》第 3 卷，人民出版社 1960 年版，第 56 页脚注。

⑤ 《马克思恩格斯选集》第 3 卷，人民出版社 1995 年版，第 361 页。

⑥ 《马克思恩格斯选集》第 2 卷，人民出版社 1995 年版，第 32 页。

一起的。人们的想像、思维、精神交往在这里还是人们物质行动的直接产物。表现在某一民族的政治、法律、道德、宗教、形而上学等的语言中的精神生产也是这样。”①恩格斯在吊唁马克思时，从分析人类生存与发展的前提与基础入手，肯定并阐述了马克思所发现的经济基础决定上层建筑的规律，他说：“正像达尔文发现有机界的发展规律一样，马克思发现了人类社会的发展规律，即历来为繁芜丛杂的意识形态所掩盖的一个简单事实：人们首先必须吃、喝、住、穿，然后才能从事政治、科学、艺术、宗教等等；所以，直接的物质的生活资料的生产，从而一个民族或一个时代的一定的经济发展阶段，便构成基础，人们的国家设施、法的观点、艺术以至宗教观念，就是从这个基础上发展起来的，因而，也必须由这个基础来解释，而不是像过去那样做得相反。”② 恩格斯所说的“物质的生活资料的生产”，就是物质生活的生产方式，“国家设施”指的是上层建筑，“法的观点、艺术以至宗教观念”说的是观念上层建筑或精神文化。恩格斯用人类历史事实与人们所熟知的生活实际，以达尔文发现有机界的发展规律为参照，以简要、通俗的文字，阐明了精神生活内容产生的根源。

马克思和恩格斯不仅论述了物质生活生产方式决定精神生活内容的普遍性理论，而且阐述了不同性质的物质生活生产方式，对不同性质精神生活内容的特殊性决定作用。马克思在《剩余价值理论》一文中，站在纵观历史发展的高度，分析了各个社会精神生产和物质生产之间的关系，指出：“要研究精神生产和物质生产之间的联系，首先必须把这种物质生产本身不是当作一般范畴来考察，而是从一定的历史的形式来考察。例如，与资本主义生产方式相适应的精神生产，就和与中世纪生产方式相适应的精神生产不同。如果物质生产本身不从它的特殊的历史的形式来看，那就不可能理解与它相适应的精神生产的特征以及这两种生产的相互作用。”③ 也就是说，西方中世纪与资本主义社会的物质生产方式或经济基础不同，决定了其精神生产的特征与精神生产的内容不同，一定物质生产总是与一定的精神生产相适应的。这种不同历史阶段的物质生产与精神生产相适应的特殊性的普遍存在，也充分证明了物质生活生产方式决定精神生活内容的普遍性。

2. 社会生活层面的揭示。物质生活的生产方式，也可简称为生产方式，是社会物质生活条件最主要的因素。社会物质生活条件，是指人们的物质生活赖以存在和发展的物质要素的总和，包括自然条件、人口因素和物质生活的生产方式。地理环境和人口因素，是人类社会赖以存在和发展的经常的、必要条件，但它们只是社会发展的外部条件，不是社会发展的决定因素。决定社会发展进程的是物质生活的生产方式。这是因为，人类要生存，就必须生产食、衣、住、行等必需的物质资料。而物质资料生产，只

---

① 《马克思恩格斯选集》第1卷，人民出版社1995年版，第72页。
② 《马克思恩格斯选集》第3卷，人民出版社1995年版，第776页。
③ 《马克思恩格斯全集》第26卷I，人民出版社1980年版，第296页。

有在人们以一定的方式结合起来时才能进行。因而物质生活的生产方式，是社会物质生活条件中最主要的因素，它决定社会的性质和面貌，推动着社会形态的转变。当然，地理环境、人口因素和物质生活的生产方式，总是相互联系、相互作用的，地理环境和人口因素是物质资料生产的必要条件并内在地包含于生产方式之中。离开物质资料的生产，地理环境和人口因素只是一般的自然条件，难以对社会发生影响；只有通过物质资料的生产方式，地理环境和人口因素对社会发展的作用才能得到实现。所以马克思和思格斯从分析人类生活前提入手，肯定了物质生活的生产方式对其他生活的决定性作用："我们首先应当确定一切人类生存的第一个前提，也就是一切历史的第一个前提，这个前提就是：人们为了能够'创造历史'，必须能够生活。但是为了生活，首先就需要吃喝住穿以及其他一些东西。因此第一个历史活动就是生产满足这些需要的资料，即生产物质生活本身……"① 在马克思和思格斯的这个分析中可以看出，就社会生活形态的性质而言，有物质生活，有精神生活，为了生活，首先就需要吃、喝、住、穿以及其他一些东西，这是人生存与发展的前提，也是人从事其他活动，包括形成与发展精神生活的基础，不管哪个社会、哪个时代，这都是不可违背的事实。

3. 意识产生层面的揭示。人的意识，以及与意识相关的思维、激情、愿望、思想、观念、目标、信仰等概念，都属于人的主观范畴的概念，都是用来表达和描述人的精神活动与精神状态的概念，只不过意识这一概念涵盖比较宽泛而已。意识就其字面而言，意，即自我的意思；识，就是认知或认识。汉代王充在《论衡·实知》一书中说："众人阔略，寡所意识，见贤圣之名物，则谓之神。"他这里所讲的意识，是见识的意思。宋代王明清在《挥麈后录》中说："子之所陈，心存意识，或欲周知，何从皆得?"这里所说的意识，指的是先见之明。总之，意识是人脑对客观事物间接的和概括的主观反映，是主观存在的独特坐标，是思维主体对现象进行处理后的产物，没有思维主体及思维活动，就不可能产生意识，因而意识的原意与实质就是人的精神活动。

那么，意识是从哪里来的呢？不同的学术流派、不同的学者，有不同的观点。马克思和恩格斯从几个方面，科学论述了意识产生的根源。

首先，马克思和恩格斯揭示了意识是特定物质——人脑的产物。马克思在《资本论》一书中指出："观念的东西不外是移入人的头脑并在人的头脑中改造过的物质的东西而已。"② 马克思明确说明了观念或意识，不过是人的头脑的产物，没有头脑这一特定的物质，不可能有观念或意识的产生。恩格斯也在《路德维希·费尔巴哈和德国古典哲学的终结》一文中，阐述了同样的道理，他说："我们自己所属的物质的、可以感知的世界，是唯一现实的；而我们的意识和思维，不论它看起来是多么超感觉的，总是物质的、肉体的器官即人脑的产物。物质不是精神的产物，而精神本身只是物质的最高

① 《马克思恩格斯选集》第1卷，人民出版社1995年版，第78—79页。

② 《马克思恩格斯选集》第2卷，人民出版社1995年版，第112页。

产物。"① 恩格斯强调意识和思维，即人的精神是人的大脑的属性，而人本身是自然界的产物，是在自己所处的环境中并且和这个环境一起发展起来的，归根到底意识是自然界产物，这是马克思主义唯物辩证法的基本观点。

其次，马克思和恩格斯论述了意识是人们物质活动的直接产物。马克思和恩格斯在《德意志意识形态》一文中，用唯物辩证法的基本观点，系统分析了人们的精神交往与社会精神生产的基础与根源，认为："思想、观念、意识的生产最初是直接与人们的物质活动，与人们的物质交往，与现实生活的语言交织在一起的。人们的想像、思维、精神交往在这里还是人们物质行动的直接产物。表现在某一民族的政治、法律、道德、宗教、形而上学等的语言中的精神生产也是这样。"② 马克思和恩格斯在这段话中，用了物质活动、物质交往、物质行动三个概念，主要讲的是人们同自然界、社会之间的物质关系，这种物质关系相对于人的大脑，即内在世界而言，则是客观的外部关系或外部世界。"外部世界对人的影响表现在人的头脑中，反映在人的头脑中，成为感觉、思想、动机、意志，总之，成为'理想的意图'，并且以这种形态变成'理想的力量'。"③由于人们的物质活动、物质交往、物质行动处于经常变化、发展之中，人们的意识也会随着客观外在的不断发展而变化。"人们的观念、观点和概念，一句话，人们的意识，随着人们的生活条件、人们的社会关系、人们的社会存在的改变而改变，这难道需要经过深思才能了解吗?"④总之，"人们头脑中发生这一思想过程，归根到底是由人们的物质生活条件决定的……"⑤

最后，马克思和恩格斯在批判唯心主义过程中科学阐述了意识的起源。马克思和恩格斯在创立唯物史观的过程中，重点对宗教和唯心主义哲学进行了分析、批判，他们认为，以往"在研究国家生活现象时，很容易走入歧途，即忽视各种关系的客观本性，而用当事人的意志来解释一切。但是存在这样一些关系，这些关系决定私人和个别政论代表者的行动，而且就像呼吸一样地不以他们为转移。只要我们一开始就站在这种客观立场上，我们就不会忽此忽彼地去寻找善意或恶意，而会在初看起来似乎只有人在活动的地方看到客观关系的作用。"⑥ 恩格斯把历史上这种颠倒主观与客观关系的唯心主义倾向，上升到哲学基本问题的高度，展开了一场理论上的论战，他说："思维对存在、精神对自然界的关系问题，全部哲学的最高问题，像一切宗教一样，其根源在于蒙昧时代的愚昧无知的观念。……思维对存在的地位问题，这个在中世纪的经院哲学中也起过重大作用的问题：什么是本原的，是精神，还是自然界？——这个问题以尖锐的形式针

① 《马克思恩格斯选集》第4卷，人民出版社1995年版，第227页。
② 《马克思恩格斯选集》第1卷，人民出版社1995年版，第72页。
③ 《马克思恩格斯选集》第4卷，人民出版社1995年版，第232页。
④ 《马克思恩格斯选集》第1卷，人民出版社1995年版，第291页。
⑤ 《马克思恩格斯选集》第4卷，人民出版社1995年版，第254页。
⑥ 《马克思恩格斯全集》第1卷，人民出版社1956年版，第216页。

对着教会提了出来：世界是神创造的呢，还是从来就有的?”① 这样，理论家依照他们如何回答这个问题而分成了两大阵营。凡是断定精神对自然界说来是本原的，从而归根到底承认某种创世说的人，组成唯心主义阵营；凡是认为自然界是本原的，则属于唯物主义的各种学派。

马克思指出，人们对终极关怀的追求往往表现出非人的种种“神圣形象”——宗教形象，这是人类终极关怀的异化，因为“人创造了宗教，而不是宗教创造了人。就是说，宗教是那些还没有获得自己或是再度丧失了自己的人的自我意识和自我感觉”②。恩格斯也在《路德维希·费尔巴哈和德国古典哲学的终结》一文中指出，虽然宗教离开物质生活最远，而且好像是同物质生活最不相干。但是，“宗教是在最原始的时代从人们关于自己本身的自然和周围的外部自然的错误的、最原始的观念中产生的”③。这就是说，宗教作为一种虚构的观念或精神，仍然是外在客观条件的产物，只不过是一种“蒙昧时代的愚昧无知的观念”而已。最初的宗教观念，往往“在每个民族那里依各自遇到的生活条件而独特地发展起来……这样在每一个民族中形成的神，都是民族的神，这些神的王国不越出它们所守护的民族领域……只要这些民族存在，这些神也就继续活在人们的观念中；这些民族没落了，这些神也就随着灭亡”。所以，恩格斯在对民族宗教的历史演变、兴衰存亡的根源进行了系统分析后强调：“头脑中发生这一思想过程的人们的物质生活条件，归根到底决定着这一思想过程的进行，这一事实，对这些人来说必然是没有意识到的……否则，全部意识形态就完结了。”④

黑格尔是著名的德国古典哲学家，也是著名的唯心主义者，在他看来，他头脑中的思想不是现实的事物和过程的或多或少抽象的反映，相反，在他看来，我们在现实世界中所认识的，正是这个世界的思想内容，也就是那种使世界成为绝对观念的逐渐实现的东西，这个绝对观念是从来就存在的，是不依赖于世界并且先于世界而在某处存在的。也就是说，事物及其发展在后，绝对观念存在于前，思维先于存在而产生。所以恩格斯针对黑格尔的这一唯心主义观点，在《卡尔·马克思〈政治经济学批判〉》一文中指出，黑格尔把“真正的关系颠倒了，头脚倒置了，可是实在的内容却到处渗透到哲学中……”“在黑格尔看来，思维过程，即他称为观念而甚至把它转化为独立主体的思维过程，是现实事物的创造主，而现实事物只是思维过程的外部表现。我的看法则相反，观念的东西不外是移入人的头脑，并在人的头脑中改造过的物质的东西而已。”⑤ 马克思的这段话，针对黑格尔的唯心主义观点，论及了观念的产生及其本质，即意识和观念就其形式来讲是主观的，但就其内容而言，它来自外部物质世界。所谓“移入人的头

---

① 《马克思恩格斯选集》第4卷，人民出版社，1995年版，第224页。

② 《马克思恩格斯全集》第1卷，人民出版社1972年版，第452页。

③ 《马克思恩格斯选集》第4卷，人民出版社1995年版，第254页。

④ 同上书，第254页。

⑤ 《马克思恩格斯选集》第2卷，人民出版社1995年版，第42、112页。

脑”，就是指通过感觉和思维对外部物质世界的反映，把物质的东西变成人脑中观念的东西，也就是达到对物质世界的观念的把握；人脑对外部物质世界的反映，不是机械的直观反射，而是人脑对客观物质进行加工改造才产生观念；人脑改造物质的过程，就是一个对感性材料进行科学抽象加工的过程，是人把握客观物质的本质和规律的过程。

总之，从上面的论述可以看出，社会物质生活生产方式、社会物质生活条件以及客观存在，对精神生活的内容、形态及发展，具有优先性、基础性、决定性作用。这种决定与被决定的关系，是马克思主义所揭示的经济基础与上层建筑、社会存在与社会意识的规律，在社会生活中的具体运用。只有认识这种决定与被决定的关系，才能按照马克思主义唯物论思想，科学认识精神生活形成与发展的根源，把握精神生活的发展趋势。

但是，承认精神生活的被决定性，并不是认定精神生活的依附性与被动性，而是要按照马克思主义的辩证法，确认精神生活的相对独立性与反作用，承认在一定条件下，精神生活也具有决定作用。否定这一点，就会由否定辩证法走向机械唯物论。所以，马克思主义认为，政治、法律、哲学、宗教、文学、艺术等思想内容的发展，是以经济发展为基础的。“但是，它们又都互相作用并对经济基础发生作用。并非只有经济状况才是原因，才是积极的，其余一切都不过是消极的结果。这是在归根到底总是得到实现的经济必然性的基础上的相互作用。”① 毛泽东强调：“我们承认总的历史发展中是物质的东西决定精神的东西，是社会的存在决定社会的意识；但是同时又承认而且必须承认精神的东西的反作用，社会意识对于社会存在的反作用，上层建筑对于经济基础的反作用。”②

人类的一切活动无非是创造精神财富和物质财富的过程，精神生活和物质生活构成了人类生活的两大主题。精神生活是创造德与才（知识文化）的过程；物质生活是创造物质财富的实践过程。物质生活条件是精神生活的基础和前提，精神生活是物质生活的升华。我们既要重视物质生活，又要重视精神生活；既要反对片面追求物质生活而忽视精神生活，把物质生活看做至高无上的享乐主义，又要反对过分强调精神生活，把精神生活理解为离开物质享受的禁欲主义。恩格斯明确指出：“每个人都追求幸福”是一种“无须加以论证的”、“颠扑不破的原则”。③ 但“吃、喝、性行为等等，固然也是真正的人的机能，但是，如果使这些机能脱离了人的其他活动，并使它们成为最后的和唯一的终极目的，那么，在这种抽象中，它们就是动物的机能。”④ “如果幸福在于肉体的快感，那么就应当说，牛找到草料吃的时候就是幸福的”⑤ “幸福不在于占有畜群，也

① 《马克思恩格斯选集》第 4 卷，人民出版社 1995 年版，第 732 页。
② 《毛泽东选集》第 1 卷，人民出版社 1991 年版，第 300—301 页。
③ 《马克思恩格斯全集》第 42 卷，人民出版社 1979 年版，第 372—373 页。
④ 同上书，第 94 页。
⑤ 北大哲学系外国哲学史教研室编：《古希腊罗马哲学》，商务印书馆 1961 年版，第 18 页。

不在于占有黄金，它的居住处是在我们的灵魂之中。”① 这就是说，人不同于一般动物，人是有理想、有思想、有情感、有丰富的精神生活的。一个人如果忽视精神生活上的满足，只把物质享受当做幸福，那么，这种幸福仅仅是动物水平的幸福。

总体而言，在人们生活的过程中，当物质生活条件匮乏时，物质生活就显得更为重要；当物质生活基本满足时，人们就会追求精神生活。物质生活水平越高，对精神生活的要求也越高；当精神生活不能与高水平的物质生活相协调，或单纯陷于物质生活追求而忽视精神生活时，精神生活就显得比物质生活更为重要甚至起决定作用。正如恩格斯所说的：“根据唯物史观，历史过程中的决定性因素归根到底是现实生活的生产和再生产。无论马克思或我都从来没有肯定过比这更多的东西。如果有人在这里加以歪曲，说经济因素是唯一决定性的因素，那么他就是把这个命题变成毫无内容的、抽象的、荒诞无稽的空话。经济状况是基础，但是对历史斗争的进程发生影响并且在许多情况下主要是决定着这一斗争形式的，还有上层建筑的各种因素：阶级斗争的各种政治形式和这个斗争的成果——由胜利了的阶级在获胜以后确立的宪法等等，各种法的形式以及所有这些实际斗争在参加者头脑中的反映，政治的、法律的和哲学的理论，宗教的观点以及它们向教义体系的进一步发展。”② 恩格斯在这里所说的上层建筑的各种因素，包括观念上层建筑因素，即思想或精神因素。这些因素不仅对“历史斗争的进程发生影响”，即对实际社会生活、社会发展具有反作用，而且“在许多情况下”，即在实际社会生活、社会发展已经走在前面而迫切需要先进思想与精神文明时，则具有决定作用。

（二）改造世界的实践活动推进精神生活发展

“实践”一词，在中国古代哲学中，是指“践行”、“笃行”，是一个道德伦理概念，与实践理性接近。在西方哲学中，“实践”最初并不专指人的活动，而是泛指一般生命体的行为方式。亚里士多德将实践理性与实践活动分割开来，强调“实践”偏重于人的道德行为，认为实践活动是包括人在内的所有生命体的活动方式。苏格拉底也将实践活动直接与“做人”行为等同。古希腊之后，实践概念局限于实践活动，排除了实践理性或实践观念。拉丁文表达实践的词是 actus，就是活动、行动的意思。古罗马哲学家、柏拉图的忠实继承者普罗丁，发展了柏拉图“理念”与“现实”对立的一面，进一步贬抑现实世界，把实践界定为“由向外的趋向造成的行为”，即“由内向外的活动”，突出实践活动的外在显示性，而将人的实践活动的内在理性赋予神灵。苏格兰神学家、经院哲学家邓斯·司各特认为实践是“一个被诱发出命令的意志行动”；英国学者奥卡姆则说实践是“我们人力量的活动，意志的活动”。这些关于实践的界定，都将实践从属于理性、道德、意志；理性、道德、意志从属于人，而人则从属于上帝，从而

---

① 北大哲学系外国哲学史教研室编：《古希腊罗马哲学》，商务印书馆 1961 年版，第 113 页。

② 《马克思恩格斯选集》第 4 卷，人民出版社 1995 年版，第 695—696 页。

由抽象概念的反向推演造成了一种因果倒置的错乱状态。德国古典哲学的创始人康德，继承苏格拉底和亚里士多德的实践观，试图摆脱实证逻辑的框架，界定“实践是一切通过自由而可能的东西”，认为实证逻辑框架中的活动是属于人认识世界的范畴，其结果和指导思想都是“理论的”，其活动本身也只是“技术的”。费希特以“行动”、“行为”作为自己的哲学体系的核心，把实践归于“纯粹的行为”。黑格尔给了“实践”概念十分宽泛的外延，既包括传统哲学中的道德行为、自由行为，又包括与此相对的生产和技术活动，甚至把“有机物趋向外部世界的过程”叫做“真正的实践过程”。因而，黑格尔对实践的界定，最终受到他哲学逻辑体系的制约而被抽象地提升，演化为一种精神的自我体现与生存的实存性理解。

从西方哲学家对实践的界定与理解可以看出，有的把实践理性与实践活动割裂开来，有的把实践理性与日常生活对立起来，有的则把实践活动等同于一切生命体的本能活动，把人的实践活动看做外在的和非理性的活动。这些对实践的狭隘界定与理解，没有揭示实践的本质，必然造成实践理性与实践活动的对立，导致主观与客观、意识与存在、精神与物质的分离，最终陷于唯心主义。

总之，在马克思主义产生以前，唯心主义把实践归结为精神的活动，旧唯物主义或者把实践界定为人类消极适应环境的本能活动，或者把实践狭隘理解为日常生活中的交往活动。马克思主义的创始人，运用辩证唯物主义与历史唯物主义原理，在分析、批判以往片面性、唯心论实践观的过程中，阐述了实践的本质与特征，揭示了精神生活的规律。“……不是从观念出发来解释实践，而是从物质实践出发来解释观念的形成，由此还可得出下述结论：意识的一切形式和产物不是可以通过精神的批判来消灭的，不是可以通过把它们消融在‘自我意识’中或化为‘幽灵’、‘怪影’、‘怪想’等等来消灭的，而只有通过实际地推翻这一切唯心主义谬论所由产生的现实的社会关系，才能把它们消灭……”① 因而，实践活动是改造社会和自然的有意识的活动，是以改造世界为目的、主体与客体之间通过一定的中介发生相互作用的过程。

1. 改造物质世界的对象性活动确证人的本质力量。马克思主义认为，实践是人能动改造物质世界的对象性活动。在实践活动中，一切对象都应当成为人自身的对象化，必须在对对象的能动改造中把握实践。马克思说，对象“成为确证和实现他的个性的对象，成为他的对象，这就是说，对象成为他自身”。“我的对象只能是我的本质力量的确证”。马克思还以社会工业不断发展的历史与成就，进一步阐述“工业的历史和工业的已经生成的对象性的存在，是一本打开了的关于人的本质力量的书，是感性地摆在我们面前的人的心理学”。② 人如果脱离客观条件，不进行改造物质世界的对象性活动，

① 《马克思恩格斯选集》第1卷，人民出版社1995年版，第92页。

② 马克思：《1844年经济学哲学手稿》，人民出版社2000年版，第86、87、88页。

那么，“被抽象地理解的，自在的，被确定为与人分隔开来的自然界，对人来说也是无”①。“无”就是无价值、无意义。所以马克思说，“激情、热情是人强烈追求自己的对象的本质力量”②。显然，马克思这里所说的“激情”、“热情”和“追求自己的对象”，就是人的精神活动或精神力量；而人的本质力量的确证，就是人的需要满足或需要的对象化。需要就是人的主观动机、追求目标、内在期望，只有人才有这种本性，因而人的本质与人的需要是同一的。正是这种同一性，马克思才强调：“任何人如果不同时为了自己的某种需要和为了这种需要的器官做事，他就什么也不能做。”“他们的需要即他们的本性”。③ 这就是说，根据客观条件而形成的主观需要是人的本性，人的一切活动都是为了满足自己的需要，人类的历史就是人为了满足自己的需要而进行活动的历史。而人的需要的满足，只能在人改造世界的对象性活动中不断得到实现。并且，“已经得到满足的第一个需要本身、满足需要的活动和已经获得的为满足需要用的工具又引起新的需要……”④ 也就是说，人通过“激情”、“热情”、目标、理想等精神方式所表达的需要，是不断丰富、发展的。高尔基对这种发展的需要说得更为明白：“人的需要的增长是无止境的，人活得越长，他想得到的也越多。人是从来也不会满足的，这是人的最佳品质……据此文化的不断发展过程才得以实现，在这些众所周知的环节上汇集了精力，才突然爆发起来而创造了我们看到的那些效果。”⑤ 需要的满足以及新的需要的产生推动人的实践活动自为地展开，人在实践活动过程中，除了创造物质生活条件满足生存需要外，也创造了精神文化、新的目标促进自身实现超越。因而，人能动地改造物质世界的对象性活动，是人的价值创造活动，它使世界成为一个人生存于其中的有意义的生活世界。所以，有学者认为，实践活动不仅是指向于外部世界的外源性活动，还是指向于人自身的内源性的开发与创造活动。外源性活动是指人开发外部自然的活动，内源性活动表现为对人自身各种潜能的开发，如心理与精神潜能的开发。我们要重视对自然的开发但不能无限度地开发；重视人的内源性活动，是重视人对于自身生存与生活意义的认识和理解，是重视对人精神潜能的释放。应当看到，长期以来，人们已养成了一种积习，就是把人的实践活动，仅仅看成外在的开发性活动，似乎人只能通过外在扩张方式才能获得生存，从而忽视了人生存与发展的内在精神。

实践虽然是人变革物质世界的活动，具有物质的性质和形式，但实践又是人所特有的对象性活动，旨在把人的动机、目的、理想转化为某种客观存在，这是实践不同于动物的本能活动之所在。因而，在实践活动中，实践主体的精神活动和物质活动、知和行、想和做，总是不可分割地交织在一起的。人类在改造客观世界过程中，既创造了人

---

① 马克思：《1844 年经济学哲学手稿》，人民出版社 2000 年版，第 116 页。

② 《马克思恩格斯全集》第 42 卷，人民出版社 1979 年版，第 169 页。

③ 《马克思恩格斯全集》第 3 卷，人民出版社 1972 年版，第 286、174 页。

④ 《马克思恩格斯选集》第 1 卷，人民出版社 1995 年版，第 79 页。

⑤ 《高尔基全集》第 26 卷，1955 年俄文版，第 85 页。

所需要的物质条件，也创造了体现人的需要和本质的精神生活，即人们在改造世界的实践活动中的精神活动和形成的思想成果。改造世界实践的最基本的形式，一是改造自然满足人们物质生活需要的生产活动，它决定着其他一切活动；二是调整和改革人与人之间社会关系的活动，在阶级社会里主要表现为阶级斗争；三是以探索客观世界奥秘或寻觅有效实践活动方式为直接目的的科学试验活动。此外，教育、管理、艺术等一切同客观世界相接触的人的有目的的感性活动，都是实践。在改造自然的实践过程中，人们在生产劳动中推进生产力发展的过程，内在地包含着人的自觉程度的不断提高；物质生产发展的历史，也是人的能动性不断渗透、扩张的历史。人们面对改造自然的艰难困苦，承担着繁重复杂的生产任务，磨练了不怕吃苦、不畏风险的乐观态度与奋斗精神，养成了勤俭节约与艰苦奋斗的精神。特别是在现代市场经济发展和竞争机制作用下，更赋予人们大胆面向社会、面向世界的开放精神，勇于追求发展的独立自主精神，敢于面对挑战的竞争精神。在调整和改革社会关系的实践过程中，人们结成并不断发展社会关系，培养了相互配合、相互促进的和谐思想与协作精神，形成了顾全大局、注重团结、共同努力的团队精神和集体主义精神；在长期的历史进程和积淀中铸塑了自强不息的民族精神和爱国主义精神，在与自然、社会相互交换和比较过程中确立了"以人为本"的价值观念，创造了人文学科，形成对人的尊严、价值、命运的维护、追求和关切的人文精神；在反抗社会的阶级压迫、剥削和与社会的邪恶抗衡中，锻炼和培养了为实现正确理想，甘愿牺牲小团体利益、个人利益的牺牲精神和献身精神。在科学研究过程中，研究者在长期的实践中，不仅发明创造了多样丰富的科技成果，而且形成了包括共同信念、价值标准和行为规范为内容的思维方式与科学精神；展示了在崇高理想、信念驱使下拼命争取、顽强探索的拼搏精神；发展了综合运用已有的知识、信息、技能和方法，不断进行发明创造、改革、革新的创新精神；形成了当今社会以发展为要务、以创新为己任的求真、向善、维美的时代精神。

总之，实践是以改造世界为目的的对象性活动，在这种对象性活动过程中，是人的观念对对象的把握和行为对对象改变的统一，是人作为主体对客体进行能动改造的活动，是人的生命活动所特有的性质和特殊的运动形式。这种对象性活动既不同于动物的本能活动，更不同于纯粹自然物质形态的运动形式，它创造了人所需要的物质生活条件，同时创造了人的意识和精神生活，从而规定和创造了人的基本特征，"证明人是有意识的类存在物"，使人成为"社会存在物"。因而，实践活动是人的存在方式或生存方式。

2. 实践活动的主体性特性蕴涵丰富的内在精神。从实践本性上看，人类的实践活动是人作为主体对客体进行能动地改造活动，是主客体之间相互作用的过程，是一种主体性活动。所谓主体性，是指人在改造、变革客观世界的过程中所表现出来的能动性、创造性、自觉性。实践活动之所以是主体性活动，是因为实践活动的价值创造，是通过人与自然、人与人之间的本质交换完成的。实践活动使人面向自然并认识自然的本质，也使人的本质在认识和改造自然的过程中实现，在这种本质的双向交换中，人与自然的本质都得到了丰富、充实和确证。人与自然的本质交换又要以人与人之间的本质交换为前提，只有通过人与人之间的本质交换，才能实现自然界的人的本质和人的自然的本质。人与自然、人与人的本质交换的过程，就是人的精神生成、丰富的过程，就是生活世界的价值创造过程。“只有在社会中，人的自然的存在对他来说才是自己的人的存在，并且自然界对他来说才成为人。因此，社会就是人同自然界的完成了的本质的统一，是自然界的真正复活，是人的实现了的自然主义和自然界的实现了的人道主义。”① 自然对人具有的价值，不仅仅是使用价值，而且确证和表现了人的精神价值，也就是说，主体的实践活动，“不仅使自然发生形式变化，同时他还在自然物中实现自己的目的”②。因此，实践是人类自觉自我的一切行为，实践与思想不可分割，没有精神相伴的物质活动不能称之为实践。

对实践活动的主体性特性，马克思有过多种表述，概括起来主要有三个方面。

第一，实践活动主体在对客体的作用过程中所显示的能动性。主体的能动性，内涵十分丰富，认识世界、改造世界与人的精神状态，都是人的主观能动性的表现。人在认识世界与改造世界的活动中，都要显示精神状态，精神状态对人认识世界和改造世界的活动有着巨大的影响。

实践活动，是主体对于主客体关系的自觉性，突出体现在目的的设定上。所谓目的，通常是指行为主体根据自身的需要，借助内在观念的中介作用，预先设想的行为目标和结果，是人的一种精神性或创造性的需要。马克思主义认为，“个人的真正的精神财富完全取决于他的现实关系的财富。”③ 目的反映人对客观事物的关系，人的实践活动以目的为依据，目的贯穿实践过程的始终。“在社会历史领域内进行活动的，是具有意识的、经过思虑或凭激情行动的、追求某种目的的人；任何事情的发生都不是没有自觉的意图，没有预期的目的的。”④ 所以，马克思在《1844 年经济学哲学手稿》中指出，人的生产生活就是类生活或类的生命活动，“一个种的全部特性、种的类特性就在于生命活动的性质，而人的类特性恰恰就是自由的自觉的活动”⑤。动物和它的生命活动是直接同一的，动物不把自己同自己的生命活动区别开来。人则使自己的生命活动本身变成自己的意志和意识的对象。有意识的生命活动把人同动物的生命活动直接区别开来。在《资本论》中，马克思把实践界定为“自由自觉的活动”。就是说，实践活动不仅仅是技术性、工具性、物质性的活动，还是精神性、超越性活动，“劳动过程结束时得到的结果，在这个过程开始时就已经在劳动者的表象中存在着，即已经观念地存在

---

① 马克思：《1844 年经济学哲学手稿》，人民出版社 2000 年版，第 83 页。

② 《马克思恩格斯全集》第 23 卷，人民出版社 1974 年版，第 202 页。

③ 《马克思恩格斯选集》第 1 卷，人民出版社 1995 年版，第 89 页。

④ 《马克思恩格斯选集》第 4 卷，人民出版社 1995 年版，第 247 页。

⑤ 《马克思恩格斯全集》第 42 卷，人民出版社 1979 年版，第 96 页。

着。他不仅使自然物发生形式变化，同时他还在自然物中实现自己的目的，这个目的是他所知道的，是作为规律决定着他的活动的方式和方法的，他必须使他的意志服从这个目的"[①]。在这里，马克思明确地指出，实践不是盲目的活动，不是动物式的本能活动，而是有目的、有意识的活动。这种目的，即"已经观念地存在着"的实践结果，就是人精神活动的产物。由此可见，人的实践目标，是人的本质的内在意蕴。康德对"目"的范畴也曾经作过论述，他认为人类社会演变过程是合目的性和合规律性的统一。所谓合目性，是指人作为"一个被造物全部自然秉赋都注定了终究是应充分而且合目地发展出来"，"同时这一目又是合乎理性，历史是依据一个合理而又为人理解计划展开，是朝着一个为理性所载目标前进，人类并不是由本能所引导着，或是由天性知识所哺育、所教悔；人类倒不如说是由自己本身来创造一切"。[②]

主体主观能动性还体现在主体在实践中所呈现的精神状态，主要表现为决心、意志、创造性等。所谓精神状态，是指实践主体的思想意志或心理思维的临时定位，这种定位是随时间、环境而变化的，每个人每时每刻都处于一种精神状态之中，人们常用精神状态表述当时的心境和传递给外界的感觉信息。在实践活动中，精神状态有积极主动的进取精神和消极被动的颓废精神、吃苦耐劳的拼搏精神和好逸恶劳的依赖思想、百折不挠的顽强意志和萎靡不振的畏难情绪、不畏艰险的创新精神和保守僵化的守旧态度的区别。

第二，实践活动主体在与客体的相互关系中所展现的自主性。主体的自主性，是相对于依赖性而言的，指实践主体不受客体所困扰，不受他人干涉和支配，进行自主判断和选择，具有自主的态度和自主的行为。主体的自主性，是主体目的性的逻辑延伸，目的性是自主性的标志，自主性是目的性的基础。主体的自主性集中体现为价值选择性。

人们认识自然和改造自然的目的，从最低的要求来看，也就是起码的价值选择需要，是为了从自然界获得直接的生活资料，满足人类物质生活和精神生活的需要。从最高的目标来看，也就是长远乃至终极价值选择需要，是为了推进人类社会的发展，满足人的本质发展需要，即使人摆脱动物本能而成为全面发展的人，"通过人并且为了人而对人的本质的真正占有"，"人以一种全面的方式，也就是说，作为一个完整的人，占有自己的全面的本质"。[③] 也就是说，人的生存与发展需要、人的利益是人们实践活动的出发点和归宿。离开人们的利益，离开人类的生存和发展，人类认识自然和改造自然就失去了意义，自然物也就不具有什么价值。

真正的实践主体，必然是具有自主性的主体。这种自主性不仅表现为能够通过主观判断，可以确定正确的目标，而且还要像马克思在《政治经济学批判》的手稿中说的：

---

① 《马克思恩格斯全集》第23卷，人民出版社1975年版，第202页。

② （德）康德：《历史理性批判文集》，商务印书馆1991年版，第15页。

③ 《马克思恩格斯全集》第42卷，人民出版社1979年版，第120、123页。

"劳动具有科学性，同时又是一般劳动，是这样的人的紧张活动，这种人不是用一定方式刻板训练出来的自然力，而是一个主体，这种主体不是以纯粹自然的，自然形成的形式出现在生产过程中，而是作为支配一切自然力的那种活动出现在生产过程中。"[①] 主体的自主性侧重于主体权利，表现为主体对活动诸因素的占有和支配。也就是说，主体拥有能够自主根据自己的利益和需要，通过一定的手段和方式，达到占有和支配活动诸因素的权利。因而，自主性实际上是人的精神特性，是人的思想道德素质的基本内核。个体精神特性方面有主体性、主动性、上进心、判断力、独创性、自信心等，社会精神特性方面有自我控制、自律性、责任感等。在自主性发展的过程中，这些特性都融会在自主性态度和自主性行为之中，构成一个人的内在品质。

在实践活动中，主体自主进行价值选择不是随意的，在把人类社会的生存和发展作为自主价值选择的同时，还要关心并受制于自然、社会客观条件，在坚持人的需要与物的尺度统一中进行。马克思在《1844 年经济学哲学手稿》中，将人类生活划分为肉体生活和精神生活两大部分，在《〈政治经济学批判〉导言》中指出人类精神包括理论精神、宗教精神、艺术精神和实践精神。这说明实践活动伴随着丰富的精神活动，这种精神活动既有指向实用功利目的的因素，也有非功利的审美享受因素。审美活动就其形态来说，属于精神生活领域，是一种精神上的自我占有和自我享受。所以马克思说："通过实践创造对象世界，改造无机界，人证明自己是有意识的类存在物……动物只是按照它所属的那个种的尺度和需要来建造，而人懂得按照任何一个种的尺度来进行生产，并且懂得处处都把内在的尺度运用于对象；因此，人也按照美的规律来构造。"[②] 这里所说的"人证明自己是有意识的类存在物"，是指现实的人的实践不仅是人自主作用于外部世界的行动，而且是人的精神活动，即实践活动不仅蕴涵着人的知、情、意等丰富的精神内容，而且只有实践活动才能使人的知、情、意由潜在变为现实，并伴随着实践活动的发展而充实。这里所说的"把内在的尺度运用于对象"，则是指人内在的知、情、意的精神活动，不是任意或随意的，人可以主动地认识实践对象，把握对象的规律，并根据不同对象的特点与规律，对对象进行符合人的需要的改造或进行生产，来满足人的需要。这种根据人的需要"运用于对象"的实践活动，正是人所具有的自主选择的特性。例如，欧洲的哥特式建筑，之所以独具艺术风格，是实践者遵循自然界物质结构的力学原理，并按照人的知、情、意观念和审美精神建造出来的。实践活动正是在坚持自然与人、必然与自由、合规律性与合目的性的矛盾统一过程中，创造了人类的物质文明与精神文明成果。所以，马克思以"人也按照美的规律来塑造"的高度，提升了人的实践自主性层次。审美活动作为人的特有生命活动，不同于一般思维活动，它是"一

---

① 《马克思恩格斯全集》第 46 卷，人民出版社 1979 年版，第 113 页。

② 《马克思恩格斯选集》第 1 卷，人民出版社 1995 年版，第 46—47 页。

种特殊的、现实的肯定方式”[①]，即一种精神化的感性生命活动，这种精神化的感性生命活动更不同于或更高于动物生命活动的本能性质。所以，人类在实践中虽然要受一定客观条件的制约，但能够通过意识“直观自身的生命活动”，在精神上“享受了个人的生命表现”，并“在对产品的直观中由于认识到我的个性是物质的、可以直观地感知的因而是毫无疑问的权力而感受到个人的乐趣”。[②] 因此，“按照美的规律来建造”的要义，就是人们在实践过程中既有实现功利的追求目标，也有提高人的审美愉悦的高层次精神享受，做到自主价值选择坚持人的需要与物的尺度相统一。

人类社会自古以来，就注重在实践活动中自主追求审美愉悦的精神生活。中国古代的美学认为，美是一种快适的滋味，这种滋味，主要不在于人的实际行为，而在行为、事物所蕴涵的人化精神。这种精神既表现为审美主体在审美过程中的情感、直觉、意念的即时投射，即南北朝时期刘勰所说的“物以情观，故辞必巧丽”，中国近现代国学大师王国维所讲的“以我观物，故物皆着我之色彩”，也可以表现为一种客观化了的主体精神。早在春秋时期，以平和之乐使人际关系调和、天人关系统一的思想就已产生，《乐记》集礼乐思想之大成，认为音乐能以气沟通天、人，使天、人互相感应，改变自然状态，决定社会政治。战国时期形成的《吕氏春秋》以五音配五行、十二律配十二月，构成宇宙图式，强调这些内容来自自然，应该像自然那样平和、适中，主张以平和、适中治身和治国。儒家以道德充实为美和以情为美、以和为美、以“合目的”的形式为美，道家以崇尚自然、追求人的自由为美和以“无为”、“无声”、“无形”、“无言”、“无味”为美，荀子说“不全不粹之不足以为美”，庄子说“朴素而天下莫能与之争美”，佛家以圆相、光明为美，等等，充分体现了中国古代审美精神生活的多样性与丰富性。三国时期的著名思想家嵇康，把富有精神生活内容的音乐、舞蹈等艺术活动，与劳动、实践直接联系起来，提出了“劳者歌其事，乐者舞其功”的思想，赋予了精神生活的实践内涵。唐代大诗人白居易说：“大凡人之感于事，则必动于情，然后兴于嗟叹，而形于诗歌矣。”[③] 就是说，情感活动、精神生活不是凭空产生的，而是缘起于社会生活中的“事”，联系着时代的“政”，即与现实的实践活动密不可分。因而，诗词歌曲不可脱离实际，必须源于生活。在西方，古希腊时期的德谟克里特就已觉察到人有精神、审美需要，他说：“大的快乐来自对美的作品的瞻仰”，“永远发明某种美的东西，是一个神圣的心灵的标志”。[④] 智者学派把艺术分为“有用的艺术”和“愉快的艺术”。古罗马哲学家普洛丁按照“高级精神世界”把艺术分为“利用自然的艺术”、“纯心灵的艺术”、“纯智力的艺术”等不同等级。古罗马著名政治家西塞罗认为诗“是

---

① 《马克思恩格斯全集》第 42 卷，人民出版社 1979 年版，第 125 页。

② 同上书，第 37 页。

③ 《策林·六十九》。

④ 德谟克里特：《残篇》，载伍蠡甫主编《西方文论选》（上），上海译文出版社 1979 年版，第 4—5 页。

由奇异而超自然的灵感所唤起的一种纯心灵活动的产物”。到文艺复兴时期，曾颇为风行的视美为善的附庸和神赐灵感的观念受到批判，美的概念开始具有现代意义。康德主张“把美作为一个形式的主观的合目的性”①；黑格尔认为艺术和审美根源于人类“心灵自由的需要”②；费尔巴哈把艺术的本质视为“充满喜悦的、在自身之中得到满足的、快乐的直观”，而非“不洁的、为利己主义所玷污的”③。由此可见，注重人类精神、审美需要，强调艺术和审美的无功利性精神境界，是古今中外人们的自主追求。尽管这种追求具有独特性、相对独立性和超然性，但它归根到底要以实践为基础，源于人们的现实生活。

第三，实践主体在改造客体的过程中所体现的自为性。主体自为性是主体自主性的逻辑延伸，自主是自为的前提，只有自主的人才可能自为；自为是自主的目的，自主是为了达到和实现自为的目的。黑格尔曾提出“自在”、“自为”的概念，认为“自在”即潜在、尚未展开的意思，“自为”则是有区别、分化、展开之意。哲学上的“自在”、“自为”是反映实践主体认识水平和自觉程度高低的两个概念。当实践主体处在对事物感性认识水平时，是自在的主体；而当实践主体达到对事物本质的理性认识水平时，就成为自为的主体。“自在”与“自为”的区别就是对事物本质、规律性的把握是否自觉。毛泽东在《实践论》中所说的，无产阶级在其实践的初期“还是一个所谓‘自在阶级’”，经过马克思主义理论教育，“理解了无产阶级历史任务，这时他们就变成了一个‘自为的阶级’”④，讲的就是自在与自为的区别。

“自”并不仅仅是指个人，它是相对于主体以外的客体而言的。这里所讲的主体的自为性，是相对于实践对象的自在性而言的。一般说来，自然界运动是自在过程，具有自在性。所谓自在性，是指自然界以一种自发、无目方式存在着。自然界的发展通过一种自发、无目的活动为自己开辟道路，正如恩格斯所说的：“在自然界中（如果我们把人对自然界的反作用撇开不谈）全是不自觉的、盲目的动力，这些动力彼此发生作用，而一般规律就表现在这些动力的相互作用中。在所发生的任何事情中……都没有任何事情是作为预期的自觉的目的发生的。”“相反，在社会历史领域内进行活动的……任何事情的发生都不是没有自觉的意图，没有预期的目的的。”⑤ 就是说，实践活动、社会发展是具有自觉意图、预期目的的自为性特征。所谓自为性，是指人的实践。社会发展是有意识、有目的人群的交互作用，是人的发展目标不断现实化、对象化过程。所以，马克思说：“人不仅仅是自然存在物，而且是人的自然存在物，也就是说，是为自身而

① （德）康德：《判断力批判》（上卷），宗白华译，商务印书馆1964年版，第66页。

② （德）黑格尔：《美学》（第1卷），朱光潜译，商务印书馆1979年版，第39页。

③ （德）费尔巴哈：《费尔巴哈哲学著作选集》（下卷），荫庭等译，生活·读书·新知三联书店1962年版，第235页。

④ 《毛泽东选集》第1卷，人民出版社1991年版，第288—289页。

⑤ 《马克思恩格斯选集》第4卷，人民出版社1995年版，第247页。

存在着的存在物。"① 所谓"是为自身而存在着的存在物"，就是人是自为性存在物，是指人有内在精神世界，能够确立目标，选择价值，为一种追求和趋向而存在，并在不断创造与超越的活动中把自己展示给世界。因而，自我实现是人的自为性存在的确证方式。

列宁在论述实践时，用了一个简要公式表述实践的自为性特性："人的实践 = 要求（1）和外部现实性（2）"，他解释说，一方面，"人在自己的实践活动中面向着客观世界，以它为转移，以它来规定自己的活动"；另一方面，"人给自己构成世界的客观图画；他的活动改变外部现实，消灭它的规定性（ = 变更它的这些或那些方面、质），这样，也就去掉了它的假象、外在性和虚无性的特点，使它成为自在自为存在着的（ = 客观真实的）现实"。② 这就是说，人的目的，即人所自觉追求的价值目标，只有通过人的自为实践才能实现，实践活动是物的尺度与人的尺度、合规律性与合目的性、世界对人的生成和人对世界的生成的统一。

毛泽东把实践的自为性讲得更明确，他说：实践是"主观见之于客观的东西"，"一切事是要人做的"，"做就必须先有人根据客观事实，引出思想、道理、意见，提出计划、方针、战略、战术，方能做好"。就实践过程而言，与物质和精神的本原意义上的关系不同，精神的、观念的东西总是"逻辑在先"的，这种如列宁所说的"观念的东西转化为实在的东西"，即精神的外化正是人类实践活动的自为性特征。

马斯洛从人的生活需要，从教育活动的结果，也论述了人的自为性特征，他说："人的目的，人本主义的目的，与人有关的目的，在根本上就是人的自我实现，是丰满人性的形成，是人种能达到的或个人能达到的最高的发展。"③

综上所述，实践活动的主体，总是把自己的存在和发展当做一个自明的前提，"从主体方面去理解"事物，"从自己出发"去从事实践活动，把事物、活动及其结果看做"为我而存在的"，这是人类精神活动的特点，也是人类特有的生存与发展方式。

3. 社会实践发展水平共同体现时代的文明程度和精神状态。人类的历史不是与自然界相对立的，它既是自然界向人的生成过程，也是人通过实践而诞生自己的过程，是人占有自身本质的自我生成、自我完善过程，是人类的基本存在方式。恩格斯在《自然辩证法》一书中指出，有了人，我们就有了历史。"'历史'并不是把人当作达到自己目的的工具来利用的某种特殊的人格。历史不过是追求着自己目的的人的活动而已。"④ 人类自己创造自己的历史，只能通过自觉的、能动的、对人类生存和社会发展具有积极意义的实践来创造，所以"人类世界只能是实践中的存在"⑤。之所以是"实

---

① 《马克思恩格斯全集》第 42 卷，人民出版社 1979 年版，第 169 页。

② 《列宁全集》第 38 卷，人民出版社 1986 年版，第 229、200、235 页。

③ （美）马斯洛：《人性能达的境界》，林方译，云南人民出版社 1987 年版，第 169 页。

④ 《马克思恩格斯全集》第 2 卷，人民出版社 1957 年版，第 118—119 页。

⑤ 《马克思恩格斯选集》第 1 卷，人民出版社 1995 年版，第 54 页。

践中的存在”，是因为“生存是一切人类面临的前提性问题，生存决不是一种静观式的认识论态度，而是一种实践态度，亦即人类是在活动（最基本的活动形式是生产）中解决自己的生存问题的。正是在这个意义上可以说，生存论的本体论维度乃是马克思实践观的第一个维度。”① 也就是说，人的实践活动蕴涵着社会发展的延续和对人类可持续生存和发展的关怀。

同时，人的实践的自为性，就内蕴着历史，它既是历史的前提，又是历史的结果，在自为生存的前提和结果转换中展开着人的历史。“……历史并不是作为‘产生精神的精神’消融在‘自我意识’中，历史的每一阶段都遇到有一定的物质结果、一定数量的生产力总和，人和自然以及人与人之间在历史上形成的关系，都遇到有前一代传给后一代的大量生产力、资金和环境，尽管一方面这些生产力、资金和环境为新的一代所改变，但另一方面，它们也预先规定新的一代的生活条件，使它得到一定的发展和具有特殊的性质。”② 人类社会“历史的全部运动，既是它的现实的产生活动——它的经验存在的诞生活动，同时，对它的思维着的意识来说，又是它的被理解和被认识到的生成运动。”③ 这就是说，历史不是像那些经验论者所认为的“是一些僵死事实的搜集”，也不是像唯心主义者所认为的“是想象的主体的想象的活动”，而是现实、具体的存在，是人自为的实践与生存活动。人们自己创造自己的历史，自己“谱写”自己的历史乐章，自己掌握自己的命运。因此，历史主体既是历史“剧中人”，又是历史“剧作者”。所以，恩格斯首先肯定“历史过程中的决定性因素归根到底是现实生活的生产和再生产”、“经济的前提和条件归根到底是决定性的”；同时，也把人的精神发展纳入历史过程中，他说：“历史是这样创造的：最终的结果总是从许多单个的意志的相互冲突中产生出来的，而其中每一个意志，又是由于许多特殊的生活条件，才成为它所成为的那样。这样就有无数互相交错的力量，有无数个力的平行四边形，由此就产生出一个合力，即历史结果，而这个结果又可以看作一个作为整体的、不自觉地和不自主地起着作用的力量的产物。”恩格斯在《费尔巴哈论》中，也同样阐述了“历史合力”的思想：“许多按不同方向活动的愿望及其对外部世界的各种各样作用的合力，就是历史。”④ 恩格斯的这些论述，充分说明，人类社会的实践活动，既是物质生产的创造，也是精神生产的创造；每个时代的认识与实践水平既体现在该时代的物质财富与科学技术发展水平上，也体现在该时代人们的财富与精神生活上，共同体现一个时代的文明程度和精神状态。这就是社会发展过程与自然发展过程的本质区别。

正因为实践在历史发展过程中具有至关重要的地位，所以在经典作家的论著中，反

---

① 俞吾金：《对马克思实践观的当代反思》，《哲学动态》2003 年第 6 期。

② 《马克思恩格斯选集》第 1 卷，人民出版社 1995 年版，第 59 页。

③ 马克思：《1844 年经济学哲学手稿》，人民出版社 2000 年版，第 81 页。

④ 《马克思恩格斯选集》第 4 卷，人民出版社 1995 年版，第 697、248 页。

复强调了实践的重要性。马克思指出："人的思维是否具有客观的真理性，这并不是一个理论的问题，而是一个实践的问题。人应该在实践中证明自己思维的真理性，即自己思维的现实性和力量，亦即思维的此岸性。""环境的改变和人的活动或自我改变的一致，只能被看作是并合理地理解为革命的实践"，"社会生活在本质上是实践的"，"哲学家们只是用不同的方式解释世界，问题在于改变世界。"①列宁在《哲学笔记》中说："实践高于（理论的）认识，因为实践不仅具有普遍性的优点，而且具有直接现实性的优点。"② 毛泽东在《实践论》中强调："实践的观点是辩证唯物论的认识论之第一的和基本的观点。"③

（三）精神交往深刻影响精神生活发展

前面从社会物质生活条件、改造世界的实践活动两个方面，论述了对精神生活的决定作用，揭示了精神生活形成与发展的规律。自从人类社会形成了相对独立的精神生活以后，特别是社会的物质劳动与精神劳动分离之后，人们的精神交往便开始不再表现为物质活动的直接产物，在精神生活过程中，也创造了各种精神交往的独立形式。

1. 交往与精神交往。谈到精神交往，先要从"交往"说起。所谓交往，是指人类特有的存在方式和活动方式，是人与人之间发生社会关系的一种中介，是以物质交往为基础的全部经济、政治、思想文化交往的总和。历史唯物论强调，"社会——不管其形式如何——是什么呢？是人们交互活动的产物。"④ 交往的主体是人，只有人的交往，才形成社会和社会关系，"社会关系的含义在这里是指许多个人的共同活动"，"凡是有某种关系存在的地方，这种关系都是为我而存在的；动物不对什么东西发生'关系'，而且根本没有'关系'……"⑤因而交往是一种以主客体关系为中介的主体与主体之间的关系交往。关系交往概念的含义很广，包括个人、社会团体、民族国家的物质交往和精神交往。物质交往与精神交往的综合作用，首先是促进生产力发展，推动生产力各要素的合理配置，进行物质生产和产品交换；其次，具有正向功能的交往，推动社会关系的变革和改善，在一定范围内形成一种社会凝聚力，成为一个民族、国家独立存在的粘合剂，而不同社会形态、不同民族和国家之间的交往、交流，可以相互学习、借鉴，缩短社会发展进程，增强社会活力；最后，人类通过同代人异地交往和不同代人代际交往，可以扩大活动范围，拓宽视野，活跃思想，丰富精神生活，并不断传承、创新科学文化，促进人的发展。因而，物质交往与精神交往总是通过人这个主体，不可分割地联系在一起，在社会和个人之间发挥作用。

---

① 《马克思恩格斯选集》第 1 卷，人民出版社 1995 年版，第 55—57 页。
② 《列宁全集》第 55 卷，人民出版社 1990 年版，第 183 页。
③ 《毛泽东选集》第 1 卷，人民出版社 1991 年版，第 284 页。
④ 《马克思恩格斯选集》第 4 卷，人民出版社 1995 年版，第 532 页。
⑤ 《马克思恩格斯选集》第 1 卷，人民出版社 1995 年版，第 80、81 页。

虽然交往始原于物质生产活动，但又不仅仅存在于物质生产活动中。人们的生产与生活，除了生产中合作、分工的物质交往外，总是伴随着知识、经验、观念、情感的相互沟通与交流，这种人的内在意识的外在表达，就是精神交往。马克思、恩格斯在《德意志意识形态》一书中，首次提出了“精神交往”这一概念，他们写道：“思想、观念、意识的生产最初是直接与人们的物质活动，与人们的物质交往，与现实生活的语言交织在一起的。人们的想象、思维、精神交往在这里还是人们物质行动的直接产物。表现在某一民族的政治、法律、道德、宗教、形而上学等的语言中的精神生产也是这样。人们是自己的观念、思想等等的生产者……他们受自己的生产力和与之相适应的交往的一定发展——直到交往的最遥远的形态——所制约。”① 在这段话里，马克思恩格斯既阐明了物质交往和精神交往的关系；也说明了人们可以在一定社会的经济基础上，进行政治、法律、道德、宗教等意识形式的精神生产；还强调了人们能够生产自己的观念、思想。不管是社会的精神生产还是个体的精神生产，都与人们的精神生活相伴。所以，列宁根据两种交往，在《什么是“人民之友”以及他们如何攻击社会民主党人?》一书中，把社会关系划分为“物质的社会关系”和“思想的社会关系”两大部分，指出“物质的社会关系”即经济基础关系，是“不通过人们的意识而形成的社会关系”；“思想的社会关系”即观念上层建筑关系，则是“通过人们的意识而形成的社会关系”。列宁还阐明了两种社会关系的相互关系：“思想的社会关系不过是物质的社会关系的上层建筑，而物质的社会关系是不以人的意志和意识为转移而形成的，是人们维持生存的活动的（结果）形式。”②

因为社会有物质交往和精神交往，个体有物质生活与精神生活，两者既相互联系又相互区别。所以从总的来看，物质交往、物质生活起着决定的、基础的作用，精神交往、精神生活一旦形成后，也具有相对独立性，它不仅反作用于物质交往、物质生活，而且人们可以遵循一定规律，产生精神需求、丰富精神内容和发展精神交往方式。

2. 精神交往是人的本质体现。前面阐述过，意识或观念，是高度完善的物质即人脑的机能，是客观存在的主观映象，马克思所指出的：“观念的东西不外是移入人的头脑并在人的头脑中改造过的物质的东西而已。”③也可以说，人因为有脑和客观存在的作用，所以人就可以生产观念和精神。因而人的精神是人的存在方式，是人的本质体现，精神需要是精神生活形成和发展的内在动力。正如马克思所指出的：“任何人如果不同时为了自己的某种需要和为了这种需要的器官而做事，他就什么也不能做。”④ 人的精神需要既决定于一定的社会条件，同时又能够在一定程度上超越该社会条件所能满足需

① 《马克思恩格斯选集》第 1 卷，人民出版社 1995 年版，第 72 页。

② 《列宁全集》第 1 卷，人民出版社 1984 年版，第 109—110、第 120—121 页。

③ 《马克思恩格斯选集》第 2 卷，人民出版社 1995 年版，第 112 页。

④ 《马克思恩格斯全集》第 3 卷，人民出版社 1960 年版，第 286 页。

要的程度而产生新的与更高的需要。也就是说，人的精神需要在本质上具有不满足性。正是这种不满足性推动着人的精神生活的发展。为此，马克思在三个层次上，阐述了人的精神及其交往需要。

第一，较低层次的自然心理表层的追求与满足。马克思在《资本论》一开始，特意引用了尼古拉·巴尔本的话作脚注说："欲望包含着需要；这是精神的食欲，就象肉体的饥饿那样自然……大部分（物）具有价值，是因为它们满足精神的需要。"① 意思是食物只不过是一个靠自己的属性来满足人的需要对象，这种需要是人的"精神的食欲"，或者说是人通过主观的表达，是由人的胃刺激大脑产生的。人在需要食物或商品时，还要根据合理性、可能性去获取，而不是像动物那样的本能反映。

第二，较高层次的精神交往需要。这一层次的需要，是把自己的生命活动变成自己的意志和意志对象，即不断获得肯定自己的信息，以维持心理平衡，并以此为满足和愉悦。马克思说："人不仅通过思维，而且以全部感觉在对象世界中肯定自己。"② 马克思还说："劳动的对象是人的类生活的对象化：人不仅像在意识中那样在精神上使自己二重化，而且能动地、现实地使自己二重化，从而在他所创造的世界中直观自身。"③ 这里所说的人自身二重化有两种，就是实践上的二重化和精神上的二重化。所谓实践上的二重化，就是通过改造对象的活动，客观世界"表现为他的作品和他的现实"；所谓精神上的二重化，就是人根据自己的意志改造对象世界，在改造的对象世界上打上了人的意志烙印，使他的意志现实地体现于对象世界中，这样，人就能够"在他所创造的世界中直观自身"，"构成生活享受的最内在的核心"。④ 正是因为人有较高层次的精神需要，所以，从古到今的先贤志士、文人学者、民族英雄、知识分子等，都十分重视对"意境"、"心灵境界"、"思想修养"、"高尚人格"的追求，形成了一个民族的传统人文精神。

第三，更高层次的精神交往需要。这一层次的需要，是人通过不断的学习，提高文明程度，能从对象世界的全局与复杂关系中，从对象世界的相反方面，通过自己的思维、比较，认识和把握事物的本质，获得自我肯定的满足，成为精神交往的新的参与者。人与动物的直接区别在于人有自觉的精神活动和交往，它是人的生命存在的组成部分，主体不断感知外部世界，完善心理结构，从而构成主体生命的存在。精神交往不仅是为肉体人的存在和发展，同时也要为精神人的存在和发展。所以马克思、恩格斯说："作为确定的人，现实的人，你就有规定，就有使命，就有任务，至于你是否意识到这一点，那都是无所谓的。这个任务是由于你需要及其与现存世界的联系而产生的。"⑤

---

① （英）尼古拉·巴尔本：《新币轻铸论：答洛克先生关于提高货币价值的意见》，伦敦 1696 年版，第 2、3 页。

② 马克思：《1844 年经济学哲学手稿》，人民出版社 2000 年版，第 86—87 页。

③ 同上书，第 58 页。

④ 《马克思恩格斯全集》第 41 卷，人民出版社 1982 年版，第 305 页。

⑤ 《马克思恩格斯全集》第 3 卷，人民出版社 1960 年版，第 329 页。

在马克思、恩格斯看来，人明确自己的“规定”、“使命”和“任务”，即责任感的确立，不是人的生理需求和本能欲望自发产生的，也不是上帝赋予的，而是由人的现实需要，通过自己的思维形成的，归根到底是由人们所处的社会地位、社会关系决定的。在现实生活中，人们相互之间要发生血缘、地缘、姻缘、业缘和政治、法律、道德、文化等各种关系，这些关系实际上蕴涵着对社会和他人承担着不同的责任和使命，如父母对子女的责任，个人对民族国家的使命，个体承担着单位的任务，等等。因而，凡是在共同生产、生活的地方，总是有责任和义务存在。作为一个现实的人，总是要承担一定的责任和使命，这既是需要，也是人与社会生存与发展的根本条件。因而，每个人，作为一个民族、国家、社会、团体和家庭的成员，就应当对社会和他人形成责任意识并履行社会义务。只有确立了自觉推进社会发展、民族振兴目标与责任的人，即确立了远大理想信念并为之奋斗的人，才能获得更高层次精神交往需要的满足。马克思在《1844 年经济学哲学手稿》中也讲过：“一个认识到自己在法、政治等等中过着外化生活的人，就是在这种外化生活本身中过着自己的真正的、人的生活。因此，与自身相矛盾的，既与知识又与对象的本质相矛盾的自我肯定、自我确认，是真正的知识和真正的生活。”① 这段话是马克思在批判了黑格尔把人的精神活动与客观现实活动关系颠倒后所作的阐述，强调人的政治生活（实际上主要是精神生活）是现实的、“外化”的；人可以在面对现实的复杂知识和对象的矛盾中，通过自己的主观判断、比较、选择，甚至可以从对象世界的相反方面，获得自我肯定，形成自己的见解与信念。

3. 精神交往促进人的精神生活丰富与发展。马克思主义认为，社会的发展，人们的生活，除了经济作为决定性因素外，政治和文化传统的因素也是构成人的目的性活动，即精神活动的影响性因素。正如恩格斯明确指出的：“政治等等的前提和条件，甚至那些萦回于人们头脑中的传统，也起着一定的作用，虽然不是决定性的作用。”② 人们由激情或思虑决定的愿望是各式各样的，“有的可能是外界的事物，有的可能是精神方面的动机，如功名心、‘对真理和正义的热忱’、个人的憎恶，或者甚至是各种纯粹个人的怪想。”③ 这就是说，精神方面的因素与方式，也影响着人们的精神生活。

马克思在分析资本主义社会条件下工人的精神生活时，在著作中曾两次引证德国政论家舒耳茨的《生产运动》一书中的话：“为了使人民在精神方面更自由地发展，他们不应当再做自己的身体需求的奴隶和肉体的奴仆。所以，他们首先要有用于精神活动和精神享受的余暇。”④ 马克思还说：“工人必须有时间满足精神的和社会的需要，这种需

---

① 《马克思恩格斯全集》第 42 卷，人民出版社 1979 年版，第 172 页。
② 《马克思恩格斯选集》第 4 卷，人民出版社 1995 年版，第 696 页。
③ 同上书，第 248 页。
④ 《马克思恩格斯全集》第 42 卷，人民出版社 1979 年版，第 57 页；《马克思恩格斯全集》第 47 卷，人民出版社 1979 年版，第 601 页。

要的范围和数量由一般的文化状况决定。"[1] 马克思之所以强调工人的"余暇"和"有时间"，是因为他认为，精神生活最基本的条件，是受教育、发展智力、自由运用体力和智力、履行社会职能、社交等方面[2]，只有"余暇"、"有时间"，才能保证这些基本条件。后来，马克思为了提高工人精神活动的目标与水平，又概括了工人较高级的精神活动，这些活动包括为自身的利益进行宣传鼓动、订阅报纸、听演讲、教育子女、发展爱好等。[3] 根据马克思提出的精神活动的基本条件与方式，结合当代社会的发展实际，可以将精神交往分为间接精神交往、直接精神交往、综合精神交往等类型。

第一，间接精神交往促进人的精神生活丰富与发展。所谓间接精神交往，就是通过中介，如书籍、报刊、广播、电影、电视等大众传媒进行的交往。交往一般是指主体与主体之间的活动，但主体读书、看报、看电视、上网等，不是直接与另一主体打交道，而是与主体制作、创作出来的书报、节目、信息发生关系，在这种关系过程中，主体丰富了自己的内心世界与精神生活，因而称之为间接精神交往。

其一，读书自学，是自有文字社会以来普遍、持续的间接精神交往活动。读书、自学，不仅可以增长知识与智慧，而且可以充实人的主观世界，提高人的精神境界。所以列宁既强调"图书馆有着重大的作用"，又认为"书籍是巨大的力量"。[4] 苏联大文学家高尔基呼吁："读书吧！——它是知识的源泉。"英国哲学家弗兰西斯·培根说，读书能给人乐趣、文雅和能力，读书并且可以铲除一切心理上的障碍，读书可以塑造一个完人。中国古代的文人，都把读书作为精神享受，陶渊明说"奇文共欣赏，疑义相与析"；于谦讲"书卷多情似故人，晨昏忧乐每相亲"；朱熹则把读书形容为"昨夜江边春水生，蒙冲巨舰一毛轻。向来枉费推移力，此日中流自在行。"读书之所以对人的精神交往、精神生活格外重要，根本原因是由书的内容决定的。不管是自然科学书籍，还是社会科学、人文科学书籍，其知识、理论都是人们在生产劳动、科学实验、社会活动、观察体验的基础上，进行总结、研究的成果，特别是经典名著，探索和揭示了自然、社会的本质与规律，可以扩大人的视野，启迪人的智慧，丰富人的精神，提高人的心境。所以杜甫的名句"读书破万卷，下笔如有神"流传至今；悬梁刺股的成语典故，也一直作为刻苦读书的座右铭激励着读书人。

其二，看报是近现代社会重要的间接精神交往活动。马克思经过长时间观察，于1863年第一次明确提出"报纸是工人的必要生活资料"这一观点。马克思从开始研究经济学时，就注意到一个倾向，即工人们已经"产生一种新的需要，即交往的需要"[5]。"工人阶级用他们超过必要生活资料的积蓄可以不去买肉和面包，而是去买书籍以及请

---

① 《马克思恩格斯全集》第23卷，人民出版社1972年版，第260页。
② 参见《马克思恩格斯全集》第23卷，人民出版社1972年版，第294页。
③ 参见《马克思恩格斯全集》第46卷（上），人民出版社1979年版，第246页。
④ 卢那察尔斯基：《列宁的故事》，（苏联）国家政治书籍出版社1959年版，第23页。
⑤ 《马克思恩格斯全集》第42卷，人民出版社1979年版，第140页。

人讲演和召开群众大会。工人阶级有了更大的手段来占有像精神力量这样的普遍社会力量。”① 后来他进一步指出，订阅报纸在工商业繁荣时期已经成为工人参与精神享受的内容之一。1863 年马克思在书中写道：“工人生存的条件，以及工人所挣的货币的价值量，当然会强制工人把货币花在十分有限的生活资料范围内。但是在这里可能存在一些变化，例如，报纸就包括在英国城市工人的必要生活资料之内。”② 马克思把报纸这类精神交往媒介也列入了必要生活资料一类，充分说明精神交往在现代社会条件下对于人们生存和发展的重要性。现代人的特点与追求，在于他们有高级的精神活动和精神交往，这种活动和交往，与人类的物质生产和人类自身的生产同步发展着。随着全世界文明程度的推进，人类必要生活中精神产品的比重必然呈现不断扩大的趋势。报纸作为现代传媒，具有信息容量大、利于根据需要选择，信息更换及时、便于保存流传，携带方便、成本不高等特点，因而与书籍、刊物相比，占据了传播广泛和便捷的优势。同时，报纸具有传播信息、沟通情况，进行宣传、引导舆论，传播知识、蕴涵教育，提供娱乐、陶冶情操等功能，正如马克思和恩格斯所说：“报刊按其使命来说，……是无处不在的眼睛，是热情维护自己自由的人民精神的无处不在的喉舌。”“自由报刊是人民精神的慧眼，是人民自我信任的体现，是把个人同国家和整个世界联系起来的言谈纽带，……自由报刊是人民用来观察自己的一面精神上的镜子。”③

其三，听广播、看影视在当代社会的影响最大的间接精神交往活动。广播、电影、电视自从诞生之日起，就成为依托科学技术持续进步而不断发展的传播工具，并逐步形成了现代的电子文化。广播、影视是一种典型的单向间接传播方式，传播者通过广播、影视中介把音像传播给受众，受众在传播者提供的节目中选择，进行精神交往。广播这种声音媒介，具有跨时空性、即时性、较强的亲和力、易接受性等特点，它拥有电子媒介的优势，能够把信息即时地传到四面八方，其速度之快、覆盖面之广，为其他大众媒介所不及。广播的丰富内容，主持人的独特风格，对具有不同需要和个性的受众具有很强的吸引力，因而能满足各种文化程度的受众的需要。电影是一种音画艺术，显示的是银幕形象，具备多种节奏。电视是用电的方法即时传送活动的视觉图像，显示的是屏幕形象。同电影相似，电视利用人的视觉形成视觉上的活动图像。电影、电视是一个视听结合的场信息结构，是色彩和活动影像可视的复合体，是多种传播媒介和传播方式兼容和优化的传播体，具有及时的视角反馈能力、极其丰富的表现潜能和很大的信息容量；具有再现和表现具体事物形象、人物具体形态，包括人物的形象、情绪、行为变化等功能。因而，广播、影视具有传播范围的广泛性、传播内容的包容性、传播方式的生动性、传播功能的多样性等特性，正是这些特性决定了听广播、看影视是当代社会人们间

---

① 《马克思恩格斯全集》第 44 卷，人民出版社 2001 年版，第 162 页。
② 《马克思恩格斯全集》第 26 卷Ⅲ，人民出版社 1972 年版，第 321 页。
③ 《马克思恩格斯全集》第 1 卷，人民出版社 1995 年版，第 74、78 页。

接精神交往活动的普遍方式。随着社会的多样化发展，广播电台、电视台也日趋小型化、专业化，广播、电视节目日趋专门化，电影越来越多地运用高科技，其情感影响力与思想渗透性不断加强。中国的广播、影视宣传党的路线、方针、政策，为促进改革开放、经济发展和社会全面进步，提供了强大的精神动力和智力支持；为引导社会发展方向、提高全民族的思想道德素质，创造了良好的舆论环境和文化氛围；为满足人民群众日益增长的精神、文化、娱乐需要，发挥了积极作用。

第二，直接精神交往促进人的精神生活丰富与发展。所谓直接精神交往，就是人们通过面对面地进行情感、思想的沟通、交流、交锋等。所谓情感，是人的各种感觉、思想和行为的一种综合心理状态，是对外界刺激所产生的主观体验和感受。《心理学大辞典》对情感的界定“是人对客观事物是否满足自己的需要而产生的态度体验”。心理学还有一个与情感相近的概念——情绪，两者都是人的体验和感受，只不过情绪倾向于个体需求欲望上的态度体验，情感则倾向于社会需求欲望上的态度体验。人的情绪情感不仅相互交织难以分开，而且与人的认识、意志紧密联系，具有丰富的内涵，如个体表现的喜、怒、忧、思、悲、恐、惊，个体相互之间体现的亲情、爱情、友情、同情，以及个体对集体和国家的群情、爱国热情等，都是精神交往过程中的具体内容。所谓思想，是指人对某些问题的思考、见解、观点，一般属于理性范畴。所谓思想交流，就是交流与分享对某些问题的看法。

人是有感情、思想的动物，人只有通过情感、思想交流，才能满足自我尊重心理与生理的需要，才能在交流、比较、选择过程中，丰富和充实自己的内心世界，评价和认同自我价值，形成和实现更高自我实现的目标。直接精神交往有两种不同形态，一种是和谐形态，一种是冲突形态。

其一，直接精神交往的和谐形态。直接精神交往的和谐形态，主要包括会议、会话、教育、谈心等，通过个体相互之间传授或传达、讨论或交流、互动或启发，使优良传统得到继承与弘扬，使知识、经验、意见、观念、情感得到交换，使发展的目标更明确、动力更强大。如教育，不管是知识教育还是思想教育，是传统教育还是创新教育，都是人的认识、情感、意志、行为相互交错并相互感化、影响的过程，在这个过程中，不仅有知识的学习、能力的提高，还有道德的培养、人文精神的形成。所以，近代德国著名哲学家和教育家赫尔巴特提出了有名的“教育性教学”理论，他认为，没有“无教学的教育”，也没有“无教育的教学”，教育与教学应该统一起来，传授知识和道德教育是统一的过程。也就是说，人与人之间的知识、能力传授与培养，总是伴随着情感、精神的交流与感化，不可能是知识、能力传授与培养的孤立进行，其区别只在于情感、精神是进步的、积极的还是落后的、消极的而已。

其二，直接精神交往的冲突形态。直接精神交往的冲突形态，主要包括面对面的思想批判或思想斗争。所谓批判，就是对所认为的错误思想、言行进行批驳否定。批判要站在一个更高的层面上，对历史或现实作甄别和审视，对人或事进行分析和解剖，以期发现问题和解决问题；批判是人类主体性认识的起点和发展动力，其目的是为了明辨是非，推进发展。批判是一种独立的怀疑，即不承认任何绝对、永恒、神圣的东西，总是立足于实践或历史的境遇之中，对观念、行为进行反思，提出疑问，深入考察和分析，在此基础上寻求解决问题的合理途径。批判并非否定一切，而是辩证的否定，是扬弃与继承的统一。

批判之所以是直接精神交往，一是因为批判者要有自己独立的思想、人格和批判精神，这些必要的、充分的条件，主要属于主观范畴。要批判错误思想和言行，批判者的思想必须是正确的、坚定的；要达到批判的效果，批判者的人格必须与所坚持的正确思想具有一致性；要使批判开展和坚持下去，批判者必须具有大无畏的批判精神。批判精神是与保守僵化思想相对立的，自人类拥有了批判精神，就仿佛掌握了普罗米修斯盗来的生命之火，正是这把熊熊燃起的火，有力地推动着人类文明不断进步。二是批判的对象、内容是具体的和有针对性的，批判是为现实需要服务的，毫无根据与目标的批判是没有意义的。也就是说，批判要与被批判的对象、内容直接发生关系。

现实的、科学的批判，是马克思主义丰富和发展的本质特征。马克思在谈到辩证法时，就阐述了这一特征，他说："辩证法，在其合理形态上，引起资产阶级及其夸夸其谈的代言人的恼怒和恐怖，因为辩证法在对现存事物的肯定的理解中同时包含对现存事物的否定的理解，即对现存事物的必然灭亡的理解；辩证法对每一种既成的形式都是从不断的运动中，因而也是从它的暂时性方面去理解：辩证法不崇拜任何东西，按其本质来说，它是批判的和革命的。"① 后来，列宁在论述马克思主义的本质特征时也强调："马克思认为他的理论的全部价值在于这个理论'按其本质来说，它是批判的和革命的'。""这一理论对世界各国的社会主义者所具有的不可遏止的吸引力，就在于它把严格的和高度的科学性（它是社会科学的最新成就）和革命性结合起来……"② 也就是说，马克思主义的批判是唯物主义的批判，是科学的批判。"马克思主义者就是要在人们的批评中间，就是要在斗争的风雨中间，锻炼自己，发展自己，扩大自己的阵地。"③ 所以，无产阶级政党"有足够的精神力量去首先超越这种私人恩怨局面和不受这些纠纷的影响，正因为如此，这样的党比其他政党有很大的优越性。"④

现实的、科学的批判，之所以能够促进人的精神生活的丰富与发展，从哲学上讲，就是社会和人群总是存在着对立的两个方面，即存在正确与错误、积极与消极、进步与落后的作用与影响。各种错误的思想意识是一定要反映出来的，各种理论、思潮会通过各种途径产生影响。社会和人的发展就是由两种思想相互比较、不断交锋而推动的。因

① 《马克思恩格斯选集》第2卷，人民出版社1995年版，第112页。
② 《列宁选集》第1卷，人民出版社1995年版，第82—83页。
③ 《毛泽东著作选读》下册，人民出版社1986年版，第786页。
④ 《马克思恩格斯全集》第37卷，人民出版社1971年版，第388页。

而，“有错误就得批判，有毒草就得进行斗争。”“正确的东西总是在同错误的东西作斗争的过程中发展起来的。真的、善的、美的东西总是在同假的、恶的、丑的东西相比较而存在，相斗争而发展的。这是真理发展的规律，当然也是马克思主义发展的规律。”①

第三，综合精神交往促进人的精神生活丰富与发展。所谓综合精神交往，是指在精神交往过程中，直接与间接交错、协调与冲突兼有的精神交往。综合精神交往主要包括思想交锋和网络精神交往。

其一，思想交锋。“交锋”在《辞源》中的原意为：“锋刃相接，尤言交战。”后来引伸到思想领域，指两种对立思想的争论或斗争，其中包括辩论、反驳、批评；也包括讨论和交锋后的放弃、妥协。这些方式，有的可以通过会议、会谈面对面的进行，有的也可以通过电话、报刊、广播、电视等传媒展开。1955 年毛泽东在党的七届六次全会上讲到思想斗争时，他说：“历史的经验证明一条：思想斗争必须中肯。现在有一句话，就是要思想交锋。”思想交锋是不同思想观点互不相让的争斗，或面对面的争论，或以文辩论，好似战场上的“短兵相接”。虽然这种思想争斗或思想斗争，对立的双方处在矛盾中，观点分歧又互不退让，但它是一种自由辩论，不同的观点都能发表，交锋双方可以有什么说什么，问题应当摊开来谈，相互之间“必须中肯”。所谓中肯，就是要本着实事求是的原则，重在明辨是非，相互促进，确定正确认识，推进发展，而不是相互攻击，固执己见，坚持错误。只有这样，才能发挥思想交锋统一思想和行动、增进了解和友谊、改正错误和偏差的作用。

中国是一个具有思想交锋传统的国家。早在春秋战国时期，儒家、墨家、道家和法家，以及阴阳家、杂家、名家、纵横家、兵家、小说家，等等，统称为诸子百家，围绕人性善恶、德法关系、社会目标以及自然与社会等问题，派别竞起、异说纷呈、彼此诘难、相互争鸣，盛况空前，是思想和文化辉煌灿烂、群星闪烁的时代，在中国思想发展史上占有重要的地位，为中国社会的精神交往、精神生活提供了丰富的文化资源。

在“五四”新文化运动时期，各种思潮风起云涌，先后出现了科学与玄学论战、中国古史论战、中国社会性质论战等多次重大思想交锋。马克思主义正是在这百家竞起与争鸣中，日益显示出强大力量，成为改造中国社会的思想武器。“五四”运动所体现的爱国主义精神，是中华民族百折不挠、自强不息的民族精神的生动写照。“五四”运动为中国革命注入了争取民族独立、人民解放的时代主题和爱国、进步、民主、科学的时代内涵，在中国近代史上树立了一座推动中国历史进步的丰碑。

新中国成立后，中国面临着新旧社会交替的许多矛盾，1956 年党中央在讨论“十大关系”的过程中，为了繁荣和发展社会主义科学和文化事业，毛泽东提出“百花齐放、百家争鸣”，即艺术问题上百花齐放，学术问题上百家争鸣。后来成为党发展科学、繁荣文学艺术的指导方针。这一方针，提倡在文学艺术和科学研究工作中有独立思

① 《毛泽东著作选读》下册，人民出版社 1986 年版，第 787、785 页。

考和辩论的自由，有创作和批评的自由，有发表自己意见、坚持自己意见和保留自己意见的自由，提倡建立在科学基础上的思想、学术论争，是一个活跃思想、符合社会主义科学文化发展客观规律的方针。

在改革开放进程中，中国进行了多次思想交锋，针对“两个凡是”所开展的真理标准问题大讨论和克服保守僵化所进行的思想解放活动；1982—1984 年围绕“能不能改革”、“改革是不是复辟资本主义”所展开的第一次改革开放论争；关于坚持四项基本原则与资产阶级自由化的交锋；1989—1992 年间，围绕着“计划经济”与“市场经济”的不同认识所展开的“姓资”与“姓社”的争论；针对改革开放进程中不可避免地出现的新问题是坚持改革开放还是否定改革开放的辩论；等等。正是这一次又一次的思想交锋，及时扫除了阻碍改革和发展的思想障碍，不断解放、活跃广大干部和群众的思想，使中国社会呈现出巨大的生机与活力，推进了经济社会快速、持续的发展。

其二，网络精神交往。计算机网络的形成与发展，开辟了人们新的精神交往领域，即虚拟空间，这一空间的最大特点是改过去传统媒介的单向、线性交往方式为多向、交互的交往方式，成为人们在新的历史条件下，进行思想和感情表达、交流、创造的新平台。网络精神交往的综合性，既体现为直接交往与间接交往的交叉，也表现为现实交往与虚拟交往的结合。

网络是属于社会的交往空间，不属于任何组织和个人，就像在现实物理空间中人人可以自由交往的道理一样。在网络领域，人们不受物理空间的时空制约和角色限制，可以根据自己的需要、志趣和爱好，面对海量的网络信息资源进行自由选择；面向各类网民、网络群体进行自由交往；还可以运用 BBS、电子邮件、QQ（群）、博客等交流载体，自由发表意见，广泛交流。在选择、交往、交流、创造的过程中，只要目标正确、遵循规范，就能够开阔视野，掌握信息，学习知识，交流思想与感情，丰富、充实自己的内在精神，并为网络文化发展作出贡献。因此，网络的形成与发展，才真正如马克思所说的：“是热情维护自己自由的人民精神的无处不在的喉舌”①，才是“人民用来观察自己的一面精神上的镜子”②。

三、精神生活规律的遵循与运用

（一）正确认识精神生活规律与主观能动性的辩证关系

所谓规律，是指事物内部所固有的、本质的、稳定的联系，它的存在和作用不以人的主观意志为转移。规律既具有客观性，也具有真理性。真理是主体的认识同客体的本

① 中国社会科学院新闻研究所编：《马克思恩格斯论新闻》，新华出版社 1985 年版，第 234 页。
② 同上书，第 63 页。

质和规律相符合或相接近，即人对客观事物的正确认识，规律则是认识的根本。所谓主观能动性，又称自觉能动性、意识的能动性，是指认识世界和改造世界中有目的、有计划、积极主动的有意识的活动能力。主观能动性是人类特有的能力与活动，其内涵十分丰富，既包括人们认识世界的能力和认识世界的活动，也包括人们改造世界的能力和改造世界的活动，还包括人们在认识世界和改造世界活动中所具有的精神状态。

遵循客观规律和发挥主观能动性，是正确认识世界和改造世界不可分割的两个根本条件，也是开展精神生活和提高精神生活质量的关键。遵循与运用精神生活规律，首先要探索、认识精神生活规律。精神生活规律存在于精神生活的过程之中，隐藏在实践活动和物质生活、社会生活、精神生活的现象背后，不会自发地在人的头脑中产生。只有在实践的基础上，充分发挥主观能动性，通过认真参与、体验生活，进行研究与抽象思维，才能认识和把握精神生活规律。只有不断深化精神生活规律认识，及时调整实践活动与精神生活，才能正确运用精神生活规律，使精神生活更有意义与质量。如果对精神生活不予重视，不愿投入必要的时间、精力与资源，不去认真体验精神生活的价值，不去认识精神生活的规律，就不可能有健康向上的精神生活，更谈不上提高精神生活质量。同时，按精神生活规律办事，才能有效地发挥主观能动性。毛泽东说："人们要想得到工作的胜利即得到预想的结果，一定要使自己的思想合乎外界的规律性，如果不合，就会在实践中失败。"没有认识精神生活规律，陷于盲目的精神活动，或者认识了精神生活规律而不遵循，必然受到精神生活规律的惩罚，造成精神创伤或精神痛苦等不良后果。因此，遵循精神生活规律和发挥主观能动性，是辩证统一的关系；遵循精神生活规律是发挥主观能动性的前提，发挥主观能动性是遵循和利用精神生活规律的必要条件。只有遵循精神生活规律，才能正确发挥主观能动性；只有充分发挥主观能动性，才能更好地遵循和利用精神生活规律。

（二）精神生活规律与主观能动性的特殊性

精神生活，就其字面来看，属于人的精神领域的生活，就其含义来讲，是指人的意识活动及其活动结果的总和，就其作用来说，是人的精神性本质的揭示。在这样一个精神领域，是否存在规律？因为任何规律都是客观事物发展过程中的本质联系，规律是客观的，并以其铁的必然性起着作用。对这样看似矛盾的问题，首先是要认定精神生活规律的客观性。精神生活规律同人的思维规律、心理活动规律相近，都是揭示人的意识活动的规律。马克思主义关于存在决定意识、客观决定主观、物质决定精神和意识对存在、主观对客观、精神对物质的反作用等原理，阐述了精神生活的形成、发展、变化，既根源于客观，又反作用于客观，这在前文已经作了充分论述。离开客观基础，空谈精神生活，精神生活则成无源之水、无本之木。因而，客观实际总是这样、那样地决定着精神生活的形成、发展，精神生活的性质、形态总是这样、那样地反作用于客观实际，这是不以人们的主观意志为转移的本质的、必然的联系，这就是精神生活规律的客观性所在。

同时应当承认，精神生活规律的客观性同自然规律的客观性不同，自然规律揭示的是自然界的本质联系，对其的认识和利用不直接受阶级、国家和社会集团根本利益的影响，也就是说自然规律本身不存在价值观上的差异。但精神生活规律属于社会规律范畴，对其认识和利用则直接受阶级、国家和社会集团根本利益的制约与影响，如统治阶级的性质，国家的经济、政治制度和核心价值体系，等等，这些社会的客观存在对精神生活的决定、制约和影响是直接的、鲜明的。因而，遵循和利用精神生活规律，就必须坚持和发展中国主导的精神生活，克服和反对剥削阶级及其所统治国家的腐朽的、落后的精神生活。面对各种精神生活要素、活动的实际，进行正确辨别、选择、认同、接受和运用的过程，就是遵循和利用精神生活规律的过程。在中国当代社会条件下，古代封建社会、资本主义社会的精神生活影响将长期存在，在社会发展过程中，还会衍生出一些低俗、恶劣的精神生活内容与方式，需要以中国社会的实际为基础，按照社会主义制度、社会主义文化的要求，遵循和利用精神生活规律，创造、发展富有时代特征的精神生活，批判、抵制腐朽、落后的精神生活。

所以，遵循和利用精神生活规律，就是实事求是。实事，就是决定和影响精神生活的一切客观事物；是，就是客观事物的内部联系，即规律性；求，就是我们去研究。实事求是，出发于实事，着眼于是，而用力于求。实事求是不仅是我们党的科学态度、工作方法和优良传统，而且是推动精神生活发展、提高精神生活质量的出发点和根本点。为此，在当代社会条件下的精神生活，决不是一项简单的活动与过程，它既受诸多客观条件的制约，也受诸多主观因素的影响，还受诸多落后、庸俗精神文化要素的干扰与冲击，这就需要人们发挥主观能动性，积极主动地开展精神文化活动，推进精神生活发展。这种在精神生活上发挥主观能动性本身，既是对精神生活的丰富和充实，也是为实践活动提供充分的主观条件，这就是精神生活方面主观能动性的特殊性。

（三）遵循精神生活规律与发挥主观能动性相结合的意义

首先，坚持遵循精神生活规律与发挥主观能动性相结合，是坚持解放思想、实事求是、与时俱进思想路线，反对唯心论和形而上学的武器。否定遵循精神生活规律与发挥主观能动性相结合，要么否认精神生活规律，夸大人的主观能动性，陷入唯心主义，导致精神生活和实践活动超越客观实际和历史发展阶段，犯“精神万能论”或“空想主义”错误，给社会发展和人的发展造成损失；要么夸大遵循精神生活规律，否认人的主观能动性，陷入形而上学，导致落后于客观实际和历史发展阶段，跟不上时代步伐而贻误发展时机，同样会给社会发展和人的发展造成损失。

其次，坚持遵循精神生活规律与发挥主观能动性相结合，是克服重视物质生活，轻视精神生活的关键。要拥有健康、高质量的精神生活，必须遵循精神生活规律，即从实际出发，实事求是；同时必须充分发挥人在精神生活上的主观能动性，即增强精神生活的主动性与积极性，确立精神生活的目标，创造精神生活的内容与方式。只有把这两者结合起来，才能使人们明白：拥有健康、高雅的精神生活，同拥有丰富、充裕的物质生活一样，同样要遵循规律进行精神资源的获取与创造，同样要付出必要的时间与精力。否则，健康、高雅的精神生活不可能凭空产生，任何忽视遵循精神生活规律与发挥主观能动性相结合倾向，不是陷于盲目的、低俗的精神生活，就是陷于庸俗的物质生活，这样的人不可能真正体验到生活的意义与人生的价值。

第九章　当代社会提高精神生活质量的思路与对策

丰富精神生活内容，提高精神生活水平，直接关系到人们的生活质量与生命价值。要有效提高精神生活质量，首先要认识精神文化与精神生活的价值。在激烈竞争、快速发展、鼓励创新的当代社会条件下，既存在忽视精神文化与精神生活的倾向，又需要彰显精神文化与精神生活价值。解决这一矛盾的办法只能是通过深入分析当代社会文化的发展趋势及获取资源的主要途径，来认识精神文化与精神生活的当代价值。其次，要把丰富、提高人们的精神生活，作为社会的基本建设任务，探索并形成精神生活质量提高机制，改变提高精神生活质量仅限于个人努力的传统，改革精神文化的教育方式。

一、充分认识当代社会精神文化与精神生活的价值彰显

（一）精神文化与精神生活的关系

精神生活是群体和个体从事精神生产、思想传播和精神享受过程的总称，它与精神文化有着内在关联。所谓精神文化，是指文化心态及其在观念形态上的对象化，表现为文化心理和社会意识诸形式，主要包括哲学、政治、法律、伦理等思想、理论。由物质文化、制度文化、精神文化所构成的社会文化系统，各自的功能或作用是不同的。物质文化是基础，制度文化是保证，精神文化是核心。物质文化决定精神文化，但精神文化具有相对独立性，并对物质文化、制度文化具有灵魂和生命力的作用。因此，精神文化是人的精神食粮，孕育人的精神家园，决定人的精神状态、精神生活、精神本质，是人的本质属性体现；精神文化又是社会旗帜、社会规范，具有价值导向、精神源泉、民族凝聚等功能属性；精神文化还具有赋予民族国家国魂、集体单位群魂、个体思想灵魂的社会属性。所以，对于精神文化，毛泽东称之为观念文化，梁漱溟先生称之为“精神食粮”，文化学家刘永佶称之为“意识形态”，葛兰西则形象地将精神文化隐喻为“社会水泥”。

精神文化是指文化心态及其在观念形态上的对象化，表现为文化心理和社会意识诸

形式，是人们生产、创造、传播、交流的文化成果，包括精神性和价值性的规范体系。精神生活表现为人们的精神活动过程与精神状态，不仅包括对精神文化的认同、获取、追求与创造，以及对精神生活的体验、感悟、反思，而且包括精神交流、传感和精神消费等活动，体现为精神生活的动态过程。精神状态则通过人们的精神风貌、道德观念、心理健康等方面体现出来，是精神生活的静态效果。精神生活的动态过程与静态效果是相互联系与转化的，精神生活的动态过程良好，静态效果一般也会良好，人们的精神生活总是动态和静态的统一。因此，精神文化和精神生活具有紧密关联性，梁漱溟先生在《东西方文化及其哲学》一书中，把精神文化和精神生活等同看待，他将文化的范围扩大到人的全部生活，认为文化不过是一个民族生活的方方面面，包括物质生活（物质文化或器物文化）、社会生活（制度文化）、精神生活（精神文化）。

精神文化与精神生活两个概念虽然不能完全等同，不能相互替代，但两者确实具有内在联系。精神文化是精神生活的沉淀与成果，精神生活是精神文化的体现与实践。精神文化如果不能被人们认同、接受并转化为精神生活，这样的精神文化就是无价值的知识与无生机的概念；相反，如果人们的精神生活不能概括、总结、抽象出一定的精神文化进行传播、交流，则精神生活就会像过眼烟云，既无明确向度，也无明显规范。德国著名历史学家斯宾格勒在《西方的没落》一书中，用诗化的语言描述了文化的兴衰生灭，以及文化与生命的内在本质联系："我看到的是一群伟大文化造成的戏剧，其中每一种文化都以原始的力量从它的土生土壤中勃兴起来，都在它的整个生活期中坚实地和那土生土壤联系着；每一种文化都把自己的影像印在它的材料、即它的人类身上；每一种文化各有自己的观念，自己的情欲，自己的生活、愿望和感情……文化是纯化了的生活精髓，它们和田野间的花儿一样无终极目的地生长着。"① 所以，文化尤其是精神文化是精神生活的提炼，精神生活则是人们精神文化的充分展现，两者统一于人的本质。

在当代社会条件下，精神文化与精神生活的价值同时彰显，是由两者的内在联系所决定的。发展精神文化，是为了丰富人们的精神生活，增强人的精神动力与竞争力，增强集体、民族与国家的凝聚力与软实力。而人的精神动力与民族凝聚力、软实力的增强，又会创造出新的物质成果与精神文化成果。基于这一辩证，我们要重视并加深发展对精神文化的认识。

（二）充分认识当代社会精神文化的价值

一个国家的文化，既是这个国家的根脉，也是这个国家民众的精神依托。在面对激烈国际竞争与复杂局面的当今社会，在既进行硬实力较量又进行软实力比较的过程中，不认识精神文化的价值，不重视精神文化建设，就会犯历史性错误。1904 年梁启超在《新民丛报》上写道："而我则郑和以后，竟无第二之郑和。"李约瑟在撰写《中国科学

① （德）奥斯瓦尔德·斯宾格勒：《西方的没落》，齐世荣等译，商务印书馆 1993 年版，第 39 页。

技术史》这一著作时，既佩服中国人的智慧和创造，又感叹为什么近代科学技术革命没有发生在中国。这不能不反思我们的文化缺陷。西欧国家的兴起，几乎都是以文艺复兴和启蒙运动为先导的。英国深厚的文化底蕴为英国强大提供了重要基础。德国富有理论思维的康德、黑格尔、马克思、爱因斯坦、歌德等思想家的文化思想，影响了广大的德国民众，成为德国强大的重要思想源泉。日本企业家长于精细化管理，这种精细化的思想，其实根植于日本的文化，使得日本人背后似乎有一只看不见的手，驱使着他们拼命工作。日本明治维新时期的著名思想家福泽谕吉说过，一个民族要崛起，要有三个方面的改变：第一是人心的改变，第二是政治制度的改变，第三是器物和经济的改变，其中，最关键的是“人心的改变”，即发展文化、改变观念。

要实现中华民族的伟大复兴，必须努力建设适应时代要求、符合中华民族文化优良传统、能够满足广大人民群众积极健康的精神文化需求、体现大国风范的中国特色社会主义文化，使中国文化走在世界的前列。所以，江泽民强调：“一个民族、一个国家，如果没有自己的精神支柱，就等于没有灵魂，就会失去凝聚力和生命力。有没有高昂的民族精神，是衡量一个国家综合国力强弱的一个重要尺度。综合国力，主要是经济实力、技术实力，这种物质力量是基础，但也离不开民族精神、民族凝聚力，精神力量也是综合国力的重要组成部分。”① 以胡锦涛为总书记的党中央，站在时代前列与面向世界的高度，对中国文化发展作出了重大决策与部署，不仅强调了科技文化对于经济发展的强大作用，而且把教育、卫生等关系民生的文化事业，作为社会文明建设的主要内容，提到了前所未有的高度。特别是对文化的价值与建设，党的“十七大”报告更是给予高度重视，强调：“当今时代，文化越来越成为民族凝聚力和创造力的重要源泉，越来越成为综合国力竞争的重要因素，丰富精神文化生活越来越成为我国人民的热切愿望。要坚持社会主义先进文化前进方向，兴起社会主义文化建设新高潮，激发全民族文化创造活力，提高国家文化软实力，使人民基本文化权益得到更好保障，使社会文化生活更加丰富多彩，使人民精神风貌更加昂扬向上。”② 胡锦涛用三个“越来越”概括了文化的发展趋势与当代价值，即文化是民族凝聚力和创造力的重要源泉、综合国力竞争的重要因素、关系到国家软实力的提高。同时部署了中国文化建设的三个重点，即建设社会主义核心价值体系，增强社会主义意识形态的吸引力和凝聚力；建设和谐文化，培育文明风尚；弘扬中华文化，建设中华民族共有精神家园。从党的“十七大”报告对文化价值、文化建设重点的阐述，可以看出，这里所说的文化，主要是精神文化。温家宝指出：“加强文化建设直接关系社会文明进步，关系民族素质提高，关系广大人民群众精神需求。国家发展、民族振兴，不仅需要强大的经济力量，更需要强大的文化力

① 江泽民：《在全国抗洪抢险总结表彰大会上的讲话》，《人民日报》1998 年 10 月 1 日第 1 版。

② 胡锦涛：《高举中国特色社会主义伟大旗帜，为夺取全面建设小康社会新胜利而奋斗》，人民出版社 2007 年版，第 21 页。

量。文化是一个民族的精神和灵魂，是一个民族真正有力量的决定性因素。思想、文化的力量，可以深刻影响一个国家发展的进程，改变一个民族的命运。”“目前人民群众对提高自身文化素质、丰富精神文化生活的要求日益迫切。”①

应当看到，精神文化总是存在并渗透于社会生活的各个领域。一般来说，越是竞争激烈的领域，越需要精神文化，精神文化也发展得越快，其能动作用也越大。在中国过去的革命、战争年代，激烈的革命斗争与战争，既需要革命文化，也创造了丰富的、可歌可泣的革命文化。正是革命文化，激励无数革命者和广大人民用“小米加步枪”，打败了用“飞机加大炮”武装的敌人，赢得了革命胜利。

在经济领域，经济的竞争与发展，不断推进企业精神文化发展，经历了一个历史过程。20世纪初以前，西方发达国家在企业采用定额奖惩为中心的“科学管理”理论，这一理论的精神文化因素不多，主要倾向于物本管理。从20世纪初开始，经济的竞争促使资本家寻求发展的条件，马斯洛提出了人的需要层次论，认为文化需要处在需要的最高层次。美国管理学上有名的霍桑实验，得出了人是“社会人”，不是“经济人”的结论，把人际关系、人的情感等人文因素在企业发展中的作用突显出来，形成了行为科学管理理论。到20世纪中期，国际经济竞争日趋激化，日本经济快速发展，美国学者以大量无可争辩的例证列举了许多长期以来为美国所忽视的因素，恰恰正是促进日本经济走向成功之所在，并在日本企业发展的基础上总结了企业文化理论。企业文化理论得出了这样的结论：“大凡成功的企业，都有强有力的企业文化，即有明确的企业经营哲学；有员工共同的价值观和无形的行为准则；并有各种各样用来宣传、强化这些价值观念的仪式和习俗。企业的成败，取决于企业文化这一非技术、非经济的因素，因为它直接影响着企业中的每一件事。”

也是在20世纪中期，美国学者赫钦斯为了开发与管理“软”文化，推广知识的价值，写了《学习社会》一书，最早提出了“学习社会”概念。随后，联合国教科文组织编写了《学会生存》一书，阐述“学习化社会”思想，罗马俱乐部发表研究报告《学无止境》，阐发“社会学习、团体学习”理念。20世纪末，美国学者彼得·圣吉在《第五项修炼》一书中提出“学习型组织”理论，该理论的一个重要内容是，为了克服由内部竞争可能引起的防卫和由利益差别引起的矛盾，要发展团队学习。团队学习从“深度汇谈”开始，让想法自由交流，“消除组织病毒”，克服思想障碍，“建立共同愿景”，也就是确立“全体衷心共有的目标、价值观与使命”，“将个人的愿景整合为共同的愿景”。“有了衷心渴望实现的目标，大家会努力学习、追求卓越”。② 显然，彼得·圣吉的主张，就是通过发展精神文化与开发精神潜能，来获得物质资源。学习型组织理论的实质，是为了发展人的活力、动力、竞争力和创造力，不断超越自我，不断创新。

---

① 温家宝：《形成中等收入者占多数橄榄型分配格局》，《求是》2010年第4期。

② （美）彼得·圣吉：《第五项修炼》，上海三联书店1998年版，第9、10页。

20世纪70年代，美国学者克莱因提出了有名的“国力方程”，并把“战略目标”与“国民意志”作为衡量国力的重要组成部分。随后，哈佛大学教授约瑟夫·奈提出“软实力”概念，即“一国通过吸引和说服别国服从你的目标从而使你得到自己想要的东西的能力”。很明显，软实力是精神力量，包括政治、文化、外交等软要素。提高软实力，需要对内激励民众士气，整合民众力量，发挥民众聪明才智；对外吸引人才、资金和技术。从经济领域管理理论的不断发展可以看出，经济竞争与发展，总是促进人们去寻求其深层动因，总是需要物质与精神两个轮子协调转动。所以，中国在坚持以经济建设为中心，大力加强物质文明建设的同时，确立了加强社会主义精神文明建设的方针，并提出了两个文明协调发展的一系列理论。在党的“十五大”报告中，江泽民提出：“有中国特色社会主义的文化，是凝聚和激励全国各族人民的重要力量，是综合国力的重要标志。”[①] 在纪念中国共产党成立八十周年的讲话中，江泽民强调要不断满足人民物质文化需要，实现人民物质文化生活的高质量、高水平的发展，是人的外在发展要求，“要努力提高全民族的思想道德素质和科学文化素质，实现人们思想和精神生活的全面发展”[②]。即人们的内在发展。这种内在发展，既是社会发展的基础和条件，也是人们追求生命质量和现代文明的标志。物质生活的全面发展与思想和精神生活的全面发展是辩证统一的关系。物质生活的发展是思想和精神生活发展的基础和前提，思想和精神生活发展则是物质生活发展的精神动力，并引导物质生活发展的方向。当代社会人的全面发展，是物质生活的全面发展与思想和精神生活全面发展的高度统一。2002年党的“十六大”借鉴了国外“学习型社会”、“学习型组织”概念，把创建“学习型社会”写进了小康社会的奋斗目标，并根据中国的社会实际，赋予其新的内容。党的“十七大”报告，在推动社会主义文化大发展大繁荣部分，提出了“激发全民族文化创造活力，提高国家文化软实力”的战略任务。2009年在《关于加强党建若干重大问题的决定》中，提出了建设“学习型政党”与“学习型党组织”的要求。

（三）当代社会精神文化与精神生活价值彰显的原因

当代精神文化与精神生活，之所以呈现张扬与彰显的发展态势，可以从理论指导与实践需要两个层面寻求根源。

1. 马克思主义需要理论对文化与精神需要的揭示。当代社会精神文化与精神生活的价值彰显，首先根源于人的需要。马克思认为，需要是人们对物质生活条件与精神生活资源自觉追求的反映，“他们的需要即他们的本性”[③]。人们的活动首先是为了满足人与社会发展的需要。人们的需要既不是单一的，也不是固定的，而是有层次的，是发展

---

① 《江泽民文选》第2卷，人民出版社2006年版，第33页。

② 《江泽民文选》第3卷，人民出版社2006年版，第295页。

③ 《马克思恩格斯全集》第3卷，人民出版社1960年版，第514页。

变化的。“人们为了能够‘创造历史’，必须能够生活。但是为了生活，首先就需要衣、食、住以及其他东西。因此，第一个历史活动就是生产满足这些需要的资料。”① 也就是说，人首先需要物质生活条件，因为这是人生存与发展的基础。当物质生活条件的需要基本满足后，马克思又指出：“已经得到满足的需要本身、满足需要的活动和已经获得的满足需要用的工具又引起新的需要。”② 而新的需要及需要满足的程度，既是一定社会历史发展的要求，也受一定社会历史条件的制约，即“必不可少的需要的范围，和满足这些需要的方式一样，本身是历史的产物。因此多半取决于一个国家的文化水平。”③ 这里，马克思把需要与满足需要提到了更高的文化层次。马克思之所以强调文化的需要，一是因为需要构成社会活动观念上的内在动力，要靠文化孕育；二是人的需要是人追求自己的对象的一种本质力量，而人的本质不仅仅表现在物质方面，还表现在社会关系与精神方面，因而人的全面发展是“通过人并且为了人而对人的本质的真正占有”，“人以一种全面的方式，也就是说，作为一个完整的人，占有自己的全面的本质”。④ 马克思主义的这些论述说明，随着社会生产力的发展，当人们的物质生活条件不断得到满足后，人们和社会就会不断提出文化与精神上的需要，只有满足这种高层次的需要，才能推进社会进步与人的全面发展。

对人需要的层次性，美国心理学家马斯洛也进行过阐述，他提出了人有生理需要、感情需要、尊重需要、自我实现需要的层次，并把需要分为高低两级。其中，生理需要、安全需要和感情需要属于低一级的需要，通过外部条件可以满足；而尊重需要和自我实现需要是高级需要，则只能通过内部因素才能满足。而内部因素就是人认同一定文化的精神因素。美国著名政治学家伯恩斯在《领袖论》一书中论述了人的需要是“将需要转变为需求、社会抱负、集体期望和政治要求的过程”⑤。

马克思主义和一些学者的需要层次理论，揭示了人的需要是随着社会的发展，不断由低级向高级提升的。用这一理论来分析中国当前人们的需要，可以逻辑地得出一个结论：人们对精神文化与精神生活的需要越来越迫切。原因是改革开放 30 年，中国经济社会快速发展，人们物质生活条件不断改善，物质需要得到基本满足后，必定提出教育、文化的需要，以满足社会生活与精神生活发展的需要，这既是社会提出的发展要求，也是人的本质力量在新的历史条件下的充分展示。

2. 中国社会科学发展的辩证。当代社会精神文化与精神生活的价值彰显，在社会层面则根源于经济社会发展与竞争。“冷战”结束之后，世界进入和平与发展的时代。发展，主要是经济发展成为时代主题和社会的主导因素，各国围绕这一主题，展开了激

---

① 《马克思恩格斯全集》第 3 卷，人民出版社 1960 年版，第 31 页。

② 同上书，第 32 页。

③ 《马克思恩格斯全集》第 23 卷，人民出版社 1972 年版，第 194 页。

④ 《马克思恩格斯全集》第 42 卷，人民出版社 1979 年版，第 120、123 页。

⑤ （美）伯恩斯：《领袖论》，中国社会科学出版社 1996 年版，第 70 页。

烈的竞争。经济竞争在全球展开的同时，文化热潮，主要是精神文化热潮也在世界各国兴起，经济全球化的发展趋势伴随着文化国际化的激荡一并登上国际大舞台。在席卷全球的文化热潮之中，许多国家以冷静的态度反审、高扬民族的传统文化，以超越的姿态升华、发展传统文化并导向文化现代化，从不同角度展开对东西方文化的研究，形成相互之间的比较与借鉴。精神文化热潮的兴起，与经济竞争的激化直接相关。文化与经济的整合互动所要解决的基本问题是经济决定论与精神动力论的统一，是经济与文化的和谐发展问题，其核心是经济发展的根源、动因是从经济自身去满足，还是要从人那里去寻找的问题，只有精神文化才是经济发展的人文动力。

要高度重视经济发展，因为它起决定作用。但同时要高度重视精神文化的发展，因为它有巨大的能动作用。如果过分强调经济对精神文化的决定作用，忽视精神文化的能动作用，那么，经济就缺乏甚至没有合理性驾驭，很容易把经济生活、经济发展的一切"现实"，包括合理的和不合理的，都作为能满足人的需求的"现实"来看待，也容易把精神文化作为经济的消极派生物，使其处于依附地位而丧失其自身的能动作用和文化价值。这种过分强调经济决定作用、忽视精神文化作用的情况，已经造成严重的社会问题。这种倾向不仅在理论上是巨大误区，在实践中也十分有害，其最终结果是，不仅精神文化遭受损害，经济发展也受到阻滞甚至破坏。

经济发展与精神文化是决定性与能动性的统一，决定性是指精神文化的转换，即随着经济的转轨，按经济发展的要求，实现精神文化由传统向现代的转换，而不是经济可以脱离、代替精神文化。精神文化能动性的发挥，就是要建立一种不仅适应经济发展要求，而且推动经济发展的精神文化体系，而不是精神文化可以脱离经济这个基础而成为一种没有文化价值的空洞理论。所以，精神文化与经济的整合与互动，精神文化对经济作用的切入点和着力点，就是直接为经济发展提供人文动力，推动、保证经济合理、持续发展。正是基于这一客观的规律性，所以，中国小康社会的经济发展水平，需要有与小康社会经济发展水平相协调的精神文化，没有精神文化的相应发展，小康社会是缺乏精神动力与思想保证的，只会是一种畸形发展。

经济竞争与发展，之所以需要精神文化发展和精神家园的建设，根本原因是文化与经济的整合互动。经济发展与精神文化是决定性与能动性的统一，决定性是指精神文化的转换，即随着经济的转轨，按经济发展的要求，实现精神文化由传统向现代的转换，而不是经济可以脱离、代替精神文化。精神文化能动性的发挥，就是要建立一种不仅适应经济发展要求，而且推动经济发展的精神文化体系，而不是精神文化可以脱离经济这个基础而成为一种没有文化价值的空洞理论。所以，精神文化与经济发展的整合与互动，精神文化对经济作用的切入点和着力点，就是直接为经济发展提供人文动力，推动、保证经济合理、快速发展。

二、建立健全精神生活质量提高机制

当代社会精神生活质量的提高，是事关社会主义事业成败的重大战略问题。在国际社会主义处于低潮，社会主义精神生活质量提高面临许多新挑战的历史条件下，更需要发挥社会主义文化的作用，推进精神生活的发展。要改变提高精神生活质量只限于个人努力的传统，把提高精神生活质量作为社会的基本建设，探索精神生活质量提高的机制，是社会主义精神文明建设的重要任务。

“机制”这一概念原指有机体各个部分的构造，各要素之间相互作用、相互联系、相互制约的形式，以及实现其整体功能的运行方式和运动原理。后来，这一概念延伸到社会领域运用，其含义是指系统结构组成部分之间的相互关系与运行方式。当代社会精神生活质量提高机制，是指精神生活系统各方面因素之间相互作用、相互制约、相互联系的联结方式而构建起来的体制、规范和工作方式的总合，包括三方面的含义：一是精神生活系统各构成要素结构，二是精神生活系统功能的耦合，三是精神生活系统运行的动态过程。

探索当代社会精神生活质量提高的机制，要立足于时代变化、社会转型和体制转轨，改革精神生活理念，探索提高精神生活质量的途径与方式。由于精神生活要以物质生活为基础，因而在研究精神生活质量的提高时，不能脱离物质利益孤立进行。正如捷克斯洛伐克经济学家奥塔·锡克所说的：“一定的需要或爱好形成人们的利益。利益是以特别强烈地和比较持久地满足一定需要为目的的。这些需要是，物质需要、对活动和关系的需要或文化的需要。”[①] 精神文化与人们的精神生活，包含着对利益的表达和对利益的追求。

（一）建立健全利益协调机制，为提高精神生活质量提供基础

精神生活作为一种思想活动，既是对经济基础的反映，也要服从和服务于社会经济基础的发展。若不能正确地反映经济和社会发展，也就不能有效地服务于与之相适应的经济基础，精神生活就成为无源之水，失去了它应有的作用与价值。因此，确保精神生活正确反映、协调经济发展与利益关系，保证社会和人的发展的全面性和协调性，是精神生活质量提高的前提。

1. 利益诉求与维护是精神生活质量提高的基础和前提。精神生活是由于利益的诉求与维护的需要而形成和发展的，利益是研究精神生活的逻辑基础。在《神圣家族》一文中，马克思用唯物史观，批判了鲍威尔把精神、思想、激情、批判变成超验的活动并将群众、物质、利益看成“纯粹的无”的唯心倾向后，指出：“群众对这样或那样的

① （捷）奥塔·锡克：《经济—利益—政治》，中国社会科学出版社 1984 年版，第 263 页。

目的究竟‘关怀’到什么程度，这些目的‘唤起了’群众多少‘热情’。‘思想’一旦离开‘利益’，就一定会使自己出丑。”① 在《德意志意识形态》一文中，马克思、恩格斯进一步对物质利益与思想观念进行了深入的阐释，把曾经长期被颠倒的利益与思想的关系纠正过来，从而为思想的形成与发展，为人们的精神生活找到了科学根据。

精神生活只有正确反映社会发展客观规律，体现人民利益要求，才是符合历史发展趋势的，才能受到群众重视、实现自己的目的。改革开放前，中国单一的所有制形式和社会对人们利益的忽视，使得精神生活脱离物质基础而单一、枯燥。改革开放后，多种所有制形式、多种分配方式并存，带来了利益的多样化，使得精神生活和利益的关系丰富多变，人们的思想观念也越来越丰富多彩，在中国特色社会主义文化引领下，精神生活呈现出主导性与多样化相结合的生动局面。当然也要看到，有些人并没有很好地将追求物质利益与提高精神生活质量结合起来，过分注重自己的权利和利益，希望政府和社会为其提供越来越多的资源和保障，不愿为共同利益的实现付出自己的努力。因此，提高精神生活质量，除了从认知层面进行全面、协调价值取向引导外，还必须结合实际，帮助人们协调个人利益与集体利益、眼前利益与长远利益、全局利益与局部利益的关系。在各种利益关系复杂、突出的情况下，切实解决人们的利益问题，对于精神生活质量的提高具有基础作用，这是因为精神生活质量提高的过程，也是实现好、维护好、发展好人民的利益的过程。

利益既是满足人们需要的一种实践过程，又是人们的一种主观感受和体验，是物质和精神、主观和客观的统一。利益协调机制是充分发挥精神生活作用的基础和保障。从本质特征上讲，社会主义社会应该是利益关系正态发展的社会，是一个有能力不断解决和化解利益冲突，并由此实现各利益群体协调的社会。因而，在中国利益多样化发展的时代背景下，要按照正确处理好人民内部矛盾的原则与要求，建立和健全合理的利益协调机制，在处理好人民内部利益关系的同时，结合提高精神生活水平，推进经济社会和精神生活协调发展。

2. 建立正确的利益与价值观念导向机制。利益导向机制，主要是从价值观念、思想道德层面引导人们的求利动机与行为，是追求物质利益与坚持正确价值观念导向的有机结合。在利益多样化条件下，建立正确的利益导向机制是非常重要而迫切的。首先，引导人们理性看待经济社会结构变革过程中的利益分化，帮助人们树立合法、合理、公平、公正的利益获取观念，引导人们在法律允许的范围内、合乎道德规范的前提下获取个人利益。其次，引导人们正确认识和处理好各种利益关系，包括利益多样化与人民根本利益一致性的关系、局部利益与全局利益的关系、眼前利益与长远利益的关系，使人们对人民内部不同利益群体之间的矛盾有一个全面的认识。最后，引导人们实现利益的全面协调发展。社会利益与个人利益是辩证统一的，社会为个人利益的实现与发展提供

---

① 《马克思恩格斯全集》第2卷，人民出版社1957年版，第165、166、103页。

保障，个人利益的获得与增加也有助于社会利益的积累与增长，二者相互影响、相互制约。要既反对片面强调社会利益而否定个人利益的做法，更要反对以个人利益为中心而不顾社会利益的思想和行为。

3. 完善通畅的利益表达、维护机制。在利益多样化条件下，谋求政治、法律保护成为各利益主体实现自己利益的重要途径。政治、法律权利的关键在于一定的利益主体公正、平等地表达、维护利益的诉求。在现代社会，有效的利益表达、维护能促进社会的稳定。如果一个社会无法给公众提供公正、平等的利益表达、维护的渠道，就会产生利益矛盾与冲突，而利益矛盾与冲突既会给社会带来不稳定，也将给人们带来情绪波动、精神压力与思想困惑。因此，一个和谐的利益格局，必须要有合理的利益表达、维护渠道。中国宪法和法律虽然赋予了人民当家作主的权利，但是，由于中国法制还在建设和完善过程中，还难以准确把握新的利益关系和为各利益群体提供多种畅通而有效的利益表达、维护渠道，许多人对不公正、不平等的利益分配现况，因为没有有效的途径反映而不满甚至激愤，存在着不好的精神状态。因而，要发展社会主义民主，动员民众尽力通过各种途径参与决策，了解、掌握有关利益表达、维护的法律、政策；同时，要建立保证社情民意上达和解决的制度与渠道，尽量减少民怨与民愤；特别要对弱势群体的利益表达与维护提供支持和帮助，创造各种条件让他们表达自己的利益要求和意见。

4. 规范利益约束机制。利益约束机制主要是通过法律、道德和必要的行政手段，对人们获取利益的取向、行为进行制约的方式。健全这一机制，应从两方面着手：一是加强法制建设，增强人的遵纪守法自觉性。法律作为社会规范的重要形式，规约着行为方式，协调着社会关系，维持着社会秩序，既是人们正当获取、维护利益的准则，也是人们思想稳定、精神舒畅和有安全感的保证。要引导人们以合法的手段和方式获取利益，防止在获取利益过程中的违法乱纪行为。二是加强道德建设，增强道德的内在约束作用。道德是引导人们合理确定利益目标、选择利益行为的内在力量，是精神生活的重要内容。只有全面落实社会主义荣辱观，加强道德建设，形成良好道德风尚，才能约束和规范人们的利益动机和利益行为，使获取、维护利益的活动与道德生活协调一致。

（二）建立健全提高精神生活质量的激励机制

精神生活质量提高的激励机制，是推进精神生活发展、发挥精神生活作用的动力机制。要建立这一机制，首先必须按民主公开原则，在精神生活质量提高过程中引入竞争机制。

社会的竞争是个体或群体展开的比较与竞赛。精神生活质量提高过程中的竞争，是指精神生活的建设者在推进精神生活发展和发挥精神生活作用的过程中，所进行的成效比较和显示的活动机能。马克思主义认为，凡是有共同劳动的地方，就可以出现竞争。竞争能够调动、发挥人的潜能，原因在于竞争是公正的评判人，使得外在的压力转化为内在的动力，通过利益调整激发活力。所以，竞争是一种激发动力的机制，有利于调动人们的积极性和进取心。在竞争条件下，人们对高境界精神生活的追求、对先进的向往以及对成功的渴望将更强烈，克服困难的意志更坚定，争优取胜的信念也更坚强。人们在有比较、有参照的条件下工作和生活，往往思维更活跃、精力更充沛、动力更充足。

提高精神生活质量的竞争，与经济发展、科技发展的竞争有所不同，前者不是为了获得像后者那样的具体成果，而是为了在充分发挥精神生活对经济、科技、社会发展能动作用的过程中，推进精神生活的丰富与发展。因而，提高精神生活质量的竞争的成果主要表现在两个方面：一是对所作用、影响的对象，包括社会、个体、各种活动，发挥积极、正面的引导作用，起到保证、协调与推动作用，促进社会与人的发展；二是在改造客观世界的实践过程中，人的主观世界同时得到改造，能动性不断丰富与发展。因此，提高精神生活质量的竞争，一定要把握其竞争的特点，明确竞争的目的，克服竞争的盲目与偏向，避免以经济、科技指标的竞争代替精神生活质量的竞争。同时，要合理引导竞争。精神生活质量的提高，涉及的领域、因素十分复杂，过程往往变化多端，而且关系到方向、原则、利益等敏感问题。引进竞争机制，可能因有些竞争主体对竞争目标、原则、规范难以正确把握而出现偏差，因而需要及时、合理的引导。引导合理竞争是形成充满生机与活力的竞争局面的关键，也是对精神生活质量提高竞争实施宏观调控的有效方式。在引导竞争的过程中，一定要结合实际工作、现实活动与生活展开，以推进实践、创造更多财富和促进人的全面发展为目的，避免实践的盲目性与经验性，克服脱离实际的形式主义倾向。同时，在对政治坚定、道德高尚、思想先进，即精神生活质量高的人进行表扬与奖励时，也要结合其工作的成绩与贡献进行。因为工作的成绩与贡献，不仅需要一定的客观条件，而且要有良好的主观条件，工作的成绩与贡献，是主观与客观条件相结合的结晶。

表扬与奖励，既包括精神激励，也包括物质激励。所谓激励，就是引导人的动机，引发人的行为。激励既是管理的重要职能，也是强化需要的手段。管理者通过激发鼓励，可以最大限度地调动竞争者的主观能动性，更快更好地实现工作目标。所谓激励机制，就是面向竞争者运用多种激励方式的总和。激励机制从形式上讲，分为外在激励和自我激励；按激励持续时间，可分为长期激励和短期激励；按激励的类型来分，可分为物资激励、精神激励和情感激励；按激励的性质，可分为奖励激励与惩处激励。在组织系统中，激励机制一旦形成，就会发挥无形作用，使组织机能处于活性状态，推进组织的发展。在精神生活方面形成激励机制，有利于调动人们的积极性，激发创造性。从理论上说，需要产生动机，人的行为都是受到某种引发和引导而产生的。人是具有极大精神潜能与智能的，能否得到充分挖掘，取决于激励机制是否有效。精神生活质量提高的激励，可以通过举办经验交流、现场参观、评比竞赛、事迹报告等活动，相互启发，相互促进。

要有效发挥激励机制的作用，一是要制定奖惩制度。奖惩制度是激励机制形成的基础，其制定、执行、修改，一定要公开、公平，一定要标准明确，措施可行，易于群众参与。因此，制订过程中一定要认真学习精神文明建设方面的方针政策。同时要注意调查研究，善于听取各方面的意见，使奖惩制度既有理论根据，也有群众基础。二是建立考评档案材料。实施奖惩，必须有根有据，各项考评材料必须保存齐全，这是激励机制有效实施的依据。三是奖惩结果公正。奖惩结果的公正是激励机制有效实施的根本要求。在精神生活方面实施表扬与批评、奖励与惩罚，尤其要实事求是、标准统一、一视同仁、科学适度；一定要坚持表扬为主、奖励为主的原则。如果表扬与批评不当、奖惩不公，不仅影响积极性，而且还会激发矛盾甚至冲突。四是激励方式适当。表扬方式和范围要适当，表扬的面要适量，表扬用语要适度，批评要与人为善。要善于运用榜样激励机制，通过发现、树立正面典型，用先进人物的优秀品德和模范行为感染和影响群众。

三、探索当代社会精神生活质量提高方式

精神生活要有价值性和影响力，虽然其内容的先进性是主要的，但精神生活的方式方法也很重要。注重精神生活质量提高方式的创新，是提高当代社会精神生活质量，为社会发展与人的发展提供精神动力的重要任务。江泽民强调："开展思想政治工作，要力求做到生动活泼、群众喜闻乐见，切忌形式主义、教条主义，切忌简单生硬。不讲究方式、方法，不分对象、条件、场合，照本宣科，生搬硬套，老生常谈，空话套话连篇，绝对不会有成效。要特别警惕和防止形式主义的东西……搞形式主义，不仅是自欺欺人，而且劳民伤财，对党的事业是十分有害的。思想工作必须讲求春风化雨，润物无声，耐心细致，潜移默化。……总之，我们应该采取切实有效的方式，通过灵活多样的手段，把党的路线方针政策、社会主义的思想道德观念和法律知识、先进的科学文化知识，广泛地传播到全社会，为广大干部群众所掌握。"①

如果把时代精神、理想信念、精神自由、社会情操、心理健康和崇尚自然作为高质量的精神生活的指标，那么，精神生活质量的提高可以从哲学的、社会的、教育的、心理的和自然的几个层面契入。

（一）坚持精神生活主导性与多样性发展相结合

有人认为，既然当今文化在客观上是多元的，那么在指导思想上也应该是多元的，应当从马克思主义的一元主导转向文化发展的"多样和谐"。这种把坚持马克思主义的指导地位与文化多样发展对立起来的观点是错误的。这种说法不仅在逻辑上是错误的，因为它混淆了客观存在的文化现象与我们应该坚持什么样的价值去整合文化、发展文化的界限，在实践中也是有害的。

---

① 《江泽民文选》第3卷，人民出版社2006年版，第93—94页。

文化多样并存是一个客观事实，但在多样并存的文化中选择什么作为指导思想，则不是也不可能是自发的，而必然是一个阶级、政党的自觉选择。坚持指导思想的一元化是我们党作为社会主义建设的领导者，根据先进文化建设的发展方向所制定的根本方针。不论是各国历史发展的事实，还是思想文化领域的发展规律，都雄辩地证明，无论在什么时代、什么社会，一个国家的领导阶级、执政党都不会对多元文化的并存采取放任自流的态度。相反，都要以符合自己政治、经济利益的思想作为指导，去引领、整合其他文化。马克思恩格斯早就指出："统治阶级的思想在每一时代都是占统治地位的思想。这就是说，一个阶级是社会上占统治地位的物质力量，同时也是社会上占统治地位的精神力量。支配着物质生产资料的阶级，同时也支配着精神生产资料，因此，那些没有精神生产资料的人的思想，一般是隶属于这个阶级的。占统治地位的思想不过是占统治地位的物质关系在观念上的表现，不过是以思想的形式表现出来的占统治地位的物质关系。"① 在当代世界，最具代表性的精神生活，主要是社会主义社会的精神生活和资本主义社会的精神生活，这是两个异质社会的精神生活。在中国主张指导思想多元化，其实质就是企图取消马克思主义的指导地位。东欧剧变、苏联解体就是放弃马克思主义一元化指导地位的前车之鉴。

坚持马克思主义指导地位和社会主义精神生活的主导地位，与文化多样发展是不矛盾的。一元主导和多样发展是思想文化领域发展的基本事实和规律，二者不可分割地联系在一起，既相互区别，又相互依存、相互渗透、相互贯通，不存在没有多样发展的主导性，也不存在没有主导的多样性。一元主导需要多样发展，离开了多样发展，一元主导就会失去"主导"的对象、背景和意义；同样，多样发展需要一元主导，离开了一元主导，多样发展就会失去规范、选择和价值取向，走向混乱和歧路。在进行主导内容教育引导时，要以多样化教育为基础，在进行多样化教育时，必须以主导内容为指导。一元主导和多样发展脱节，既窒息马克思主义理论的生命力，又导致实践发展的模式化，给革命和建设造成重大危害。"文化大革命"曾企图确立"纯而又纯"、绝对单一的精神生活目标、内容和方法，对其他文化采取排斥、否定、批判的方式，使人与社会的多样发展因主导内容的绝对化而受到压抑与扭曲。在20世纪80年代末发生的"八九风波"中，资产阶级自由化泛滥，社会主义精神生活虽然也起着主导作用，但因主导的力度不够而使多样性发生冲突，导致社会动荡。两个历史事件虽然内容与形式不同，但其实质是一致的，就是社会精神生活一元主导和多样发展在统一体中的地位和作用发生了畸变，出现了"和而不谐"的失衡状态。前者是"主导过度"、"多样不及"，后者则是"主导不及"、"多样过度"，虽然表现截然不同，但造成了相同的不良后果，就是一元主导的削弱和多样化发展的抑制。可见，主导性与多样性脱节的实质，就是对理

① 《马克思恩格斯选集》第1卷，人民出版社1995年版，第52页。

论联系实际这一社会发展基本原则的背离。[①]

任何社会实践，其本质都是一种价值追求，人类的价值追求是社会发展的根本动力和内在驱动。因此，社会整体的价值观必然成为精神生活的核心。社会主义既是一种历史观更是一种价值观，而社会主义核心价值体系作为中国的整体价值观，也就构成了中国社会精神生活的核心。坚持和弘扬社会主义核心价值体系，是坚持社会主义精神生活主导地位的关键所在，是中国特色社会主义现代化建设的根本价值取向。社会主义核心价值体系在思想信仰、社会目标、动力源泉和社会规范等各方面都很明确，便于人们理解并切实贯彻，既是社会发展的旗帜，又是个人遵循的准则。随着对外开放的扩大和全球化进程的加快，跨地域、跨国界的文化交流日益扩大，各种文化相互影响、相互激荡。多元文化和多样价值取向的存在是一种不以人的意志为转移的客观存在。我们既不能因为由此产生的不利影响而重新封闭，也不能忽视这些影响、视而不见，而是要积极应对和引导，在吸收其中有益成分的同时，继续大力弘扬社会主义主旋律，坚持马克思主义在多元文化和社会主义精神生活中的主导地位。

坚持马克思主义在精神生活领域的指导地位，就是要用马克思主义的立场、观点、方法观察和分析问题，坚持文化的多样发展，就是要切实贯彻“双百”方针，开展积极的学术争鸣，使多样化社会思想朝着健康的方向发展，在尊重差异和包容多样中形成共识，努力创造高扬主旋律的生动活泼的局面。同时要批判吸收世界文明发展中的价值理念，继承发扬中国优秀传统道德资源。

在坚持马克思主义对精神生活指导，包容非主流精神文化的合理成分时，必须对精神生活资源进行整合，以保证构成精神生活系统的所有要素、所有环节之间的贯通和正向互动，形成有中国特色的精神生活状态。精神生活的整合性反映的是精神生活的系统性、内聚性和导向性。它包括对各种精神生活内容范畴、功能结构和宣传载体的整合。精神生活是由政治、法律，道德、伦理、文学艺术和哲学等文化内容构成的有机统一体。为此，既要防止各个范畴之间相互孤立、相互割裂、相互冲突，又要克服顾此失彼的倾向。传统的精神生活构建，往往注重认知层面，偏重对精神生活的解释和知识性理解，而对价值的选择、信仰的引导以及策略的安排等方面力度不够。为此，我们要在继续深化精神生活解释功能的同时，特别重视发挥精神生活在价值构建方面的功能，为人们提供正确的价值取向和信仰支持。

（二）掌握不同层面精神生活质量提高的特点与方式

精神生活是有要素与结构的，只有把握其要素的内在联系，才能从整体上由认知到认可再到落实，才能很好地发挥精神生活的作用。精神生活有不同的层次划分，根据思想文化的性质和特点，可以把精神生活划分为学术研究层面、思想政治教育和宣传层

---

① 参见郑永廷《高校德育主导性与多样性发展的失衡与成因》，《思想政治教育研究》2008 年第 1 期。

面、现实生活层面的精神生活。

尽管中国精神生活的性质主要体现社会主义性质与和谐性，但这些性质在不同层面的具体表现是有差别的。因为精神生活和内容丰富多彩、方式多种多样，不划分层次，采取“一刀切”方式，是不可能科学把握精神生活重点与特点，做好精神文明建设工作的。在社会主义市场经济发展的今天，面对社会转型带来的变化，社会阶层的变动、利益诉求和价值取向的多样化，以及信息社会的到来，要处理好坚持弘扬主旋律和提倡多样性相结合，就必须分析和研究不同类型、不同层面精神生活的特点，使不同类型、不同层面的精神生活得到发展。

在学术层面，要坚决贯彻“双百”方针，鼓励学术的自由探索和不同学术思想与学派的存在、争鸣和发展。在这个层面，马克思主义的指导地位，主要是通过理论的科学性和理论创新所获得的彻底性为哲学社会科学工作者所服膺。不管研究什么问题，只要本着学术研究的目的，而非政治的不良企图，都应该得到鼓励和尊重。以僵化的思想，甚至行政手段干预学术研究，就会窒息创造的勇气和积极性，创作不出真正有价值的东西。中央关于“学术有自由，宣传有纪律”的规定是合理的，这不仅要求每个研究者严格遵守，也需要学术机构和管理部门的管理者认真贯彻，把学术研究和思想宣传的界限分清，不能以思想宣传的纪律约束和压制学术研究的自由，以保证研究者在自由宽松的学术气氛中，有所建树和创新。

在思想政治教育和宣传层面，要立场坚定、旗帜鲜明，坚持马克思主义的指导地位和中国特色社会主义理论体系，不允许搞指导思想的多元化。思想政治工作者，要有强烈的责任感和使命感，对于诋毁马克思主义的错误言行和糊涂认识，要予以坚决回击和积极引导，努力成为社会的“思想引领者”，不论在思想境界、理论修养和人格品质上，都要成为社会的表率，责无旁贷地肩负起资政育人、服务社会的职责，以弘扬积极有为、奋发向上的精神为己任，坚持正面宣传和鼓励为主，真正做到以科学的理论武装人、以正确的舆论引导人、以高尚的精神塑造人、以优秀的作品鼓舞人，以增强思想政治教育和宣传工作的时代感、说服力、感染力和实效性，帮助人们提高精神生活境界。

在实际生活层面，则要允许、承认人们思想观念的多样性，允许人们有不同信仰的自由，不能以同一标准要求所有人。不仅允许和承认思想观念的多样性的存在和争辩，而且是现代社会的重要体现。但是，在中国，思想观念与价值取向的多样性，必须把握的基本准则是：不能和坚持四项基本原则相对立；不能危害改革开放和中国特色社会主义现代化建设的伟大实践。要随着社会实践的发展，提高认识，努力改造落后文化，坚决抵制腐朽文化，支持健康有益文化，大力发展先进文化。

（三）探索精神生活质量提高的大众化方式

精神生活质量提高，不能仅仅局限于思想观念层面，必须在社会生活中扩大其话语权，以特有的概念范畴、思维方式和表达方式，解释、传播精神生活的基本观点。一定的精神生活在社会中的主导地位确立以后，也必定在社会上形成相应的话语系统。恩格斯说过："我们的理论是发展着的理论，而不是必须背得烂熟并机械地加以重复的教条。"① 同样，基本范畴、思维方式和语言表达方式也是构成精神生活的细胞，对建构、发展精神生活及传播其成果有着重要作用。随着时代的变化，概念、话语是不断发展的，新的实践、生活内容需要有新的概念、话语表达。过去有的概念已经失去了其依存的现实背景，有些范畴虽仍有其现实性，却难以与时代的新话语体系相适应，需要改进并赋予时代内涵。

精神生活的概念，首先要调整过去以阶级斗争为纲和以政治运动为中心的话语体系，形成以中国特色社会主义现代化建设为中心、为全面实现小康社会奋斗目标服务的话语体系，对诸多过去经常使用并且人们习以为常的概念要重新加以解读，处理好这些概念、范畴与开放社会、信息社会、市场体制等概念、范畴的关系，赋予以往一些概念、范畴以新的时代内涵，如民主和集中、人民和群众、领导和执政、劳动和资本，以及"个人、集体和国家"等概念以时代性、现代性、民族性内涵。有些概念，要根据改革需要、结构调整与时代要求，进行适当转化，例如，"人民政府"概念转化为"责任政府"概念更能凸显政府的亲和形象，"老百姓"这个词替换为"公民"、"国民"更能显现现代特征。② 同时，要搜集和整理社会中流行的新概念和鲜活的语言，筛选出已为人们普遍接受，又在一定程度上反映现实和群众心理的语言，赋予这些语言社会主义内涵，如公正、公信力、公民社会、网络社会、网络文化、网民等，增强精神生活的现实感和吸引力。另外，还要以世界眼光和科学态度，将反映人类社会进步的概念和话语中国化和具体化，如执政党的合法性、公民的政治参与、生命意识、公民意识和国家意识等。

话语的调整不仅是为了赋予精神生活以时代性与现实性，而且是为了推进精神生活质量的提高，精神生活的宣传、教育的大众化。改革开放前，中国精神生活的作用与宣传方式，主要是组织动员的群众运动方式，以及由上到下的教育，应该肯定，这些方式在过去发挥过很大作用。现在，所有制形式的多样化、社会的开放性以及科学技术的迅速发展，改变了人们的生活方式，也改变了人们的思想观念和精神生活方式。各种社会信息和思想观念通过现代传媒得到迅速传播，加速了不同思想文化、不同精神生活的交汇与激荡，在一些人的视野与认识过程中，也出现了不同精神生活边界模糊的问题，居于主导地位的精神生活面临新的问题与挑战。这样，构成精神生活的观念体系由过去的单一、封闭状态转变为开放、多样的状态，主导精神生活对社会公众的影响力、吸引力受到干扰，而尊重公民权利的社会规则，又使精神生活对社会生活的干预被限定在法定的范围内，社会生活、私人生活的空间越来越大。在这种形势下，我们的精神生活宣传

① 《马克思恩格斯全集》第 4 卷，人民出版社 1972 年版，第 681 页。

② 参阅邬思源、陈锡喜《论主流意识形态宣传形象的调整》，《理论探讨》2005 年第 4 期。

还沿用以前的动员方式，效果就会受到影响。

面对精神生活的新问题与挑战，并不是因为人们不了解时代变化，而是因为有些人对精神生活的作用认识存在误区，即认为只要是正确的精神生活，就会具有吸引力和凝聚力，而且这种吸引力和凝聚力在任何情况下都是可以发挥的。这种观点的认识逻辑是：既然在社会主义制度下精神生活是正确的精神生活，是代表最广大人民群众根本利益的思想体系，所以，精神生活理所当然就会具有吸引力和凝聚力，只要我们坚持宣传就行了。其实，代表最广大人民的根本利益，不仅仅是一个理论问题，更是一个实际问题，如果现实和理论存在差距，我们不应该削足适履，以理论来曲解事实，也不应该简单归因为资本主义错误思想的侵袭，而应勇于发现精神生活质量提高存在的问题。我们以往在这一思维模式影响下，总是把外来思潮的侵蚀作为精神生活领域面临挑战的主要原因，而对社会主义制度下精神生活如何对群众产生影响力、吸引力的问题研究不够。为此，我们要"以实践来检验一切，自觉地把思想认识从那些不合时宜的观念、做法和体制的束缚中解放出来，从对马克思主义的错误的和教条式的理解中解放出来，从主观主义和形而上学的桎梏中解放出来"①。唯有如此，才能使人们的精神生活永葆生命力和时代性。

精神生活的吸引力、凝聚力既与精神生活的性质相关联，也与精神生活的建设、宣传、教育方式相关联。这是因为：其一，正确的精神生活在其发展过程中，可能由于某种历史条件的限制，或者由于受人们认识的局限，存在不同程度的形式主义、教条主义倾向，苏联精神生活一步步走向溃败，中国"文化大革命"时期精神生活走向歧途的教训，都已经充分说明了这一点。其二，精神生活提高方式在一定程度上也决定其吸引力和凝聚力。即使精神生活的内容是科学的，如果宣传方式不当也可能失去吸引力和凝聚力。很简单，再好的理论，如果宣传教育者总是居高临下、机械生硬、教条主义，也会引发人们的逆反情绪。列宁早就说过：要把一个理论搞糟的最好办法，就是过度宣传它。而现在有些宣传，要么忽视精神生活内容，要么精神生活宣传形式化浓重，两种倾向虽然表现不同，但效果是相同的。

精神生活的基本范畴和语言要反映时代特征，语言要朴实无华，切忌大话、空话和言不由衷的假话、套话、废话。时代的变化、范畴的更新，必然带来理论的与时俱进。"理论是灰色的，而生命之树常青"，列宁多次引用歌德《浮士德》中的这句话来说明理论的现实性特点，他一生致力于在实践中发展理论，并注重把理论转化为为广大民众理解和接受的朴素话语。理论要回答现实问题才有生命力，理论也只有为广大人民所接受才有生命力。理论缺乏通俗化、大众化特征，现实解释力也不强，理论研究成果只能成为在学者中、书斋里传播的文化。

应当肯定，在精神生活质量提高过程中，重视精神生活内容体系的丰富与完善，发

---

① 《江泽民文选》第3卷，人民出版社2006年版，第538页。

展各种精神生活理论是必要的。但理论发展，仍然要面向人民群众，因为只有人民群众的实践与需要，才是精神生活发展的源泉。同时，在进行精神生活提高、研究的过程中，只有面向人民群众，才能真正坚持以人为本，找到最终归属。这就要求，在唱响主旋律时，必须采用人民群众喜闻乐见的话语，必须大众化，找准理论宣传与现实生活的结合点，按照贴近实际、贴近生活、贴近群众的原则，深入研究、准确把握新形势下人们思想活动的特点和接受信息的规律，把坚持正确导向和讲求宣传艺术统一起来，讲求语言、文字艺术，通过生动的方式让人们理解和认同精神生活的文化内容。

（四）研究网络领域精神生活的拓展

精神生活质量提高的任务，在网络条件下更加艰巨。互联网、电视、手机等新兴媒体的兴起与扩展，拓宽了信息渠道，增加了信息的容量，人们真正拥有了“海量信息”。而且，每个人都可以成为信息搜集和发布的主体，成为思想传播的主体，可以通过网上聊天和博客等形式，随时迅捷地把自己的所见所闻、所思所想展示给世界各地的人们。在网络中，网民的新闻视角独特，有个性，报道也更灵活、细致和生动，在某种程度上，各种网民参与讨论与评论，具有“公众论坛”的性质，其中不乏建设性的看法和观点。这些“民意”也成为判断民众情绪的重要参考指数，不仅可以影响社会舆论，也可以成为思想、情感沟通的渠道，成为公民参与决策的途径。但是，互联网是一把“双刃剑”，其自由性、匿名性、即时性、交互性等传播特性也使得一些不良或非法内容信息恣意传播。因而，网络在给我们带来更多便捷、信息、民意的同时，也使网络的舆论引导和整合的难度更大，毕竟在海量信息和个人有限的精力、见识的矛盾中，有些个体难以把握网络信息的全部状况，容易被偏激、错误的舆论引导。如何继续挖掘互联网等新兴媒介在提高精神生活水平上的作用，增强网络精神生活的吸引力和影响力，已成为精神生活质量提高的现实课题。

1. 及时公开信息是进行精神生活引导的前提。在社会信息化条件下，信息来源的丰富和传播的便利，使民众的知情权得到了充分保障，除了法律明确规定的如国家机密和个人隐私外，其他信息原则上都是公开的、共享的。所以，网上精神生活的引导必须以公开性为前提，向公众开放尽可能充分的信息，尊重人们的知情权。否则，在大众传播环境里，信息不透明、不公开，在网民中就会引起猜测与疑问，甚至可能引发虚假信息，造成思想混乱。网络空间的话题总是五花八门，但社会热点和一些突发事件往往是谈论的焦点。如果让虚假信息、负面舆论在一定时间传播而缺乏引导，有些网民就会以先入为主的信息为据，形成看法与观点，往后即使做很多的解释和引导工作，也难以改变这些人已经形成的认知。因此，及时快捷地公开信息，加强引导，可以转移受众的注意力，让受众更全面、准确地了解事实真相，降低事实在信息多级传播中的扭曲和衰变，保证网络空间良好的精神文化环境。从中国互联网技术和主流门户网站的迅速发展情况来看，及时公开信息在技术层面是不成问题的，关键是改变观念。由于互联网在中国的迅速发展还是近几年的事情，我们对它的属性与功能还没有充分认识，所以，我们的舆论总是倾向于把顾全大局、稳定人心，而不是把及时公开信息放在第一位，对于有些负面事件，拖延时间，等待事件影响扩大后再做决定，往往造成不必要的损失。

应该肯定，网络空间的谨慎行为，在多样化、复杂性背景下是需要的，对有些情况不明、是非不清的突发事件的“冷处理”也是必要的。但是突发事件、社会思潮是分类别的，不同的类别处理的方法应有不同，我们不能将“冷处理”方法普遍化。相反，对一些性质比较严重、事态有可能扩大的突发事件与社会思潮，尤其是涉及民生和干群关系的敏感问题，必须清醒认识、果断处理，充分公开信息并进行深入分析，尽快做出解释，发挥释疑、解惑、求真的作用，坐视不管或应付了事会引发更为严重的冲突，也会对网民的情绪、思想造成不良影响。2008 年的“瓮安事件”和“三鹿”奶粉事件，可以作为正反两方面的例子说明这一观点。前一事件中，当地政府的拖延引发了更大的冲突，冲击了人们的思想，而后者则由于反映迅速、定性准确和查处有力而赢得了民心。为此，要本着正面引导、积极建设网络文明的态度，及时关注和回应网络上的各种思想，对社会热点发出自己的声音，不能满足于报道和简单的事实陈述，而是要加强分析，切入网民的内心世界，入情入理地进行引导。而要做到这一点，发展专家学者型的“舆论领袖”和确立对各种观点的尊重理解的心态尤为重要。

2. 发挥专家学者型的“舆论领袖”[①] 作用，引导网络精神生活。传播理论认为，大众传播中的信息和舆论并不是直接流向一般受众，而是要经过“舆论领袖”这个中间环节传播给受众。在传统媒体中，众多的记者、议题策划者以及各行业的专家、名人等都是“舆论领袖”。这些“舆论领袖”除了他们的知识、地位、名誉、人际交往能力等个人因素外，对大众传媒的接触量也都远远超出一般人。因此，他们作为大众传媒的“二级传播”者，在普通受众中有较强的影响力。“舆论领袖”也同样存在于网络传播中。每个网络论坛都有较为稳定的参与群体，一些网民凭借自身素质，如文字表达能力强、分析问题深刻、有独特见解等，往往会成为论坛里的“舆论领袖”，他们的发言往往能影响甚至左右其他网民的看法，并由此引导、控制着整个论坛的舆论方向。尤其当网络上出现大量虚假信息和极端言论，受众难以判断与选择时，他们对于“舆论领袖”的依赖会更强烈。所以，培养和选择合适的精神生活的“舆论领袖”，利用他们来引导网上精神取向，强化主流言论，是简便有效的方法，也是很多学者的共识。

从理论上讲，完全通过网上论坛成为“舆论领袖”的人当然存在，可实际上他们并不是“舆论领袖”的主流，因为网络的匿名性导致了网络舆论中这些人并不是实际存在的，他们对网民来说主要是一种精神存在而非实体存在。应该说，在网络舆论中起引导作用的仍然是传统大众媒介中的意见领袖，网络上真正具有号召力的名人与我们在实际生活中的选择标准是一样的，还是要靠个人的能力、地位、名誉以及个人魅力等赢

---

① 传播学界更多地用“意见领袖”一词，本文以“舆论”替代“意见”更富有影响力。

得认可。由于网络作为个人发表意见更为自由的空间，相对来说更关注生活化、个性化的内容。因此，演艺明星和一些来自民间的大众化的名人，可以担当“舆论领袖”。当然，这些人主要不是以思想取胜，不能成为思想领域首选的“舆论领袖”。

精神生活的“舆论领袖”应首选专家学者，但这些专家学者不单纯是搞理论的，也不是纯粹学术领域的专家，而是既有专业知识又有思想见识的学者，他们是知识阶层的思想精英，既能通过专业影响力得到人们的尊重，又可以在引领思想上得到认可。如王选，除了科技贡献外，他的做人理念很有价值，就可以成为舆论领袖。也就是说，我们要善于发挥各路名人的效应，为他们设置讨论主题，把他们已有的个人思想更加普遍化、大众化，如李开复，为中国高等教育以及人的发展做了很好的研究，把网民的注意力引导到特定的方向，让受众主动接受引导，形成积极稳定的网络舆论。选择名家并尽量以他们的人格魅力吸引受众，有利于改变我们的精神生活过于抽象的模式，以一种更加具有亲和力的形式对待、引导不同思想，可以增强精神生活的吸引力和影响力。

3. 尊重和理解是精神生活引导的要义。信息社会的活动空间大，传播载体多，人们的参与意识强，因此，尊重和理解必然成为信息社会中精神生活引导的要义。当然，这并不意味着我们对网络信息听之任之、不管不问。对于不良网络信息，要及时清理；对一些恶意散布的西化言论，攻击中国政治体制、蓄意蛊惑人心的颠覆性、破坏性的言论，要及时制止并开展批判；对恐怖、黄色、反动、人身攻击等有害言论，要及时删除或取消信息发布者的资格。这些“硬控制”为网络媒体的健康发展、掌控网络话语权，起着保驾护航的作用。但根据网络媒体的特点，从长远发展来看，应逐步调整“堵”与“疏”的比例，因势利导、顺势而为，以“疏”为主、以“堵”为辅的引导与管理手段，不失为一种理性、科学的选择。这种因势利导、顺势而导的做法，与信息社会条件下，尊重和理解网民的主体性是一致的，也是我们增强精神生活吸引力必须把握的基调。经过一定时间的网络文化建设，形成网络文明环境，就会影响越来越多的网民自觉遵循网络规范，使网络成为网民精神生活的平台。

（五）改进思想政治教育与修养方式

精神生活涉及一定阶级、集团，以及一定社会的根本利益，内容中包含着国家和执政党的价值观念、政治要求、道德准则。所以，任何社会的精神生活都需要用思想政治教育、个体修养进行提高和推进。

1. 加强和改进思想政治教育，提高精神生活质量。教育特别是思想政治教育，帮助人们坚持正确的价值取向，树立理想信念，这就是提高人的精神生活质量。改革开放30年，中国教育事业发展很快，到2007年，普通高等学校在校学生1885万人，比1978年增加1799万人。30年来累计毕业普通本专科毕业生3009万人，研究生176万人。中国成人教育从新中国成立初期的几千人到2008年的数百万人，招生人数实现巨大跨越。2007年高等教育毛入学率达到23.0%，高中教育毛入学率66.0%，初中教育毛入学率98%，全国小学净入学率达到99.5%。2007年高中阶段在校生人数4527万人；比1980年增加2806万人，中等职业教育在校生达到1987万人。中国教育普及程度已接近中等收入国家平均水平。[①] 应该肯定，各级各类学校的学生，是教育的重点对象，他们不仅要接受系统的知识教育，还要接受系统的马克思主义理论教育与思想道德教育。不管是知识教育还是思想政治教育，都是提高受教育者文明程度最直接、最有效的途径。知识的丰富是人的内在的丰富，是人精神生活丰富的基础，因而，中国教育的快速发展，直接推进了全社会精神文明与人们精神生活的发展。

教育促进精神生活的发展，既有利于人的文明程度提高，也有利于增强社会的生机与活力。但有些人只看到精神生活的社会价值，忽视其个体价值。诚然，强调精神生活的社会价值有其显而易见的道理，毕竟精神生活的内容是社会主导思想文化，个体的精神生活也不可能脱离社会而孤立展开。所以，从某种意义上说，精神生活的社会价值也包含个人价值，因为社会是由个人所组成的，对整个社会有利的事，当然也对每个人有利。只要承认了精神生活对党、国家和社会有价值，也就意味着间接地承认它对社会中的每个人有利。问题在于，看起来如此简单的道理，并不是所有的人都能明白。在有些教育者看来，精神生活就是要大家坚持共同目标，遵从共同的规范，是公民不可推卸的责任和义务。这样的认知必然导致把教育工作当做硬性的任务来完成，作报告、写心得、表决心，井然有序，但却没有和教育对象的切身利益和感受联系起来，没有把思想政治教育作为满足受教育者精神享受的工作来做，没有想到要以身作则、从内心认可理论给受教育者以示范，而只限于文字和理论本身的学习。这样的做法，给普通民众造成的印象是，精神生活只是领导和上级的事情，而不是每个人的事情，或者说做好了只是完成了领导布置的工作而已。人们之所以会有这种错觉，显然与我们撇开精神生活的个人价值而孤立地、抽象地讲它的社会价值有关。如果一些受教育者持有这样的看法，那么不论教育者如何努力，都难以提高教育的实效性。

提出精神生活的个人价值问题很现实，也很重要。因为在社会主义市场经济条件下，有些人的思想和态度具有明显个体取向特点，对自己有利的事情就愿意去做，而对与自己无关或于己不利的事情就不愿意去做，这种现象就是功利倾向。把精神生活所包含的个人价值提示出来，让人们认识到精神生活不是一种外来强加于人的东西，不与人自身的需要和利益相违背，而是与每个人的利益息息相关，就会把接受教育当做人的一种需要和权利。当然，我们讲精神生活的个人价值，并不是否认或淡化社会价值。在人的自我意识充分觉醒的当代社会，不能再像以前那样漠视个人价值和利益的存在了，否则，不但教育效果不明显，还会形成疏离教育的倾向。思想政治教育只是精神生活质量提高的一部分工作而非全部，要调整思想政治教育的传统思路，还要反对将各种具体工

---

① 国家统计局综合司：《大改革 大开放 大发展——改革开放30年中国经济社会发展成就系列报告之一》，中央政府门户网站 www.gov.cn，2008年10月27日。

作泛化为提高精神生活质量的教育。为此，必须坚持教育与管理相结合，形成以德育人与以法律人的教化机制。

“育人”也可称之为德教，是“德治”的延伸；“律人”也可称之为管理，是“法治”的延伸。以德育人与以法律人既是文化方式，也是精神生活质量提高方式。两者结合，就是法制与道德内容的结合，教育与管理方式的结合。法制与道德虽然分属于政治、伦理两个不同的范畴，但两者都在不同层次、不同范围规范人的思想与行为，两者既有区别，也有不可分割的联系，只能形成互补，结合起来发挥作用。其互补结合的方式，就是教育与管理的结合。教育离开了管理，就会软弱无力，管理离开了教育，就会形成强制；教育是无形的管理，管理是有形的教育，管理中蕴涵着教育的内容与要求，教育中渗透着管理的准则与规范。因此，精神生活质量提高必须建立以德育人与以法律人相结合的机制。

建立以德育人与以法律人相结合的机制是由精神生活的目标所决定的。中国是社会主义国家，坚定走中国特色社会主义道路，为实现中国特色社会主义共同理想而奋斗。要实现这一目标，只能坚持不懈地以德育人，引导、教育全国各族人民提高政治觉悟、思想认识、道德水平，树立共同理想，增强民族凝聚，自觉为中国特色社会主义现代化建设做贡献；只能坚持不懈地以法律人，用纪律和各种规章制度规范人民群众的思想与行为，形成社会合力，维护社会稳定，保证中国特色社会主义现代化建设顺利进行。因此，以德育人与以法律人在实现中国特色社会主义共同理想的过程中，既是不可缺少的，又是不可分割的。建立以德育人与以法律人相结合的机制，一是要树立以人为本的指导思想。人民群众是以德育人与以法律人的出发点和归宿。坚持以人为本，就是要充分尊重人民、平等对待人民、真心依靠人民、一切为了人民；就是要善于发现和发扬每个人的优点和长处，不断提高思想政治素质；就是要体现人文关怀，激发积极性与创造性。二是树立正面典型，正确引导，运用榜样示范，把抽象的道德、制度通过典型的生动具体，赋予以德育人与以法律人巨大的感染力和说服力。

2. 探索富有民族特色的修养方式，提高精神生活质量。在人类社会的各个历史阶段，既形成了与其经济基础相适应的意识形态和社会心理，也形成了与意识形态和社会心理相适应的教化与修养方式。中国古代的道德教化与修养，西方中世纪的宗教教化与修炼，资本主义社会的人文教化与心理调节，对传播意识形态、充实精神生活、平衡社会心理具有重要作用。中国在经济全球化、社会信息化、文化多元化的社会背景下，宗教的影响有所扩大，西方国家的价值观相继涌入，中国古代文化传统不断被发掘，从而使中国在文化教养与自我修养方面，呈现出丰富多彩的状况。一定的教化与修养方式，既受制于一定的经济基础与意识形态，也为一定的经济基础与意识形态服务。教化与修养方式作为一种文化，在历史发展过程中，又具有一定的传承性。中国如何借鉴国外修养方式，继承中国修养的优良传统，并根据时代要求进行修养方式的探索与创新，是中国提高国民精神生活质量的重要课题。

中国古代伦理为社会和个人设立了相互联系的两个目标，即社会目标——治国、平天下；个人目标——通过格物、致知、正心、诚意修养，树立人格理想。两个目标的关系是：为了实现治国、平天下的目标，个人必须接受教化、进行修身，并要以“修身”为中心，采取学思结合、知行合一、克己自省、慎独等诸多方法进行修炼，做到“见贤思齐焉，见不贤而内自省也”（《论语・里仁》）；“吾日三省吾身”（《论语・学而》）；“克己复礼为仁”、“约之以礼”、“非礼勿视，非礼勿听，非礼勿言，非礼勿动”（《论语・颜渊》）；“莫见乎隐，莫显乎微，故君子慎其独也”（《礼记・中庸》）。中国古代的教化与修养，把现实的社会目标与个体道德目标融为一体，着力于人精神内在修炼，而不是致力于对人的外在规约与强制，具有明显的自教自律性。同时，内在修养强调人的自省、自克，脱离实际，容易把人的思想和行为禁锢于狭小范围，泯灭人的欲望与追求，抑制人的精神活力，具有局限性。

以毛泽东为首的中国共产党人，用马克思主义的科学理论，认真审视中国的经济、政治、文化国情，在经济贫弱、政治混乱、军力不强的基础上，首先致力于目标的确立、信仰的形成，通过办报刊、工人夜校、农民讲习所等方式，广泛激励民众向往民族独立的新社会，批判罪恶的旧社会，宣传美好的社会主义；通过党和军队强有力的思想政治教育，把成千上万的自发工人、农民转化为自觉的革命者。中国共产党除了开展思想政治教育，坚定民族独立目标和社会主义理想信念外，还继承和发展了传统文化的修养和人格理想，要求共产党人不断加强理论修养、政治修养、道德修养，做“一个高尚的人，一个纯粹的人，一个有道德的人，一个脱离了低级趣味的人，一个有益于人民的人”①。并根据中国革命的复杂情况和小农经济基础容易滋生错误思想的实际，为建设一个先进的无产阶级政党，提高个人觉悟，创造了批评与自我批评这一人民内部进行教育与自我教育的基本方法。它既是对古代修养的继承，更是在新的历史条件下的发展，是我们进行思想政治教育的“唯一有效的方法”②。

随着市场经济体制的建立和社会主义民主的发展，加上开放扩大与社会信息化的推进，人们的自主性与自由性不断增强，信仰、行动自由充分展现。思想政治教育面对流动的人群和拥有自主、自由的个体，面临着挑战。批评与自我批评在过去严密的组织保证下可以发挥作用，但在政治运动中的过度使用，使其失去了信誉与效力；修养方式在“文化大革命”中遭受批判，削弱了其认同程度；从西方国家引入的心理学，虽受到许多人的重视与运用，但它毕竟是在西方文化背景下形成和发展起来的，与中国民族文化和民众心理契合有限；宗教的修炼方式，其影响虽有所扩大，但它毕竟难以满足社会主义意识形态的要求。从这些分析说明，中国社会随着多元文化格局的形成和多样化价值取向的出现，教化与修养方式也出现了多样化。在这种多样化价值取向与方式的影响

① 《毛泽东选集》第 2 卷，人民出版社 1991 年版，第 660 页。

② 《毛泽东选集》第 1 卷，人民出版社 1991 年版，第 90 页。

下，不少青年学生难以选择和确定自己的取向与方式，缺乏内在精神的平衡、约束机制，不明确究竟应当以什么方式来认识、调节和提高自己，致使许多人陷于精神生活的自发状态，有的甚至陷于迷茫困惑。

在多样化的现代社会条件下，价值取向和修养方式多样化不可避免，但如何确立、创新坚持社会主义核心价值主导的修养方式，则是我们必须解决的重要课题。从前面的分析可以看出，古今中外各个历史阶段和各个国家，都有进行教化与修养的方式，这是平衡个体心态、开展精神生活、维护和谐格局必不可少的方式。中国的道德修养与思想政治教育有悠久的历史，有极其丰富的资源，有深厚的社会心理积淀，我们必须继续发挥传统文化的优势，并根据新的历史条件，传承和发展修养方式，在全社会开展文明修身活动，并结合该项活动进行理论论证与方式探索，在个体与社会自我调适、自我约束、自我发展上走出一条中国特色的道路来。

文明修身包括内容与方式两个方面。文明内容包含以法纪文明为主的政治文明、以道德为主的精神文明和以和谐为主的生态文明；文明相对于愚昧、落后而言，是个体和社会都可接受而无法拒绝的进步要求，具有明确的导向与规范作用。修身方式包括心灵、德性的自我养育，情绪、心态的自我平衡和身心的自我调节，这是现代社会每个人为适应激烈竞争和面临各种风险所必备的经验与方式。把内容与方式结合起来，从以下几个方面加强：一是面对激烈的竞争局面，追求内心和谐与宁静，不为事役、不为物惑、不为情困，养育识人之志、容人之量、与人之乐的习惯；二是身处复杂社会环境，修炼高尚的社会情操，从小事做起，弘扬美德，伸张正义，助人为乐，以自己的精神力量和人格魅力影响社会；三是超越功利价值追求，坚持远大理想信念，把理想信念的实现作为人生的终极价值和最终奋斗目标；四是热爱自然，保护环境，把自己与自然融为一体，追求天人合一的精神境界。

参考文献

马克思恩格斯选集（第1—4卷）. 北京：人民出版社，1995.
马克思恩格斯全集（第3卷）. 北京：人民出版社，1960.
马克思恩格斯全集（第8卷）. 北京：人民出版社，1979.
马克思恩格斯全集（第9卷）. 北京：人民出版社，1998.
马克思恩格斯全集（第25卷）. 北京：人民出版社，1974.
马克斯恩格斯全集（第30卷）. 北京：人民出版社，1995.
马克思恩格斯全集（第31卷）. 北京：人民出版社，1998.
马克思恩格斯全集（第42卷）. 北京：人民出版社，1979.
马克思恩格斯全集（第46卷）. 北京：人民出版社，1979.
马克思恩格斯全集（第47卷）. 北京：人民出版社，1990.
马克思. 1844年经济学哲学手稿. 北京：人民出版社，1985.
列宁选集（第1—4卷）. 北京：人民出版社，1995.
列宁全集（第55卷）. 北京：人民出版社，1990.
毛泽东选集（第1—4卷）. 北京：人民出版社，1991.
邓小平文选（第1—2卷）. 北京：人民出版社，1994.
邓小平文选（第3卷）. 北京：人民出版社，1993.
江泽民文选（第2—3卷）. 北京：人民出版社，2006.
胡锦涛. 高举中国特色社会主义伟大旗帜，为夺取全面建设小康社会新胜利而奋斗. 北京：人民出版社，2007.
胡锦涛在庆祝建党90周年大会发表讲话. 新华网，2011-07-01.
中共中央宣传部. 毛泽东、邓小平、江泽民论弘扬和培育民族精神. 北京：学习出版社，2003.
中国共产党第十七次全国代表大会文件汇编. 北京：人民出版社，2007.
中共中央关于社会主义精神文明建设指导方针的决议（中国共产党第十二届中央委员会第六次全体会议一九八六年九月二十八日通过）.
中共中央关于加强社会主义精神文明建设若干重要问题的决议（中国共产党第十四届中央委员会第六次全体会议一九九六年十月十日通过）.
中共中央关于深化文化体制改革推动社会主义文化大发展大繁荣若干重大问题的决定（2011年10月18日中国共产党第十七届中央委员会第六次全体会议通过）.
公民道德建设实施纲要. 人民网，2001-10-24.

爱国主义教育实施纲要. 人民网，2010 - 05 - 06.
朱熹. 语类·性理. 中国哲学史资料选辑 - 宋元明（上）. 北京：中华书局，1962.
王夫之. 周易外传·系辞上传（第十二章）. 中国哲学史资料选辑（清代之部）. 北京：中华书局，1962.
陆九渊. 陆九渊集（卷五）.
六祖坛经.
六祖坛经.
六祖坛经.
论语.
道德经.
庄子.
孟子·公孙丑上.
荀子·礼论.
张耀仙，郑永廷，吴潜涛，骆郁廷. 现代思想政治教育学. 北京：人民出版社，2006.
郑永廷. 社会主义意识形态发展研究. 北京：人民出版社，2002.
郑永廷. 人的现代化理论与实践. 北京：人民出版社，2006.
黄楠森. 人学原理. 南宁：广西人民出版社，2000.
衣俊卿. 现代化与文化阻滞力. 北京：人民出版社，2005.
衣俊卿. 文化哲学——理论理性和实践理性交汇处的文化批判. 昆明：云南人民出版社，2005.
王坤庆. 精神与教育——一种教育哲学视角的当代教育反思与建构. 上海：上海教育出版社，2002.
刘建军. 马克思主义信仰论. 北京：中国人民大学出版社，1998.
周向军. 精神文明发展规律论. 济南：山东大学出版社，2005.
吴元梁. 精神系统和精神文明建设. 北京：人民出版社，2004.
严春友. 精神之谜. 北京：中国社会科学出版社，1991.
邢占军. 主观幸福感测量研究. 北京：人民出版社，2005.
陆复初，程志方. 中国人精神世界的历史反思（第1、2册）. 昆明：云南人民出版社，1993.
欧阳谦. 人的主体性和人的解放. 济南：山东文艺出版社，1986.
冯友兰. 中国哲学史. 广州：广东人民出版社，1999.
梁漱溟全集（第4卷）. 济南：山东人民出版社，1991.
梁漱溟全集（第1卷）. 济南：山东人民出版社，1989.
任继愈. 中国哲学史（修订版）. 北京：人民出版社，2002.
张岱年. 论中国文化的基本精神. 上海：复旦大学出版社，1984.
黄钊. 儒家德育学说论纲. 武汉：武汉大学出版社，2006.
陈序经. 东西文化观. 北京：中国人民大学出版社，2004.
张世英. 论黑格尔的精神哲学. 上海：上海人民出版社，1986.
李连科. 价值哲学引论. 北京：商务印书馆出版，1999.
李德顺. 生命的价值. 北京：中国社会出版社，2004.
李德顺，孙伟平. 道德价值论. 昆明：云南人民出版社，2005.

孙美堂．文化价值论．昆明：云南人民出版社，2005.
张怀承，唐凯麟．成人与成圣——儒家道德伦理精粹．长沙：湖南大学出版社，1999.
龚群．当代中国社会伦理生活．成都：四川人民出版社，1998.
吴灿新．当代中国伦理精神——市场经济与伦理精神．广州：广东人民出版社，2001.
万俊人．道德之维——现代经济伦理导论．广州：广东人民出版，2000.
刘智峰主编．道德中国——当代中国道德伦理的深重忧思．北京：中国社会科学出版社，2001.
唐凯麟主编．西方伦理学名著提要．南昌：江西人民出版社，2000.
张锡勤，饶良伦，杨忠文．中国近现代伦理思想史．黑龙江：黑龙江人民出版社，1984.
刘长林．中国人生哲学的重建——陈独秀、胡适、梁漱溟人生哲学研究．上海：华东师范大学出版社，2001.
马惠娣．休闲：人类美丽的精神家园．北京：中国经济出版社，2004.
冯俊科．西方幸福论．吉林：吉林人民出版社，1992.
苗力田．古希腊哲学．北京：中国人民大学出版社，1989.
周辅成．西方伦理学名著选辑．北京：商务印书馆，1987.
古雷加．德国古典哲学新论．北京：人民出版社，1993.
北京大学哲学系外国哲学研究室主编．西方哲学原著选读（上卷）．北京：商务印书馆，1982.
北京大学哲学系主编．十八世纪法国哲学．北京：商务印书馆，1963.
陈戎女．齐美尔与现代性．上海：上海书店出版社，2006.
邵道生．学会生存．北京：中国青年出版社，1997.
张曙光．人的世界与世界的人——马克思思想历程追踪．郑州：河南人民出版社，1994.
景中强．马克思精神生产研究．北京：中国社会科学出版社，2004.
彭富春主编：美学．武汉：武汉大学出版社，2005.
李天道主编．中国古代人生美学．北京：中国社会科学出版社，2008.
叶朗．中国美学史大纲．上海：上海人民出版社，2005.
周宪．现代性的张力．北京：首都师范大学出版社，2001.
张震．网络时代伦理．成都：四川人民出版社，2002.
吴伯凡．孤独的狂欢——数字时代的交往．北京：中国人民大学出版社，1998.
段伟文．网络空间的伦理反思．南京：江苏人民出版社，2002.
（古希腊）亚里士多德．政治学．北京：商务印书馆，1981.
（古罗马）奥古斯丁．忏悔录．北京：商务印书馆．1963.
（德）康德．实践理性批判．北京：商务印书馆，1961.
（德）康德．历史理性批判文集．北京：商务印书馆，1997.
（德）黑格尔．精神哲学．韦卓民译．武汉：华中师范大学出版社，2006.
（德）黑格尔．精神现象学．贺屈，王久兴译．北京：商务印书馆，1981.
（英）罗素．西方哲学史（上下）．北京：商务印书馆，1976.
（法）卢梭．爱弥尔（上卷）．北京：商务印书馆，1978.
（德）海涅．德国宗教和哲学的历史．北京：商务印书馆，1972.
（德）叔本华．作为意志与表象的世界．北京：商务印书馆，1982.

（德）尼采. 强力意志//洪谦主编. 西方现代资本阶级哲学论著选辑. 北京：商务印馆，1982.
（德）尼采. 权力意志——重估一切价值的的尝试. 北京：商务印书馆，1993.
（法）孔多塞. 人类精神进步史表纲要. 何兆武，何冰，译. 上海：上海三联书店，1998.
（美）弗洛姆. 逃避自由. 北京：国际文化出版公司，2000.
（美）阿历克斯·英格尔斯. 人的现代化. 成都：四川人民出版社，1985.
（美）阿历克斯·英格尔斯，戴维·H 史密斯. 从传统人到现代人. 北京：中国人民大学出版社，1992.
（美）赫伯特·马尔库塞. 单面人——发达工业社会意识形态研究. 长沙：湖南人民出社，1988.
（德）鲁道夫·奥伊肯. 生活的意义与价值. 万以，译. 上海：上海译文出版社，1997.
（美）马斯洛. 马斯洛人本哲学. 成明，编译. 北京：九州出版社，2003.
（美）马斯洛. 人的潜能与价值. 北京：华夏出版社，1988.
（美）柯尔伯格. 道德教育的哲学. 杭州：浙江教育出版社，2000.
（美）丹尼尔·贝尔. 资本主义文化矛盾. 赵一凡，译. 上海：上海三联书店，1989.
（德）哈贝马斯. 交往行动理论（第2卷）. 洪佩郁，蔺青，译. 重庆：重庆出版社，1994.
（德）齐美尔. 大城市与精神生活. 涯鸿，宇声译. 上海：上海三联书店，1991.
（德）齐美尔. 现代文化中的金钱. 顾仁明，译. 上海：学林出版社，2000.
（英）亚当·斯密. 国民财富的性质和原因的研究（上卷）. 郭大力，王亚南，译. 北京：商务印书馆，1997.
（英）安东尼·吉登斯. 现代性与自我认同. 赵旭东，译. 上海：上海三联书店，1998.
（德）马克思·韦伯. 新教伦理与资本主义精神. 于晓等，译. 上海：上海三联书店，1987.
（德）马克思·韦伯. 经济与社会（上）. 林荣远，译. 北京：商务印书馆，1997.
（德）席勒. 美育书简（第6封）. 北京：中国文联出版公司，1984.
（德）卡西尔. 启蒙哲学. 顾伟铭，译. 济南：山东人民出版社，1988.
（美）威廉·巴雷特. 非理性的人. 段德智，译. 上海：上海译文出版社，1992.
（奥）弗洛伊德·精神分析引论. 北京：中央编译出版社，2008.
（美）西奥多·罗斯托克. 信息崇拜. 苗华健，陈体仁，译. 北京：中国对外翻译出版公司，1994.
（美）彼得·圣吉. 第五项修炼. 上海：上海三联书店，1998.
（英）安东尼·吉登斯. 亲密关系的变革. 陈永国，译. 北京：社会科学文献出版社，2001.
（英）安东尼·吉登斯. 失控的世界. 南昌：江西人民出版社，2001.
（德）卡尔·雅斯贝尔斯. 当代的精神处境. 黄藿，译. 上海：上海三联书店，1992.
（美）杰弗瑞·戈比. 你生命中的休闲. 康筝，译. 昆明：云南人民出版社，2000.
Cummins R. A. The Second Approximation to an International Standard for Life Satisfaction. Social Indicators Research，1998.
Csikxzentmihalyi M. Finding Flow：The Psychology of Engagement with Everyday Life. New York：Basic Books. 1997.
Deciel & Ryan R. M. The "What" and "Why" of Goal Pursuits：Human Needs and the Self-determination of Behavior. Psychological Inquiry，2002.

后　　记

本专著是教育部人文社会科学重点研究基地重大项目“现代人的精神生活质量与规律研究”的最终成果。

现代人的精神生活质量与规律研究是一项现实性、前沿性课题，涉及的理论与实践层面比较广泛。书中我们借鉴、引用了一些研究者的成果，在此表示敬意与感谢！由于我们水平有限，书中肯定有疏漏与不足，敬请专家、学者和读者批评指正。

为了给课题研究奠定基础，课题组除进行文献资料查阅外，还面向高校学生、党政干部、教师、企业职工、农民等进行了精神生活实际调查。参加调查研究的人员有郑永廷、詹小美、江传月、罗姗等；郑永廷、朱白薇对调查材料进行了整理、研究，并撰写了《当前大学生精神生活状况调查研究报告》，主送广东省教育厅、教育部思想政治工作司，并受到肯定。

参加课题研究和书稿写作的人员是：郑永廷（第一、第三、第七、第八章），罗姗（第二、第四、第六、第九章），刘志山、曹群、刘海春（分别研究和撰写第五章一、二、三节），还有郝登峰、廖小琴参加了有关章节的研究。郑永廷制定了书稿的写作提纲，并对全书进行了修改和统稿定稿。

感谢中山大学出版社对出版本专著的支持！感谢章伟博士为出版本专著所做的努力和付出的辛勤劳动！

著者

2012 年 10 月